Albert Camus 1980

Albert Camus 1980

Second International Conference
February 21 – 23, 1980
The University of Florida
Gainesville

Edited by
Raymond Gay-Crosier
Conference Chairman

A University of Florida Book
University Presses of Florida
Gainesville

University Presses of Florida is the central agency for scholarly publishing of the State of Florida's university system. Its offices are located at 15 NW 15th Street, Gainesville, FL 32603. Works published by University Presses of Florida are evaluated and selected for publication by a faculty editorial committee of any one of Florida's nine public universities: Florida A&M University (Tallahassee), Florida Atlantic University (Boca Raton), Florida International University (Miami), Florida State University (Tallahassee), University of Central Florida (Orlando), University of Florida (Gainesville), University of North Florida (Jacksonville), University of South Florida (Tampa), University of West Florida (Pensacola).

Library of Congress Cataloging in Publication Data
Main entry under title:

Albert Camus, 1980

      English and French
      "A University of Florida Book."
      Includes bibliographical references and indexes.
      1. Camus, Albert, 1913–1960—Criticism and interpretation—Congresses. I. Gay-Crosier, Raymond.
PQ2605.A3734Z5462   848'.914'09   80-22240
ISBN 0-8130-0691-0

Copyright © 1980 by the Board of Regents
of the State of Florida

*Dedicated to the memory of
Mme Francine Camus*

Raymond Gay-Crosier
University of Florida

Preface: A Memorable Symposium

Ten years ago, the University of Florida hosted the first international conference on Albert Camus which was attended by approximately eighty scholars and students. The purpose of this gathering was not to belatedly commemorate the author of *The Stranger* who had died a decade earlier in an automobile accident on January 4, 1960, and even less to add yet another new chapter to the still-growing Camus legends. "Rather we shall try," stated the program, "to reassess his literary work and position from an informed critical point of view." A special panel extensively discussed methodological problems and three guest speakers proposed three different approaches—philosophical, aesthetical, and comparative—to varied Camus topics. We also articulated a few clearly perceptible desiderata and particularly stressed the need for a reliable biography (Herbert Lottman's most recent fact-filled volume has since partially fulfilled the latter wish), for teamwork in several areas, and for methodologically sound yet innovative aesthetic studies, then scarcely available. Labeled "un vivant colloque" by Pierre-Henri Simon (*Le Monde,* April 9, 1971, p. 13), and activities by a group of "more thoughtful academic employees" at an age of critical overproduction by *The Times Literary Supplement* (March 12, 1971, p. 228), the lectures and debates were published under the title *Albert Camus 1970* (Sherbrooke, CELEF, Université de Sherbrooke, 1970, 113 p.).

A decade later and in view of the unabated flow of books, articles and essays on Camus, the time had come to measure not so much the effects of the appeals made in the first conference—we never indulged in illusions about direct responses—but the changes, for better or worse, that can be perceived in the almost uncontrollable body of Camus criticism. Specifically we sought to gather a truly worldwide choice, arbitrary as it may be, of representative Camus critics capable of demonstrating in their actions and interactions that eclectic openness does not preclude methodological solidity and novelty. To what extent the contributors succeeded in satisfying this difficult claim will be determined, of course, by the critical reception of this volume.

In an attempt to create a catalytic effect, the second conference (February 21–23, 1980) was placed under the tutelage of an apparently cryptic piece of advice that Camus had given in one of his numerous handwritten "Prières de l'absent" to his rehearsing theatrical group: "La pièce doit débuter en feu d'artifice, continuer en lance-flammes, s'achever en incendie. Alors, n'oubliez pas, les pompiers brûlent tous les feux." Seen from a more precautionary angle, the image of the firemen running the red lights could also be used as a blanket excuse for well-meant excesses should they occur. As it turned out, these concerns were unfounded and no fire—although there were some spectacular ones—necessitated the assistance of dousing waterhoses.

Unfortunately, the activities began on a sad note: On Christmas eve, Mme Francine Camus, the author's widow to whose memory these proceedings are dedicated, died after a lengthy illness. Patiently supervising the coordination and classification of her husband's literary legacy, Mme Camus always was receptive to ideas and requests by serious scholars and her policy regarding the utilization of the Camus archives at the rue Madame was remarkably liberal. Another unhappy piece of news was that health and personal reasons prevented three participants, two of which had already submitted their papers, from being with us.

On the other hand, all persons present were most pleasantly surprised to discover that Jean Camus, son of Albert, and his wife had flown to Gainesville for the conference. Their discrete presence at all events and Jean Camus' occasional participation in some discussions not only added unexpected luster to the conference but also allowed the assembled group of mostly seasoned Camus specialists to gain new insights into the problems of the future of Albert Camus' literary legacy.†

From the beginning of the conference, an atmosphere of highly critical yet undogmatic openness prevailed which greatly contributed to the wide range and liveliness of the discussions. The material limitations imposed on these proceedings made it unfortunately impossible to do justice to the letter of the debates that followed most presentations. But if the letter is sometimes lost, the spirit, to the best of the editor's knowledge, has been maintained in the

---

†For more clarification see section VII: Problèmes actuels de la critique camusienne: un débat libre sur son avenir.

streamlined versions of the discussions to be found at the end of most lectures. The slightly abbreviated versions of these debates are based on carefully transcribed tapes.

As one might surmise, neither this conference nor its proceedings could have been realized without the dedicated help of many. I am particularly grateful to our panel coordinators George H. Bauer (University of Southern California), Grant Kaiser (Emory University), Albert B. Smith (University of Florida), and David Sprintzen (C.W. Post Center) who judicially contributed to smoothly structured debates. Special thanks go to two students: John A. Lambeth, a doctoral candidate, who participated unrelentlessly in numerous logistical tasks before, during, and after the conference. Together with Sally C. Booker, a graduating senior, he also recorded the debates and transcribed the many hours of tapes, a job that turned out to be technically demanding and very time consuming. Finally, the sponsors of the conference deserve the special gratitude of the community of Camus scholars: the Office of Academic Affairs, the Graduate School, and the Department of Romance Languages and Literatures of the University of Florida.

Gainesville, June 1980

Tables des Matières

Raymond Gay-Crosier
Introduction: Albert Camus 1980   1

I. Problèmes de méthodologie
  1. Fritz Paepcke
    Albert Camus en traduction   15
    Discussion   31
  2. Brian T. Fitch
    Le paradigme herméneutique chez Camus   32
    Discussion   44
  3. Robert Champigny
    Compositions philosophiques et concepts   49

II. Narration et fiction
  4. Jacqueline Lévi-Valensi
    Le temps et l'espace dans l'œuvre romanesque
    de Camus: une mythologie du réel   57
    Discussion   68
  5. Alfred Noyer-Weidner
    Structure et sens de *L'Etranger*   72
    Discussion   86
  6. Oscar Tacca
    L'Etranger comme récit d'auteur-transcripteur   87
    Discussion   98

7. Gerald J. Prince
   Le discours attributif dans *La Peste* 101
   Discussion 107
8. Lionel Cohn
   Signification du sacré dans *La Chute* 110
   Discussion 117
9. Peter Cryle
   The written painting and the painted word in "Jonas" 123
   Discussion 130
10. Jean Gassin
    La Chute et le retable de "L'Agneau mystique":
    Etude de structure 133
    Discussion 140
11. Lilliam Hernández
    Vers un poétique de *Noces* 142
    Discussion 148

III. Théâtre

12. Laurent Mailhot
    Aspects théâtraux des récits et essais de Camus 153
    Discussion 161
13. Walter G. Langlois
    Camus et le sens de la révolte asturienne 163
    Discussion 177
14. A. James Arnold
    Pourquoi une édition critique de *Caligula?* 179
    Discussion 184

IV. Philosophie

15. Edouard Morot-Sir
    Logique de la limite, esthétique de la pauvreté:
    Théorie de l'essai 189
    Discussion 207
16. Paul Archambault
    Albert Camus et la métaphysique chrétienne 210
    Discussion 218

17. Maurice Weyembergh
    Camus et Nietzsche: évolution d'une affinité ... 221
    Discussion ... 230

V. Littérature comparée et relations littéraires
   18. Alessandro Briosi
       Sartre et le caractère "classique" de *L'Etranger* ... 235
       Discussion ... 243
   19. Gilbert Pestureau
       Albert Camus et la littérature américaine ... 246
   20. Phillip H. Rhein
       Camus and Percy: an acknowledged influence ... 257
       Discussion ... 265

VI. Réception et biographie
    21. Carl A. Viggiani
        Fall and Exile: Camus 1956–1958 ... 269
    22. André Abbou
        La deuxième vie d'Albert Camus: Les paradoxes
        d'une "aventure singulière de notre culture" ... 277
        Discussion ... 288
    23. Michel Rybalka
        Camus et les problèmes de la biographie ... 291
        Discussion ... 297

VII. Problèmes actuels de la critique camusienne:
     un débat libre sur son avenir ... 303

Notes sur les contributeurs ... 311
Liste des participants ... 317
Index rerum ... 319
Index nominum ... 325

Sigles utilisés dans toutes les communications :

AC Série *Albert Camus* de la *Revue des Lettres Modernes*

CAC *Cahiers Albert Camus* (Gallimard)

C1 *Carnets, Mai 1935–Février 1942*
C2 *Carnets, Janvier 1942–Mars 1951*

I *Théâtre, Récits, Nouvelles* (édition de la Pléiade)
II *Essais* (édition de la Pléiade)

Les tirages de ces deux éditions sont précisés au début des notes qui suivent chaque communication.

Albert Camus 1980

Raymond Gay-Crosier
University of Florida

Albert Camus 1980

Nul ne peut contester que l'intérêt porté à Camus ne cesse d'être des plus vifs et ce en dépit de force campagnes qui ont tantôt ridiculisé sa "morale pour belles âmes" tantôt vilipendé son abstentionisme présumé hautain. Si, au lendemain de la guerre, c'est l'homme et ses actions qui se trouvent au centre de l'attention, cela est attribuable non seulement au rôle, vite mythifié, qu'il a joué en tant que jeune conscience critique d'une nation foudroyée mais pleine d'espoir, se régalant des sincères aveux de faiblesse et des nobles aspirations que lui proposait l'éditorialiste de *Combat*. Et lorsqu'on ajoute à ces leçons sur la grandeur et la misère d'un passé amer et d'un avenir difficile le fait que Camus, tout en prenant ses distances que d'aucuns ne lui ont jamais pardonnées, était considéré comme l'un des membres principaux d'un groupe d'intellectuels qui s'apprêtaient à redéfinir les valeurs mêmes sur lesquelles allaient se fonder la nouvelle république, on comprendra que le remarquable écho de *L'Etranger* et du *Mythe de Sisyphe* (1942) et le succès théâtral alors tout récent de *Caligula* (1944) ne pouvaient que renforcer la légende d'exemplarité qui répondait aux besoins pressants de l'époque. Cette légende de sainteté laïque et d'équité parfaite allait être pleinement confirmée par le succès populaire de *La Peste* (1947) et des *Justes* (1949–50).

Ecrivain qui se voulait artiste d'abord et philosophe ensuite, Camus a lui-même contribué, de par son attitude, son style et sa classification rigoureuse de ses écrits, à une réputation d'austérité que, une fois établie, ni ses démentis publics ni ses notes d'impatience dans les *Carnets* n'ont pu défaire. Il n'est donc guère surprenant que sa position dans le contexte politico-historique, la facilité trompeuse de certaines de ses œuvres, la conversion imminente que semblait promettre *La Chute,* la canonisation par le prix Nobel, sa mort prématurée et absurde aient induit la plupart des critiques, pendant plus de vingt ans, à se pencher de préférence sur "la pensée" et sur les trop fameux trois cycles (absurde, révolte, pensée de midi). Le flot intarissable d'exégèses allant de l'hagiographie simpliste à la harangue envenimée en passant par la critique informée a été répertorié, trié et recensé récemment.[1] Des lignes de force se dégagent dans l'immense corpus critique dont la plus importante est, pour les dix ou douze années qui viennent de s'écouler, celle des études esthétiques serrées. Ce n'est pas dire que les activités dans d'autres domaines tels que la philosophie, la littérature comparée, le théâtre, etc. soit de moindre importance. Il est évident que les travaux les plus innovateurs vont de pair avec les approches proposées naguère par la critique "nouvelle" qui examine, on le sait, de préférence les œuvres de fiction. En revanche, on a redécouvert tout récemment Camus philosophe et on a pu s'amuser à relancer les thèses, jugées éculées dès leur formulation en 1951, autour de l'anti-idéologisme que postule *L'Homme révolté* (c'est ce que proposent certains "nouveaux philosophes") ou l'on demande, plus modestement, que les méditations de Camus soient réexaminées à la lumière des apports de la rhétorique et de la logique modernes (c'est ce que propose le travail d'E. Morot-Sir, voir *infra*).

Sera-t-on alors étonné que la presse française commémorant, au cours du mois de janvier 1980, le vingtième anniversaire de la mort de Camus proclame, à peu de nuances près, une espèce de retour à Camus et ce notamment sur le plan de la pensée (et non pas de l'idéologie) politique, domaine où l'inefficacité, voire la naïveté et le romantisme supposés de l'auteur de *L'Homme révolté* ont été le plus sévèrement conspués? Les proportions de ce revirement public nous ont amené à postuler, au début du colloque, que nous ne nous laissions pas trop emporter par ce nouvel enthousiasme afin de ne pas risquer de contribuer à la fabrication d'un nouveau mythe: celui d'un Camus susceptible de fournir les solutions aux problèmes politiques et sociaux les plus brûlants de notre temps qui se plaît actuellement à mettre en vedette son opposition aux idéologies et aux institutions. Autrement dit, n'oublions pas que Camus ne propose ni un manuel de désespoir ni un manuel d'espoir. Et laissons jouer aux avocats déchus de quelque bar crasseux le rôle douteux de sauveur et de juge-pénitent.

Il nous a semblé utile de présenter, surtout pour le lecteur désireux d'obtenir un premier aperçu, le contenu de ces actes du second colloque international sur Albert Camus. Divisés en six sections, ces actes ne reflètent pas toujours la chronologie réelle des communications groupées selon les thèmes suivants: I. Problèmes de méthodologie; II. Narration et fiction; III. Théâtre; IV. Philosophie; V. Littérature comparée et relations littéraires; VI. Réception et biographie.

1—Fritz Paepcke (Universität Heidelberg) ne propose rien de moins qu'une théorisation élaborée de la traduction vue comme une entreprise herméneutique, comme un acte révélateur de sens et de compréhension. S'appuyant sur un choix de textes camusiens traduits en allemand, notre critique relève la nécessité, pour le traducteur, de tenir compte de la relativité du su, du perçu et du connu, le domaine scientifique inclus, d'être conscient, donc, de l'aporie foncière qui préside à son entreprise. Dans un sens, Paepcke place l'accent très justement, comme cela se fait de nos jours pour l'acte de lecture, non sur le résultat statique du traduit et du compris, mais sur le dynamisme de la traduction et de la compréhension en train de s'opérer. L'aporie qui soustend l'acte de traduire amène le pratiquant non pas à quêter un maximum d'objectivité mais à réduire au maximum la subjectivité dans sa traduction, à trouver un équilibre entre deux faux idéaux opposés: l'idéal du mot-à-mot et l'idéal annexionniste. Ainsi la tendance métaphorisante du traducteur face à la polysémie insoluble n'est-elle pas un signe d'infirmité mais le procédé *ludique* par lequel l'incapacité de saisir *la* vérité est contrebalancée. L'itinéraire en spirale que parcourt le traducteur va du conceptuel au signe et du signe au conceptuel. C'est dire que, pour éviter les pièges de la littéralité, le traducteur doit confronter à la fois des problèmes onomasiologiques et sémasiologiques et qu'il est tenu de se placer pragmatiquement sur une multiplicité de niveaux de compétence ainsi que dans une micro-diachronie perpétuelle. Par delà la linguistique contrastive, la traduction qui adopte une visée herméneutique se fie à une intuition fondatrice et définit son objet "comme étant le sens qui passe d'un interlocuteur à l'autre" et non pas la signification de lexèmes accumulés.

2—Poursuivant ses réflexions sur la valeur emblématique et la fonction productrice du générateur *solitaire/solidaire* (I, 1652), **Brian T. Fitch** (University of Toronto) se demande quel est le rôle joué par un pareil couple producteur à l'autre bout de la chaîne communicative, c'est-à-dire dans l'acte de lecture. *L'Etranger,* et notamment la seconde partie, constitue un paradigme herméneutique privilégié d'un texte qui a pour sujet la problématique même de l'interprétation. Fitch recense la suite de malentendus, donc de fausses interprétations dont se composent les dialogues des protagonistes du récit. On voit que les modes discursifs des hommes de loi ne sont pas sans affinités avec les modes de narration qu'adopte le romancier ce qui confirme le potentiel narcissique du texte et sa capacité d'infirmer sans cesse l'interprétation du lecteur. L'autoréférentialité se trouve le mieux documentée dans le passage où Meursault se miroite dans sa gamelle, mise en abyme non seulement du texte mais aussi de l'expérience du lecteur se surprenant dans l'acte de lecture. Le rôle d'embrayeur que joue le "je" du narrateur—"je" que le lecteur fait sien—souligne également l'autoréférentialité puisque ce pronom renvoie à l'instance de son propre emploi et met en "abyme" l'énonciation du texte.

Les guillemets de la dernière phrase du "Renégat," récit narré par un narrateur à qui manque la langue, mettent en question le statut oral du texte qui les précède. *L'Etranger* se situe à mi-chemin entre l'écrit et l'oral (d'où l'impossibilité de trancher la question s'il s'agit d'un journal) alors que *La Chute* fait semblant de réintroduire le dialogue, de réintégrer le statut oral; mais il s'agit d'un monologue truqué qui mime le dialogue et induit le lecteur, une fois de plus, à se contempler dans le miroir de sa lecture.

3—Situées d'emblée dans le champ notionnel formé par quatre termes (le ludique, l'esthétique, le moral et le cognitif), les réflexions sur le fondement des concepts et leur mise en scène dans l'espace verbal forment l'objet d'une communication théorique de **Robert Champigny** (University of Indiana, Bloomington) qu'il n'a malheureusement pas pu présenter personnellement. Le texte ayant été soumis dès avant le colloque et malgré l'absence d'un débat qui aurait sans doute été vif, nous avons décidé de l'inclure dans ces actes. Il forme une espèce de cadre conceptuel dans lequel peuvent s'insérer, entre autres, le jeu de concepts tel que Camus le propose à travers la dualité absurde/révolte et les jalons de sa conceptualisation.

4—Le temps et l'espace se trouvent au premier rang des catégories moyennant lesquelles l'artiste exprime son rapport au réel. C'est dans cette optique que **Jacqueline Lévi-Valensi** (Université de Picardie, Amiens) examine l'enracinement spatial et temporel de Camus et l'articulation métaphorisée et mythifiée qu'il en donne. Ce faisant, elle montre, textes à l'appui, que les œuvres de fiction refusent de se soumettre aux exigences de la précision historique et géographique à laquelle elles substituent un symbolisme obéissant aux seules lois de la cohérence imaginaire. Et même lorsque nous avons affaire à des renvois temporels précis, "ce jour-là," "ce soir-là," etc., ces indications ne sont que des points de repère qui se situent à l'intérieur du champ de la fiction et ont pour fonction de fonder une légitimité esthétique. Le temps de la fiction n'est ainsi plus linéaire mais cyclique et le cadre spatio-temporel dans lequel se déroulent les actions reflète très clairement une appréhension mythologique du temps et de l'espace, une déréalisation soutenue. Les villes nommées deviennent ainsi des lieux mythiques de la condition absurde de l'homme et des modes de sa révolte ou de l'absence de sa révolte contre cette condition. Dans le dernier roman, *La Chute*, Camus propose une mythologie du réel qui ne renvoie pas à un imaginaire exotique mais qui, tout en lui empruntant ses structures, s'inscrit dans la réalité du vécu et orchestre subtilement les catégories morales du vrai et du faux et les catégories esthétiques du réel et de l'imaginaire.

5—A la suite des innombrables études et essais consacrés à *L'Etranger* et en se concentrant sur sa structure, **Alfred Noyer-Weidner** (Universität

München) revient à ce qu'il considère le problème central de ce récit, à savoir la tension paradoxale entre l'absurdité et sa narration raisonnée. Il suggère d'ajouter aux deux styles que la critique s'est plue à révéler traditionnellement un troisième qu'il appelle le "style dialectique." L'agencement de trois niveaux discursifs, le familier, le métaphorique et le dialectique, permet de configurer une évidence esthétique en guise de solution d'un problème qui est d'ordre logique: Comment dire le non-sens? Ainsi la première partie nous offre-t-elle une espèce de discours de l'absurdité à fleur de peau du Meursault d'avant le meurtre, discours ponctué par des éruptions lyriques, alors que la seconde partie offre ce que notre critique appelle la "narration raisonnée" ponctuée par un retour occasionnel aux styles antérieurs. L'emploi des temps grammaticaux et des niveaux disursifs marque les étapes de l'évolution intérieure de Meursault. L'absence des marques de temps, le foisonnement de termes abstraits jusqu'alors guère utilisés, l'intérêt que Meursault porte aux questions sur le sens des choses, le ton argumentatif sont des signes de ce style dialectique en vertu duquel seulement on peut établir le rapport très particulier qui existe entre *L'Etranger* et *Le Mythe de Sisyphe*. La fin du récit constitue donc le début de cette "aventure de l'intelligence" dans laquelle s'engagera l'essai philosophique.

6—L'opposition entre langue écrite et langue parlée induit **Oscar Tacca** (Universidad Nacional del Nordeste, Argentina) à postuler d'une manière plus systématique que ses devanciers que *L'Etranger* est, en fait, le journal de Meursault, l'auto-transcription consciente, orchestrée et modulée des événements qu'il a vécus. Ce journal vise toujours à un style, fût-il de "mauvais choix," et il semble qu'à l'intrusion de l'auteur s'oppose celle, plus indiscrète, du lecteur fouillant un paquet de papiers qui ne lui étaient pas vraiment destinés. Il va de soi que "l'évidence" d'un pareil argument ne peut être qu'esthétique et c'est pourquoi Tacca privilégie les exemples tirés du texte et non pas les raisons psychologiques.

7—Armé d'une impressionnante statistique, **Gerald J. Prince** (University of Pennsylvania, Philadelphia) soumet le discours attributif dans *La Peste*, c'est-à-dire les "dit-il," "demanda-t-elle," à une minutieuse analyse quantitative et qualitative. Si cette attribution est fréquemment absente, c'est que Camus fait confiance à la lisibilité de son texte et qu'il n'use du procédé attributif que pour dissiper toute équivoque. Le verbe le plus neutre, "dire," l'emporte de loin sur les autres attributifs. Somme toute, c'est le dit qui compte et, alors que les locuteurs tendent à s'effacer, les actes de parole ne sont pas tant explicités que neutralisés par la plupart des propositions attributives utilisées.

8—Distinguant le bon sacré (parce que limité) d'avec le mauvais sacré (parce qu'effreiné) et s'inspirant d'un schéma développé par René Girard (en particulier le mimétisme, le double et le masque), **Lionel Cohn** (Université de Bar-Ilan, Israël) propose une lecture passionnée du jeu que joue Clamence dans ce contexte, des rapports entre sa duplicité et le sacré. Par le truchement de Clamence, qui passe d'une espèce de sacré de pacotille à un sacré de l'immanence, Camus force le lecteur à pénétrer dans le sanctuaire de l'altérité foncière qui se cache derrière toute identité, dans la différence que génère tout indifférencié.

9—L'absence de tableaux proprement dits dans "Jonas," selon **Peter Cryle** (University of Queensland, Australia), souligne le fait que ce récit dramatique est centré sur une vocation, sur la quête d'un art pur. Les déplacements horizontaux et verticaux dans l'espace vital que constitue l'appartement où Jonas aménage sa soupente sont corrélatifs à ceux sur la terre et entre la terre et le ciel. Ces dislocations laissent espérer que le but, symbolisé par l'étoile, n'est pas impossible à atteindre et même que l'union et la séparation, la famille et l'art peuvent aller de pair. Jonas se charpente donc un monde, un cadre dans lequel il compte déployer ses activités sur plusieurs plans. Il produit une seule œuvre, énigmatique de surcroît, qui reflète, telle une composition en abyme, le dilemme insoluble que créent les exigences de solitude et de solidarité. L'ambiguïté de la peinture du fameux mot indéchiffrable (solitaire/solidaire) est doublement inclusive parce qu'elle propose à la fois une solution et une résolution.

10—C'est également les fonctions multiples d'une peinture qui retient l'attention de **Jean Gassin** (La Trobe University, Australia). Le retable de "l'Agneau mystique"—paradoxalement présent par son vol, c'est-à-dire par son absence—dans *La Chute* donne lieu à une interprétation du jeu de miroirs qui, à travers les deux Jean, l'Evangéliste et le Baptiste, les faux et les vrais juges, informe le chassé-croisé qui est le propre de la duplicité de Clamence. Les deux zones symétriques du retable trouvent leur pendant dans le titre de juge-pénitent que se décerne Clamence. Plusieurs détails du tableau des frères Van Eyck (la Fontaine de Vie, les rayons du Saint Esprit, le supplice de l'Agneau, etc.) induisent notre critique à une lecture psychanalytique des fantasmes qu'ils recèlent et à présenter le mythe du Baptiste plutôt que le mythe de Sisyphe comme mythe-clef de l'œuvre camusienne parce qu'il met en scène la castration du Fils.

11—*Noces,* cet essai lyrique cité à tout propos, n'a cessé de provoquer des commentaires rapides et, le plus souvent, positifs sur les qualités de la prose du jeune Camus. Examinant le fonctionnement des différents registres des métaphores et images génératrices, **Lilliam Hernández** (University of Texas, San Antonio) propose une prospective de la poétique qui gouverne cette œuvre de jeunesse. Série de textes sans liens apparents mais obéissant à une orchestration d'images amplifiées, *Noces* apparaît, en fin de compte, comme une métaphore prolongée de l'union des opposés.

12—**Laurent Mailhot** (Université de Montréal) tente de dégager la théâtralité de la prose camusienne par delà son seul plan rhétorique. Des tout premiers écrits aux nouvelles de *L'Exil et le royaume,* le texte se présente comme un espace physique et mental où se déroulent les conflits élémentaires de la parole. L'univers imaginaire de Camus est gouverné par une ironie omniprésente qui, dans un sens, assure en tant que catalyseur la permanence du drame qui se joue à travers et entre les mots. Camus échafaude une variété de dispositifs dramatiques et sait mettre habilement en scène tous les registres dont la parole non dialogique est capable.

13—A l'aide de nombreuses précisions historiques, **Walter G. Langlois** (University of Wyoming, Laramie) retrace le cours des événements qui ont conduit à la révolte des mineurs d'Asturie en octobre 1934. On sait que cette révolte a incité, deux ans plus tard, un groupe d'amis et d'intellectuels, parmi lesquels Camus, à rédiger collectivement une pièce que comptait présenter le Théâtre du Travail. L'essentiel de cette communication porte sur l'emploi que Camus et ses co-auteurs ont fait des matériaux à leur disposition et sur les changements qu'ils ont apportés à certains détails documentés afin de satisfaire leurs besoins dramaturgiques et idéologiques. Enfin, la perspective entamée par notre critique lui permet de placer *Révolte dans les Asturies* dans le contexte politico-historique qui lui convient.

14—Poursuivant une entreprise annoncée naguère (cf. *AC9,* 133–50), **A. James Arnold** (University of Virginia, Charlottesville) établit les raisons pour lesquelles et les critères selon lesquels il faut envisager une édition critique de *Caligula* dont il existe trois versions (1944, 1947, 1958) et, surtout, un texte préliminaire, lyrique et onirique, plus nietzschéen, datant de 1938. C'est ce dernier qui devrait constituer le point de départ d'une édition critique éventuelle. Il faudrait y étudier, outre l'influence de Nietzsche, celle des événements politiques contemporains et du concept de "tragédie moderne" qui, encore vague à l'époque, sera mis au point dans la conférence d'Athènes de 1955. La rupture esthétique et idéologique qui marque le passage du *Caligula* de 1938 aux versions postérieures a ostensiblement une portée qui dépasse le seul domaine théâtral.

15—Théorique également, mais portant sur les questions génériques que pose l'essai, la communication d'**Edouard Morot-Sir** (University of North Carolina, Chapel Hill) entame une perspective embrassante. Cela lui permet de relever les étapes majeures qui marquent la pratique de l'essai: la contextualisation, la réflexion fragmentée et consciemment limitée, l'opposition entre l'hypotaxe et la parataxe, l'intertextualité formelle qui plonge ses racines dans le classicisme français et l'intertextualité évangélique, la méditation dramatique, la rhétorique du figuratif, les micro- et macro-unités (prépondérance de la statique nominale sur la dynamique verbale, rôle de l'allégorie, etc.). Les genres que pratiquent Camus s'évertuent à résoudre, à degrés variés, les problèmes de nomination et d'animation. De l'essai au théâtre en passant par le journalisme et le roman, le style camusien, espèce de "monotonie passionnée" (I, 1898), dramatise la description du sens et confirme que "le discursif n'est que la parousie du nominatif." En fin de compte, le style comme la logique de Camus obéissent à un pareil principe fondateur qui, partant de la révolte, aboutit à la limite librement choisie. L'esthétique et l'éthique de la pauvreté que Camus pratique ne conduisent le lecteur pas à une leçon à suivre mais l'engagent dans un itinéraire cognitif à recommencer sans cesse.

16—Le Diplôme d'études supérieures de Camus intitulé "Métaphysique chrétienne et néoplatonisme" a, dès sa parution tardive dans le deuxième volume de l'édition de la Pléiade, donné lieu à une série de résumés et d'exégèses qui y ont surtout vu le travail d'un essayiste en herbe ou une "source" importante permettant de tracer la genèse de la pensée camusienne. Auteur d'une étude qui débusque et démasque les sources dont Camus lui-même s'est servi très librement, **Paul Archambault** (Syracuse University) montre jusqu'à quel point le diplôme reflète paradoxalement la position néo-thomiste en ce qui concerne la tradition grecque et l'existence d'une métaphysique chrétienne cohérente. En revanche, l'attribution du biais historisant à l'influence judéo-chrétienne et de l'historisme à ce que Camus appelle "la pensée allemande" s'avèrent bien plus discutables. Axée sur le conflit entre la nature et l'histoire, l'analyse des totalitarismes de *L'Homme révolté* prend pour acquises des vues développées quinze ans auparavant, c'est-à-dire dans son mémoire de 1936. Tout en renversant le sens, cette analyse s'inspire surtout de l'orthodoxie chrétienne de Berdiaev. La conclusion esquisse le rôle qu'ont joué, au vingtième siècle, les doctrines laïques et universalistes dans la formation de l'historisme moderne qui est, à ses débuts, un mouvement conservateur.

17—Ce n'est que récemment qu'on s'est mis à examiner plus systématiquement les rapports étroits entre Camus et Nietzsche. **Maurice Weyembergh** (Vrije Universiteit, Brussel) en dégage les assises en partant de quelques parallèles biographiques frappants et en soumettant *Le Mythe de Sisyphe, L'Homme révolté* et les textes appropriés de Nietzsche à une lecture comparée serrée. Outre les multiples échos nietzschéens que présentent ces deux essais philosophiques, on en trouvera aussi dans les *Lettres à un ami* *allemand* qui thématisent la prise de distance devenue nécessaire en vue des aberrations auxquelles se prêtent les œuvres du maître à penser et à sentir de Camus. Cette lecture intertextuelle permet à notre critique de situer Camus avec plus de précision par rapport à Nietzsche et l'amène à nuancer la signification de "l'éternel retour" dans le contexte de la pensée absurde et révoltée. On se rend compte qu'il y a deux images contradictoires que Camus s'est faites de Nietzsche et qu'elles s'informent et se corrigent mutuellement au cours des années.

18—Résumant les points de divergence et d'accord qui jalonnent la préhistoire des rapports intellectuels entre Sartre et Camus, **Alessandro Briosi** (Reijksuniversiteit Groningen, Holland) concentre son analyse sur "L'explication de *L'Etranger*," le compte rendu de *La Nausée* et les commentaires de Sartre et Camus sur la métaphysique du langage de Brice Parain. Briosi dégage quelques lignes de démarcation pour en expliciter plusieurs formules apparement contradictoires, par exemple le fait que Sartre qualifie le récit de Camus d'œuvre classique fondamentale tout en lui reprochant le refus de se compromettre. La hantise du silence, l'installation dans le présent et le rejet de l'avenir qui marquent *L'Etranger* feront l'objet de critiques de plus en plus aiguës que Sartre formulera une fois qu'il aura théorisé la question de l'engagement. Dans un sens, les divergences entre les deux écrivains se fondent sur une définition différente de l'absurde en lequel Sartre voit sutout la gratuité. Au "ni oui ni non" du langage camusien Sartre oppose un tranchant "ou bien—ou bien." Quant aux points également nombreux où les deux auteurs se rejoignent, notre critique les fait ressortir en juxtaposant leurs mirages communs: la liberté sartrienne est à rapprocher de "l'indifférence clairvoyante" (II, 178) camusienne, la structure libre et purifiée de l'existence et le groupe en fusion de la nature humaine (cette bête noire de la polémique autour de *L'Homme révolté*).

19—Le "roman américain" est, on le sait, une formule passe-partout qui éblouissait pendant un temps considérable les chapelles littéraires de l'après-guerre. **Gilbert Pestureau** (University of Natal, South Africa), qui a été empêché de lire sa communication sur son sujet comparé, esquisse les affinités américaines plutôt distantes que reflète la technique romanesque de Camus. Celui-ci s'inspire au départ—abstraction faite de Melville—surtout de Hemingway, comme Sartre l'a montré dans son fameux compte rendu de *L'Etranger*. Certains parallélismes frappants ne rendent pas improbables un souvenir de lecture, inconscient peut-être, d'un "thriller" de Dashiell Hammett (*Red Harvest*) au moment de la rédaction de la fameuse scène du meurtre sur la plage. Mais s'il y a affinité, il y a aussi distance croissante envers la technique dite behavioriste et Camus déplore, en fait, l'influence de Hemingway sur les jeunes auteurs. Des modernes, seul Faulkner ne se verra pas éclipsé et c'est à l'adaptation de *Requiem pour une nonne* qu'est consacrée la partie majeure de l'étude.

20—Romancier américain contemporain, Walker Percy, dont vient de paraître *The Second Coming*, est un médecin qui a pratiqué l'œuvre de Camus aux moments de désespoir dus à la tuberculose. Tel Camus il s'est posé, aux lendemains de la guerre, les questions que suscitaient un passé rempli d'horreurs et un avenir gouverné par la médiocrité. La contribution de **Phillip Rhein** (Vanderbilt University, Nashville) est surtout une lecture comparée de *La Chute* et de *Lancelot*, romans qui mettent en scène les confessions dédaigneuses de deux anciens avocats dont l'un est un chevalier de la duplicité et l'autre un chevalier de la foi humaine. Manipulateurs habiles du sentiment de culpabilité, ces aventuriers de l'esprit échappent à l'agonie spirituelle en nous la contant et en ratiocinant. Leur discours irrépressible est lancé des bas-fonds de deux enfers bourgeois, de deux capitales du péché et du désir—qui inclut, bien sûr, le désir de rédemption—Amsterdam et la Nouvelle Orléans. Ce n'est qu'en vertu de leur chute vertigineuse qu'ils sont jetés dans les abîmes et élevés aux sommets de la conscience.

21—**Carl A. Viggiani** (Wesleyan University, Middletown) a eu le privilège de consulter le "Cahier VII" (1951–1954) de la section non publiée des *Carnets*. Muni de citations émouvantes et de renseignements personnels précieux—dont certains sont sans doute responsables du long délai que subit la publication du troisième volume des *Carnets*—il brosse le portrait d'un homme hanté par une catastrophe qu'il sait certaine. Contrairement à la légende de stérilité que Camus a lui-même aidé à semer, la dernière décennie de sa vie active a été productive quoique remplie de doutes et de désespoir. Les passages glanés dans les *Carnets III* induisent Viggiani à formuler quelques hypothèses sur *La Chute:* les secrets du moi insaisissable forment un fond thématique obsessionnel de toutes les œuvres des années cinquante mais en particulier de "Un cas intéressant" et de *La Chute;* le besoin de confession se manifeste sur plusieurs registres (sacramentel, juridique, politique) et ne fait que renforcer l'ambiguïté au lieu de la dissiper; l'énigmatique, le démoniaque et le mal par excellence semblent acquérir dans ces années une dimension ontologique.

22—Avec la fougue qu'on lui connaît, **André Abbou** (Université de Paris) règle le compte des phraséologues journalistiques qui s'empressent d'orner l'œuvre et la portée de Camus de clichés passe-partout. Ce faisant, Abbou postule la nécessité d'établir plus solidement le statut socio-culturel de l'œuvre camusienne dont il propose quelques éléments pour les appliquer à la polémique autour de *L'Homme révolté*, modèle d'un malentendu culturel. Il analyse surtout les changements d'optique de Sartre en ce qui concerne l'appartenance sociale, la compétence philosophique et littéraire, le comportement petit-bourgeois et la situation idéologique de Camus. A la critique de Sartre et Jeanson qui se voulait marxiste et scientifique, Abbou oppose le système référentiel et le système de valeur de Camus, son mode d'acquisition, enfin le statut socio-culturel vu d'un point de vue non seulement intellectuel— c'est la perspective erronée parce que partielle de Sartre—mais aussi ethnologique et sociologique. L'absence du père et le manque de culture du foyer rendent Camus plus dépendant des maîtres qui se sont occupés de lui. Enfin, l'altérité d'une situation socio-culturelle ne devrait pas induire un critique aussi perspicace que Sartre à attribuer celle-ci purement et simplement à l'ignorance, à l'incompétence ou à la mauvaise foi.

23—Michel Rybalka (Washington University, St. Louis) recense surtout d'un point de vue méthodologique la biographie volumineuse que Herbert Lottman a présentée tout récemment au public de langue française et anglaise. Tout en félicitant le biographe américain des précisions qu'il apporte, Rybalka relève les problèmes sérieux qui se posent de nos jours à quiconque qui pratique ce genre difficile: la nécessité de réfléchir sur la distinction à faire entre le parlé (source d'information privilégiée par Lottman) et l'écrit, entre le récit et le discours, entre la diachronie et la synchronie, la thématique et la chronologie. "L'univers singulier" (Sartre) de la vie intérieure d'un individu doit être placé dans le contexte de la vérité historique qui lui convient et ce dans une visée totalisante mettant en jeu plusieurs disciplines. La nouveauté et la difficulté de *L'Idiot de la famille,* pris comme modèle qu'il faut cependant se garder de copier tel quel, c'est que Sartre y réunit trois projets: l'autobiographique, le biographique et le théorique.

Notes
Editions utilisées

I, 1962   II, 1965

1. Voir Francesco di Pilla, *Albert Camus e la critica. Bibliografia internazionale (1937–1971), con un saggio introduttivo* (Lecce: Milella, 1973); Raymond Gay-Crosier, *Camus* (Darmstadt: Wissenschaftliche Buchgesellschaft, 1976): cette étude diacritique recense surtout les travaux publiés entre 1937 et 1974; Idem, "Albert Camus," *A Critical Bibliography of French Literature,* éd. général, R. A. Brooks, éd. D. W. Alden (Syracuse: Syracuse University Press, 1980) Vol. VI, pt. 3, chap. XXXIV, pp. 1573–1679. Pour les questions de réception et de la "popularité" (chiffres de vente) de Camus en France, voir Jürgen Rehbein, *Albert Camus: Vermittlung und Rezeption in Frankreich. Ueber Bedingungen literarischen Erfolges* (Heidelberg: Carl Winter, 1978) et notre compte rendu dans *Œuvres et critiques* 5 (à paraître). Jusqu'en 1972, plus de dix millions de titres camusiens ont été achetés en France.

I. Problèmes de méthodologie

Fritz Paepcke
Universität Heidelberg

Albert Camus en traduction[1]

La traduction est un terrain d'étude particulièrement fertile de la compréhension. En effet, alors que l'étude de la compréhension dans un univers unilingue ne livre que son résultat brut à travers les réactions du "compreneur," la traduction agit comme une révélatrice du traitement auquel l'esprit humain soumet l'énoncé verbal qui lui parvient; le fait que le traducteur réexprime dans une langue le message qu'il reçoit par l'intermédiaire d'une autre langue permet de détailler les différents facteurs qui contribuent à sa compréhension.

Le territoire de la traduction est immense, les connaissances indispensables pour en réaliser l'opération souvent non disponibles en raison de l'origine lointaine dans le temps et dans l'espace des textes à traduire; même contemporains et participant d'une même culture, les textes présentent encore une infinie variété de genres (de la poésie au formulaire utilitaire) et touchent à tous les domaines de l'activité humaine. Ces faits, s'ils expliquent la difficulté de la traduction—le traducteur devant mobiliser et compléter consciemment ses connaissances pour dégager le notionnel et l'émotionnel qui contribuent au sens du texte, avant d'en réexprimer la teneur—n'expliquent pas la nature du processus en cause.

I

Facile ou difficile, immédiate ou fruit d'une patiente recherche, la *compréhension du texte* est la première étape de toute traduction et repose toujours sur les mêmes compétences de la part de celui qui traduit, c'est-à-dire sur celles qui, de manière générale, régissent la compréhension de l'acte de parole. La traduction est donc par sa forme révélatrice de la compréhension; par sa nature, elle s'identifie essentiellement à l'acte même de compréhension.

Le premier texte d'Albert Camus est extrait du *Discours du 10 décembre*

1957 et peut éventuellement favoriser quelques observations sur la relativité de la compréhension:

> Chaque génération, sans doute, se croit vouée à refaire le monde. La mienne sait pourtant qu'elle ne le refera pas. Mais sa tâche est peut-être plus grande. Elle consiste à empêcher que le monde ne se défasse. Héritière d'une histoire corrompue où se mêlent les révolutions déchues, les techniques devenues folles,
> 5 les dieux morts et les idéologies exténuées, où de médiocres pouvoirs peuvent aujourd'hui tout détruire mais ne savent plus convaincre, où l'intelligence s'est abaissée jusqu'à se faire la servante de la haine et de l'oppression, cette génération a dû, en elle-même et autour d'elle, restaurer à partir de ses seules négations un peu de ce qui fait la dignité de vivre et de mourir. Devant un monde
> 10 menacé de désintégration, où nos grands inquisiteurs risquent d'établir pour toujours les royaumes de la mort, elle sait qu'elle devrait, dans une sorte de course folle contre la montre, restaurer entre les nations une paix qui ne soit pas celle de la servitude, réconcilier à nouveau travail et culture, et refaire avec les hommes une arche d'alliance. (II, 1073)

Traduction du texte:[2]

> Es ist zwar Sache jeder Generation, die Welt neu aufzubauen. Doch meine tut bestimmt das nicht. Vielleicht hat sie aber eine noch weit grössere Aufgabe. Sie soll den Zerfall der Welt verhindern. Erbin einer verkommenen Geschichte mit ihrem Durcheinander an entarteten Revolutionen, wahnwitziger Technik, an toten
> 5 Göttern und ausgelaugten Ideologien, wo armselige Mächte heute alles zerstören, jedoch nicht mehr zu überzeugen vermögen, wo sich der Verstand bis zum Handlanger von Hass und Unterdrückung erniedrigt hat, musste diese Generation, einzig und allein von den Weisen ihrer negativen Position aus, bei sich selbst und in ihrer Umwelt einen Bruchteil von dem wiederherstellen, was die Würde des
> 10 Lebens und des Sterbens ausmacht. Angesichts einer von Zerfall bedrohten Welt, in der die Gefahr besteht, dass unsere Grossinquisitoren für immer das Reich des Todes errichten, ist unserer Generation klar, dass sie in einem wahnsinnigen Rennen gegen die Zeit unter den Völkern einen Frieden wiederherstellen, Arbeit und Kultur wieder versöhnen und mit allen Menschen einen neuen Bund schliessen sollte.

Le meilleur point de départ est la langue elle-même, qui exprime l'espérience à tous. Si on se penche sur la proposition aussi courante que "le monde se défait" (ligne 3), on se rend compte tout d'abord que la banalité de ce phénomène est rendue par une expression qui fait problème: l'illusion de destruction greffée sur le monde révèle en le cachant un au-delà métaphysique: Si "le monde se défait," qu'est-ce qui le détruit? L'expression véhicule donc ce qui reste de l'angoisse de "chaque génération" (ligne 1) devant un phénomène qui lui a longtemps échappé.

La réflexion rebondit dans une autre direction si l'on observe que l'expression n'est pas devenue caduque le jour où la science nous a fourni la clef de l'énigme. Depuis que l'on sait que "devant un monde menacé de désintégration, où nos grands inquisiteurs risquent d'établir pour toujours les royaumes de la mort, [cette génération] sait qu'elle devrait [...] restaurer entre les nations une paix qui ne soit pas celle de la servitude" (ligne 12–13), on sait aussi que le monde ne se défait pas, et tout cela d'après la démonstration faite par les "armées de la tyrannie avec leurs millions d'hommes" (Albert Camus), les guerres et les idéologies dictées par les "grands inquisiteurs." Or, parler d'un "monde menacé de désintégration" n'est arbitraire que dans un certain sens, puisqu'une telle expression traduit ce qu'on pourrait appeler une illusion vraie, celle qui s'offre effectivement à nous dans l'expérience des sens parce que nous ne changeons pas de lieu à ce moment. Pour nous (lecteur/traducteur), "le monde menacé de désintégration" est une réalité. Nous pouvons certes nous libérer de cette illusion par la connaissance scientifique, mais nous ne pouvons pas pour autant modifier à partir de cette connaissance scientifique la réalité que perçoivent nos sens et notre raisonnement.

De cet exemple (qui ouvre le premier texte d'Albert Camus) découle nécessairement la conclusion que la science et la connaissance scientifique sont elles-mêmes soumises à la relativité, puisqu'elles ne peuvent modifier ou abolir notre sensation du monde. En d'autres termes, elles ne sont pas capables d'une appréciation totale de la réalité du monde. Cette appréhension totale de la réalité du monde est en revanche la dimension propre au langage, en lequel se fondent des valeurs antagonistes se vérifiant simultanément. Dans le passage précité ("le monde se défait"), la langue courante est à la fois le réceptacle de la connaissance scientifique par le biais de la vulgarisation, et de la réalité des sens que la connaissance scientifique contredit. Ce rééquilibrage des valeurs démontre l'inadéquation des schémas abstraits dès lors qu'ils cherchent à se valider dans l'étude des faits de langage; plaqués de l'extérieur comme autant de règles apprises sur la réalité vive et mouvante des langues (excluant toute référence au réel au profit d'une définition des mots par rapport à d'autres mots), et des phrases par rapport à des phrases syntaxiquement modifiées, les efforts des théories linguistiques (structurales aussi bien que génératives) à rejoindre l'idéal absolu de la scientificité ignorent la relativité de cet idéal lui-même en regard de la totalité inscrite dans le langage et qui se véhicule en lui, et nous en lui. Tout effort de réflexion sur la compréhension et la traduction de textes part de cette aporie productive selon laquelle l'enjeu fondamental n'est pas la compréhension *du* langage, mais la compréhension et la transmission de textes *dans* le langage.

II

Cette première conclusion ouvre la dimension herméneutique de tout fait de langue et pose en même temps le problème de la situation du traducteur. C'est l'angle d'attaque privilégié de notre analyse. Science et idéologie totalisante se recoupent, on l'a vu, parce qu'elles se placent en dehors du cercle de la compréhension et s'arrogent ainsi les vertus de l'objectivité. L'objectivation du traduire est le but suprême en même temps que le porte-drapeau du volontarisme scientifique moderne, même lorsque celui-ci ne se réclame pas d'une méthodologie spécifique.[3] Mais à la base de ce dernier figure un renoncement, celui d'inclure dans le champ de l'analyse et de la recherche ce qui échappe à la méthode développée: ainsi le structuralisme est-il ahistorique, et l'époque n'est pas très éloignée où il se voulait asémantique. Cependant, derrière l'illusion de totalité et d'objectivité que produit un tel renoncement se développent toujours librement les préjugés et intérêts idéologiques qu'on cherchait à évacuer.[4] A l'autre extrémité, l'affirmation d'une pratique pour ainsi dire absolue est aussi une naïveté qui ignore que tout acte de langage repose sur une série de pré-jugés qui sont certes une pesanteur intolérable étouffant toute réflexion fructueuse dès lors qu'on les lie, mais que la conscience herméneutique cherche à réduire et à rendre créateurs. Contre l'objectivité scientifique nourrissant ses pré-jugés contre le pré-jugé et occultant par là la réalité de la tradition dans laquelle se transmet le texte (lequel contribue à la modifier), la prise de conscience herméneutique se reconnaît dans un premier temps dans le pré-jugé constitutif de la tradition et lui rend ainsi le sens positif qu'il avait perdu avec la percée de l'absolutisme scientifique, tant il est vrai qu'il n'existe pas de compréhension *ex nihilo* et qu'il ne s'agit pas d'aseptiser le texte de la tradition qu'il comporte et enrichit, mais au contraire de susciter le sens qu'il recèle en le confondant à notre pré-jugé, lequel ne se manifeste vraiment qu'à travers cette confrontation qui nous permet de le contrôler (aux deux sens du terme: vérification et maintien dans ses limites).

En résumé, la conscience herméneutique accepte de se placer dans la réflexion elle-même. Son effort ne consiste pas à objectiver la compréhension, mais à la désubjectiviser au maximum tout en acceptant l'aporie, à la manière du récitant faisant la lecture d'un poème et cherchant à évacuer le plus possible ce qui n'est pas dans le texte qu'il lit, à savoir la contingence que représentent sa voix et sa diction, pour approcher l'idéalité du texte. Mais si cette irréductible contingence heurte l'idéalité du texte, elle est aussi constitutive de l'existence que le récitant donne au poème par sa voix, de son interprétation et donc de sa compréhension du texte, et l'aporie initiale se retourne pour devenir positive. "Keine Stimme der Welt kann die Idealität eines dichterischen Textes erreichen. Eine jede muss in gewissem Sinn durch ihre Kontingenz beleidigen. Sich von dieser Kontingenz zu befreien macht die Kooperation aus, die wir als Mitspieler in diesem Spiel zu leisten haben."[5]

De la même manière, on voit mieux maintenant en quoi la traduction est un modèle privilégié de la conscience herméneutique en ce qu'elle s'approprie un autre texte tout en en reconnaissant l'altérité.[6] La traduction ne se réduit pas à l'obsession identificatrice que dévoile l'idéal naïf du mot-à-mot comme son opposé, l'idéal annexionniste. Le traducteur fait se rejoindre l'autre avec lui-même (*Horizontverschmelzung*) tout en reconnaissant la présence de l'autre en lui-même: Sa connaissance est, pour paraphraser Camus, toujours et en même temps solidaire et solitaire.

III

Ce lien indissoluble et infiniment complexe entre le traducteur et son texte et qui produit un nouveau texte dans la présence englobante du langage qui se manifeste à travers le chassé-croisé continuel des règles à respecter et de la langue qui se trouve peu à peu, malgré et dans les contraintes syntaxiques, sémantiques et stylistiques, on peut le concrétiser à travers une métaphore que met en jeu le traduire. Et on aura eu beau jeu dans le camp de l'objectivité à stigmatiser cette tendance métaphorisante comme le signe d'une impuissance à conceptualiser l'activité traduisante. Mais cette défiance confirme seulement le fait que traduire est une incapacité à saisir la vérité non spécifique dont la métaphore est le lieu. Et de fait, la traduction ne se réduit pas au processus décodage/rencodage que présentent les linguistes, entretenant par là le mythe d'un rapport exact de cause à effet entre le texte et sa traduction. L'activité traduisante est bien plus fructueusement cernée si l'on parle d'un affrontement entre les structures de deux ou plusieurs messages. Et le programme ouvert de cet affrontement qui revendique la présence des protagonistes dans le langage même apparaît à travers la structure du *Jeu*. C'est ce que pressent Roland Barthes quand il écrit: "Le jeu, étant un langage, relève de la même structure symbolique que l'on retrouve dans la langue et dans le récit: *Le jeu lui aussi est une phrase*" [nous soulignons].

Avant de permettre une approche de questions spécifiques comme l'être et le rôle de l'intuition dans la traduction ou l'articulation théorie/pratique, la description de la structure d'un jeu aussi simple et universel que le football vérifie l'exactitude globale de la métaphore en réfractant le problème déjà abordé du rapport du traducteur au langage et au message. L'affrontement de deux équipes sur un terrain strictement délimité (que figure l'espace du texte) fait apparaître dans le spectacle donné une réalité toujours nouvelle (bien que les règles du jeu soient universelles, il n'y aura jamais deux rencontres identiques) qui dépasse chacun des protagonistes, puisqu'aucun ne peut faire le spectacle à lui seul (le match sombre dans la médiocrité et l'ennui si une des deux équipes ne joue pas le jeu, et on dit alors qu'elle fait de l'anti-jeu). Ainsi, la traduction d'un texte n'appartient bien entendu pas à l'auteur de l'original, mais pas non plus exactement au traducteur, puisque sur un autre original, il aurait produit une autre traduction: on reconnaît ici le rapport solidaire-solitaire[7] évoqué plus haut entre le traducteur et son texte. Mais il faut s'interroger sur cette réalité supérieure qui n'appartient à aucun des protagonistes et les dépasse tous les deux tout en leur étant indéfectiblement attachée: ce phénomène se comprend si on accepte l'idée que dans le jeu, les joueurs maîtres de leur art et de leur technique, se fondent dans le jeu, et jouent beaucoup moins qu'ils ne sont joués. Le vocabulaire nous confirme encore une fois dans cette expérience: ne dit-on pas qu'on est "porté par le jeu" lorsqu'un joueur donne cette formidable impression de facilité et de sérénité qui contraste avec l'effort crispé de celui qui en est encore à tenter de dominer sa technique, et dont on dit alors de manière très éloquente qu'il "se cherche," ce qui rend *a contrario* l'idée fondamentale que dans le véritable jeu, le joueur se trouve en se laissant jouer, c'est-à-dire en d'autres termes que la frontière sujet/objet de l'expérience scientifique est abolie: c'est exactement ce qui se passe pour le traducteur produisant un texte nouveau à partir du langage, et il est permis ici encore de pousser l'analogie avec le jeu pour être pris au jeu, et celui qui refuse le jeu (à la manière du boxeur qui "refuse le combat") gâche le jeu. De la même manière, il faut, pour comprendre et traduire un texte, accepter qu'il a quelque chose à nous dire. Il y a donc cet "élan de confiance"[8] qui nous lie au texte, phénomène universel que la logique behavioriste de Quine ignore (tout en le supposant), et que la langue courante exprime avec sa logique propre: le texte "me dit"; mais je dois prendre alors cette proposition à la lettre, c'est-à-dire dans sa polysémie: le texte me dit, cela veut dire que le texte se dit à travers moi,[9] que c'est lui qui me parle dans la traduction, laquelle restera cependant toujours marquée de mon individualité, puisque le texte se dit à travers mon pré-jugé propre. Ainsi comprise, la métaphore du jeu ne peut être dénaturée pour tenter de faire apparaître la compréhension et la traduction comme gratuites, arbitraires, subjectives.

On a montré que le sujet du jeu n'est pas la conscience subjective du joueur, mais le mouvement du jeu lui-même qui est son propre but. Ce mouvement est le va-et-vient continuel d'un camp à l'autre qui constitue pour le spectateur le match à travers la tactique mise en jeu par une équipe et le contre-dispositif aussitôt mis en œuvre spontanément par l'adversaire pour annihiler l'attaque et passer à son tour à l'offensive, ce qui correspond, transposé dans la traduction, au jeu entre les ressources spécifiques développées par chaque langue au cours de son évolution historique (le pré-jugé de la langue elle-même) pour aboutir à l'équilibre, au consensus global dans la traduction réussie: Pour Mario Wandruszka, "jede Übersetzung ist eine ständige Auseinandersetzung mit lexikalischen, grammatischen, stilistischen Überangeboten und Unterangeboten,"[10] position qu'il précise par ailleurs en en tirant des conclusions méthodologiques globales: "Unsere Sprachen sind keine unfehlbaren analogischen Systeme von strenger, zwingender Konsequenz. In ihnen ist unsere menschliche Erlebniswelt nicht in einem Netz perfekter Analogien eingefangen. Das ist eine ebenso einfache wie entscheidende Erkenntnis, die uns gerade in der letzten Zeit durch den Streit um so viele strukturalistische, generativ-transformationelle, formallogische Systemmodelle immer deutlicher bewusst wird. Die Lehre, die wir daraus ziehen müssen, lautet: Wenn wir begreifen wollen, wie unsere Sprachen als Kommunikationssysteme funktionieren, müssen wir zuallererst versuchen, das ihnen eigentümliche Wechselspiel, das Gegeneinander, Miteinander, Ineinander von Analogien und Anomalien, von "Majoritäten" und "Minoritäten" richtig zu verstehen."[11]

IV

On l'a dit au début de cette analyse, la traduction est une synthèse entre une analyse et une écriture. Si on refuse l'*a priori* méthodologique d'un modèle plaqué de l'extérieur par un autre sujet sur un texte considéré comme objet, c'est entre autres choses parce qu'une telle perspective occulte littéralement ce travail d'écriture. La traduction met précisément en jeu ce que les systèmes formalistes ignorent superbement: le langage dans sa dimension herméneutique, la langue *in statu nascendi*. Pour redécouvrir cette dimension, il faut parler de l'acte décrié aujourd'hui dans lequel se manifeste le plus purement: *l'intuition*. La défiance à son égard tient au fait que le sens commun y voit un jeu de hasard; on la place en amont de la compréhension, suscitant la compréhension. C'est exactement le contraire qui est vrai: l'intuition n'est pas donnée immédiatement, pas plus que la partie visible d'un iceberg est tout l'iceberg. L'intuition est l'élan dans lequel le jaillissement de la formule rejoint le sens compris. Elle représente en cela un modèle de la dimension herméneutique qu'elle laisse parler la chose elle-même (la langue) en elle en partant non de la méthode, mais de la compréhension de la chose. Pour rendre ce phénomène plus accessible encore, une comparaison avec une action particulière de la linguistique va nous servir. Il s'agit de l'opération qui débouche sur la *compétence linguistique* du traducteur, qui consiste à la fois en la connaissance d'éléments (morphèmes, lexies) et de leurs règles combinatoires (d'ordre sémantique, avec leurs conséquences syntaxiques, et leurs solutions au niveau des signifiants). Le résultat est le message, pivot de l'opération traduisante, toujours unique (sorte d'hapax linguistique), puisqu'il n'est jamais totalement reproductible, et que sa composante implicite n'est pas totalement identifiable.[12]

La compétence du traducteur jouera un rôle semblable à celle de l'auteur, bien que les problèmes posés soient différents. L'auteur, certes, avec sa compétence syntaxique, mais aussi, en premier lieu, avec sa faculté de percevoir le monde (réel ou imaginaire) dans son vouloir dire lequel, à travers l'opération de conceptualisation, a le pouvoir de se dire en langue naturelle. Ce niveau préverbal est fondamental dans la production d'un message, comme l'est le postverbal dans la réception (traduction).[13]

V

A l'onomasiologie (allant du conceptuel aux signes) qui est le propre de la production, ou génération du message, correspond la sémasiologie (allant des signes au conceptuel) qui est le propre de la compréhension. Le traducteur doit donc conceptualiser les données que lui fournit sa compétence, allant d'un niveau littéral de compréhension, immédiat, vers des niveaux de plus en plus élaborés, en fonction des connaissances qu'il a d'autre part (savoir sur le monde—*Kulturwissen*) et qui peut être appelé le plan cognitif; à cela s'ajoutent la situation de communication, domaine de la pragmatique, qui fait que le contexte se projette obligatoirement sur le texte qui est en train d'être dit, et le rapport au monde (*Orientierungshintergrund*), qui se branche sur un référent qui peut être perceptible (visible, sonore, tactile ou imaginaire). De toute façon, le référent n'est qu'un point de départ, non-inventoriable, non-fini, qui pour rentrer dans le moule d'une langue naturelle doit être conceptualisé. La conceptualisation, préverbale, permet par exemple de choisir un type d'événements (schéma statique, évolutif ou causatif) et de choisir également les aspects du référent qui seront retenus. Le traducteur ne dit qu'une toute petite partie de ce qu'il est capable de percevoir ou d'imaginer. Devant l'époque de la Résistance (Texte du 29 octobre 1944 d'Albert Camus), il ne dira que quelques éléments. Dans le cas de la traduction, chez tout traducteur, le fait de dire modifie l'ensemble de la connaissance linguistique (exemple: effets de sens ou connotations qui s'intègrent progressivemment à la compétence), et naturellement le savoir sur le monde. L'acte de langage est donc situé, à travers la traduction, dans une perpétuelle micro-diachronie. Et quand un sujet parlant traduit d'une langue naturelle un texte d'Albert Camus dans une langue naturelle (traduction "vers" l'allemand par exemple), il fait le parcours séma-sociologique, passe par un univers conceptuel non-verbal (niveau dit noémique), pour devenir émetteur suivant le parcours onomasiologique, vers un message en langue d'arrivée. Le noémique est un métalangage de description du monde de la mémorisation, point d'arrivée de la compréhension, et point de génération.

La compétence linguistique est un facteur dont l'influence sur la compréhension est essentielle mais qui semble aller de soi dans la communication unilingue, si bien qu'elle n'y est guère analysée. La traduction, par contre, en révèle toute l'importance. La maîtrise de l'instrument linguistique, pleinement atteinte pour les systèmes phonologique et morpho-syntaxique (qui sont *clos*) n'est pas toujours complète lorsqu'il s'agit du lexique (qui est *ouvert*). L'épaisseur des concepts qui s'attachent aux mots varie considérablement pour tomber parfois pratiquement à zéro. Les erreurs de traduction dues à une imparfaite connaissance de la langue étrangère montrent les obstacles que cet état de choses oppose à la compréhension: concentré sur la signification des mots (qui sont durables, produit d'acquisitions achevées de façon à peu près définitives au moment où s'achève la croissance), le traducteur perd de vue les repères situationnels, les connaissances préalables ou apportées par le contexte et se laisse retenir au piège de la littéralité, qui exclut toute référence extérieure. Contrairement à la signification, le sens est un état de conscience passager, c'est l'idée ou si l'on préfère le vouloir dire, c'est le compris. Traduire, c'est avant tout saisir le sens à travers la langue.

La compétence linguistique n'est pas tout. Il faut noter l'importance pour la compréhension des connaissances extra-linguistiques que sont les circonstances dans lesquelles le message a été émis et d'où il émane. Si chacun s'accorde à reconnaître l'importance des connaissances pertinentes pour la compréhension d'un texte, on néglige souvent le rôle que joue dans la compréhension d'un texte la connaissance de tout ce qui a précédé l'énoncé à comprendre ou à traduire, à commencer par l'apport des phrases immédiatement précédant celle du moment. Tout énoncé comportant une part d'explicite et une part aussi de non-dit, car supposé su, le traducteur intègre toujours l'explicite à une grille de données préalables ou concomitantes que lui révèle l'implicite. Mais à mesure que progresse le discours, les bribes successives d'énoncé sont enrichies et fertilisées par le souvenir du texte précédent.

Au début de sa progression, la linéarité de l'énoncé le fait comprendre au niveau de la signification verbale. En effet, le traducteur, jusqu'à un certain point, ne saisit pas, au-delà des mots qui le disent, le sens du dit: Il traduit plus ou moins littéralement les mots qui ne sont pas encore constitués en unités de sens. Mais à un moment donné, le traducteur se détache des mots et des formes syntaxiques de l'original; c'est qu'il a compris l'énoncé, et que, pour lui, celui-ci ne s'articule plus en éléments individuellement signifiants, mais s'est contracté en un tout, en une unité de sens; la traduction dorénavant exprime ce sens et non plus les éléments porteurs de l'original. On voit ainsi constamment la compréhension de l'énoncé s'appuyer sur quelques mots puis se condenser en un tout, le sens qui se constitue en de soudains déclics, à intervalles irréguliers mais toujours à l'intérieur de l'empan de la mémoire immédiate.

Le caractère répétitif de ce phénomène, l'alternance constante entre une traduction littérale des éléments d'informations nouveaux et une expression libérée du transcodage nous amène à penser que c'est là un phénomène directement extrapolable à la compréhension du langage. La saisie du sens procède vraisemblablement toujours ainsi: les premiers mots de chaque pensée nouvelle éveillent des champs sémantiques et cognitifs qui, une fois mobilisés, permettent la soudaine synthèse (révélée par le déclic de la compréhension) des informations nouvelles apportées par le discours et des informations stockées dans la mémoire cognitive.

Le traducteur doit donc comprendre le non-dit qui accompagne le dit. C'est pour lui la seule manière d'assurer que la traduction qu'il fournit dans le respect des contraintes de la langue d'arrivée produira les mêmes effets de sens que l'original. Sorties de la linguistique contrastive, les recherches sur la traduction définissent leur objet comme étant le sens qui passe d'un interlocuteur à l'autre. Ainsi délimité, le sens dépasse le plan linguistique sans l'abandonner entièrement et pénètre dans le domaine psychologique sans s'y fondre intégralement. C'est parce que nous identifions le sens qui doit être transposé d'une langue à l'autre à la compréhension immédiate des textes, que la traductologie peut, semble-t-il, apporter une contribution précise à l'élucidation des phénomènes généraux de la compréhension du langage.

VI

Une application concrète confirmera cette conception de l'intuition comme ascèse qui s'acquiert, constitutive de la méthodologie herméneutique:

Albert Camus: "Le Langage d'une morale virile"
La France vivait sur une sagesse usée qui expliquait aux jeunes générations que la vie était ainsi faite qu'il fallait savoir faire des concessions, que l'enthousiasme

n'avait qu'un temps, et que, dans un monde où les malins avaient forcément raison, il fallait essayer de ne pas avoir tort.
5   Nous étions là. Et quand les hommes de notre génération sursautaient devant l'injustice, on les persuadait que cela leur passerait. Ainsi, de proche en proche, la morale de la facilité et du désabusement s'est propagée. Qu'on juge de l'effet que put faire dans ce climat la voix découragée et chevrotante qui demandait à la France de se replier sur elle-même. On gagne toujours en s'adressant à ce qui est
10 le plus facile à l'homme, et qui est le goût du repos. Le goût de l'honneur, lui, ne va pas sans une terrible exigence envers soi-même et envers les autres. Cela est fatigant, bien sûr. Et un certain nombre de Français étaient fatigués d'avance en 1940.
   Ils ne l'étaient pas tous. On s'est étonné que beaucoup d'hommes entrés dans la
15 résistance ne fussent pas des patriotes de profession. C'est d'abord que le patriotisme n'est pas une profession. Et qu'il est une manière d'aimer son pays qui consiste à ne pas le vouloir injuste, et à le lui dire. Mais c'est aussi que le patriotisme n'a pas toujours suffi à faire lever ces hommes pour l'étrange lutte qui était la leur. Il y fallait aussi cette délicatesse du cœur qui répugne à toute trans-
20 action, la fierté dont l'usage bourgeois faisait un défaut et, pour tout résumer, la capacité de dire non.
   La grandeur de cette époque, si misérable d'autre part, c'est que le choix y est devenu pur. C'est que l'intransigeance est devenue le plus impérieux des devoirs et c'est que la morale de la concession a reçu, enfin, sa sanction. Si les malins
25 avaient raison, il a fallu accepter d'avoir tort. Et si la honte, le mensonge et la tyrannie faisaient les conditions de la vie, il a fallu accepter de mourir.
   C'est ce pouvoir d'intransigeance et de dignité qu'il nous faut restaurer aujourd'hui dans toute la France et à tous les échelons. Il faut savoir que chaque médiocrité consentie, chaque abandon et chaque facilité nous font autant de mal
30 que les fusils de l'ennemi. Au bout de ces quatre ans de terribles épreuves, la France épuisée connaît l'étendue de son drame qui est de n'avoir plus droit à la fatigue. C'est la première condition de notre relèvement et l'espoir du pays est que les mêmes hommes qui ont su dire non mettront demain la même fermeté et le même désintéressement à dire oui, et qu'ils sauront enfin demander à l'honneur
35 ses vertus positives comme ils ont su lui prendre ses pouvoirs de refus. (II,277–9).

Traduction du texte en allemand:

Albert Camus: "Die Sprache der Zivilcourage"

Frankreich lebte lange von einer verbrauchten Einstellung zum Leben, die den Vertretern der jüngeren Generation klarmachen sollte, das Leben verlange nun einmal Bereitschaft zu Zugeständnissen, Begeisterung sei dagegen doch nur etwas Vorübergehendes, und in einer Welt, die den Raffinierten zwangsläufig
5 recht gibt, solle man möglichst nicht unrecht haben.
   So weit war es also mit uns gekommen. Und als die Vertreter unserer Generation plötzlich aufschraken, wurde ihnen eingeredet, darüber kämen sie schon hin-

weg. So hat nach und nach die Moral der Nachgiebigkeit und der Desillusionierung an Boden gewonnen. Man denke doch nur einmal, welche Wirkung in der damaligen Atmosphäre die mutlos-klägliche Stimme eines Marschall Pétain ausüben konnte, als dieser an Frankreichs Selbstbeschränkung appellierte. Es lohnt sich ja immer, im Menschen die Selbstzufriedenheit anzusprechen, die seinem Bedürfnis nach Ruhe so sehr entgegenkommt. Ehrgefühl dagegen stellt harte Ansprüche an sich selbst und an die anderen. Das ist natürlich lästig, und so mancher Franzose war 1940 von vornherein schon am Ende seiner Kraft.

Gewiss nicht jeder. Es war sogar erstaunlich, dass viele Angehörige der Résistance keine Berufspatrioten waren. Patriotismus ist ja zunächst einmal kein Beruf, sondern eine besondere Art, seine Heimat so zu lieben, dass nicht sie schuld hat und es der Bevölkerung auch sagt. Patriotismus vermochte aber auch nicht immer von sich aus diese Menschen zu ihrem eigenartigen Kampf hinreichend zu mobilisieren. Dazu bedurfte es auch jener Herzensbildung, der jeder Kompromiss zuwider ist, des Stolzes, aus dem das Bürgertum praktisch einen Charakterfehler gemacht hat und, alles in allem, der Fähigkeit, nein zu sagen.

Bei all ihrer Armseligkeit liegt die Grösse dieser Zeit doch darin, dass in ihr die Entscheidungen eindeutig geworden sind. Denn Kompromisslosigkeit ist oberste Pflicht geworden, und mit der Moral der Zugeständnisse wurde am Ende gebrochen. Wenn die Raffinierten recht hatten, musste man Unrecht hinnehmen. Und wenn Schmach, Lüge und Gewaltherrschaft unser Leben bestimmten, dann musste man zum Sterben bereit sein.

Diese Energie zu Konsequenz und Ehrgefühl müssen wir heute auf jeder Ebene in ganz Frankreich wiederherstellen. Wir müssen wissen, dass jede Halbheit, die wir dulden, jeder Verzicht und jede Bequemlichkeit uns genau so hart treffen wie die Gewehre des Feindes. Nach diesen vier Jahren schrecklicher Not ist sich das energielose Frankreich heute über das Ausmass seiner Katastrophe im klaren, und es weiss, dass es sich Lethargie nicht mehr leisten kann. Das ist die Grundvoraussetzung für unseren Wiederaufstieg und die Hoffnung der Bevölkerung, dass dieselben Menschen, die nein zu sagen vermochten, morgen mit gleicher Entschiedenheit und Uneigennützigkeit ja sagen und schliesslich ihre tatsächliche Kraft bei der Ehre zu suchen vermögen, wie sie von ihr die Energie zum Nein zu bekommen vermochten.

Texte traduit par Fritz Paepcke

VII

Ce passage d'Albert Camus, extrait d'un écrit politique, publié le 29 octobre 1944 par *Combat*, décrit dans une langue très noble, mais dénuée de difficultés de compréhension ce qu'a dit François Mauriac en soulignant que Camus reste un témoin de son époque. "Il a aidé toute une génération à prendre conscience de son destin." Au lendemain de la Libération, Albert Camus est le témoin de tous les hommes qui mettent leurs espoirs dans une révolution ("De la Résistance à la Révolution," pour reprendre le sous-titre de *Combat*) qu'on peut encore croire celle de la justice (ligne 6). Les expériences qu'ils avaient, par la suite, vécues leur montrent, par contre, comment une révolution peut trahir ses propres fins et se défigurer elle-même. Au même moment, ils voient l'Europe et leur pays non seulement écrasés par la guerre, mais déchirés. L'idée qu'ils se font de l'homme et de son destin, après de telles expériences douloureuses, ne pourra éviter d'être profondément modifiée par la sagesse usée (ligne 1).

L'intérêt de ce texte réside dans le mélange subtil de deux perspectives divergentes qui se fondent pour créer l'unité du texte, à savoir la description, en employant des mots qui font appel à la morale du laisser-aller et au goût du repos (ligne 10), de ce que voit et enregistre sans en saisir le sens global ni particulier celui qui nous invite à l'accompagner dans l'exploration des misères et des ressources de la condition humaine. La guerre et l'occupation avaient situé Albert Camus dans le camp des résistants. Mais le philosophe de l'absurde signale par un réseau de mises en parallèles telles que goût de l'honneur (ligne 10), d'oppositions simples telles que intransigeance (lignes 23, 27), de mises en parallèles telles que dignité (ligne 27), fermeté (ligne 33), désintéressement (ligne 34) la perplexité qui se marque ouvertement au milieu du texte à travers la séquence dominante *délicatesse du cœur* (ligne 19) qui se présente à lui tout en signalant l'incapacité de la *sagesse usée* (ligne 1) à déceler les liens de cause entre les différentes attitudes et à donner de l'ensemble une interprétation cohérente et évidente aux yeux des adeptes de cette sagesse usée.

Ainsi l'écrivain fait non sans fierté le lecteur complice de sa morale, qui est celle de la fermeté (ligne 33), de la droiture, de la justice, du bonheur de pureté (ligne 23), de la grandeur (ligne 22), de la dignité (ligne 27), de l'intransigeance (lignes 23, 27) et de la fermeté (ligne 33). Il suggère donc le deuxième niveau de la compréhension qui s'oppose à la forme de cette sagesse usée, libérant ainsi une sorte de frottement sémantique qui constitue l'unité et le sens véritable du texte.

Outre qu'elle doit s'efforcer de reproduire cette structure stylistique et sémantique relativement complexe malgré son apparente transparence, la traduction se heurte à une difficulté sémantique particulière pour rendre la séquence *délicatesse du cœur* (ainsi que nous l'a démontré une série d'approches). Après quelques propositions facilement réfutées fut lancé le mot composé *Herzensbildung* qui s'imposait. Manifestement cette intuition partait de la compréhension globale des articulations sémantiques du texte d'une part, mais aussi de la présence dans la conscience passive du traducteur de l'ensemble des composants sémiques de *délicatesse* que le dictionnaire unilingue décrit ainsi:

1. Qualité de ce qui plaît par la *douceur*
2. Caractère de ce qui est *fin*
3. Aptitude à *sentir*, à *juger finement*
4. *Sensibilité morale* dans les relations avec autrui, juste appréciation de ce qui peut choquer, peiner.[14]

Herzensbildung associé à *délicatesse du cœur* reproduit d'évidence les éléments contenus dans cet écrit, baignant tout entière dans une sorte de révolte contre l'absurdité de la vie. En se retournant sur elle-même, l'intuition ouvre le texte jusqu'à son centre, et le texte se referme sur elle en l'englobant dans la traduction si elle est vérifiée, c'est-à-dire si elle fait bien apparaître la cohérence du texte dans le jeu du va-et-vient qu'elle met en œuvre entre l'usage bourgeois (ligne 20) et le tout (délicatesse du cœur), faisant apparaître le second dans le premier, elle participe de plein droit de la structure herméneutique et révèle son fondement ontologique. L'ensemble de cette conception de l'intuition est condensé par Maurice Merleau-Ponty qui écrit:

> Le propre de l'intuition est d'appeler un développement, de devenir ce qu'elle est, parce qu'elle renferme une double référence à l'être muet qu'elle interroge, à la signification maniable qu'elle se dégage, qu'elle est l'expérience de leur concordance, qu'elle est [...] lecture, art de saisir un sens à travers un style et avant qu'il ait été mis en concepts, et qu'enfin la chose même est le foyer virtuel de ces formulations convergentes.[15]

Si, dans l'exemple donné, *Herzensbildung* et l'ensemble de ses composants sémiques n'avaient pas préexisté dans la conscience linguistique passive du traducteur, l'intuition n'aurait pu se produire comme elle l'a fait: loin d'être la "voix mystérieuse" dont Paul Valéry reprochait aux poètes malhonnêtes de se réclamer trop facilement, l'intuition ainsi comprise est ascèse intellectuelle, elle ne se donne qu'à celui qui la porte déjà en lui et sait la provoquer par l'alliance de l'*esprit de géométrie* et de l'*esprit de finesse* dans le jeu de la réflexion et marque non seulement les possibles, mais aussi les limites et la relativité de la situation du traducteur devant son texte.[16]

VIII

Cette relativité, on l'a vu, est liée à la situation du traducteur dans le langage.

Il ne peut à ce titre y avoir de théorie pure de la traduction, pas plus qu'il ne peut y avoir de science de la traduction au sens des sciences exactes. Par ailleurs, les pesanteurs idéologiques qui caractérisent le volontarisme unilatéralement pratiqué font que toute compréhension, explication et appropriation véritables ne peuvent s'effectuer que dans un effort de distanciation par rapport à son discours. Ceci conduit à s'interroger sur les conditions d'un dépassement du dualisme théorie/pratique à travers une attitude qui verrait dans chacune de ces deux dimensions un aspect spécifique de l'autre, une sorte de dialectique unitaire qui permettrait de surmonter la dichotomie entretenue entre dire, vivre et traduire: un dernier développement de la structure du jeu peut encore une fois nous être utile.

On a vu que le véritable sujet du jeu n'est pas la subjectivité de celui qui, entre autres choses, est capable de jouer, mais bien le mouvement du jeu lui-même, de même que le praticien de la traduction n'est pas le sujet de son texte-objet. Ceci dit, le jeu n'est véritablement jeu qu'en tant qu'il est représentation de lui-même, c'est-à-dire aussi spectacle pour autrui, et la traduction, comme n'importe quel autre texte et comme l'œuvre d'art, n'existe que dans la lecture qui est faite d'elle. Quand le jeu devient spectacle, il s'opère un retournement qui place le spectateur à la place du joueur en ce sens précis que c'est maintenant pour lui que se joue le jeu, et non plus pour le joueur. La transposition de ce retournement sur le statut du traducteur infléchit la réflexion en un sens plus productif encore puisque le traducteur est toujours en même temps le joueur et son premier lecteur (spectateur). L'ouverture du jeu sur le spectateur et du texte sur le traducteur/spectateur consacre l'autonomie du jeu pris comme totalité dans laquelle pratique et observation théorique se réfléchissent l'une l'autre à travers une seule attitude; c'est l'unité de cette pratique qui théorise et de cette théorie que l'on pratique qui constitue le moteur de la recherche ici en cours et toujours en mouvement, jamais finie puisque dialectique, somme en aucun cas, tout au plus nécessaire halte réflexive.

Notes
Edition utilisée

II, 1965

1. L'allemand est la langue dont l'auteur a la connaissance approfondie nécessaire pour pouvoir vérifier l'exactitude de la traduction qu'il propose, avec un degré raisonnable de certitude.
2. L'auteur de cette étude a cherché à modifier la traduction de ce texte, faite par Guido Meister; Albert Camus, *Fragen der Zeit* (Hamburg: Rowohlt, 1960).

3. C'est le point de vue de Wolfram Wilss, *Übersetzungswissenschaft* (Stuttgart, 1977).
4. Voir Henri Meschonnic, *Pour la poétique, II. Epistémologie de l'écriture. Poétique de la traduction* (Paris: Gallimard, 1973).
5. Voir Hans-Georg Gadamer, *Die Aktualität des Schönen. Kunst als Spiel, Symbol und Fest* (Heidelberg, 1977), p. 59: "Aucune voix au monde ne saurait atteindre l'idéalité d'un texte poétique; chacune est susceptible d'insulter, en un certain sens, de par sa contingence. Se libérer de cette contingence constitue la coopération à ce jeu auquel nous sommes tenus de participer en tant que membres de l'équipe" (traduit par Raymond Gay-Crosier).
6. Voir Werner Beierwaltes, *Identität und Differenz. Zum Prinzip cusanischen Denkens* (Westdeutscher Verlag: Rheinisch-Westfälische Akademie der Wissenschaften, 1977). Les rapports texte-traduction se manifestent sous la forme d'*unitas in alteritate*.
7. Ces rapports se retrouvent dans le texte et la traduction: "Die Übersetzung im Verhältnis zum Text ist das *Nicht-Andere*" (le même et l'autre par analogie).
8. Voir Fritz Paepcke, "Wahrheit als Sprachvertrauen. Zum 80. Geburtstag von Professor Dr.Dr.h.c. Hans-Georg Gadamer am 11. Februar 1980," *Heidelberger Tageblatt*.
9. Voir St. Augustin, *Ingens aula memoriae*.
10 "Toute traduction est une lutte permanente avec les surenchères et les pénuries lexicales, grammaticales et stylistiques" (traduit par Raymond Gay-Crosier).
11. Voir Mario Wilhelm Wandruszka von Wanstetten, *Interlinguistik; Umrisse einer neuen Sprachwissenschaft* (Munich: R. Piper, 1971), p. 35: "Nos langues ne sont pas des systèmes analogiques infaillibles à conséquence stricte et nécessaire. Le monde humain du vécu n'y est pas capté dans un réseau d'analogies parfaites. Il s'agit là d'une connaissance aussi simple que décisive dont nous avons tout récemment été amenés à avoir une conscience de plus en plus aiguë à la suite des conflits dans lesquels se sont engagés les nombreux modèles de système structuralistes, génératifs-transformationnels et de logique formelle. Voici la leçon que nous devons en tirer: Si nous tenons à comprendre comment fonctionnent nos langues en tant que système de communication, nous devons d'abord tenter de saisir avec précision le ludisme des alternances qui leur est propre, l'opposition, la coexistence, l'imbrication des analogies et des anomalies des 'majorités' et 'minorités'" (traduit par Raymond Gay-Crosier).
12. Voir Fritz Paepcke, "Übersetzen als Hermeneutik," in *Das Stefan-George Seminar 1978 in Bingen am Rhein*, éd. P. L. Lehmann et R. Wolff (Bingen, 1979), pp. 96–114. C'est dans cette étude que j'ai introduit les deux notions d'*Übersummativität und Individualität des Textes*.
13. Voir Hans-Martin Gauger, *Sprachbewusstsein und Sprachwissenschaft* (Munich: R. Piper, 1976).
14. Nicht objektives Erkennen, sondern menschlich-mitmenschliche Teilhabe als die die Praxis leitende Vernünftigkeit des Menschen. ("Non pas entendement objectif, mais participation humaine et interpersonnelle qui gouverne la raison pratique de l'homme," traduit par Raymond Gay-Crosier).
15. Voir Maurice Merleau-Ponty, *Eloge de la philosophie. Leçon inaugurale faite au Collège de France le jeudi 15 Janvier 1953* (Paris: Gallimard, 1953), p. 34; Fritz Paepcke, "Zum Problem von Sprache und Recht. Verwaltungsrechtliche Grundbegriffe im Sprachenpaar Französisch-Deutsch," *MDÜ*, éd. Hans Schwarz, I (1980), pp. 1–13.
16. Blaise Pascal, *Le cœur et ses raisons. Logik des Herzens*, Auswahl, Übersetzung und Nachwort von Fritz Paepcke, 5. Aufl., no. 9020 (Munich: DTV zweisprachig, 1977).

Discussion

M. WEYEMBERGH: Pourquoi, dans les exemples de traduction allemande que vous donnez et analysez, utilisez-vous "verbrauchte Weltanschauung" pour "sagesse usée"? Pourquoi, en particulier, "Weltanschauung" et non pas "Weisheit"? En fait, il y a plusieurs notions-clés dont les traductions allemandes sont, pour le moins, très discutables.

F. PAEPCKE: La querelle de la traduction est interminable. En fait, je n'ai pas cherché à justifier les traductions proposées mais tenté d'expliquer le va-et-vient entre le texte et le traducteur. Autant que les aspects formels de la langue c'est sa compréhension, son sens qui sont en jeu. Or en philosophie, "abgenutzte, verbrauchte Weltanschauung" pour "sagesse" sollicite un mot-clé de l'ancien régime plongeant ses racines dans des origines encore plus lointaines. Le sens ainsi produit refuse la simplicité trompeuse d'un modèle lexique binaire et c'est ce que j'ai voulu montrer par le texte analysé. La signification d'un mot c'est ce qui est acquis, achevé et traduire pose toujours le dilemme d'une décision face au problème de l'implicite et de l'explicite. Si le français se doit de dire autre chose que l'allemand, dans un contexte précis, c'est que les idées ne sont transparentes qu'au travers d'énoncés pertinents. Cette question touche à la polysémie des mots et au transcodage d'un sens se situant dans un contexte émotionnel et cognitif.

Brian T. Fitch
University of Toronto

Le paradigme herméneutique chez Camus

[...] Rateau regardait la toile, entièrement blanche, au centre de laquelle Jonas avait seulement écrit, en très petits caractères, un mot qu'on pouvait déchiffrer, mais dont on ne savait s'il fallait y lire *solitaire* ou *solidaire*. (II, 1652)

Il y a quelques années, dans un essai sur "Jonas,"[1] nous avons fait remarquer la valeur emblématique des dernières lignes de la nouvelle lesquelles constituent une mise-en-abyme à la fois de l'écriture et de la feuille blanche sur laquelle viendront se poser les caractères soit imprimés soit manuscrits, tout en fournissant un reflet du rôle producteur du générateur de l'ensemble de ce texte: le mot *étoile*. Mais leur valeur emblématique ne s'arrête pas là. Car en plus de leur fonction autoréférentielle au niveau de la génération du texte, elles laissent miroiter un reflet de l'autre bout de la chaîne communicative du discours littéraire: la réception du texte.

Le mot figurant sur la toile est déchiffrable, nous dit-on, à une lettre près, laquelle pourrait être soit un "d" soit un "t." Le choix de chacune des deux lettres donnerait lieu à un mot reconnaissable et parfaitement compréhensible mais le sens varierait selon ce choix. Autrement dit, il s'agit ici d'un problème d'interprétation. L'interprétation, c'est le déchiffrement d'un texte; elle fait partie intégrante de l'acte de lecture, et cela même quand tous les caractères inscrits peuvent être reconnus sans ambiguïté aucune. Car lire, comprendre et interpréter, comme le fait remarquer à juste titre Hans-Georg Gadamer,[2] font partie d'un seul et même acte. Les lignes dont ils est question ici ne font que fournir un cas extrême d'un processus indissociable de la lecture. Et du fait même du caractère exceptionnel de l'exemple qu'elles constituent, elles montent en épingle de la manière la plus voyante une activité qui a nécessairement été celle du lecteur dès qu'il a ouvert le livre, activité qui n'a certes pas attendu ce moment où la nouvelle prend fin pour venir à l'existence mais dont pour la première fois le lecteur prend ici conscience. Dans ce sens-là, cette dernière phrase du texte constitue une répétition de tout ce qui l'a précédée. Non pas de ce qui l'a précédée au niveau du contenu du texte, remarquons-le, mais une répétition de ce qui a eu lieu jusqu'ici dans l'esprit du lecteur. Son rapport vis-à-vis de l'ensemble du texte est effectivement celui qu'entretient le microcosme avec le macrocosme dès qu'on se rend compte que ce qui est ici en jeu n'est pas le texte-pour-lui-même mais le texte-pour-le-lecteur. La perception et la réception du texte s'y reflètent. Ainsi, paradoxalement, à l'intérieur du texte même, nous trouvons une anticipation de son propre destin, un reflet de ce qui l'attend mais qui ne se réalisera qu'avec la venue du lecteur. Quant à ce dernier, cette phrase lui rend sa propre image dans son présent de lecteur et de lecture: le lecteur y lit l'activité qui est la sienne propre. Bref, nous avons affaire à ce que Lucien Dällenbach a nommé "une mise-en-abyme de l'énonciation."[3] Le plus curieux, c'est que bien que nous venions d'avoir affaire à l'énonciation au niveau de la *réception* du texte, cette même phrase opère également, nous l'avons fait remarquer en commençant, comme mise-en-abyme de la *production* du texte. L'ensemble du procès de l'énonciation s'y inscrit donc d'une manière aussi exemplaire qu'elle est exceptionnelle.

Bien que les dromadaires dans "La Femme adultère" se trouvent comparés à des "signes sombres d'une étrange écriture dont il fallait déchiffrer le sens" (I,1567) et que le narrateur du "Vent à Djémila" parle de "déchiffr[er] l'écriture du monde" (II,62) à travers les sensations que lui transmet sa propre peau, le paradigme herméneutique n'est nulle part plus clairement à l'œuvre que dans *L'Etranger*.

Devant la profusion et la confusion des écrits critiques traitant de *L'Etranger*, devant la pléthore d'interprétations qui se contredisent plus souvent qu'elles ne se confirment, il est tentant de poser une petite question perfide: se peut-il que les arbres nous aient caché la forêt pendant ces quarante dernières années? Le véritable "sujet" de ce récit serait-il autre chose que le problème même de l'interprétation, c'est-à-dire le problème que pose toute interprétation?

Ce qui est clair c'est que le problème de l'interprétation est au cœur de l'histoire des grandeurs et misères d'un nommé Meursault. Les malheurs de ce dernier commencent précisément avec la mauvaise interprétation qui est faite de sa vie d'avant le meutre et du meurtre lui-même. Que la seconde partie du livre figure une interprétation de sa première partie est l'évidence même. Ou plutôt elle en fournit non pas une seule interprétation mais plusieurs. Et l'important ici n'est pas que ces exégèses s'excluent mutuellement et qu'elles ne peuvent donc pas toutes être justes, mais qu'elles sont toutes aussi fausses les unes que les autres. Si le portrait que dessine le procureur général revêt un caractère nettement caricatural: "Il disait qu'à la vérité, je n'en avais point, d'âme, et que rien d'humain, et pas un des principes moraux qui gardent le cœur des hommes ne m'était accessible" (I,1195), il en est néanmoins de même de celui que brosse l'avocat de Meursault lequel le dépeint comme "un honnête homme, un travailleur régulier, infatigable, fidèle à la maison qui l'employait, aimé de tous et compatissant aux misères d'autrui. [. . .] Un fils modèle qui avait soutenu sa mère aussi longtemps qu'il l'avait pu" (1197). Le noir de l'un des portraits répond au blanc de l'autre tel un négatif. A un être fictif est substitué un autre non moins fictif par rapport à celui dont le lecteur de la première partie a fait la connaissance. Et il est significatif que de même que le procureur doit créer une fausse image du prisonnier afin de le faire condamner, l'avocat de Meursault doit en inventer une toute aussi fausse s'il veut le faire acquitter. Bref, chacun se sert d'un homme de paille pour les besoins de sa cause. La fabrication d'un homme de paille et la création d'un personnage fictif ne sont pas sans parenté. Et les affinités certaines entre l'activité professionnelle de l'homme de loi et l'invention romanesque de l'écrivain ne sont sans doute pas sans pertinence ici non plus. Les difficultés qu'éprouve Meursault dans sa conversation avec son avocat proviennent de sa méprise quant au critère opératoire du système judiciaire: "Il m'a demandé," dit Meursault, "s'il pouvait dire que ce jour-là j'avais dominé mes sentiments naturels. Je lui ai dit: 'Non, parce que c'est faux'" (1170). On comprend que l'avocat finit par faire remarquer à son client qu'il n'a "jamais eu de rapports avec la justice" (1171). Il ne s'agit pas de distinguer entre le vrai et le faux mais entre ce qui est plausible et ce qui ne l'est point. Le discours judiciaire a ceci en commun avec le discours littéraire qui n'est, on le sait, ni vrai ni faux. Ils souscrivent à un seul et unique critère: celui de la vraisemblance. Notons, en passant, que le domaine juridique constitue, avec l'exégèse biblique et la philologie, l'une des trois branches traditionnelles de l'herméneutique.

Si l'activité à laquelle s'adonnent les hommes de loi—et le juge d'instruction se joint ici au procureur général et à l'avocat de Meursault—se rapproche curieusement de l'activité du romancier, le résultat de cette activité, dès qu'on tient compte de l'existence de la première partie du livre dont la substance, la vie de Meursault, en fournit l'occasion, s'apparente plutôt à l'activité du lecteur en tant qu'interprète.

L'analogie qui existe entre la reconstruction créatrice de la vie passée de Meursault dans la salle d'audience, d'une part, et la production et la réception de la fiction littéraire de l'autre, aussi bien que l'analogie entre la plausibilité légale et la vraisemblance littéraire, suggèrent, déjà le potentiel narcissique de ce texte, la possibilité qu'il ne cesse de se commenter.

Toute la deuxième partie du livre est donc centrée sur le problème de l'interprétation ou plus exactement sur celui de l'interprétation erronée. Et tout ce travail d'interprétation est suscité précisément par les événements racontés dans la première partie. Or il convient de faire remarquer que le lecteur est convaincu de l'inexactitude de telle ou telle interprétation (que ce soit celle du juge d'instruction, celle de l'avocat de Meursault ou celle du procureur général) non parce qu'elle s'écarte de n'importe laquelle des autres interprétations qui sont proposées puisque tout ce qu'elles ont toutes en commun c'est leur statut fictif en tant que fabrication *a posteriori*, mais plutôt à cause de la lourde ironie qui se dégage du récit de toutes les confrontations entre Meursault et les divers représentants du système judiciaire. Cette ironie élimine toute possibilité pour le lecteur de mal interpréter la manière dont il est censé évaluer les portraits du protagoniste suscités par le procès et ses préliminaires. Nulle part dans la seconde partie du livre, soulignons-le, le lecteur ne rencontre un rectificatif de ces faux portraits de Meursault.

Nous arrivons maintenant à l'étape décisive de notre analyse. Non seulement ces portraits ressemblent à toute interprétation faite par un lecteur donné du roman qu'il lit, mais ceux donnés par le juge d'instruction et le procureur général en particulier ne sont pas sans rappeler plus précisément le portrait de Meursault qui, par moments, commençait à se dessiner dans l'esprit du lecteur des cinq premiers chapitres de la première partie, c'est-à-dire avant les événements du meurtre sur la plage. Un tel rapprochement peut surprendre et il est, comme nous le verrons, lourd de conséquences. Pour appuyer cette affirmation, il suffirait de citer certains critiques tels Jean Onimus, Charles Moeller, Pierre-Henri Simon ou Pierre Descaves qui parlent de l'"inhumanité"[4] du protagoniste, de son "absence de sens moral" qui "est effrayante,"[5] et qui voient chez lui quelqu'un "hors de la normale":[6] "Personnage sommaire et somme toute assez odieux, qui ne peut que dégoûter."[7] Qui plus est, ces dernières interprétations sont fondées sur la lecture de *l'ensemble* du roman. Or tout ce que nous soutenons ici c'est que ses cinq premiers chapitres *peuvent* inciter le lecteur à former une telle opinion. Que la première partie du livre fournisse au lecteur l'occasion de formuler un jugement défavorable sur Meursault n'a rien de fortuit. On comprend que pour Carina Gadourek, il s'agit même d'"induire le lecteur en erreur."[8] Car si, aux dires de son créateur, Meursault devait porter les traits du "seul Christ que nous méritions,"[9] rien ne conviendrait mieux à ce rôle que le fait d'avoir été rejeté par nous les lecteurs.

Le lecteur de la deuxième partie se trouve donc confronté avec une interprétation du caractère de Meursault qui n'est autre que celle qui avait commencé à poindre dans son propre esprit. Et pourtant, il assiste par la même occasion à une reconstruction des événements précédant le meurtre qu'il sait ne pas correspondre, malgré sa plausibilité, à l'expérience de sa lecture du dernier chapitre de la première partie. La réalisation du caractère faux de l'évocation rétroactive du meurtre s'ajoute au ton ironique, noté tout à l'heure, de tout le récit du procès pour ne laisser subsister aucun doute quant à la fiabilité de l'interprétation, ou plutôt des interprétations du caractère du protagoniste qui en ressortent. Dès lors—résultat fort inquiétant pour lui—le lecteur prend conscience que s'il n'a pas déjà condamné Meursault lui-même, il avait été constamment sur le point de le faire. Il se trouve donc dans l'obligation impérieuse de reconsidérer ses propres réactions envers le protagoniste et de réévaluer son interprétation de la première partie du livre. Nous avons déjà noté qu'aucun rectificatif pour l'aider dans sa tâche n'est fourni dans la deuxième partie. Autrement dit, il est aussi clair que tous les portraits de Meursault évoqués lors de l'instruction et du procès sans exception sont si faux qu'il est impossible de savoir au juste ce qui en constituerait un portrait exact. Il ne suffit donc pas pour le lecteur de modifier tout simplement la conception erronée du personnage qui avait été la sienne en ayant recours à telle ou telle indication donnée par le texte. La deuxième partie constitue ainsi un jugement défavorable sur sa propre interprétation de la première partie et devant cette condamnation implicite de sa propre activité d'interprète, le lecteur doit revenir à la tâche pour remettre à l'épreuve ses capacités d'interprète. Nous sommes maintenant à même d'apprécier le fait que non seulement la seconde moitié de *L'Etranger* rend au lecteur l'image de sa propre activité en tant que lecteur mais elle met celui-ci sérieusement en question en infirmant l'interprétation qu'il faisait jusque-là du texte.

La situation dans laquelle se trouve le lecteur y est inscrite, d'ailleurs, sous forme d'image, comme il fallait s'y attendre vu l'autoréférentialité du discours littéraire. Il s'agit de la scène où Meursault, assis dans sa cellule, se regarde dans sa gamelle de fer: "[. . .] je me suis regardé dans ma gamelle de fer. Il m'a semblé que mon image restait sérieuse alors même que j'essayais de lui sourire" (I, 1181). Cette image n'est autre qu'une mise-en-abyme de l'expérience du lecteur. Car de même qu'il existe un décalage entre le sourire voulu du prisonnier et son reflet, de même le reflet de sa propre interprétation de Meursault qui se présente au lecteur lors du récit du procès subit néanmoins une déformation certaine bien que subtile à cause de sa nature parodique sinon caricaturale. La gamelle fonctionne donc par rapport au protagoniste d'une manière parfaitement analogue au fonctionnement de l'ensemble du texte de la deuxième partie du récit par rapport au lecteur. Et quel meilleur véhicule de l'autoreprésentation textuelle qu'un miroir qui s'y trouve enchâssé tel ces miroirs convexes qui figurent dans les tableaux des peintres hollandais?

Mais il existe dans ce texte une autre évocation qui constitue comme l'envers de l'endroit qu'est cette dernière. C'est l'observation de Meursault devant le regard du journaliste: "Dans son visage un peu asymétrique, je ne voyais que ses deux yeux très clairs, qui m'examinaient attentivement, sans rien exprimer qui fût définissable. Et j'ai eu l'impression bizarre d'être regardé par moi-même" (1184). Il s'agit ici aussi d'une question d'identité ou plutôt d'identification. Mais la situation a été renversée: tandis que Meursault n'arrivait pas à reconnaître sa propre image dans la gamelle, ici il se reconnaît chez un autre. Si la scène dans la cellule représentait le rapport existant entre le lecteur et le portrait du prisonnier peint par les hommes de loi, cet épisode dans la salle d'audience paraît reproduire la manière dont le lecteur peut se voir sous les traits du juge d'instruction ou même du procureur général dans une variante curieuse de la réaction normale: "Il s'en fallait de peu que je ne me trouve à sa place!" où le locuteur s'identifierait non à la victime mais à son persécuteur.

La remarquable symétrie d'opposition qui relie ces deux dernières scènes trouve elle-même son reflet ailleurs dans ce récit. Il existe deux autres passages dont la complémentarité n'est pas moindre et qui, dès qu'on les rapproche l'un de l'autre, fournissent un commentaire sur la situation herméneutique non pas au niveau de l'interprétation du personnage en tant que telle mais au niveau du processus même de la lecture, notamment dans le cas du roman narré à la première personne, et de la manière dont le lecteur s'approprie un tel texte.

L'un de ces deux passages n'a, en soi, rien pour nous étonner ou pour nous encourager à nous y attarder. Il s'agit des réactions de l'inculpé devant l'un des procédés de discours traditionnels employés par les avocats:

> A un moment donné, cependant, je l'ai écouté parce qu'il disait: "Il est vrai que j'ai tué." Puis il a continué sur ce ton, disant "Je" chaque fois qu'il parlait de moi. J'étais très étonné. Je me suis penché vers un gendarme et je lui ai demandé pourquoi. Il m'a dit de me taire et, après un moment, il a ajouté: "Tous les avocats font ça." Moi, j'ai pensé que c'était m'écarter encore de l'affaire, me réduire à zéro et, en un certain sens, se substituer à moi. (I, 1196–7)

A sa lecture, le lecteur se contente de noter encore une confirmation de la naïveté de Meursault.

Mais tel n'est guère le cas d'un autre passage figurant quelques pages plus tôt et où Meursault paraît épouser par son discours l'interprétation hostile de sa propre vie donnée par le procureur général:

> J'avais écrit la lettre d'accord avec Raymond pour attirer sa maîtresse et la livrer aux mauvais traitements d'un homme "de moralité douteuse." J'avais provoqué sur la plage les adversaires de Raymond. Celui-ci avait été blessé. Je lui avais demandé son revolver. J'étais revenu seul pour m'en servir. J'avais abattu l'Arabe comme je le projetais. J'avais attendu. Et "pour être sûr que la besogne était bien

faite," j'avais tiré encore quatre balles, posément, à coup sûr, d'une façon réfléchie en quelque sorte. (I, 1194)

Et dès qu'on fait le rapprochement entre ces deux passages, on perçoit un phénomène fort intéressant. Ce qu'ils ont en commun, c'est qu'ils figurent tous deux une sorte de dislocation dans le rapport qui existe normalement entre le locuteur et ce qu'il dit. Dans le premier cas, l'avocat, tout en donnant sa propre interprétation du comportement de l'inculpé, présente celle-ci comme si elle sortait de la bouche de Meursault. Le locuteur n'est donc pas celui qu'on dirait. Dans le second cas, Meursault parle à son propre nom tout en adoptant l'interprétation de sa vie formulée par un autre. Ici, c'est le contenu du discours qui n'est pas ce qu'il paraît être. Ce qui est subverti dans les deux passages, c'est le processus de l'identification. L'avocat s'identifie à son client en parlant à son nom mais sans épouser pour autant la conception qu'a ce dernier de sa propre vie et à laquelle il en substitue sa propre reconstruction. Meursault fait précisément le contraire puisqu'il continue de parler pour lui-même mais, ce faisant, s'identifie à une interprétation des événements qui lui est totalement étrangère.

La leçon de chacun de ces deux passages est la même: ils attirent l'attention sur le rôle privilégié de l'embrayeur ou de la deictique qu'est le pronom de la première personne du singulier et dont dépend le fonctionnement de chacun des deux. L'existence du "je" permet au locuteur de faire sien le système linguistique, de se l'approprier pour ses propres besoins. Nous devons à Emile Benveniste, on le sait, d'avoir signalé cette particularité qui caractérise les pronoms des première et deuxième personnes. Selon les termes de ce linguiste: "Le langage est ainsi organisé qu'il permet à chaque locuteur de *s'approprier* la langue entière en se désignant comme *je*."[10] Les pronoms des première et deuxième personnes sont comme des cases vides toujours à la disposition de tout un chacun: "Le langage propose en quelque sorte des formes 'vides' que chaque locuteur en exercice de discours s'approprie et qu'il rapporte à sa 'personne', définissant en même temps lui-même comme *je* et un partenaire comme *tu*."[11] En d'autres termes, la seule réalité à laquelle réfèrent le "je" et le "tu" est une réalité de discours puisque ni le "je" ni le "tu" ne possède un référent fixe qui leur est particulier: "Est 'ego' qui *dit* 'ego'."[12] Le fait que l'avocat de Meursault s'approprie le "je" de ce dernier sans le complément de ce "je" et que Meursault, par contre, sans s'approprier le "je" d'un autre, en assume le complément constitue une décomposition du mécanisme même du fonctionnement normal de l'embrayeur.

Si le rôle privilégié de ce dernier dans tout discours est bien mis en évidence par Benveniste, il ne faut pas négliger non plus, à notre sens, son rôle non moins privilégié dans la lecture de textes écrits à la première personne et notamment dans le cas de textes romanesque tel *L'Etranger.* Par sa fonction d'embrayeur, le pronom de la première personne permet au lecteur de faire sien le discours du narrateur fictif. Ce qui assure l'efficacité particulière de toute narration à la première personne, c'est justement le caractère autoréférentiel du "je," autoréférentiel dans le sens qu'il réfère toujours à l'instance de son propre emploi: "C'est [...] un fait à la fois original et fondamental que ces formes 'pronominales' ne renvoient pas à la 'réalité' ni à des positions 'objectives' dans l'espace ou dans le temps, mais à l'énonciation, chaque fois unique, qui les contient, et réfléchissent ainsi leur propre emploi."[13] D'où la manière si complète et sans reste dont cette technique narrative permet au lecteur d'épouser la perspective du locuteur en assumant le discours du narrateur-protagoniste. Si le "je" est celui qui s'en sert, par l'acte de lecture où lire c'est dire, le "je" du texte et le lecteur ne font plus qu'un. Nous n'avons guère besoin d'insister sur le fait que le "je" de la première partie du récit de Meursault n'est pas sans poser, à cet égard, quelques problèmes, ce dont témoigne la résistance de tel ou tel critique à se mettre à la place du narrateur et à s'identifier à sa narration. Parler de soi comme d'un autre, comme le fait le fils en deuil, n'est pas sans rapport avec la dislocation entre le "je" et son complément que nous venons d'analyser.

Les deux passages en question, en se commentant réciproquement, constituent donc ce que les Formalistes russes appelaient une "dénudation du procédé."[14] Le procédé dont ils démontent et exposent le mécanisme est celui de l'appropriation du texte. Bref, nous avons affaire à une nouvelle mise-en-abyme de l'énonciation, cette fois-ci au tout premier niveau de l'acte de lecture lui-même. Le paradigme herméneutique s'est révélé, nous l'avons vu, partout à l'œuvre dans le texte du premier roman de Camus.

Afin d'effectuer le passage de *L'Etranger* à *La Chute* qui est sans aucun doute le texte camusien pour lequel l'approche herméneutique est la plus éclairante et la plus nécessaire et à laquelle nous allons donc consacrer le temps qui nous reste, il ne sera pas sans pertinence de jeter un coup d'œil sur un autre texte romanesque, celui de la nouvelle "Le Renégat," dont la genèse, on le sait, a été contemporaine de celle de *La Chute.*

Le récit du renégat est fortement marqué, dès son début, par les traits du discours oral. Il en est ainsi de tout ce texte jusqu'à sa toute dernière phrase qui apporte une transformation radicale à tout ce qui l'a précédée: "Une poignée de sel emplit la bouche de l'esclave bavard" (I, 1591). En mettant entre guillemets et rétroactivement en abyme le monologue intérieur du protagoniste, cette phrase vient tardivement démentir le statut oral de son discours et en fait un texte. L'oral se trouve explicitement changé en écrit.

L'absence de cette dernière phrase du texte du récit de cet autre bavard, Clamence, est, dans le présent contexte, hautement significative car en même temps qu'elle assure au langage de *La Chute* un statut oral, elle paraît affirmer qu'il a été voulu tel. Bref, l'ajout de cette dernière phrase au texte du "Renégat" met déjà en valeur la problématique de l'écrit et de l'oral. On peut même aller jusqu'à soutenir que par là, ce court texte figure et met en scène le processus même par lequel discours devient écriture puisque cette transformation opère au cours de l'évolution même du texte. Et ce processus est, comme nous le verrons tout à l'heure, à l'origine de l'herméneutique.

Mais, à cet égard, "Le Renégat" n'est que le point culminant ou du moins le carrefour d'une problématique qui tout en étant, à notre connaissance, presque totalement négligée jusqu'ici par la critique, devrait être au cœur de toute discussion du statut du texte romanesque camusien. *L'Etranger* manifestait déjà une ambiguïté certaine à ce propos. Car les critiques ont toujours hésité devant la tâche de décider si le récit de Meursault était une sorte de journal, tenu sinon au jour le jour du moins régulièrement, ou le monologue intérieur d'un condamné à mort. Autrement dit, le statut du texte du premier roman de Camus le situe à mi-chemin entre le texte écrit et le discours oral. *La Peste*, en revanche, ne laisse subsister aucun doute: il s'agit, le texte nous le dit dès sa première ligne, d'une "chronique" (I, 1217), c'est-à-dire d'un écrit. C'est, d'ailleurs, un texte qui génère d'autres textes tout en se dédoublant et se désignant sans cesse précisément comme tel, comme nous l'avons démontré ailleurs.[15] Voilà pourquoi il n'en sera plus question ici parce qu'un tel ouvrage se prête à l'étude formelle dont il a déjà fait l'objet plutôt que de susciter des considérations d'ordre herméneutique. Il est tout aussi clair que le dernier roman de Camus, synonyme du monologue d'un nommé Clamence, se présente comme un discours parlé, comme en témoigne le rôle qu'y jouent les deictiques. Or le fait que l'hésitation initiale entre l'écrit et l'oral cède ensuite à une situation où le statut d'écrit et le caractère oral respectivement des deux ouvrages suivants sont si fortement marqués confirme qu'il convient de prêter une attention particulière à cette problématique de l'écrit et de l'oral chez Camus.

Que devient le langage lors de son inscription sur la feuille? Paul Ricœur analyse les transformations radicales que lui fait subir le processus de l'écriture en ces termes:

> Le premier rapport qui se trouve transformé est celui qui relie le message au locuteur. Cette transformation est elle-même l'un des deux changements symétriques qui influent sur la situation interlocutionnaire dans son ensemble. Le rapport entre message et locuteur situé à un bout de la chaîne de communication et

celui entre message et auditeur à l'autre bout se trouvent tous deux profondément transformés dès que la relations face à face est remplacée par la relation plus complexe entre la lecture et l'écriture qui provient de l'inscription directe du discours en *littera*. La situation dialogique à éclaté. La relation écriture-lecture n'est pas plus un cas particulier de la relation parler-écouter. [...] Dans le cas du discours écrit [...], l'intention de l'auteur et le sens du texte ne coïncident plus. Cette dissociation du sens verbal du texte et de l'intention verbale de l'auteur confère au concept de l'inscription sa signification décisive, qui dépasse la seule "fixation" d'un discours oral antérieur. L'inscription devient synonyme de l'autonomie sémantique du texte, qui découle de la dissociation de l'intention mentale de l'auteur du sens verbal du texte, de ce que voulait dire l'auteur, de ce que veut dire le texte. [...] Ce concept de l'autonomie sémantique est d'une importance capitale pour l'herméneutique.[16]

Autrement dit, "l'herméneutique commence là où le dialogue s'arrête."[17]

La naissance même de l'herméneutique est donc tributaire de l'inscription du discours en écrit qui appelle l'activité de l'interprète. Et l'analyse de Ricœur paraîtrait jouir d'une pertinence toute particulière pour un texte comme *La Chute* qui se caractérise formellement surtout par une structure dialogique aussi complexe qu'elle est curieuse. Nous y reviendrons tout à l'heure. Mais ne quittons pas trop tôt le texte du "Renégat." Car l'une des distinctions de base entre l'écrit et l'oral réside dans l'expressivité physiologique de ce dernier laquelle provient de la voix secondée par la gestualité corporelle, notamment du visage et des mains. "Dans la fixation par écrit," en revanche, comme le signale Hans-Georg Gadamer, "le sens de ce qui est dit n'est présent que par lui-même, entièrement dissocié des facteurs émotionnels de l'expression et de la communication."[18] Or "Le Renégat" est l'histoire d'un manque ou d'une absence: ce qui manque c'est la langue du protagoniste. Et cette absence enlève à son discours toute expressivité vocale, l'immédiateté et la couleur émotive que donne au discours oral la tonalité de la voix. Elle s'accompagne effectivement d'une perte de communicabilité:

> Quelle bouillie, quelle bouillie! Il faut mettre de l'ordre dans ma tête. Depuis qu'ils m'ont coupé la langue, une autre langue, je ne sais pas, marche sans arrêt dans mon crâne, quelque chose parle, ou quelqu'un qui se tait soudain et puis tout recommence, ô j'entends trop de choses que je ne dis pourtant pas, quelle bouillie, et si j'ouvre la bouche, c'est comme un bruit de cailloux remués." (I, 1579)

Cette atteinte à la capacité communicative du discours est attestée notamment par le "râ râ" qui vient le ponctuer par moments et frustre la réalisation d'un sens quelconque en le réduisant à l'incohérent et à l'incompréhensible. Si, sur le plan de la fiction, l'absence physique d'une langue chez le protagoniste confère nécessairement à son discours le statut d'un monologue intérieur (bien qu'en toute dernière analyse, pour les besoins de la vraisemblance, il faille supposer qu'à défaut de parole, le personnage a dû recourir à une plume si communication il y a), sur le plan formel, ayant perdu les caractéristiques essentielles du langage oral, ce discours est déjà en voie d'acquérir les attributs de l'écrit et d'entamer le processus de transformation en texte qu'achèvera la phrase qui lui apportera un point final.

Par sa forme dialogique, *La Chute* paraît restituer cette "situation dialogique"[19] du discours oral qui est détruite par son inscription sous forme de texte. Car si "l'herméneutique commence là où le dialogue s'arrête,"[20] tout dialogue annonce déjà l'amorce du procès herméneutique. Gadamer insiste sur la parenté entre la manière dont nous comprenons un texte et "la forme d'opération de la conversation":[21] "L'interprétation est," dit-il, "tout comme la conversation, un cercle qui se boucle dans la dialectique de la question et de la réponse."[22] Ce texte semble donc anticiper sur son propre sort en annonçant son propre destin comme objet de lecture et occasion d'interprétation. Et cela d'autant plus que le dialogue en question, du fait de la fonction de l'interlocuteur de Clamence comme une sorte de "case vide" à la manière du pronom de la première personne évoqué plus haut, finit par engager et englober le lecteur lui-même. Car c'est le lecteur en tant qu'être vivant au dehors du monde des romans plutôt que cette ombre d'un personnage fictif qu'est le compagnon de Clamence qui est sommé de passer aux aveux. Et la rencontre, la coexistence paradoxale de la réalité et de la fiction qui en résulte et par laquelle le lecteur se voit prendre place devant le juge-pénitent dans le bar d'Amsterdam n'est pas sans rappeler le procès de la fusion des horizons décrite par Gadamer et qui accompagne l'appropriation de tout texte. Mais il n'est pas possible d'évoquer ici toutes les résonances herméneutiques de ce texte que nous étudions dans le menu détail ailleurs.[23]

Or bien qu'il se présente sous les traits d'un dialogue, ce texte ne parvient tout de même pas à en constituer un. Il y a, pour commencer, quoique l'interlocuteur ne reste pas muet, l'absence de toute transcription des paroles de celui-ci. Qu'est-ce à dire sinon que, tandis que la fiction met en place et en scène un dialogue, le texte revêt la forme d'un *monologue* vu la manifestation uniquement implicite de l'allocutaire? Même au niveau de l'univers fictif, d'ailleurs, Clamence tend très nettement à monopoliser la parole à l'instar des sociétés modernes: "Nous avons remplacé le dialogue par le communiqué" (I, 1496-7), explique-t-il.

Bref, le dialogue demeure avorté sur le plan formel du texte, tout en constituant, dans la fiction du bar "Mexico-City," une véritable parodie de lui-même. Et qu'on considère *La Chute* comme un monologue qui veut se faire prendre pour un dialogue ou comme un dialogue réduit à un monologue par le bavard qu'est Clamence, le résultat est le même: ce texte ne fait, en dernière analyse, que *mimer* le dialogue, c'est-à-dire qu'il ne fait que faire comme s'il en était un. Ainsi, il suggère et confirme la futilité et l'inévitable frustration des aspirations naturelles de tout langage dès que celui-ci s'est figé en texte. En ce sens, son geste mimétique n'est pas sans jouir d'une portée parodique. Mais en même temps et au même titre, le texte montre effectivement du doigt ce qui lui manque pour que le processus communicatif puisse se réaliser en parodiant et donc en convoquant l'acte herméneutique.

Le geste de Clamence lorsqu'il nous tend notre portrait rejoint le geste de Meursault prenant sa gamelle pour se regarder: "Quand le portrait est terminé, comme ce soir, je le montre, plein de désolation: 'Voilà, hélas! ce que je suis.' Le réquisitoire est achevé. Mais du même coup, le portrait que je tends à mes contemporains devient un miroir" (1545). Dans les deux cas, ce qui est proféré est un miroir et dans ce miroir se profile un lecteur capté dans l'activité même de sa lecture, condamné autant que Meursault et comme le voudrait Clamence, mais à sa tâche d'interprète. Le cercle herméneutique se trouve pris dans le cercle vicieux de l'autoreprésentation textuelle.

Notes
Editions utilisées

I, 1962

II, 1972

1. "'Jonas' ou la production d'une étoile." *AC 6*, (1973), 51–65.
2. Hans-Georg Gadamer, *Vérité et méthode: les grandes lignes d'une herméneutique philosophique* (Paris: Seuil, 1976); traduit de l'allemand: *Wahrheit und Methode* (Tubingue: J. C. B. Mohr, 1960).
3. Lucien Dällenbach, *Le Récit spéculaire: essai sur la mise en abyme* (Paris: Seuil, 1977).
4. Jean Onimus, *Camus* (Paris: Desclée de Brouwer, 1965), p.65.
5. Charles Moeller, *Littérature du XXe siècle et christianisme. I. Silence de Dieu* (Tournai-Paris: Casterman, 1954), p. 55.
6. Pierre-Henri Simon, *Présence de Camus* (Paris: Nizet, 1962), p.48.
7. Pierre Descaves, "Albert Camus et le roman," *La Table ronde*, CXLVI (Février 1960), 52–53.
8. Carina Gadourek, *Les Innocents et les coupables: essai d'exégèse de l'œuvre d'Albert Camus* (La Haye: Mouton, 1963), p. 60.
9. "Préface à l'édition universitaire américaine" (I, 1921).
10. Emile Benveniste, *Problèmes de linguistique générale, 1* (Paris: Gallimard, 1966), p. 262.
11. Ibid., p. 263.
12. Ibid., p. 260.
13. Ibid., p. 254.
14. *Théorie de la littérature: textes des Formalistes russes réunis, présentés et traduits par Tzvetan Todorov* (Paris: Seuil, 1965), pp. 51, 217, 300–301.

15. Brian T. Fitch, "*La Peste* comme texte qui se désigne: analyse des procédés d'autoreprésentation," *AC8* (1976), 53–71.
16. Paul Ricœur, *Interpretation Theory: Discourse and the Surplus of Meaning* (Fort Worth, Texas: Texas Christian University Press, 1976), pp. 29–30 (nous traduisons de l'anglais).
17. Ibid., p. 32.
18. Gadamer, op. cit., p. 239.
19. Ricœur, loc. cit.
20. Ibid.
21. Gadamer, op. cit., p. 235.
22. Ibid.
23. Voir notre essai: "L'Interprète interprété: *La Chute* comme modèle herméneutique," a paraître dans *AC10*.

Discussion

L. COHN: Le problème herméneutique se pose dès la première phrase dans laquelle il faut étudier le style télégraphique et le sens d'aujourd'hui par rapport à ceux d'hier.

B. FITCH: Je n'y ai pas pensé et cela reste, en effet, à faire.

E. ZEPP: Une de mes collègues a postulé que le lecteur se voit éclipsé au moment même où Clamence identifie son interlocuteur imaginaire comme avocat. Il s'agit donc, dans le cas de l'interlocuteur, d'un personnage qui n'est pas aussi absent que vous ne le pensez mais dont la présence, quoique précaire, est corroborée par une identification précise. Deuxièmement: On doit se demander dans quelle mesure *La Chute* n'est pas un texte expérimental désireux de dépasser les frontières du roman et du théâtre et d'instituer une forme entièrement nouvelle. Les problèmes que vous analysez dans le texte n'auraient-ils pas quelque chose à faire avec cette volonté d'innovation?

B. FITCH: Quant à l'exclusion du lecteur en vertu de la structuration du texte, il y a plusieurs interprétations très différentes qui portent sur la structure de *La Chute*. Il va de soi que ma lecture ne prétend point être la seule façon de rendre compte de la structure. Je renvoie, dans ce contexte, aussi au débat sur le problème de l'interlocuteur et la tentative de reconstituer ses interventions sous-entendues. Ma communication représente la quatrième tentative de fournir une lecture cohérente de ce texte extrêmement complexe qu'est *La Chute*. Pour moi, il est chaque fois question de trouver les concepts opératoires analytiques nécessaires afin de dégager le fonctionnement du texte. A un certain moment, j'ai appliqué des concepts linguistiques: locuteur et locuté. Ils étaient surtout pertinents lorsqu'il s'agissait du reflet de la querelle Sartre et Camus, mais ils m'ont laissé sur ma faim. Plus récemment, cependant, je me suis mis à interroger *La Chute* à la lumière des théories herméneutiques de Gadamer. C'est une façon d'aborder le texte dans sa spécificité qui m'a révélé qu'à la fin le lecteur se trouve menacé par le personnage fictif. De deux choses l'une: ou le lecteur est lui-même fictif ou alors c'est Clamence qui existe réellement en face de nous. Je vois dans ce dilemme la grande énigme critique à laquelle se heurte toute interprétation d'un texte. Adoptant le concept d'un lecteur qui apporte son horizon à l'horizon du texte, je pense actuellement que c'est la manière la plus adéquate de dégager le processus qui se déroule dans le champ textuel. Quant à *La Chute,* nous avons non seulement un texte en voie de devenir un texte sans le devenir jamais—car le processus de la lecture nous fait hésiter entre le passé immédiat du discours oral et le futur de la réalisation de la chaîne communicative—mais aussi et surtout nous avons sous nos yeux le modèle même de la situation herméneutique. Si l'on pose la question justifiée mais démodée "Camus voulait-il faire ceci ou cela?" ma réponse serait: "Sans doute, non." *La Chute,* comme *L'Etranger* d'ailleurs, se prêtent aujourd'hui à des modes de lecture à peine concevables il y a dix ou quinze ans. Pour ce qui est de votre question sur les rapports entre roman et théâtre, je vous rappellerai que Camus avait répondu à la question si *La Chute* se voulait innovatrice (il s'agit d'une interview accordée à *Venture*) qu'il tenait à rapprocher ce récit du théâtre. Il me semble, cependant, que la distinction récit oral/récit écrit est plus fertile que la classification générique.

R. GAY-CROSIER: Dès le début des années soixante, et peut-être même avant, il y eu des tentatives d'adapter *La Chute* pour la scène. Je sais qu'un acteur argentin a demandé la permission de le faire et M. Jean Camus affirme que des demandes de ce genre relatives à *La Chute* ont été assez nombreuses et sont venues d'un peu partout.

L. COHN: En Israël quelqu'un a traduit *La Chute* en hébreu et une adaptation scénique est présentée depuis trois ou quatre ans.

G. PRINCE: Pourriez-vous préciser deux choses? D'abord, quand vous parlez du lecteur, de quel lecteur exactement est-il question? Ensuite, vous avez souligné certaines différences entre discours oral et discours écrit et je ne nie point qu'il y ait des nuances manifestes entre ces deux modes de discours. Pourtant, l'une des opposition tracée par vous ne m'a pas convaincu. Vous affirmez que le sens littéral d'un texte oral et l'intention de l'émetteur se correspondent. Dans un texte écrit il ne s'agit pas de mettre en rapport le sens littéral et le sens de l'émetteur. Qu'entendez-vous exactement par le sens littéral de l'oral? Pourquoi ai-je compris, tout à l'heure, lorsque quelqu'un a dit "Ce qu'il fait froid ici" que cela voulait dire qu'il faisait trop chaud?

B. FITCH: Visiblement j'ai dû parler trop vite car la réponse à votre première question se trouve dans ma communication. Pour moi le sens littéral représente l'autonomie sémantique du texte écrit. Evidemment, au moment de la lecture, toute idée d'intentionalité doit être évacuée.

G. PRINCE: Mais quel est ce sens littéral? Celui du dictionnaire?

B. FITCH: C'est le sens que produit le texte, tout le jeu de la polysémie en fait. Pour en revenir à votre question sur le statut du lecteur: Ce qui me fascine dans *La Chute* c'est qu'elle ne postule pas de lecteur implicite tel que le définit Wolfgang Iser, par exemple. L'intérêt du texte, au contraire, réside dans le fait qu'il sollicite le lecteur dans sa matérialité existentielle pour ainsi dire.

G. PRINCE: Vous avez raison d'éliminer la notion de lecteur implicite dans le cas de *La Chute*. Mais quand vous parlez du lecteur existentiel, quel lecteur intervient? Est-ce vous, est-ce moi. . . ?

B. FITCH: Vous *et* moi.

G. PRINCE: Et croyez-vous que nous lisions de la même façon?

B. FITCH: Certes non. Mais je pense qu'on ne peut pas ne pas subir l'appel du texte dans notre individualité. Tout texte est une sorte de mise en question de nous-mêmes. Dans une étude à paraître *(AC 10)* sur narcisse interprète je vais jusqu'à dire que c'est l'interprétation mensongère de sa vie que fournit Clamence qui doit s'appliquer à nous en fin de compte.

G. PRINCE: Comment expliquez-vous alors, si nous lisons tous plus ou moins de la même façon, le nombre élevé d'interprétations très différentes de *La Chute?*

B. FITCH: Bien sûr, nous ne lisons pas tous de la même manière, mais nous sommes touchés dans notre fond existentiel. La suite de *La Chute* pour chaque lecteur averti sera, dans un sens, la confession ou la crise de conscience qu'il va subir. Et c'est parce que le lecteur est touché dans sa réalité, dans son être par l'acte de lecture qu'est créée la situation herméneutique, au vrai sens du terme.

A. BRIOSI: Je trouve très pertinente votre astuce de qualifier *La Chute* comme un texte non dialogique. Mais je me demande néanmoins, si votre concept opératoire vaut spécifiquement pour *La Chute* ou si, au contraire, il ne s'applique pas à tout texte littéraire du moment où l'on insiste sur l'autoréflexivité et la référence suspendue.

B. FITCH: Pour l'instant, je ne puis répondre d'aucun autre texte ayant tenté mon hypothèse sur *La Chute* seulement. Il me semble, par exemple, assez évident que cela ne s'appliquerait pas à *La Peste* de la même manière et que, même si tout texte est considéré comme autoréférentiel, cette autoréférentialité fonctionne de manières différentes. Cela se voit dans le cas de *L'Etranger* où il y a une espèce de reflet statique du lecteur. Autrement dit, l'herméneutique est à reprendre à l'intérieur de toute dialectique de la représentation textuelle. *La Chute* propose un modèle beaucoup plus dynamique et il ne s'agit pas d'un simple reflet.

A. ABBOU: Tout texte littéraire présente plusieurs niveaux. Il y a le niveau événementiel qui est en rapport avec ce qu'on pourrait appeler une culture primaire. Ce niveau-là se retrouve en particulier dans *L'Etranger*. Il y a le niveau socio-culturel, le discours sur la société qui ne fonctionne pas dans *L'Etranger*. C'est-à-dire, une carence se fait sentir et c'est en vertu ce cette carence que le lecteur dûment formé et informé par le texte pourra passer à d'autres niveaux de lecture. N'est-ce pas ainsi qu'on peut résoudre le dilemme du lecteur? Quant au niveau de la récursivité, il faut préciser qu'il n'y a pas de sens linéaire d'un texte littéraire. Le sens de ce dernier est asymptotique. Toute lecture fournit une approche de sens qui va être soit remis en question, soit complété, soit annulé. La progression d'un texte littéraire est d'aller d'un non-dit à un dit, mais un dit qui n'est jamais atteint. Et il y a toutes sortes d'asymptotes par rapport à ce dit, à la progression sinusoïdale du texte. Deuxième précision: Il est en effet important de marquer l'importance des paradigmes. Fitch a relevé, dans *L'Etranger,* celui du miroir et des regards qui se reflètent dans le miroir. Au point où j'en suis, je considère qu'il y a une imbrication de paradigmes dans d'autres paradigmes et que le paradigme du miroir rejoint celui du langage et que le paradigme du langage rejoint le paradigme ontologique. La séparation d'avec le monde de Meursault, par exemple, Camus tente de la biffer, de l'annuler et, comme chez Beckett, cette annulation se fait par l'annulation du langage, puis passe par l'annulation de la possibilité d'être compris ou de comprendre les autres. Alors, il y a double échec: échec de la communication au plan du regard, au plan de l'intersubjectivité fluide et échec au niveau du langage. Il n'y a de communication proprement dite que si vous regardez les différentes images enchâssées dans *L'Etranger,* qu'au niveau d'une sorte d'identité. On a donc, chez Camus, ce qu'on pourrait appeler un processus d'involution. Chaque fois qu'il vit ou revit des instants difficiles, il retourne à ses sources, à l'unité désirée par l'involution. Cela expliquerait les annulations du langage par le langage, de la capacité d'exister et de communiquer avec l'autre par le langage, dans *L'Etranger,* de même que l'expulsion de lecteur à la fin de *La Chute.*

F. PAEPCKE: Grâce aux nombreuses discussions que j'ai eues avec Gadamer à Heidelberg il m'est possible d'ajouter que dans ses écrits postérieurs à *Vérité et méthode* il insiste longuement sur le dialogue, le dire, le lire et le comprendre, mais aussi sur les questions rhétoriques et philosophiques. Si vous allez au fond de la pensée de Gadamer, vous rejoindrez cette rhétorique qui répond à maintes questions posées ici. Aussi faudrait-il préciser davantage, quand on parle d'herméneutique, la différence fondamentale entre Paul Ricœur et Hans-Georg Gadamer. Pour Ricœur, il s'agit surtout de l'objectivation opérée par le langage alors que pour Gadamer, il s'agit de l'herméneutique du monde qui pousse jusqu'au niveau ontologique.

Robert Champigny
Indiana University, Bloomington

Compositions philosophiques et concepts

A. Cette composition vise à former une signification de "composition philosophique" et de "concept."

B1. Les activités s'orientent sur des valeurs cognitives, morales, ludiques. Seules les valeurs esthétiques sont contemplatives.
B2. Une activité philosophique s'aiguille sur des valeurs ludiques.
B3. Une activité se précise philosophiquement en se servant des mots d'une langue selon un certain type de style, un certain type de logique.
B4. Une activité philosophique se sert ludiquement des mots d'une langue. Elle s'en sert comme de pièces d'un jeu de construction. Elle prend divers usages de mots comme partenaires et adversaires, non comme alliés et ennemis.
B5. Verbale, une activité philosophique vise à former une composition philosophique. Une composition philosophique écrite est à juger esthétiquement. Les usages de mots qui s'y trouvent sont à reprendre à titre de partenaires et d'adversaires par une autre activité philosophique.
B6. Comme toute activité de travail ou de jeu, une activité philosophique s'appuie sur mainte présupposition cognitive. Certaines de ces présuppositions peuvent être exprimées. Mais une activité philosophique ne vise pas à résoudre un problème cognitif, à confirmer ou infirmer une thèse cognitive. Philosophiquement, on ne prouve rien. Une composition philosophique peut s'enjouer à définir le couple "vrai-faux." Une définition de "vrai-faux" n'est à tenir ni pour vraie ni pour fausse.
B7. Comme toute activité de travail ou de jeu, une activité philosophique peut avoir des conséquences bénéfiques ou maléfiques. Mais son but n'est pas moral. Une composition philosophique peut s'enjouer à définir le couple "bien-mal." Une définition de "bien-mal" sera-t-elle bénéfique, maléfique ou sans effet utilitaire?

B8. Les activités dont le but est cognitif et moral sont des travaux. Qu'elles aient elles-mêmes recours à des mots ou non, de telles activités prennent, entre autres choses, des usages de mots pour alliés et ennemis, non pour partenaires et adversaires.

C1. Le type philosophique de logique est le type conceptuel. Une composition philosophique forme des concepts. Les concepts sont ce qui est philosophiquement signifié.

C2. La logique conceptuelle est une logique de prose. La philosophie se distingue de la poésie.

C3. Ce qui est prosaïquement signifié est intemporel ou temporel. "Temporel" abrège "spatiotemporel." Les signifiés temporels ou temporalisés, sont historiques ou fictifs.

C4. Ce qui est historique, historisé, est signifié singulièrement ou généralement. Les styles historisants verbaux se divisent ainsi entre narratifs-descriptifs et proverbiaux. Stylistiquement, les lois scientifiques sont des proverbes mathématisés.

C5. Les prédictions narratives se doublent d'un aspect prescriptif. Les proverbes, scientifiques et autres, sont interprétables comme suit: "Si un événement historique de type X se produit, attends-toi à un événement de type Y"; ou encore: "Si tu veux un événement de type Y, produis un événement de type X."

C6. Les emplois de mots dont le but est cognitif et moral sont historisants. C'est pour des personnes historiques, animales ou humaines, non pour des personnages fictifs, que des emplois de mots peuvent être bénéfiques ou maléfiques. Le domaine historique est théoriquement un. On n'ira pas vérifier dans un espace-temps ce qu'on a cru constater dans un autre. Pratiquement, utilitairement, la connaissance et la morale, c'est donc la guerre.

C7. Les emplois de mots qui posent et composent des signifiés fictifs sont des activités ludiques. Il y a beaucoup d'espaces-temps fictifs.

C8. Une composition verbale de signifiés fictifs emploie une logique narrative comme base sémantique. L'aspect prescriptif est subordonné.

C9. Une composition dramatique met en relief l'aspect prescriptif. La logique dramatique peut être dite dialectique. Elle a besoin d'un support spatiotemporel. Une pièce de théâtre a besoin d'être représentée. Une représentation théâtrale supplée, avec des moyens nonverbaux, aux déficiences narratives des gestes verbaux dramatisants. De même pour un film et son scénario.

C10. Ce qui est philosophiquement signifié est intemporel. Les concepts sont intemporels. "Intemporel" ne veut pas dire "éternel," si "éternel" veut dire "permanent" ou "régulièrement répétitif," donc temporel. La logique conceptuelle se distingue de la logique narrative et de la dialectique dramatique. C'est la seule logique intemporelle de prose. Les jeux mathématiques purs sont en dehors d'une langue. Les relations entre concepts sont intemporelles. Le champ des Idées platoniciennes est à scinder entre ce qui peut servir à former des proverbes et ce qui peut servir à former des concepts. Les concepts ne sont pas des formes préfabriquées. Ils sont à former selon les goûts.

C11. Une composition philosophique prend une logique conceptuelle pour base sémantique. L'aspect proprement conceptuel d'une composition philosophique se réduit à un schéma de concepts auxquels des surnoms sont donnés. Le reste est l'aspect nonconceptuel.

D1. Sous son aspect nonconceptuel une composition philosophique explique les manœuvres qui visent à former et surnommer des concepts, en particulier à partir d'usages divers de mots pris comme adversaires et partenaires. Elle explique comment s'opèrent des conceptualisations.

D2. L'aspect nonconceptuel d'une composition philosophique est hétérogène. Il peut se diviser en exemples, monologue et images. Aucun de ces sous-aspects n'est aménagé de manière cohérente selon son mode de signification.

D3. Les exemples peuvent être historiques, autobiographiques entre autres, ou fictifs. Ils peuvent se présenter sous forme proverbiale ou singularisante. Il peuvent être tirés d'usages de mots ou d'autre chose. Ils ne composent pas un modèle scientifique. Ils ne composent pas un récit cohérent. Ainsi une logique temporalisante ne vient pas troubler la logique conceptuelle.

D4. Les manœuvres sémantiques qui visent à former des concepts ont un aspect de monologue. Le monologue peut être accentué par des pronoms de la première personne: "Comme je l'ai déjà dit"; "Par X, j'entends YZ"; "Je reviendrai sur ce point." L'aspect monologue d'une composition philosophique est déficient. Le rôle joué se développe sporadiquement dans un espace-temps fictif flou. Ainsi une dialectique dramatisante ne risque pas de troubler la logique conceptuelle. La forme dialogue est à éviter. Pour se tenir, un dialogue doit mettre en relief une dialectique dramatisante et il doit être théâtralement représentable.

D5. Les images servent surtout à montrer comment la conceptualisation s'engrène sur la sensibilité. Ces évocations fugitives doivent être diverses et ne pas consonner poétiquement. Ainsi une logique poétisante ne risque pas de troubler la logique conceptuelle.

D6. Une interprétation religieuse confond jeu et travail, valeurs cognitives-morales et ludiques-esthétiques. Un emploi mythisant des mots favorise une interprétation religieuse. Une confusion entre temporalisé fictif et temporalisé historique produit une légende. Une confusion entre intemporel et temporel produit une allégorie. Surtout au singulier, les mots "dieu" et "homme" ont souvent surnommé des figures légendaires.

D7. S'efforçant de jeter des ponts entre temporel et intemporel, la tradition métaphysique a produit des allégories: *mimèsis* et réminiscence, Création, *Aufhebung*. Briguant le titre de superscience, elle a produit des supermythes. Poursuivant le rêve de rédimer par un masque de logos universel le manque de cosmos, le manque d'univers, une déraison rationaliste se jette dans l'illogique. Il convient de reconnaître une pluralité absurde, absolue, de diverses logiques, afin de reconnaître l'absurdité d'une tentative de les confondre en une superlogique.

E1. Les propositions conceptualisantes sont des axiomes. Un axiome n'est ni vrai ni faux. Les concepts sont intemporels. Ils doivent recevoir un ou des surnoms. Telle est la première règle d'un jeu de construction conceptuelle. "Homme," "Dieu," "cerisier," "température" ne conviennent pas à surnommer des concepts. Les concepts ne sont pas des individus et il n'y a pas de concepts d'individus. Les concepts ne sont pas des classes d'individus, de personnes, d'événements.

E2. Les concepts sont bipolaires. Un surnom de concept est composé d'un mot et d'un antonyme. Telle est la deuxième règle. Non pas simplement "vérité," "bien," "beauté," mais "vérité-fausseté," "bien-mal," "beauté-laideur" conviennent à surnommer des concepts.

E3. Un domaine conceptuel isole des concepts reliés par des rapports entre classes. Un domaine doit comporter plus d'un concept de base. Telle est la troisième règle. Les couples "être-néant" et "réel-irréel" ne conviennent pas pour des concepts. Comment surnommer des concepts de nonêtre-nonnéant ou de nonréalité-nonirréalité au même niveau dans le même domaine? Si l'on surnomme "sens-antisens" un concept, il faudra trouver un ou des couples d'antonymes surnommant des pôles de nonsens-nonantisens.† Cela est plus facile.

E4. Un système conceptuel comporte plus d'un domaine conceptuel. Les rapports entre les domaines peuvent être résumés par le terme de "fonder," à condition de rendre symétrique la relation ainsi surnommée. Dans un même

---

†Note de l'éditeur: La fusion inhabituelle est maintenue selon le désir de l'auteur qui n'emploie le trait d'union que pour lier des antonymes.

système, les domaines conceptuels doivent se fonder réciproquement. La relation de fonder n'est pas une relation de genre à espèce. Telle est la quatrième règle. Traditionnellement, la relation de fonder n'est pas symétrique. Un seul domaine de concepts, dit ontologique, a été supposé fonder les autres sans réciprocité. Une superlogique ontologique est illogique. Une classification ne peut inclure sa classe universelle. Il faut donc trouver un autre type de relation intemporelle pour former un système. La règle de pluralité des domaines conceptuels et de la réciprocité de leurs rapports y pourvoit.

F1. Une composition philosophique complète formule un système conceptuel. Il y a autant de systèmes possibles que d'interprètes. Une activité philosophique rationalise conceptuellement des goûts et dégoûts.

F2. La composition qui va se terminer est philosophique, mais déficiente. Elle se contente de poser des jalons. Il y est question de concepts. Mais le terme de concept ne peut surnommer un concept. En revanche, l'infinitif "conceptualiser" peut surnommer un pôle de concept stylistique, un type de signification verbale. L'autre pôle serait le manque de signification conceptuelle, là où pourtant seule une signification philosophique peut convenir. L'anticonceptualisation peut s'éprouver par exemple dans des écrits métaphysiques ou dans certains recueils de mots étiquetés prose d'idées ou essais littéraires. Ce concept serait à flanquer, au même niveau, d'autres concepts de style-antistyle afin d'aménager un domaine conceptuel. Pour figurer dans un système, un domaine de concepts stylistiques aurait à se fonder sur un ou plusieurs autres domaines. Lui-même, il les fonderait à sa manière. Car il comporterait le pôle surnommé "conceptualiser" et ces autres domaines seraient conceptuels.

F3. La composition qui se termine s'est limitée à façonner un concept surnommable "conceptualiser" et à ébaucher d'autres pôles de concepts stylistiques. Elle a de plus suggéré un autre domaine où les types de valeurs-antivaleurs se diviseraient. Cela avec quatre termes: ludique, esthétique, moral, cognitif. Ce domaine fonderait à sa manière le domaine stylistique. Les rapports entre les deux domaines ne seraient pas de genre à espèce. "Non-verbal" et "verbal" ne peuvent surnommer des classes de significations-valeurs dans un typologie métasémiotique cohérente. Un concept surnommé "sens-antisens" ou "valeur-antivaleur" ne pourrait d'autre part figurer dans le domaine des valeurs-antivaleurs. Il conviendrait donc d'aménager un troisième domaine où ce concept serait flanqué de concepts divisant le nonsens. Ce troisième domaine muerait l'ontologie en domaine conceptuel parmi les autres. Qu'il y ait du nonsens est absurde, mais aussi qu'il y ait du sens et de l'antisens.

Note

Le ramassis d'écrits étiquetés communément essais ou prose d'idées correspond surtout à ce qui est appelé aspect nonconceptuel dans la composition qui précède. Et cela vaut pour des textes dits philosophiques presque autant que pour ceux dits littéraires.

Ne formant pas de concept, un texte tel que *Le Mythe de Sisyphe* peut être dit protophilosophique. Les termes de sens et d'absurde y sont mis en relief. Mais ils n'y sont pas mués en surnoms conceptuels.

Le terme de sens paraît, au départ, être pris dans une acception large et par suite équivaloir à "valeur." La volte-face qui suit montre qu'il n'en est rien: "Il s'agissait précédemment de savoir si la vie devait avoir un sens pour être vécue. Il apparaît ici au contraire qu'elle sera d'autant mieux vécue qu'elle n'aura pas de sens."

Le texte met en scène des figures légendaires ou allégoriques: le monde, la vie, l'homme. La mort dont il est question revient à l'idée de sa propre mortalité. Mais cette idée peut aller avec des états d'âme fort divers selon les circonstances et les tempéraments.

La mortalité est posée comme l'antisens ou nonsens par excellence. Les souffrances sont escamotées. Il apparaît d'ailleurs que le texte emploie l'idée de la mortalité pour célébrer certaines valeurs (ou sens) et éliminer les autres.

Les valeurs célébrées sont ludiques et esthétiques, soit celles qui conviennent à des expériences autotéliques. Les valeurs éliminées sont cognitives et morales, soit celles qui aimantent les activités qui n'ont pas leur but dans leur propre exercice.

Si la mort (celle d'autrui ou la sienne) était inconditionnellement tenue pour l'antivaleur morale, alors en effet elle dénierait le sens à toute activité à but moral, puisque commencer à vivre, c'est commencer à mourir. Si, en revanche, certaines souffrances sont tenues pour l'antivaleur morale, la mort n'est pas l'antisens, étant donné qu'elle peut même parfois servir d'alliée (euthanasie).

L'idée de la mort peut d'autre part servir à irréaliser l'expérience. Ainsi favorise-t-elle les perspectives ludiques et esthétiques, qui sont irréalisantes. C'est ce à quoi *Le Mythe de Sisyphe* la fait servir, selon une longue tradition. Les valeurs célébrées y sont dramatiques plutôt que poétiques ou philosophiques, et tragiques plutôt que farcesques.

Le Mythe de Sisyphe offre un intérêt négatif pour qui chercherait à conceptualiser des types de sens-antisens. Il offre un intérêt positif pour qui préfère légendes et allégories: Dame Vie, Maître Monde, Sire l'Homme, la fée Mort.

II. Narration et fiction

Jacqueline Lévi-Valensi
Université de Picardie, Amiens

Le temps et l'espace dans l'œuvre romanesque de Camus: une mythologie du réel

Un écrivain lucide, doublé à l'occasion d'un critique littéraire, et qui aime à se définir comme un artiste, ne pouvait esquiver une réflexion théorique sur les rapports de l'art et du réel. De fait, depuis ses tout premiers écrits, comme "L'Art dans la Communion," qui date de 1933, jusqu'à la "Conférence du 14 Décembre 1957," Camus n'a cessé de s'interroger sur ce problème, lui apportant d'ailleurs des réponses quelquefois contradictoires. Même au temps des affirmations péremptoires de l'adolescence, quand il déclarait: "il faut choisir dans la vie courante l'objet de l'Art et l'élever au-dessus de l'Espace et du Temps," il rectifiait aussitôt: "L'Art ne peut nier la vie" (*CAC2*, 252-3). Il est moins tranchant et plus proche de ce qu'illustre toute son œuvre, dans les assertions de *L'Homme révolté*: "La vraie création romanesque [...] utilise le réel et n'utilise que lui, avec sa chaleur et son sang, ses passions ou ses cris. Simplement, elle y ajoute quelque chose qui le transfigure" (II, 673). Et dans "L'Artiste et son temps"—un titre et un thème significatifs de ses préoccupations—il nuance admirablement:

> L'art n'est ni le refus total ni le consentement total à ce qui est. Il est en même temps refus et consentement, et c'est pourquoi il ne peut être qu'un déchirement perpétuellement renouvelé. L'artiste se trouve toujours dans cette ambiguïté, incapable de nier le réel et cependant éternellement voué à le contester dans ce qu'il a d'éternellement inachevé. [...] Plus forte est la révolte d'un artiste contre la réalité du monde, plus grand peut être le poids du réel qui l'équilibrera. (II, 1090)

"Déchirement," "ambiguïté," "équilibre"—ces mots nous prouvent que la relation de l'artiste au réel, d'où, le mode de traitement du réel dans l'œuvre, ne sont ni donnés, ni acquis une fois pour toutes, et sont toujours à redéfinir. Or, au premier rang des catégories du réel qu'utilise l'œuvre romanesque figurent le temps et l'espace. Sans prétendre épuiser la question, et, en particulier, sans aborder ici ce que les *Essais* nous apprennent sur les rapports spécifiques du "Je" avec le temps et l'espace, je voudrais mettre en évidence quelques aspects de leur utilisation et de leur fonctionnement romanesques.

Le lecteur le moins attentif de l'œuvre de Camus ne peut ignorer à quel point elle est enracinée dans la réalité des temps et des lieux où elle se situe. On pourrait multiplier les citations, déclarations d'intention de l'auteur ou extraits de l'œuvre, qui montreraient que l'homme camusien est, par excellence, celui qui "poursuit son aventure dans le temps de sa vie" (*Le Mythe de Sisyphe*, II,149), hors de toute métaphysique où interviendrait l'éternité, et que l'espace où il se meut, parle, vit ou meurt, a les contours exacts des paysages d'Algérie, de Bohème ou du Brésil, suit les rues d'Alger, ou d'Oran ou les ponts de Paris, ou épouse la configuration concentrique des canaux d'Amsterdam. A l'exception de Taghâsa, la ville au "nom de fer" du "Renégat" (I,1579), aucun des lieux cités ou évoqués n'est imaginaire; et si le théâtre prend pour cadre un Cadix ou un Moscou assez abstraits et, de surcroît, inconnus de Camus, l'œuvre romanesque, dans son ensemble, ne fait état que de pays ou de villes où il a réellement vécu, ou du moins séjourné; les romans ou les nouvelles semblent avoir besoin d'un substrat précis, réel, et connu, même si ces bases aisément repérables ne sont quelquefois mentionnées que de manière allusive. Quant aux coordonnées temporelles, là encore, si le théâtre fait vivre ses personnages dans une Rome impériale soigneusement dépouillée de toute couleur locale (*Caligula*), dans la Russie du tout début du siècle (*Les Justes*), ou aux temps indéterminés de la peste (*L'Etat de siège*), il est évident que tous les personnages romanesques, à l'instar de Clamence, sont des hommes "de notre temps,"[1] et vivent exactement à la même époque, durant les mêmes décennies que leur créateur. Ils existent ici et maintenant, dans ce monde qui est "tout" notre "royaume" (II,49), dans ce que Camus a si bien appelé "la chair et la chaleur des jours."

Cependant, cette inscription dans la réalité du temps et de l'espace n'est pas une transcription littérale. Sans parler des introductions historiques ou descriptives de type balzacien, on chercherait en vain, dans toute l'œuvre romanesque, des indications semblables, pour prendre quelques exemples très classiques, à celles qui ouvrent *La Chartreuse de Parme:* "Le 15 mai 1796, le général Bonaparte fit son entrée à Milan [...]"; ou *L'Education Sentimentale:* "Le 15 septembre 1840, vers six heures du matin, *la Ville-de-Monfereau* [...]"; ou encore, à l'incipit des *Caves du Vatican:* "L'an 1890, sous le pontificat de Léon XIII [...]"; ou à celui des *Célibataires:* "Ce soir froid de février 1924 [...]."[2] On chercherait également en vain un titre aussi historiquement défini que *L'Eté 1914* des *Thibault*, ou des références événementielles aussi précises que celles qui ponctuent *La Condition Humaine* ou *L'Espoir*. Sauf erreur de ma part, la seule date mentionnée dans toute l'œuvre romanesque est celle qui figure aux premières lignes de *La Peste* et qui d'une manière très "fin de siècle" ou très gidienne indique,[3] on le sait, non pas une année, mais une décennie. Ce choix est parfaitement délibéré puisqu'au manuscrit Camus avait d'abord écrit: "Les curieux événements qui font le sujet de cette chronique se sont produits en 1941, pendant la deuxième guerre mondiale, dans notre petite ville d'Oran" (I, 1967). Singulière chronique, qui, dans sa version définitive, refuse de se soumettre aux exigences les plus raisonnables de l'histoire, en ne donnant pas la date exacte des événements qu'elle se propose de relater! Et qui, dès sa première phrase, s'énonce ou se dénonce, comme jouant à la fois sur le temps de la réalité historique, et sur celui de la fiction symbolique.

L'Etranger et *La Chute* ne sont pas plus précis; le seul élément socio-historique approximativement datable que nous fournisse Meursault est la mention d'un film de Fernandel... Quant à Clamence son "lyrisme cellulaire" (I, 1537), ses nombreuses allusions aux crimes de l'histoire contemporaine en font un homme de l'après-guerre, qui n'aurait pu sans doute tenir le même discours à une autre époque, mais, si bavard qu'il soit, il ne laisse échapper aucun indice qui permettrait de le situer avec plus d'exactitude.

Pas plus le narrateur de "La Mort dans l'âme" que le personnage de *La Mort heureuse* ne font apparaître le moindre signe de la réalité historique qui, pourtant, n'a pu manquer de s'imposer à l'auteur; comment ne pas être frappé par le fait que, dans la relation d'un voyage en Europe Centrale en 1936, à un moment crucial de l'histoire contemporaine, Camus, qui quelques mois plus tôt a adapté *Le Temps du Mépris* de Malraux, dont une partie se déroule dans une Prague très politisée, n'en donne pas le moindre reflet ni le moindre écho? Lui, dont toutes les activités culturelles sont alors orientées vers le combat contre le fascisme, laisse son narrateur ou son personnage, tout entiers occupés de leur histoire et de leur temps intérieurs, traverser l'Italie fasciste sans un mot qui révèle la réalité du temps historique que vit alors ce pays. C'est dire que l'engagement du créateur n'est absolument pas en cause, mais que cette attitude révèle sa conception du temps romanesque, qui tisse sa trame à l'intérieur de la narration ou de la fiction, en refusant délibérément la référence historique explicite.

Dès la première phrase de son premier récit, "L'Ironie," Camus a recours au procédé qui, intégrant le temps référentiel à la chronique fictive et narrative, instaure une durée spécifique au texte: "Il y a deux ans, j'ai connu une vieille femme [...]" (II, 15). La mesure du temps est celle du temps réel, mais le moment à partir duquel il est mesuré est le point de départ de la narration. Au paragraphe suivant, après la description de cette vieille femme, le récit proprement dit commence par: "Ce jour-là, quelqu'un s'intéressait à elle" (ibid.). Ce qui désigne un temps mais n'est en rien une datation, puisque nous ne savons pas quel est "ce jour"; c'est l'anecdote racontée, les sentiments que cette rencontre va susciter chez le narrateur, le souvenir qu'elle va lui laisser qui transforment un jour parmi d'autres en "ce jour-là"; c'est donc du récit lui-même que l'expression temporelle tire et tient ce qui la constitue. D'une manière beaucoup plus élaborée, *La Chute* fera le même usage du temps: si Clamence ne date aucun des événements réels auxquels il fait allusion, en revanche, les repères internes abondent, et même s'ils se contredisent parfois, ils dessinent un réseau temporel qui a sa cohérence interne; pour m'en tenir à ce qui concerne l'aventure centrale de Clamence, je citerai, à propos du rire et de la noyade, les expressions comme "le soir où [...]" (I, 1488), "le soir dont je vous parle" (1493), "Ce soir-là" (ibid.) ou enfin: "*Cette nuit-là*, en novembre, deux ou trois ans avant *le soir où* je crus entendre rire" (1509; je soul.). Toutes ces expressions établissent le temps de la biographie du personnage, calquée sur le temps réel, au besoin lui empruntant le nom d'un mois, mais qui ne prend ses points d'appui et ses repères qu'à l'intérieur de la fiction. Et l'on peut se demander si les "ce jour-là," "ce soir-là," "cette-nuit là," n'ont pas la même valeur et la même fonction que la formule quasi incantatoire qui ouvre au monde de la légende, du mythe ou des évangiles, selon le type de croyance auquel elle fait appel, ou la vérité qu'elle dévoile: "en ce temps là. . . ." Plus limitées dans ce qu'elles désignent, mais à peine plus précises, elles ne renvoient pas à une réalité plus objective. Elles situent les événements qu'elles énoncent dans un monde privé de temporalité réelle, qui crée sa propre temporalité, selon ses propres nécessités, sa propre légitimité; la vraisemblance ou la logique temporelles, la durée psychologique ne se définissent plus par rapport au réel, mais uniquement dans le champ clos de la fiction.

Et c'est, me semble-t-il, la valeur que l'on peut aussi donner au fameux début de *L'Etranger*: "Aujourd'hui, maman est morte," malgré les apparences. "Aujourd'hui," c'est apparemment le contraire de "ce jour-là." C'est l'expression la plus directe du présent le plus immédiat, où s'unissent le présent de la narration, le présent de l'événement, le présent du personnage, qui suscitent le présent du lecteur, et le forcent à la coïncidence. Mais, précisément, cette coïncidence ne peut être que fictive, "Aujourd'hui," sans référent réel, inaugure un temps aussi dépourvu de racines concrètes, une atemporalité aussi totale que le plus vague des "ce jour-là. . . ." On peut en voir la preuve dans les multiples interprétations auxquelles la question du temps, et donc de la forme, de la narration dans *L'Etranger* a donné lieu[4] et qui nous montrent que les choses ne sont pas évidentes. On peut en trouver confirmation dans l'emploi parallèle, non moins controversé, du passé composé. Je ne reprendrai pas, après les mises au point de Brian Fitch[5] ou Bernard Pingaud[6] le détail de ces controverses; on sait que l'on a vu, dans l'écriture si particulière de la première partie de *L'Etranger,* la transcription d'un langage oral, les négligences volontaires d'un récit qui refuse l'expression traditionelle, ou la soumission au modèle scolaire de la rédaction, et surtout un gage de l'authenticité du récit.[7] Et il est incontestable que les "aujourd'hui," "hier," "le lendemain," appuyés par et sur le passé composé, marquent un véritable ancrage dans la réalité du quotidien. Mais l'apparition du passé composé dans *L'Etranger* n'est pas tout à fait nouvelle dans l'œuvre de Camus, et l'emploi qu'il en fait dans des textes antérieurs peut peut-être éclairer la valeur qu'il prend ici.

Parmi les *Ecrits de Jeunesse,* publiés par Paul Viallaneix, l'un des plus aboutis est "La Maison mauresque," prose poétique à mi-chemin du poème et du récit, et premier essai de réalisme symbolique. L'une de ses séquences, "L'Entrée" (*CAC2*, 208–9), comprend plusieurs occurences de passé composé: "Je me suis avancé," "Lorsque la nuit a recouvert," "je suis allé," "mon inquiétude est revenue," et enfin et surtout: "J'ai longtemps regardé les feux d'un paquebot." Or, si l'on songe que l'ensemble des premiers textes est imprégné de la lecture des *Fleurs du Mal* et du "Spleen de Paris," qu'en particulier "La Maison mauresque" semble une illustration des "Correspondances"[8] baudelairiennes, on ne peut manquer de rapprocher cette phrase, qui est un parfait alexandrin, de "La Vie antérieure" de Baudelaire[9] à laquelle elle emprunte son rythme, sa structure, et ses premiers mots: "J'ai longtemps habité sous de vastes portiques [...]." Nous avons là l'évocation du temps mythique par excellence, celui d'une vie révolue, temps d'un paradis à jamais perdu et jamais oublié, temps mythique qui suscite immédiatement un espace mythique: "C'est là que j'ai vécu [...]." Si bien que, par le biais de ce poème, né du mythe et qui tend à le représenter, on est amené à se demander si, en plus des résonances œdipiennes,[10] ou cybéliennes, comme l'a bien montré Laurent Mailhot,[11] ou du mythe solaire,[12] ou plutôt les englobant et les dépassant, *L'Etranger* ne nous proposerait pas d'abord et avant tout, une vision mythique du monde. La trouvaille de Camus est d'avoir situé sa "vie antérieure" non plus sur quelque rivage exotique, et dans un temps indéfini, mais au cœur de Belcourt, dans un temps et un lieu à la fois très singuliers et discernables, mais qui, par l'usage qu'il en suggère, deviennent indéterminés, et se projettent hors du temps et de l'espace repérables. C'est le temps réel, le temps du vécu, celui qui se découpe en jours de la semaine où l'on travaille et en dimanches où l'on reste à son balcon, ou bien où l'on va se baigner; c'est l'espace réel, celui que délimitent les murs d'une chambre ou d'un bureau, les rues d'un quartier bien connu, un trajet quotidien dans une ville familière, les plages écrasées sous le soleil, qui deviennent les supports et les instruments de la fable. Ou si l'on préfère, le temps et l'espace donnés comme réels et présents sont traités comme s'ils appartenaient à un passé révolu et n'avaient d'autre existence que celle du mythe. Sans parler ici des événements en eux-mêmes, qui dépasseraient le cadre de cette étude, on peut rappeler que, d'une partie à l'autre, ou aux deux autres, si l'on considère, à la suite de Carl Viggiani que le dernier chapitre après la condamnation à mort constitue à lui seul une troisième partie,[13] ce sont les mêmes éléments spatio-temporels qui sont repris, les mêmes chronotopes, selon le terme suggestif de Bakhtine:[14] l'enterrement, la rencontre de Marie sur la plage, la rencontre de Raymond,[15] le meutre, mais aussi la vie quotidienne à Belcourt; ce sont eux que Meursault appelle "le hasard," qui jouent un rôle dramatique essentiel, et déterminent son destin; éléments de l'instruction, puis du procès, ce sont eux qui forment cette vie dont Meursault crie sa certitude en face de l'aumônier. Dans le lieu clos et le temps arrêté de la prison, la succession des jours se dissout dans une conception cyclique du temps; déjà perceptible dans la monotonie des répétitions, ou dans une expression aussi significative que "la journée a tourné encore un peu" (I,1139), le temps cyclique prend toute sa valeur dans la prison. "Je peux dire qu'au fond l'été a très vite remplacé l'été" (1182) tandis que Meursault constate combien les jours peuvent devenir "longs et courts" à la fois. Dans la solitude de l'enfermement, l'imagination du réel, de l'espace et du temps réels, remplace leur présence et leur perception: "j'ai retrouvé un à un [. . .] tous les bruits familiers d'une ville que j'aimais et d'une certaine heure [. . .]" (1192). La chambre, dans le souvenir, devient l'objet d'une reconstitution, spatiale qui s'étend de plus en plus dans le temps (1179–80). Mais, perception directe ou reconstitution, le cadre spatio-temporel ne cesse de redéfinir et d'illustrer la formule où se résume tout l'absurde de la destinée humaine, incarnée par Meursault: "il n'y avait pas d'issue" (1165,1181).

Cette appréhension mythologique du temps et de l'espace est encore plus évidente dans *La Peste*. Sans entrer dans le détail d'une analyse qui serait trop longue ici, je ne parlerai que d'Oran, en rappelant d'abord que si Oran n'a évidemment rien d'un lieu imaginaire, Camus, dans "Le Minotaure ou la Halte d'Oran" (II, 809–32) avait déjà prévu l'aptitude de cette ville à abriter le mythe, ou à se métamorphoser en lieu même du mythe. On sait que la description de la ville occupe les premières pages de la chronique; mais à peine cette ville est-elle donnée comme "ordinaire" (I, 1217), à peine sa topographie réelle, vérifiable, est-elle suffisamment détaillée pour accréditer l'authenticité du récit, qu'elle se singularise par sa définition négative: "sans pigeons, sans arbres, sans jardins," "sans soupçon" d'autre chose, "sans pittoresque, sans végétation, sans âme" (1219); elle devient "un lieu neutre" (1217). Au fur et à mesure de ses apparitions, Oran perd son statut et ses attributs de ville réelle, au profit de la création d'un espace porteur de significations: lieu de l'insignifiance,[16] lieu anonyme, puisque son nom n'est bientôt pratiquement plus mentionné, lieu clos au point d'être carcéral: "Fermez la ville" (1267)—lieu solitaire, puisqu'elle gémit "comme une île malheureuse (1354) —elle s'identifie à ses habitants, en devient l'image et l'expression, et, dernière métamorphose, de lieu du mal devient acteur du mal, finit par se confondre avec la peste elle-même. "[J]e souffrais déjà de la peste bien avant de connaître cette ville et cette épidémie," dit Tarrou (1418), et quand il nage en compagnie de Rieux, l'un et l'autre se sentent "libérés enfin de la ville et de la peste" (1427). Elle retrouve son insignifiance quand la peste commence à diminuer, mais à la fin de l'épidémie elle n'est plus la "vraie patrie," qui se situe en dehors de ses murs; seuls les derniers mots de la chronique la renvoient à son rôle de cité parmi les autres. Ainsi, une ville réelle, avec ses rues, ses tramways, sa laideur, ses monuments, perd sa spécificité de lieu référentiel au point de se confondre avec le fléau, non seulement participe à l'élaboration du mythe de la peste, mais devient elle-même partie intégrante du mythe. Les saisons y ont toujours pris un caractère d'apocalypse: l'été "le soleil incendie les maisons [...]. En automne [...], c'est un déluge de boue" (1217). Rien d'étonnant à ce qu'elles aient partie liée avec la peste, et remplacent, dans leur succession cyclique, l'ordre chronologique que le terme de "chronique" laissait en droit d'attendre. Seuls, les tout premiers événements qui marquent le début de la peste sont datés d'une manière précise; si l'on comprend aisément que Camus abandonne bien vite la tentation de la gageure, impossible à tenir, de l'intégration du temps réel dans l'univers romanesque, on peut cependant s'étonner de la disparition totale de repères temporels précis; à partir de la mort du concierge, qui "marque la fin de cette période remplie de signes déconcertants et le début d'une autre" (1233), à la chronologie référentielle se substitue une temporalité interne, en fonction du fléau: "A la fin du premier mois de peste [...]" (1292), et des phénomènes atmosphériques; exactement comme dans la Bible, le temps de certaines des dix plaies que Dieu envoie sur l'Egypte est marqué par les travaux des champs; et l'on sait que la grêle, à côté de la peste, fait partie de ces plaies.[17] Même la fermeture de la ville n'est pas datée: elle se situe au moment où "le printemps arrivait sur les marchés," et "le jour où le chiffre des morts atteignit de nouveau la trentaine" (1266–7). De même, les prêches de Paneloux, dates repères de l'évolution de la peste—le narrateur le souligne lui-même—ne sont déterminés que par le mois où ils sont prononcés (et encore faut-il le calculer car il n'est pas directement indiqué)[18] et par les variations atmosphériques qui les accompagnent: il pleut à verse pendant le premier, le second a lieu "par un jour de grand vent" (1397). Bientôt, d'ailleurs, la nature elle-même se soumettra au règne de la peste, puisque le narrateur parlera du "soleil de la peste" (1310). En fait, à partir du moment où "il est possible de dire que la peste fut notre affaire à tous" (1271), c'est à dire au début de la deuxième partie, il n'y a plus d'autre ordre, ni d'autres temps que ceux instaurés par la peste; la chronologie devient cyclique, la chronique devient fresque. On peut d'ailleurs relever que la relation chronologique des faits réapparaît pour rendre compte du destin individuel de Rambert: "Le jeudi du rendezvous [...] à huit heures quinze [...] le lendemain [...]" (1340), comme si le temps retrouvait ses normes tant que Rambert s'efforce de retrouver la vie normale, hors des lieux et des temps de peste; mais immédiatement après l'évocation de sa tentative d'évasion, le narrateur revient à la fresque, qui fond et confond les destins personnels dans une "situation générale" (1353), les durées individuelles dans un "histoire collective," la vie quotidienne, dans un temps global et totalisant, porteur de significations qui la dépassent et qui est celui du mythe de la condition humaine. Car on sait bien qu'au-delà d'Oran et des années 1940, au-delà de la guerre, du nazisme, de l'occupation et de la résistance, c'est la condition mortelle de l'homme qui est figurée dans *La Peste,* qu'Oran n'est rien d'autre qu'une image de notre terre et de notre monde absurde, et que Rieux et ses amis sont des incarnations des attitudes humaines devant le mal inhérent à notre condition.

Par la citation, empruntée à Daniel Defoe, qu'il a choisi de mettre en exergue à *La Peste:*

> Il est aussi raisonnable de représenter une espèce d'emprisonnement par une autre que de représenter n'importe quelle chose qui existe réellement par quelque chose qui n'existe pas, (I, 1212)

il est possible que Camus ait d'abord voulu revendiquer le droit à la liberté d'invention du créateur. Mais surtout, cette phrase fonde la légitimité rationnelle du pouvoir métaphorique ou symbolique de l'art. Elle pourrait aussi servir d'épigraphe au discours de Clamence, dont on ne sait si ce qu'il nous dit cherche à représenter un objet réel par un autre objet réel, ou ce qui existe par ce qui n'existe pas: "il est bien difficile de démêler le vrai du faux dans ce que je raconte [...] moi-même [...]" (I, 1535). Les catégories du réel et de l'imaginaire sont doublées, chez Clamence, sans être tout à fait remplacées par elles, des catégories morales du vrai et du faux.

La Chute joue sur deux registres du temps et de l'espace, et tire, de chacun d'eux, les effets les plus étendus; d'une part, le présent du discours en lui-même, ponctué de rencontres et de rendez-vous quotidiens, de déambulations à travers Amsterdam ou sur le Zuyderzee, de haltes au Mexico-City ou dans la chambre nue de Clamence; d'autre part, les temps et les lieux de la vie passée de Clamence. Et c'est dans la mesure où le monologue de Clamence, par les moyens non du roman, mais du théâtre, parvient à réactualiser le présent de la parole, et, par là-même, à susciter la présence du personnage et de l'espace qu'il occupe, qu'il fait croire à la réalité des événements qu'il évoque, et du même coup, de leur situation spatio-temporelle; d'autant plus que les temps, les lieux, les événements évoqués appartiennent à l'histoire collective du monde contemporain, beaucoup plus qu'à un vécu singulier. Clamence d'ailleurs nous le dit lui-même: il est son propre mythographe, et son propre exégète. Pourtant, si le mythe de l'homme de notre temps s'avoue comme tel: "je passe [...] du 'je' au 'nous'" (1545), "je fabrique un portrait qui est celui de tous et de personne" (ibid.), s'il s'inscrit ouvertement par l'intermédiaire de Dante, ou sans médiateur, dans un réseau de références bibliques ou évangéliques,[19] Camus réussit à équilibrer la pesanteur du réel, et l'essor des significations symboliques. L'utilisation de la topographie d'Amsterdam est exemplaire à cet égard. Elle est en effet d'une parfaite exactitude; mais il n'est pas un seul des lieux nommés par Clamence dont il ne tire une figuration mythologique. Et si Clamence interprétant lui-même la Hollande comme "un songe d'or et de fumée" (1480), ou Paris comme "un vrai trompe-l'œil" (1476) entraîne son interlocuteur supposé sur la voie de l'image poétique ou de la déréalisation, le référent n'en garde pas moins sa spécificité, et, me semble-t-il, son aspect concret. Le monde est "double, comme la créature" (1478, 1480). Et sa duplicité même, et le doute qu'elle entraîne ("on n'est sûr de rien, je vous l'ai dit" [1539]) sont les fondements essentiels de la relation de Clamence: à quoi s'ajoute l'expression peut-être la plus moderne de la situation de l'homme dans le monde: "[S]avez-vous ce qu'est la créature solitaire, errant dans les grandes villes?" (1534). A l'errance d'Ulysse ou au labyrinthe de Thésée qui, malgré tout, menaient quelque part, à condition de surmonter certaines épreuves, qui, à leur terme, rendaient le héros solitaire à la communauté retrouvée ou même sauvée par lui, s'est substituée la solitude irrémédiable d'une marche "sans issue," comme le disait Meursault.[20] On sait que la structure même de *La Chute* reflète ce temps et cet espace circulaires fermés sur eux-mêmes, dans une perpétuelle possibilité de recommencement immobile. Enfin, du pont Royal au camp d'internement près de Tripoli, du feu rouge au prétoire, tous les souvenirs de Clamence sont des chronotopes de la culpabilité dont le malconfort est l'image la plus précise et la plus riche, tandis que le rêve d'une Grèce indéfinie, atemporelle, concentre toute la nostalgie de l'innocence. C'est que les souvenirs donnés comme vécus, et les fantasmes ont exactement la même valeur dans ce voyage à travers le temps et l'espace du monde contemporain, qui sont aussi et surtout un voyage au centre de soi-même. Car *La Chute* est le contraire d'une invitation au voyage, malgré les souvenirs baudelairiens dont s'enrichit la Hollande.... A l'opposé d'une évasion vers le "luxe," le "calme" ou la "volupté," qui se situeraient "n'importe où, pourvu que ce soit hors du monde,"[21] la mythologie camusienne, plus que jamais, s'inscrit ici "au cœur des choses" (1481); et les rêves dont elle se nourrit ou qu'elle enfante ne sont que les miroirs de la réalité et de la vérité les plus profondément vécues, auxquelles ils nous renvoient.

L'Etranger, La Peste, La Chute dessinaient essentiellement des paysages urbains. Les nouvelles de *L'Exil et le royaume,* du moins certaines d'entre elles, "La Femme adultère," "Le Renégat," "L'Hôte," ou "La Pierre qui pousse," font intervenir des lieux plus ouverts, ou plus exotiques; mais, il me semble, paradoxalement peut-être, que le traitement du temps et de l'espace auquel elles font appel relève d'une conception beaucoup plus traditionnelle: les récits suivent une chronologie régulière; même le soliloque du "Renégat," qui mêle, dans sa "bouillie" (1577, 1582) le présent et ses souvenirs, laisse se distinguer les différents plans temporels de son histoire. L'espace, qu'il s'agisse du désert admirablement présent qui rend Janine à elle-même,[22] ou de l'appartement de Jonas, qui figure, à la lettre, un lieu et une situation inhabitables, où pourtant il faut vivre, image du malconfort de l'artiste, mais aussi de l'homme, retrouve son rôle de décor signifiant; si les éléments de ces décors et leurs significations symboliques sont spécifiquement camusiens, leur intégration à la trame romanesque répond aux exigences habituelles de la création romanesque, plus qu'elle ne correspond à une appréhension mythologique du réel.

Camus ne nous propose ni une véritable création mythologique, comme le *Moby Dick* de Melville qu'il admirait tant, ni une ré-écriture des grands mythes traditionnels, comme la pratiquent, méticuleuse ou hardie, servile ou novatrice, certains écrivains contemporains, comme Robbe-Grillet, Butor, Le Clézio ou Tournier, pour ne citer qu'eux.[23] Il ne cherche pas à transgresser la vraisemblance ni les limites d'une vie simplement humaine, pas plus qu'à cacher dans les méandres d'une énigme modernisée le destin d'Œdipe, de Thésée ou d'Ulysse. Il "utilise le réel et n'utilise que lui" mais il donne aux catégories du temps et de l'espace qu'il lui emprunte la portée et la valeur d'éléments d'une fable qui nous raconte notre propre histoire et figure notre sensibilité; il en dévoile ou en suggère les pouvoirs créateurs, sans rien leur retirer de leur crédibilité, et de leurs racines terrestres. Ce qui, bien entendu, implique et détermine la conception globale du roman, des personnages, des événements, de la narration; et le réel ainsi traité, loin de nous offrir l'évasion hors du monde, nous apporte plus d'informations, et nous enrichit de plus d'interrogations sur le monde et sur nous-mêmes que ne le feraient un reportage, ou un univers romanesque soumis aux dimensions exactes de la réalité, ou tout entier fondé sur l'imaginaire.

Notes
Editions utilisées

I, 1962   II, 1965

1. Camus avait songé à emprunter à Lermontov une épigraphe pour *La Chute* (cf. I, 1006). Cette épigraphe figure d'ailleurs dans la version anglaise; et, le 31 août 1956, Camus déclarait dans une interview au *Monde:* "Ce livre, j'aurais voulu pouvoir l'intituler: 'un héros de notre temps'" (I, 2002).
2. Henri de Montherlant, *Romans et œuvres de fiction non théâtrales* (Paris: Gallimard, 1966), p. 737. Les exemples ne manquent pas; on pourrait se référer encore à *Eugénie Grandet* ou au *Père Goriot,* où la date de 1819 apparaît dès les premières pages ou, mieux encore, aux *Chouans:* "Dans les premiers jours de l'an VII, au commencement de vendémiaire, ou, pour se conformer au calendrier actuel, vers la fin du mois de septembre 1799 [. . .]." Si Gide ne donne aucune date dans *Les Faux-Monnayeurs,* la référence à *Ubu-Roi* les situent en 1896–97. Quant à Montherlant, on peut encore citer *Le Songe:* une "tiède journée de ce mars 1918," (op. cit., p. 5) ou *Les Bestiaires,* "Le lendemain 1er mars de 1913" (ibid., p. 393).
3. Cf. par exemple, *L'Immoraliste, La Porte étroite* ou *Isabelle* qui usent de ce procédé.
4. On trouvera une "bibliographie critique" sur *L'Etranger* dans Brian T. Fitch, *"L'Etranger" d'Albert Camus. Un texte, ses lecteurs, ses lectures* (Paris: Larousse, 1972).
5. Ibid., et Brian T. Fitch *Narrateur et narration dans "L'Etranger" d'Albert Camus. Analyse d'un fait littéraire* (Paris: Lettres Modernes, 1968).
6. Bernard Pingaud, *"L'Etranger" de Camus,* Poche critique (Paris: Hachette, 1971).
7. Outre les ouvrages cités plus haut, cf. en particulier M. G. Barrier, *L'Art du récit dans "L'Etranger"* (Paris: Nizet, 1962), et Renée Balibar, *Les Français fictifs* (Paris: Hachette, 1974).
8. Charles Baudelaire, *Œuvres complètes* (Paris: Gallimard, 1968), p. 11.
9. Ibid., p. 17.
10. Cf. Fitch, *Narrateur et narration,* pp. 50–59, et Pingaud, op. cit., pp. 72–79.
11. Laurent Mailhot, *Albert Camus ou l'imagination du désert* (Montréal: Les Presses de l'Université de Montréal, 1973), p. 26.
12. Cf. Roland Barthes, *"L'Etranger,* roman solaire," cité dans Jacqueline Lévi-Valensi, *Les Critiques de notre temps et Camus* (Paris: Garnier, 1971), pp. 60–64.
13. Carl A. Viggiani, *"L'Etranger* de Camus," *Configuration critique d'Albert Camus. I. Revue des Lettres Modernes,* 64–66 (1961), pp. 103–136.
14. Mikhaïl Bakhtine, *Esthétique et théorie du roman* (Paris: Gallimard, 1978).
15. Il serait trop long de développer ici—mais non sans intérêt—l'importance du *voisinage* dans la vie de Meursault: Raymond et Salamano ne sont liés à lui que parce qu'ils habitent la même maison.
16. Mais on sait combien "l'insignifiance" est une notion importante chez Camus: cf. dans *La Peste* même, les carnets de Tarrou, "une chronique très particulière qui semble obéir à un parti-pris d'insignifiance" (I, 1234) ou Grand qui a "toutes les mines de l'insignifiance" (1251), et bien entendu le texte "De l'insignifiance" (1895–8).

17. Exode VII–XI. On sait que les *Carnets* (*C2*, 66) relèvent un assez grand nombre de références bibliques dont Exode IX:4, 15.

18. Quelques indications de mois ou même de jours semblent notées avec une relative précision. Mais il faut relever que, par exemple, l'expression "au milieu du mois d'août" est reprise, quelques lignes plus loin par "au milieu de cette année-là" (I, 1353); la mention de la Toussaint, de la Fête des morts, ou de Noël est accompagnée par: "de cette année-là" (1409, 1439); la mention "A la fin du mois de novembre" (1416) est suivie de l'évocation des matins ou des soirs, le froid qui s'installe "pendant les premiers jours de janvier" semble "cristalliser au-dessus de la ville," dans la "splendeur immuable" du ciel bleu (1437–8): la référence au mois perd ainsi de sa valeur réelle dans l'image figée que donnent le ciel et le froid immobiles; la seule notation précise (en dehors de celles des premiers chapitres), "le 25 janvier," est immédiatement suivie par: "Cette semaine-là" (1440); et la dernière référence temporelle: "Les portes de la ville s'ouvrirent enfin, à l'aube d'une belle matinée de février" (1459) n'a, d'évidence, pas la même précision que celle sur laquelle s'ouvrait la chronique: "Le matin du 16 avril" (1221). Ainsi, les repères temporels renvoient-ils constamment à un temps plus cyclique que chronologique, qui, dépassant les dates qu'ils semblaient indiquer de manière plus ou moins précise, élargit singulièrement leur portée; c'est encore ce que prouvent, dans le dernier paragraphe du roman, les notations: "toujours," "jamais," "un jour viendrait" (1472) qui renvoient, expressément, à un temps mythique.

19. Cf. Adèle King, *Camus* (London: Oliver and Boyd, 1964), pp. 90–92, et *AC3*.

20. Depuis *Crime et Châtiment*, l'errance de l'homme seul dans la ville est souvent évoquée dans le roman contemporain.

21. Baudelaire, op. cit., "L'Invitation au voyage," p. 51; "Anywhere out of the world. N'importe où hors du monde," p. 303.

22. Cf. sur ce point comme sur beaucoup d'autres que nous n'avons pu qu'évoquer, Mailhot, loc. cit.

23. Cf. *Les Gommes* ou *Dans le Labyrinthe* de Robbe-Grillet, *L'Emploi du Temps* de Butor, *La Fièvre* de Le Clézio, et l'ensemble de l'œuvre de Tournier: *Vendredi ou les limbes du Pacifique, Le Roi des Aulnes, Les Météores;* mais cette liste est loin d'être exhaustive.

Discussion

J. GASSIN: Votre distinction entre temps et espace réels et temps et espace mythiques est particulièrement fertile. Dans quelle mesure y aurait-il un lien entre ces structures, surtout quand on pense au paradoxe que vous avez signalé, au début, entre un écrivain "engagé" et l'absence de repères chronologiques? N'y aurait-il pas un double paradoxe, un lien ou, pour le moins, un élément d'explication à introduire par rapport à la situation de l'Algérie en tant que colonie française? Car, justement, la philosophie du colonialisme repose évidemment sur un mythe, celui d'une élite étrangère qui déterminera l'avenir d'un pays occupé. Or comme vous l'avez bien montré, nous vivons au jour le jour dans le monde d'Alger, dans ce quartier de Belcourt. La dimension mythique s'introduit dès qu'il est question de problèmes politiques européens, tel le fascisme ascendant, de la France continentale, de cette France absente, patrie culturelle. L'Algérie, justement, bon gré mal gré, marche sur l'horaire culturel de Paris. L'aspect mythique du temps dans *L'Etranger* ne serait-il pas lié à ce décalage entre l'Algérie et la France mythisée qu'il est difficile sinon impossible de rejoindre?

J. LEVI-VALENSI: Votre interprétation est tout à fait possible, mais il faut voir ses limites. N'oubliez pas le refus du Paris sale, des pigeons, des ambitions métropolitaines. Et à cette époque Camus avait déjà voyagé aux Baléares et en Europe centrale. Je ne sais donc pas si l'on peut lier l'irréalité française à la réalité algérienne comme vous le proposez.

J. GASSIN: Précisons tout de même: le Parti communiste algérien est *importé* de France, en fait tout ce qui a une certaine importance est importé de France ce qui explique cette réaction viscérale—que j'approuve entièrement—ce rejet de Paris que l'on trouve dans *L'Etranger* comme dans *La Chute*.

E. MOROT-SIR: Ma question est d'ordre théorique. Vous avez conclu qu'il n'y a pas de création mythologique proprement dite chez Camus et vous dites qu'il y a réalisme de l'espace et du temps mais qu'en même temps s'effectue une mythologisation de l'espace et du temps. Admetteriez-vous alors qu'on applique certaines pages de *L'Homme révolté* ou la formule qu'on trouve dans les *Carnets* disant que la mythologie c'est la création corrigée?

J. LEVI-VALENSI: Ce que je voulais dire c'est qu'il n'y a pas l'équivalent de la création de mythes nouveaux tel, par exemple, celui de la baleine blanche. Lorsque Camus se sert d'un mythe, il puise dans l'Antiquité et propose, à titre d'illustration, Sisyphe ou Prométhée, par exemple. Mais il ne récrit pas les mythes anciens comme c'était à la mode dans la littérature française contemporaine.

E. MOROT-SIR: Non, bien sûr, mais le mythe a pour fonction, comme il dit, de corriger la réalité.

J. LEVI-VALENSI: Je répète qu'il y a mythologisation de l'espace et du temps réels et j'ajoute que Camus parvient à trouver un équilibre dans l'écriture, notamment l'écriture des romans dans la mesure où il ne sombre jamais dans une mythologie gratuite ou arbitraire non plus que dans une sorte de réalisme servile qui ne serait qu'un réel non transfiguré.

P. ARCHAMBAULT: Je suis parfaitement d'accord avec votre conclusion qu'il y a, chez Camus, un effort de mythologisation attribuable moins aux raisons politiques avancées tout à l'heure par mon collègue qu'à une stratégie narrative consciente. Je ferai aussi remarquer qu'il y avait, dès avant les premiers romans, le journaliste Camus qui était bien capable de séparer le journalisme de la création littéraire. J'ajouterai une raison profondément philosophique de la mythologisation en question: l'anti-historisme de Camus. L'Histoire telle qu'il la définit n'est-elle pas synonyme de l'espace et du temps réels et n'est-ce pas l'Histoire qui a tué le monde du mythe aux yeux de Camus?

J. LEVI-VALENSI: C'est une explication tout à fait loisible. C'est l'aspect antihistorique qui m'a frappé en relisant *La Mort heureuse,* qui est une sorte d'œuvre désengagée écrite en 1938, c'est-à-dire au moment même où Camus découvre le journalisme politique qui aboutira, l'année suivante, à la fameuse série de reportages sur la misère en Kabylie. Tout ceci comporte la découverte d'un réel quotidien et une attitude raisonnée face à ce réel. Il n'y a donc pas refus de l'Histoire en général chez Camus, mais certainement refus d'écrire l'Histoire dans le roman. *Caligula,* qui est une réflexion sur le pouvoir, n'est sous-tendu par aucune idéologie politique. C'est la mise en question de la tyrannie en général et la mise à l'épreuve du "tout est permis" que l'empereur pratique. D'une manière de plus en plus délibérée il y a, chez Camus, la tendance à évacuer l'Histoire en tant que système normatif.

A. ABBOU: Dans notre entreprise commune, *Fragments d'un combat* [*CAC 3*], nous avons essayé de montrer le système de représentation du monde que Camus s'est constitué de 1938 à 1940. Il y a un malentendu à dissiper lorsqu'on parle de mythologisation: d'emblée il faut éliminer l'idée d'une représentation farfelue qui nous éloignerait complètement du concret. En fait, il s'agit d'un système culturel. Ce système de représentation du monde s'est élaboré très tôt et se heurtera, par la suite, à des injonctions. Je ferais intervenir ici le principe de l'équivalence et le principe de l'opposition. A partir de ce qu'on a là comme système conceptuel, le temps et l'espace sont des pièces maîtresses du système de représentation de Camus. Le temps chronologique disparaît au profit du temps accordéon de la durée. S'il y a temps chronologique, il est en rapport avec l'être humain mais pas avec une situation historique précise. Il y a une expression dans *L'Etranger* qui permet de mieux comprendre la démarche de Camus: tuer le temps. Coquet l'a bien montré ("Problèmes de l'analyse structurale du récit dans *L'Etranger* de Camus," "*Langue Française,* III [1969], 61–72). Il y a effectivement réalisation de la métaphore dans *L'Etranger*. Tuer le temps c'est en fait non pas le passer à de petits riens mais c'est littéralement le mettre en pièces, le faire disparaître pour reconquérir quelque chose.

J. LEVI-VALENSI: Même si le monde de représentation camusien s'articule avec précision de 1938 à 1940, il faut admettre que ses éléments sont en germe avant ces dates et qu'on peut les trouver dans les tout premiers écrits de jeunesse.

Alfred Noyer-Weidner
Universität München

Structure et sens de *L'Etranger*

On sait que Sartre a fait longtemps autorité avec son "Explication de *L'Etranger*," parue déjà en 1943.[1] Pour Sartre, le point de départ était *Le Mythe de Sisyphe;* réunissant le récit et l'essai, Sartre les considéra comme les deux côtés d'un seul et même phénomène, comme le "sentiment" et la "notion" de l'absurde. Dans cette explication donc, *Le Mythe de Sisyphe* avait la valeur d'un "commentaire exact": il était la "traduction philosophique" du "message romanesque." Certains signes caractéristiques du récit furent, dans la mesure où ils se conformaient à cette perspective, enregistrés par Sartre et par les critiques qui le suivirent, d'une manière très pertinente; mais au fond, par cette vue même, on a écarté le statut propre de l'œuvre littéraire, la distinction catégorielle entre l'évidence nécessairement esthétique d'un récit et les exigences logiques et systématiques d'un traité.

Ce n'est que vers la fin des années 50 et au début des années 60 que différents critiques, indépendamment les uns des autres, se sont libérés du principe de lire *L'Etranger,* pour ainsi dire, par le prisme du *Mythe de Sisyphe*.[2] On se plaça, par exemple, directement "à l'intérieur de la fiction" et prit l'œuvre littéraire—sciemment de façon hypothétique—comme un "document," pour déterminer la nature de son "héros païen";[3] ce qui importait pour d'autres, c'était la vraisemblance psychologique de ce héros-là qui est en même temps le narrateur.[4] Sans aucun doute, l'analyse de *L'Etranger* comme œuvre littéraire a fait ainsi de grands progrès. Mais sur l'une comme sur l'autre voie, on ne négligea que trop l'auteur lui-même. Il est clair que Camus avait besoin, pour son récit, d'un certain réalisme, mais il ne voulait pas écrire un soi-disant roman réaliste, et surtout, il ne se trouva pas tout de suite "à l'intérieur de la fiction," mais devant un problème logiquement paradoxal qu'il avait à résoudre sur le plan esthétique. Il lui fallait un "truc"; c'est le terme de Camus lui-même qui m'a dit, à l'occasion d'une entrevue personnelle, en novembre 1959: "Quand j'avais trouvé le truc, je n'avais plus qu'à écrire le livre."

Le problème qui se posa d'abord à Camus, était le suivant: comment peut-on faire apparaître et retenir comme une donnée absolue l'absurde de l'existence humaine, à proprement parler donc le non-sens, et comment peut-on en même temps le "raconter," c'est-à-dire le présenter sous une forme chargée de sens, de telle sorte que la raison d'être philosophique du récit se trouve enfin exprimée, mais indirectement, comme un "message" convaincant? Il s'agit, en d'autres termes, de la tension paradoxale entre "absurdité" et "narration raisonnée." La clé pour la solution de ce paradoxe se trouve dans la structure fondamentale de *L'Etranger*, dans la frappante bipartition de l'œuvre. Ce n'est pas en vain que Camus lui-même a fait remarquer: "Le sens du livre tient exactement dans le parallélisme des deux parties."[5] C'est un parallélisme, cependant, basé sur le contraste.

En faisant l'examen rétrospectif de *L'Etranger*, c'est-à-dire dans le sens inverse de la lecture, on s'aperçoit de la manière impérative et rigoureuse dont la première partie est calculée en fonction de la deuxième, et on constate aussi comment ces deux parties s'intègrent l'une à l'autre pour constituer un tout narratif. Cependant, considérée pour elle-même, la première partie donne presque complètement l'impression qu'un critique anglais avait du récit dans sa totalité: "virtually an 'anti-novel'."[6] Inutile de dire que cette définition ne se laisse pas étendre à l'ensemble d l'œuvre; mais elle en caractérise très bien la première partie dont il est question ici de façon isolée.

Protagoniste et narrateur à la fois, un "Je," portant le nom de Meursault, employé algérien, aligne bout à bout les événements qui se sont déroulés dans un laps de temps de dix-juit jours seulement: l'enterrement de sa mère, le début d'une liaison amoureuse, la rencontre avec un souteneur, le meurtre sans motif rationnel; on pourrait aussi bien dire: des baignades dans la mer, un dimanche plein d'ennui, l'amour mêlé de haine d'un vieillard bizarre pour son chien, un repas au restaurant et d'autres faits semblables. Sans enchaînement logique et apparemment sans aucun critère narratif, Meursault progresse dans son récit simplement d'après le schéma chronologique: "Aujourd'hui," "Ce matin," "Hier," ou encore "Et," "Puis," "Après." Les choses normalement insignifiantes sont souvent exposées d'une manière tout aussi détaillée que les choses normalement importantes; en plus, l'essentiel en soi, la plupart du temps, se trouve dévalorisé. Quant à cette dernière constatation, le début du récit peut déjà servir d'exemple: Meursault ne réagit pas devant le fait que sa mère est morte, mais uniquement à la question, en comparaison sans importance, de savoir si c'était "hier" ou "aujourd'hui."

Mais pour commencer par le titre de cette œuvre: il est aussi provocant que littéraire. Chez le lecteur, il suscite en effet l'attente d'apprendre pour qui ou pour quelle raison et dans quelle mesure existe ici une "étrangeté." Cet aspect est renforcé par le fait que ce titre a une tradition littéraire; par exemple,

Baudelaire avait déjà intitulé un de ses poèmes en prose *L'Etranger*. Naturellement, il ne s'agit pas ici de la question, trop banale dans ce cas, d'une "influence," mais d'un arrière-fond général qui guide l'attente du lecteur dans une direction plus ou moins littéraire. Ce lecteur doit être d'autant plus surpris par un début de récit comme celui-ci: "Aujourd'hui, maman est morte. Ou peut-être hier, je ne sais pas. J'ai reçu un télégramme de l'asile: 'Mère décédée. Enterrement demain. Sentiments distingués.' Cela ne veut rien dire. C'était peut-être hier" (I, 1125). En comparaison avec le titre du récit, le style de Meursault frappe d'abord par son manque évident de prétention littéraire. Cette manière caractéristique de parler est mise en relief tout de suite après par l'opposition à un style soutenu de la routine sociale, c'est-à-dire du télégramme; il suffit de comparer à cet égard "maman est morte" et "Mère décédée."

Meursault n'emploie pas le temps conventionnel de la narration, le passé défini, mais le passé composé qui est un des signes les plus marquants de son style apparemment non-littéraire. On connaît les valeurs tout de même esthétiquement positives, dans le sens idéologique et artistique du récit, de ce choix de temps. Quel est l'effet d'une phrase comme celle-ci: "Il est sorti, est revenu, a disposé des chaises?" (1129). Le passé défini aurait exprimé un devenir, une continuité reliant un événement à l'autre, tandis que le passé composé dissout la continuité significative de ces événements pour en faire une suite d'états incohérents et figés: il produit une succession de présents. L'incohérence que révèle la structure d'ensemble de la première partie du récit, se prolonge donc jusque dans la structure stylistique des plus petites scènes et garantit ainsi l'unité de la perspective de Meursault. Naturellement, cette "succession de présents" comporte l'illusion que le "discours" suit à peu de distance l'"histoire," l'impression donc de la proximité aux événements exprimée directement par des termes comme "aujourd'hui" ou "hier." Non moins naturellement, la deuxième partie du récit a pu soulever la question très subtile de savoir quand ce texte, dans son ensemble, a été fictivement écrit; mais cette question ne se pose pas au lecteur qui suit le cours et qui s'abandonne à l'illusion de la première partie de *L'Etranger*. Ce qui reste à dire, c'est que le passé composé donne au récit de Meursault exactement la mesure de réalisme nécessaire au but de l'auteur. En effet, derrière Meursault qui s'exprime ainsi dans un langage familier apparaît un auteur qui choisit consciemment ses moyens stylistiques. Il confère au récit, non seulement par le choix du passé composé, d'ailleurs, l'authenticité d'un journal intime et absolument sincère.

Meursault apprend la mort de sa mère, mais il en parle sans deuil, sans un mot d'affliction. Le chapitre sur l'enterrement se termine dans une hâte étrange qui déforme et nivelle, encore un fois, le sens de l'événement:

> Il y a eu encore l'église et les villageois sur les trottoirs, les géraniums rouges sur les tombes du cimetière, l'évanouissement de Pérez (on eût dit un pantin disloqué), la terre couleur de sang qui roulait sur la bière de maman, la chair blanche des racines qui s'y mêlaient, encore du monde, des voix, le village, l'attente devant un café, l'incessant ronflement du moteur, et ma joie quand l'autobus est entré dans le nid de lumières d'Alger et que j'ai pensé que j'allais me coucher et dormir pendant douze heures. (1135)

Tout cela dans une seule phrase, construite très simplement en ce qui regarde le plan syntaxique, même si elle frappe par sa longueur; mais tout cela n'est pas à considérer comme une scène. Le mot-clé d'"enterrement" ne s'y rencontre pas. Le sens de l'événement est ainsi éludé, mais le vif du sujet est aussi dépassé, à savoir par une perspective purement physique, par la "joie" de pouvoir dormir, finalement de retour "au nid de lumières d'Alger." De prime abord, il est donc absolument clair que Meursault ne dit ni plus ni moins que ce qu'il a vraiment à dire à ce sujet. Rien n'est "manipulé"; de nouveau donc: Meursault est sincère. C'est un journal intime qu'il écrit, apparemment sans autre but que de rendre compte d'une série de faits tels qu'ils se sont passés; pour être plus précis: Meursault n'exprime pas de but pour ce journal où des événements normalement importants et normalement sans importance se suivent pêle-mêle selon l'ordre mécanique de la chronologie, comme une addition d'actes isolés, incohérents et insensés. Cette addition d'événements ne peut signifier qu'une chose: la vie est absurde.

Pour être encore une fois plus précis: cette image de la vie paraît d'abord absurde au lecteur, mais non pas à Meursault qui, pendant toute le première partie de son récit, subit les événements avec l'indifférence d'un être inconscient. Absorbé dans la trivialité du déroulement mécanique de la vie quotidienne, il dit: "J'ai pensé que c'était toujours un dimanche de tiré, que maman était maintenant enterrée, que j'allais reprendre mon travail et que, somme toute, il n'y avait rien de changé" (1140). C'est avec un "cela m'était égal" ou un "cela ne signifiait rien" que Meursault repousse chaque premier développement d'une pensée qui pourrait mener plus loin; il confirme lui-même, d'ailleurs, cette attitude dans la deuxième partie du récit, en disant: "[...] j'avais un peu perdu l'habitude de m'interroger" (1170).

Les premiers chapitres, en tout cas, ne laissent pas reconnaître pourquoi Meursault raconte tous les événements mentionnés; mais en les racontant d'une manière irréfléchie et dans un langage familier, il semble être le type de "l'homme quotidien." Si l'on regarde de plus près, on constate, cependant, que l'auteur a fait de Meursault plus qu'un simple "homme quotidien." Délibérément, ce caractère est exagéré dans deux directions opposées. Dans la vie quotidienne, il y a du moins des complexes élémentaires de sens, tels que le deuil, l'amour et l'amitié. Cependant, Meursault annule avec un "cela ne voulait rien dire," avec un "cela ne signifiait rien" exactement le sens fondamental de la question de Marie Cardona qui veut savoir s'il l'aime. C'est un exemple parmi beaucoup d'autres qui révèle clairement combien le caractère de Meursault se distingue de la réalité quotidienne normale, à savoir de par une indifférence extrême, par une passivité qu'on pourrait appeler le degré zéro de la conscience.

D'autre part, si Meursault enregistre, à la manière d'une addition, seulement des faits extérieurs, il le fait pourtant avec une précision inhabituelle, c'est-à-dire non quotidienne. C'est avec cette exactitude qu'il reproduit surtout les perceptions sensibles, particulièrement les impressions laissées par la lumière et les couleurs. La dernière phrase du chapitre sur l'enterrement en a donné déjà un exemple: aux "géraniums rouges" font suite la "terre couleur de sang," la "chair blanche des racines" et, enfin, Alger comme un "nid de lumières." Peu avant, il avait noté le contraste des couleurs entre le ciel et l'enterrement: "entre le ciel bleu et blanc et la monotonie de ces couleurs, noir gluant du goudron ouvert, noir terne des habits, noir laqué de la voiture" (1134)—on pourrait dire que plus le noir est monotone, plus Meursault le différencie d'une façon intense. Une chose est claire: ce procédé, au plus haut point impressionniste, est diamétralement opposé au langage non littéraire de la vie quotidienne; il est directement littéraire, tel qu'on le connaît de *Noces*, par exemple. Dans *Noces*, l'auteur avait utilisé ce style, pour ainsi dire, comme fin en soi; dans *L'Etranger* cependant, Camus l'a fonctionnalisé sur le plan narratif, et particulièrement en ce qui concerne le comportement de Meursault en ce dimanche de baignade où il tue un Arabe.

On a découvert, dans le chapitre sur ce "crime," une escalade extatique de la langue imagée,[7] et on a parlé de "deux styles": tout ce qui précède, serait écrit dans le style "normal" de Meursault, tandis que le deuxième style appartiendrait exclusivement au "great purple passage" de la scène tragique sur la plage. Pourtant, déjà au commencement, Meursault se révèle être, derrière toute son apparente banalité, un homme qui réagit très fortement avec ses yeux et ses sens. Et cela signifie plus qu'il n'a été dit jusqu'à maintenant, à savoir non seulement l'enregistrement et la reproduction précise d'impressions extérieures, mais aussi la réceptivité face à leurs effets directement physiques. On peut encore citer dans le chapitre sur l'enterrement: "J'ai été aveuglé [...]"; "J'étais un peu perdu [...]"; "Tout cela [...] me troublait le regard et les idées" (1128, 1134). Les deux chapitres qui encadrent la première partie, ne se rapportent donc pas seulement l'un à l'autre de par leur thème central, la mort d'un être humain, mais aussi de par les circonstances extérieures; et vers la fin du chapitre sur le meurtre, on est renvoyé explicitement, sous cet aspect, au jour de l'enterrement: "C'était le même soleil que le jour où j'avais enterré maman [...]" (1166). Ce qui avait déjà été établi dans la description de l'enterrement, se retrouve exprimé—d'une manière très intensifiée, bien entendu—dans le dernier chapitre de cette partie du récit.

Le soleil devient la "pluie aveuglante" (1164) qui transforme tout, des heures durant, en un "océan de métal bouillant" (1165), la nature devient la puissance ennemie par excellence, directement opprimante sur le plan physique: "toute une plage vibrante de soleil se pressait derrière moi" (1166). L'Arabe est encore assez éloigné, mais le reflet de lumière sur le couteau qu'il vient de tirer, attaint douloureusement Meursault dans son corps comme une "épée brûlante" (1166). Au paroxysme de ce trouble causé par la chaleur ardente du soleil et par la lumière, Meursault tire sur l'Arabe: une impulsion motrice mécanique, tout à fait compréhensible, dans de telles circonstances, en tant que réaction sur le plan physique, mais néanmoins un acte sans motif sur le plan rationnel.

On a cherché à rationaliser cet acte, en tant que "légitime défense,"[8] par exemple; ce qui s'oppose à de telles tentatives d'explication, c'est aussi bien la présentation des faits que l'intention de l'œuvre. Autrement dit: Camus avait strictement besoin de cet acte et sous cette forme, intelligible sur le plan psychologique, mais inconcevable sur le plan logique et, dans cette mesure, aussi au niveau juridique; il en avait besoin pour faire de son côté, plus tard, le procès à la justice. Pour le moment, il suffit de dire que cet homicide doit apparaître aux yeux du lecteur comme le comble de l'absurdité. Mais ceci est en même temps le début de quelque chose de tout à fait nouveau pour Meursault.

Jusqu'ici, tout s'est suivi au hasard du temps, et à la fin des cinq chapitres précédents, tout est retombé dans le néant, par exemple ainsi: "somme toute, rien de changé" (1140). De chapitre en chapitre, le récit avait procuré jusqu'ici la nette impression de l'absurdité. Mais à présent, Meursault dit: "c'est là [...] que tout a commencé" (1166). Jamais auparavant, Meursault n'avait parlé de la sorte. C'est à partir de ce moment qu'il ne décrit plus seulement, mais qu'il a quelque chose, au sens propre du mot, à "raconter." Auparavant, il n'avait jamais dit: "pour la première fois"; le fait que de nombreux "pour la première fois" bordent le chemin de la partie suivante, est à lui seul assez significatif en ce qui regarde ce revirement. Camus a donc différé très longtemps, et cela d'une manière inhabituelle, ce qu'on appelle en allemand "das erregende Moment," c'est-à-dire l'événement qui déclenche, après l'exposition de la préhistoire, la véritable action d'un drame ou d'un roman. Ce tour de main n'est pas le seul de Camus dans cette œuvre, mais il jette la lumière la plus claire sur le problème de l'artiste en face de la tension logiquement irréductible entre "absurdité" et "narration raisonnée."

L'Arabe tué, Meursault se rend compte pour la première fois d'une signification plus profonde; c'est pour la première fois qu'il dit: "J'ai compris que [...]." Ce qu'il reconnaît maintenant, c'est qu'avant il avait "été heureux." Libéré de son engourdissement, il tire "encore quatre fois" sur le mort, et il en parle avec un sérieux inconnu chez lui jusqu'ici, avec un pathétique visant d'autant plus à la signification existentielle de cet acte avec lequel "tout a commencé," en opposition à l'état d'inconscience de la vie quotidienne, de la "vie heureuse" d'avant: "[...] c'était comme quatre coups brefs que je frappais sur la porte du malheur" (1166). Cette "porte du malheur" s'ouvre: c'est la deuxième partie du récit qui comprend la détention de Meursault, le procès avec la condamnation à mort et l'attente de l'exécution capitale.

Cette deuxième partie, cependant, frappe d'abord par le retour à un ton narratif qui rappelle—ou pour mieux dire: qui semble rappeler—le style initial du récit. Tout de même, si Meursault recommence à raconter d'une façon très calme, ce n'est plus tellement par indifférence face aux événements qu'à cause d'une distance temporelle dont il fait assez tôt mention lui-même: "au bout des onze mois qu'a duré cette instruction, je peux dire que [...]" (1174). Par opposition aux dix-huit jours de la première partie, la seconde embrasse, prise dans son ensemble, environ une année. Ce fait exige d'entrée de jeu une sélection et une accentuation plus vigoureuse quant aux événements racontés, c'est-à-dire une attitude plus intellectuelle chez Meursault. Dans un certain sens, le passage déjà cité en fait preuve avec son "je peux dire que [...]," vu le caractère d'un jugement de conclusion, pesé très prudemment, de cette formule. Cet aspect va être encore développé plus en détail.

Ce qui dans la deuxième partie se rapproche le plus de la première, c'est la présentation du procès, aussi bien d'après le contenu que d'après la forme. Chacun des deux jours du procès remplit un chapitre à lui (III, IV), et tous les événements alors notés par Meursault, sont repris et discutés maintenant par d'autres personnes—d'un côté par les témoins, connus déjà en tant que personnages de la première partie, et de l'autre côté par les juristes. Toujours est-il que Meursault ne donne plus des dates exactes, comme il avait eu coutume dans la première partie; d'une manière assez vague, il indique seulement que le procès a lieu en juin, à peu près un an après les faits qui sont à débattre. Ainsi règne, encore une fois, la même atmosphère que lors de l'enterrement et du meurtre, mais ce cadre répété de "soleil," "chaleur" et "sueur" fait maintenant l'effet d'un contraste ironique face au scepticisme auquel se heurte Meursault lorsqu'il explique ainsi son acte d'alors: "c'était à cause du soleil" (1196). Comment ce motif ridiculement simple et à la fois communément inconcevable pourrait-il triompher de la théorie du procureur? Celui-ci a beau jeu—dans la construction littéraire, bien entendu, de ce procès—de présenter tous les détails dans un enchaînement logique approprié à sa façon de penser. Selon lui, Meursault est un homme moralement déchu parce qu'il ne fut pas affligé par la mort de sa mère, parce qu'il engagea, le lendemain de l'enterrement, une liaison amoureuse "irrégulière" et qu'il alla voir un film comique, parce qu'il entra en relations avec un souteneur de la façon la plus douteuse: par conséquent, toujours selon le procureur, Meursault a été complice, et il n'a pas tué sans motif rationnel, mais avec préméditation; la dernière preuve en serait le fait que Meursault a tiré encore quatre coups sur l'Arabe déjà effondré, "pour être sûr que la besogne était bien faite" (1194). Cela paraît plausible, dit Meursault, et le tribunal est convaincu que les choses se sont passées ainsi, mais cette vision ne correspond pas à la réalité.

C'est exactement pour cette raison qu'il fallait auparavant présenter la réalité dans la proportion, dans l'ordre et de la manière dont elle fut racontée, pour la raison donc de rendre possible la logique du procureur et de la mener, dès le début, jusqu'à l'absurde. L'absence de signification et l'incohérence des épisodes relatés dans la première partie, se révèlent soudain, vues sous cet angle, comme une stricte nécessité narrative.

Au fond, Meursault est condamné à mort moins à cause de son "crime" que pour son "âme criminelle." Or, l'impassibilité de Meursault devant le cercueil de sa mère ne suffirait pas, à elle seule, pour arriver à ce verdict; et une liaison amoureuse quelconque, engagée déjà avant ou beaucoup plus tard, n'y suffirait pas non plus. Les deux choses doivent donc se tenir sans relation côte à côte, mais se toucher très étroitement dans le temps, et cela dans l'ordre le plus choquant: d'abord l'enterrement, ensuite les relations intimes, le film comique—et les gardiens des conventions morales jetteront la pierre à un "sujet dépravé." Rien ne peut être omis ou changé: le "hasard chronologique" de ces deux chapitres se révèle, après coup, comme une disposition créée sciemment en vue d'une pseudo-explication. De même, le meurtre doit être précédé par des faits qui n'ont rien à voir avec lui réellement, mais qui contribuent secondairement à cette pseudo-explication. Le procureur parlera de complicité, de préméditation du meurtre; le rapport authentique des événements, la première partie du récit donc, est un démenti préalable de ces concepts. Inutile de répéter qu'il s'agit ici d'un parallélisme basé sur le contraste; ce qui plus est, toute la structure de la première partie de *L'Etranger* trouve sa justification dans la "logique" de ce procès. Mais en même temps, le procès a une fonction particulière dans la deuxième partie du récit qui témoigne, dès le début, d'une évolution intérieure de Meursault.

Comme il a été déjà dit, cette deuxième partie commence d'un ton très calme, de nouveau sans prétention, du moins en surface. Mais en profondeur, c'est aussitôt une attitude nouvelle qui domine face aux événements. De toute l'instruction préliminaire, Meursault ne rend, d'une manière détaillée, que les deux entretiens vraiment importants au niveau du contenu, respectivement avec l'avocat et avec le juge d'instruction; en comparaison avec le pêle-mêle de la première partie qui avait tout nivelé, la différence est claire. C'est maintenant, d'ailleurs, que Meursault se trouve pour le première fois sérieusement confronté à la question religieuse, et cela par le juge d'instruction qui est chrétien et croit en Dieu; cette scène prépare déjà le terrain, pour la grande querelle menée avec l'aumônier de la prison à la fin du récit. De même, c'est au commencement de la deuxième partie que Meursault est aussi forcé, pour la première fois, de réfléchir sur lui-même, et cela par son avocat qui a besoin de renseignements sur la vie privée de son client. Le début de la réponse de Meursault a déjà été cité: "j'avais un peu perdu l'habitude de m'interroger"; Meursault continue: "mes besoins physiques dérangeaient souvent mes sentiments. [...] Je ne me suis pas rendu compte de ce qui se passait" (1170). Ce que Meursault dit ainsi à l'avocat, s'adresse en même temps au lecteur—et au critique littéraire du récit. On comprend que Meursault a déjà fait le premier pas pour vaincre sa faiblesse d'alors. Il n'est plus le personnage d'autrefois, "toujours pris par ce qui allait arriver, par aujourd'hui ou par demain" (1195); il a maintenant appris à se rendre compte, à juger avec circonspection, à dresser un bilan intellectuel de ce qui s'est passé. C'est à ce niveau qu'il faut placer son "je peux dire que [...]" déjà cité, ou des formules comme celle-ci: "Le résultat, c'est que [...]" (1174). Meursault est déjà devenu "un autre." Son évolution intérieure se fait jour plus clairement encore dans le chapitre suivant.

Celui-ci traite encore un fois la même période, mais sous un autre aspect. Si le chapitre précédent s'est terminé sur le mot "instruction," le deuxième de cette partie commence avec le mot "prison." Il s'agit, d'un côté, de la marche objective des choses dans le cadre juridique, et de l'autre, des difficultés subjectives dont Meursault doit venir à bout au cours de sa détention. Cela signifie que l'ordre purement chronologique et mécanique de la première partie est substitué ici par un ordre thématique, c'est-à-dire plus intellectuel. C'est exactement le temps, précédemment un facteur neutre, sans valeur propre, qui devient pour Meursault, pendant sa détention, le problème fondamental, mais avec une signification négative; plus d'une fois, il dit maintenant: "cela tuait le temps" (1178 et ss.). Mais le jour où il se sait enfin maître de la "notion du temps," il voit pour la première fois avec attention et concentration sa propre image: "Il m'a semblé que mon image restait sérieuse alors même que j'essayais de lui sourire. [...] Elle était toujours sérieuse, et quoi d'étonnant puisque, à ce moment, je l'étais aussi?" (1181). Meursault n'a pas seulement changé, mais il devient conscient de ce changement; il avance de plus en plus, pour ainsi dire, de la simple existence vers une vie reconnue dans son essence. Cette progression intérieure est marquée, comme il a été déjà dit, par de nombreux "pour la première fois" comme signal d'évolution intérieure. La reprise la plus importante d'un tel "pour la première fois" se trouve au dernier chapitre du récit quand Meursault est parvenu définitivement à sa vérité sur la vie.

Mais avant d'arriver à ce chapitre, il faut repasser l'étape du procès dont la présentation est, de la manière décrite, la justification du procédé narratif de toute la première partie du récit. Tout de même, il a déjà été question aussi d'une fonction propre que revêtit cette présentation du procès au cours de la deuxième partie, dans l'histoire intérieure de Meursault depuis son emprisonnement donc. En effet, Meursault ne se limite ici plus au simple enregistrement des faits, mais il commente et critique, devient visiblement ironique. Ceci est le cas, par exemple, lorsque le procureur parle de préméditation du meurtre pour la raison d'avoir affaire à un inculpé qui est intelligent; Meursault commente cet argument de la façon suivante: "Mais je ne comprenais pas bien comment les qualités d'un homme ordinaire pouvaient devenir des charges écrasantes contre un coupable" (1194). La critique de ce jeu routinier est même plus évidente si Meursault a, devant les jurés, l'impression d'une "banquette de tramway" (1183). Cela fait singulièrement penser à une situation antérieure, à savoir à la veillée funèbre où Meursault, assis en face des vieillards de l'asile, avait eu un moment l'impression "qu'ils étaient là pour me juger" (1130). Or, veillée funèbre ou tramway: tout devient tribunal; ce n'est pas seulement dans la salle d'audience, mais dans la vie quotidienne en général que le "nouvel arrivant," comme un "étranger," est jugé par les autres. Dans cette perspective, il s'agit donc d'un élargissement de ce qui a trait à la juridiction proprement dite. La tendance générale à porter des jugements, problématique en soi, se réduit le plus souvent à la recherche des relations de cause à effet, comme le démontre la logique du procureur. Devant la réalité des choses en question, l'échec de cette recherche n'est que trop évident. C'est ainsi que Meursault généralise, de sa part, le refus des relations de causalité qui pourraient donner à la vie un sens moins absurde que celui de hasard. Et c'est ainsi que, dans son parcours intellectuel, il se sent, à ce point déjà, "très loin de cette salle d'audience" (1197).

C'est alors même que la "notion du temps" a joué sa dernière carte. Dans le chapitre final qui est situé entre la condamnation et l'exécution, il n'y a plus de "maintenant," plus de date exacte. C'est un chapitre sur la discussion dialectique de Meursault avec lui-même. En effet, même le seul événement extérieur pour lequel il y ait encore place ici, à savoir la scène avec l'aumônier de la prison, ne se situe pas à un lieu chronologique quelconque, mais exactement à l'endroit qui lui revient logiquement dans cette discussion intérieure. Face à la situation limite de l'homme devant la mort, Meursault médite toutes les "possibilités d'évasion," et il les rejette toutes, même l'espérance chrétienne en un au-delà: cela justement est l'endroit logique de ce passage dramatique où Meursault repousse catégoriquement, comme une de ces promesses illusoires d'évasion, l'assistance spirituelle.

Le parallélisme des deux parties du récit, basé sur leur contraste, s'exprime surtout dans la transition des "pensées d'homme libre" en des "pensées de prisonnier." Si Meursault avait remarqué un fois "que, somme toute, il n'y avait rien de changé," il comprend après le premier jour du procès que "quelque chose était changé" (1192). De plus, Meursault avait dit un jour, dans une situation sans importance: "Il n'y avait pas d'issue" (1135); ce sont les mêmes mots qui reviennent plus tard, mais là, dans une expérience très grave: "Non, il n'y avait pas d'issue et personne ne peut imaginer ce que sont les soirs dans les prisons" (1181). Un peu plus loin encore: si l'avocat de Meursault reste convaincu "que l'issue sera favorable" (1198), la question qui se pose à Meursault inexorablement après la condamnation à mort, est celle de savoir "si l'inévitable peut avoir une issue" (1200). Cette question qui peut faire l'effet d'un paradoxe, devient le point de départ d'un "raisonnement" où des expressions logiques de tout ordre s'accumulent avec une vigueur plus intensive que jamais auparavant. La phrase suivante en donne un exemple concluant: "Donc (et le difficile c'était de ne pas perdre de vue tout ce que ce 'donc' représentait de raisonnements), donc, je devais accepter le rejet de mon pourvoi" (1204).

Le chapitre final foisonne, en effet, de termes abstraits comme "raisonnements," "réflexions," "suppositions," "condition," "hypothèse," "possibilités," "certitudes" et autres encore. La critique était, en général, assez convaincue d'un style "neutre" continu et d'un vocabulaire "remarquablement concret" de *L'Etranger*;[10] elle faisait exception, il est vrai, de la scène sur la plage et du meurtre, et qualifiait la langue imagée extatique de ce chapitre comme le "deuxième style" de Camus. On peut ajouter maintenant que dans le chapitre final un "troisième style" fait irruption, le style dialectique. Comme on a vu, cependant, l'accroissement des images dans la scène du meurtre se rattache à la personnalité de Meursault; il est préparé, dès le début, par une réceptivité extrêmement forte quant aux impressions extérieures. De même, l'irruption du troisième style est préparée par tout ce qui suit le meurtre, c'est-à-dire par l'éveil progressif de la conscience chez Meursault. Celui-ci n'est pas lucide, comme ont dit Sartre et d'autres critiques, mais il devient lucide.

Auparavant, Meursault avait toujours écarté les questions sur le sens des choses avec un "ça m'était égal." Mais à présent, dans le chapitre final, il dit au contraire: "Ce qui m'intéresse" ou bien: "Ce qui comptait" (1200). Par là, du moins de façon implicite, il fait la différence entre les choses importantes et les choses insignifiantes. Sorti depuis longtemps de sa passivité antérieure, il s'occupe maintenant du problème décisif pour lui d'une façon active, en contrôlant chacun de ses pas sur le plan intellectuel, par exemple ainsi: "J'étais obligé de reconnaître"—"J'étais obligé de constater"—"Je devais constater au contraire" (1201 et s.). C'est sur cette voie que Meursault trouve enfin sa "vérité."

Il avait été indifférent, mais à présent, il s'ouvre consciemment "pour la première fois à la tendre indifférence du monde" (1209). Autrefois, Meursault avait simplement vécu une vie qui a toujours été absurde, mais à présent, il la reconnaît en tant que telle: "cette vie absurde que j'avais menée" (1208). C'est la seule fois, d'ailleurs, que le terme d'absurde, tellement significatif dans la pensée de Camus, apparaît au cours de tout *L'Etranger,* et justement tout à la fin. Le schéma du récit est celui d'une conversion dont il faudrait faire l'histoire littéraire; mais en tout cas, dans *L'Etranger* il revêt une forme tout à fait particulière qui est en même temps la solution du rapport paradoxal entre "absurdité" et "narration raisonnée." Comme il a été dit, c'est un paradoxe et, par là, logiquement irréductible, mais un problème surmontable au niveau de l'évidence esthétique. Ce n'est qu'à ce point qu'on peut se servir du commentaire de l'essai philosophique, du *Mythe de Sisyphe,* en citant une formule qui explique le schéma narratif du récit: "rien n'est changé et tout est transformé" (II,154). L'absurdité de la vie demeure la base du récit entier; c'est ainsi que "rien n'est changé." Pendant presque toute la première partie du récit l'impression nette de cette absurdité reste intacte; ce n'est qu'après le meurtre "que tout a commencé." C'est ce que nous avons appelé "das erregende Moment"; en traduisant cela de nouveau dans les termes du *Mythe de Sisyphe,* c'est le commencement de l'"aventure intelligente." Inutile de répéter que Camus retarde ce moment très longtemps et d'une façon non moins artificielle qu'artistique. Ce qui suit, c'est la prise de conscience progressive de Meursault, son "aventure intelligente," en opposition à son "itinéraire d'aveugle" (1192) d'autrefois.

Après son procès, Meursault fait donc le calcul de toutes les chances d'issue possibles. La dernière de ces issues serait l'au-delà de la foi chrétienne: C'est exactement l'endroit logique de la discussion avec l'aumônier, du seul événement extérieur qui trouve encore place, comme il a déjà été dit, dans l'évolution intérieure de Meursault. Celui-ci repousse la promesse religieuse et se sent enfin "purgé du mal, vidé d'espoir" (1209). C'est ainsi qu'il croit maintenant comprendre sa mère: "Si près de la mort, maman devait s'y sentir libérée et prête à tout revivre" (1209). C'est ainsi qu'il confirme et qu'il approfondit pour lui-même, dans la dernière page de son récit, le passé dans le présent: "j'ai senti que j'avais été heureux, et que je l'étais encore." Cette vérité devient le message du récit, un apogée dont l'histoire personnelle de Meursault n'est qu'un cas exemplaire. Voilà comment Meursault exprime sa vérité définitive.

Dans la discussion avec l'aumônier, le condamné à mort oppose à la croyance religieuse tout ce qu'il sait de la vie, et cela d'une façon de plus en plus passionnée: "Rien, rien n'avait d'importance" (1208). Même après cette discussion, Meursault continue à parler avec une pareille insistance pathétique. Plusieurs fois de suite, il répète, comme dans l'exemple cité, le premier mot d'une phrase: "Là-bas, là-bas aussi..."; "Personne, personne n'avait le droit...." Ce qui plus est, Meursault s'approche du style biblique lorsqu'il dit: "purgé du mal"; et le début de sa dernière phrase: "Pour que tout soit consommé...," fait directement écho à l'Evangile de St. Jean: "Consummatum est."[11] Non pas en partant du *Mythe de Sisyphe*, mais en y aboutissant, on pourrait désigner le message de Meursault comme "le vin de l'absurde et le pain de l'indifférence" (II, 137); c'est ainsi que la métaphore biblique se trouve "transformée" dans l'essai philosophique de Camus.

A la fin du récit, le procès qu'on a fait à Meursault, gagne une dimension supérieure à ses fonctions précédentes. Il a été la justification narrative de la première partie, il a joué sa part dans "l'aventure intelligente" du héros, et il accuse l'injustice, en dernière analyse même celle métaphysique puisque l'homme est, *a priori*, condamné à la mort. C'est aussi dans ce sens que le cas de Meursault s'élargit pour devenir un symbole de l'absurdité. Libérée de toutes les prétentions rationnelles, morales et religieuses, la vie individuelle n'a pas d'autre "sens" que celui du bonheur terrestre dont il faut jouir. On a pu dire à juste titre que ce message de *L'Etranger* a un trait épicurien. Mais si tout est absurde, comment la conscience de cette absurdité peut-elle avoir un sens? Et si rien dans la vie n'a de sens, comment peut-on attribuer au bonheur terrestre l'importance d'une vérité absolue? Ce sont les problèmes logiques du *Mythe de Sisyphe* qui est, comme on a dit, moins convaincant que *L'Etranger*. Pourtant, ces problèmes sont, au fond, les mêmes; mais les exigences de l'essai sont autres que celle du récit. Naturellement, il n'est pas possible ici de développer et d'approfondir la différence entre ces deux catégories de texte. Pour l'œuvre narrative, il suffira de reprendre le mot-clé d'"évidence esthétique." Ce qui rend le sens du récit, son message, tellement convaincant, c'est sa composition, c'est l'emploi successif de différents styles qui se superposent l'un à l'autre, bref, c'est sa structure.

Notes
Edition utilisée
I, 1962   II, 1965

1. *Cahiers du Sud,* 30 (1943), reproduit dans *Situations I* (Paris: Gallimard, 1947), pp. 99 et ss.
2. Ce nouveau chemin de la critique a été ouvert par Carl A. Viggiani: "Camus' *L'Etranger,*" *PMLA,* LXXI (Décembre 1956), 865–887; cf. pour plus de détails mes articles précédents: "Absurdität und Epik als ästhetisches Problem in Camus' *L'Etranger,*" *Annales Universitatis Saraviensis* IV (1961), 257–297; "Camus—*L'Etranger,*" in *Der französische Roman,* éd. K. Heitmann, II (Düsseldorf: Bagel, 1975), pp.239–260; Brian T. Fitch, *"L'Etranger" d'Albert Camus. Un texte, ses lecteurs, ses lectures* (Paris: Larousse, 1972), et surtout Raymond Gay-Crosier, *Camus-Erträge der Forschung* (Darmstadt: Wissenschaftliche Buchgesellschaft, 1976), pp. 30 et ss.
3. Robert Champigny, *Sur un héros païen* (Paris: Gallimard, 1959), pp. 24 et ss.
4. Brian T. Fitch, *Narrateur et narration dans "L'Etranger" d'Albert Camus* (Paris: Lettres Modernes, 1968); cf. aussi M. G. Barrier, *L'art du récit dans "L'Etranger" de Camus* (Paris: Nizet, 1962), p. 8.
5. "Extraits des Carnets 1942" (I, 1924).
6. John Cruickshank, *Albert Camus and the Literature of Revolt* (London: Oxford University Press, 1959), p.148.
7. W.M. Frohock, "Camus: Image, influence and sensibility," *Yale French Studies,* II (1949), 91–99; cf. S. Ullmann, "The Two Styles of Camus," dans *The Image in the Modern French Novel* (Cambridge: Cambridge University Press, 1960), ch. IV, pp. 239–299.
8. "self-defense": cf. Cruickshank, op. cit., p. 158; Frohock, op. cit., p. 96.
9. Carina Gadourek, *Les innocents et les coupables—Essai d'exégèse de l'œuvre d'Albert Camus* (La Haye: Mouton, 1963), p. 63: Il [Camus] se donne des facilités dans la construction du procès."
10. Cruickshank, op. cit., p. 154.
11. Jean 19:30.

Discussion

D. SPRINTZEN: What do you think of the suggestion that Meursault writes *The Myth of Sisyphus?*

A. NOYER-WEIDNER: C'est une question qui ne s'est jamais posée à moi et je ne saurais y répondre. Mon propos était de décrire le texte tel qu'il se présente au lecteur contemporain.

I. CASSAGNE: A propos de l'absurdité et de la narration raisonnée: Peu après *L'Etranger* et *Le Mythe de Sisyphe*, Camus a écrit un court essai sur "L'intelligence et l'échafaud" où il résume la tradition française. Il y reprend le principe classique d'une passion dominée par l'intelligence et, visiblement, cherche à s'inclure dans cette tradition. La volonté de style, dont vous avez parlé dans votre exposé, mériterait une mise au point en tant qu'acceptation de l'absurdité et moyen de la surmonter. Autrement dit, *L'Etranger* est à prendre comme un exemple de cette transformation d'une expérience par l'intelligence, par le langage.

A. NOYER-WEIDNER: Sans doute voyez-vous juste. Malheureusement j'ai dû abréger mon exposé, mais ce que j'ai précisément voulu mettre en relief c'est la succession d'une multiplicité de styles qui se superposent. Je dirai que le style banal ou quotidien continue presque jusqu'à la fin, que le style impressionniste se trouve encore dans la deuxième partie où vient, cependant, s'ajouter le style intellectuel, dialectique.

E. MOROT-SIR: Pourriez-vous définir votre concept de style dialectique?

A. NOYER-WEIDNER: Quand Meursault dit: "Ça m'est égal," ou "Encore un dimanche de tiré," c'est le style de la vie quotidienne; quand il décrit avec une certaine précision et lyrisme des couleurs et des objets, nous avons affaire au style impressionniste qui porte toujours sur le concret. En revanche, l'accumulation de notions abstraites telle que "réflexion," "hypothèse," "supposition," etc., renvoie à un autre niveau du langage. J'ai omis de dire que dans le dernier chapitre il y a de nombreux "car," "puisque" et j'ai seulement cité l'exemple le plus concluant qui contient trois "donc." Cette volonté de conclure, cette manière de calculer et de réfléchir m'ont induit à reconnaître que Meusault s'engage, à partir d'un moment précis, dans une démarche dialectique que reflète son style.

E. MOROT-SIR: Je vois maintenant ce que vous voulez dire. Pour ma part, je préfère appeler ce style logique plutôt que dialectique.

Oscar Tacca
Universidad Nacional del Nordeste, Argentina

L'Etranger comme récit d'auteur-transcripteur

I. Meursault et la récit

Notre hypothèse consiste à voir *L'Etranger* comme un roman d'auteur-transcripteur, bien qu'on ait omis la "Note de l'Editeur."[1] Cette hypothèse générale s'appuie sur quelques postulats d'une portée plus restreinte, desquels nous partirons. Et d'abord, de celui qui consiste à voir les pages de *L'Etranger* comme un "journal" de Meursault.

Cela implique d'admettre une cohérence absolue entre la parole et la personne de Meursault et oblige, par conséquent, à laisser de côté (provisoirement, si l'on veut) toute explication qui, oubliant Meursault—et le texte—se rapporte à Camus—et à d'autres textes de Camus. Cette dernière attitude, qui choque notre façon—aujourd'hui très accentuée—de voir la création littéraire d'un point de vue essentiellement respectueux de son *texte,* affleure dans des phrases malaisées comme:

> Camus (beaucoup plus sûrement que Meursault!) connaissait la suite de son récit en écrivant la première ligne.
> C'est parce que nous ne voulons pas perdre de vue l'auteur que nous préférons à cette explication psychologique, une explication littéraire.
> On ne saurait lire ces lignes sans substituer mentalement Camus à son personnage [...].[2]

Il est une différence fondamentale au sein de toute la critique élaborée sur *L'Etranger:* une partie de cette critique cherche son explication, littérairement parlant, par la voie de l'*auteur*—oubliant Meursault—tandis que l'autre (pour cela non moins littéraire) voit Meursault comme le responsable du texte.

La question initiale "Qui l'a écrit?" essaiera de devenir plus radicale. Comment la parole est-elle passée au livre? Le récit de Meursault, est-il écrit de sa propre main? La critique sur *L'Etranger,* en général, ne s'est pas posé ce problème.[3] A la réponse implicite: "quelqu'un," "l'auteur," "Camus," une soudaine objection s'impose: si la parole n'est pas de Meursault mais de "quelqu'un d'autre," "un narrateur," "Camus," il est impossible, à travers la parole de cet autre, d'atteindre la concience de Meursault.

Notre hypothèse consiste donc à supposer que le récit de *L'Etranger* n'est que la transcription du manuscrit de Meursault. Une telle conception implique comme principe fondamental d'interprétation une triple cohérence, dans le fond unitaire: cohérence psychologique du personnage, cohérence—et non pas décalage—entre psychologie et expression (ou *style*) et cohérence dans le fait que Meursault lui-même a 'écrit' le récit.

A partir de cette double perspective—celle de Meursault comme auteur du manuscrit, et plus précisément, celle du manuscrit comme *journal*—le passage des événements à la parole, et surtout à la parole *écrite,* acquiert une importance spéciale.

Et en effet, comme Champigny l'a déjà signalé,[4] Meursault n'est pas un étranger ni par rapport à la réalité, ni par rapport à la société, ni par rapport à lui-même: il l'est pour le *lecteur*. C'est-à-dire pour celui qui n'a rien d'autre que sa parole.[5] Quant à nous, nous insisterons sur le fait que l'étrangeté principale de Meursault provient de cette traduction, ou mieux encore, de cette réduction de ses actions, appréciations et sentiments, au monde du langage (encore plus du langage écrit), c'est-à-dire, de l'adaptation de Meursault au monde social—conventionnel, "théâtral"—de la parole.

Cette étrangeté de Meursault est permanente. Quelques exemples, dès le début du livre, peuvent la définir. Ayant reçu le télégramme annonçant la mort de sa mère et ayant sollicité un congé au bureau, Meursault se dit: "J'ai demandé deux jours de congé à mon patron et il ne pouvait pas me les refuser avec un excuse pareille" (I, 1125). Meursault traduit donc, directement, sans hésitation ni réticence, un fait transcendant au monde des relations sociales, au monde niveleur des mots: une *excuse*. Plus encore: le manque de sanction sociale de la mort de sa mère—le deuil—et de traduction en langage des formules—les condoléances—font que pour Meursault ce soit "un peu comme si maman n'était pas morte" (1125).

L'innocence foncière de Meursault réside peut-être dans sa foi, non dépourvue d'inquiétude, au sujet du pouvoir (de fixation, de synthèse, d'éloquence) de la parole. Comme Sancho Panza, comme Don Quichotte ou la Célestine, comme tant de héros populaires, Meursault semble croire à un fond de sagesse ancestrale décantée dans les dictions, les sentences et les formules d'usage vernaculaire. Les faits, transformés en mots, et enregistrés au moyen de l'écriture, exercent sur lui une sorte de fascination. C'est partant de là que nous devons supposer que Meursault écrive, ou mieux encore, "s'écrive," de là son *journal*.

II. Importance de l'écriture

Par rapport à la troisième cohérence dont nous parlions, nous disions qu'elle consistait dans le fait que c'était Meursault qui avait "écrit" le récit. Mais écrit d'une certaine manière.

Barrier a montré parfaitement que l'effet principal de *L'Etranger,* auquel la plupart des critiques on été sensibles, naît de l'emploi très adroit d'éléments neutralisants, non littéraires, qui dissolvent l'effet du langage littéraire et romanesque traditionel, opposition qui semblerait faire dire au récit: "je ne suis pas littéraire, je ne suis pas roman" (p. 5). Et il se demandait s'il s'agissait ou non d'une illusion, concluant, après une fine analyse, que "l'écriture de *L'Etranger* n'est pas neutre, et n'est pas *une*. Simplement, le fond littéraire se trouve neutralisé, dissout par la présence active de tout un ensemble de signes *a-littéraires*" (p. 11).

Mais *L'Etranger* semble offrir aussi un contraste entre langue écrite et langue orale qui, comme l'on sait, ne coïncide pas totalement avec la bipartition entre langue littéraire et non littéraire (ou soignée et familière, ou standard et non standard selon Bloomfield). Aussi, d'un autre point de vue—de celui qui nous intéresse ici—le roman semblerait se présenter comme brisant son apparence, nous disant: "Je ne suis pas langage écrit mais langage oral." Et, pareillement, nous pourrions nous demander ici: "S'agit-il, ou non, d'une illusion?"

La langue écrite, de par son caractère médiat et artificiel, tend à l'élimination de l'inutile, du superflu. Les pages de *L'Etranger,* par contre, consignent tout cela:

> Un peu plus tard, pour faire quelque chose, j'ai pris un vieux journal *et je l'ai lu.* (1137)[6]
> Le soir [...] la serviette roulante qu'on utilise est tout à fait humide: *elle a servi toute la journée.* (1141)

Etant donné l'attraction de Meursault pour les détails les plus insignifiants et dérisoires, Barrier dit pertinemment: "Ainsi le lecteur se trouve placé devant un aspect de la réalité qu'il a coutume d'ignorer, qui lui est donc, d'une certaine manière, *étranger*" (p. 40). Mais ce n'est pas seulement par l'insertion de détails les plus insignifiants que Meursault sape le langage écrit. Barrier a montré que souvent, dans *L'Etranger,* les mots se présentent comme des gestes, avec une grande perte de leur valeur signifiante:

> L'homme en robe rouge s'est assis sur le fauteuil du milieu, a posé sa toque devant lui, essuyé son petit crâne chauve avec un mouchoir et déclaré que

l'audience était ouverte. (1184)
Elle s'est tue un moment et elle m'a regardé en silence. (1154)

Mais de tels mots-gestes se détachent beaucoup plus dans la langue écrite:

Il a répété en montrant le ciel: "Ça tape." J'ai dit: "Oui." Un peu après, il m'a demandé: "C'est votre mère qui est là?" J'ai encore dit: "Oui." "Elle était vieille?" J'ai répondu: "Comme ça." (1134)

Tout cela—détails insignifiants, mots-gestes—ne doit pas cependant nous conduire à une nouvelle forme d'illusion, d'erreur. Tous les linguistes soutiennent que la langue écrite n'est jamais entièrement *spontanée*. "Personne en effet n'écrit spontanément. L'écriture implique toujours un minimum d'effort et d'élaboration, et dès qu'on se mêle d'écrire, fût-ce une simple lettre, on vise tant soit peu au style. Tout langage écrit, en un sens, tend à être 'écrit', et le sens métaphorique revêtu par ce mot est déjà révélateur," dit Jean Cohen.[7] Mais il y a plus; c'est que la langue écrite est le terme d'une série de réductions successives. La langue parlée, l'expression orale est déjà, très souvent, le résultat d'un *choix* dans le très riche courant de la concience; la langue écrite représente, plus encore, une sorte de choix opéré dans la langue parlée. Il est évident que *L'Etranger* se caractérise par un mauvais choix, ou tout au moins par un *étrange* choix. Cet effet s'intensifie par l'incorporation d'une série d'éléments qui conspirent contre la norme habituelle du langage écrit. Les formules vides, par exemple, sont plus vides quand elles sont écrites:

Ils avaient tous beaucoup de peine pour moi et Céleste m'a dit: "On n'a qu'une mère." (1125)

Ce qui est superflu, le devient plus encore par écrit (comme dans certains cas de causalité évidente):

Comme il était occupé, j'ai attendu un peu. (1126)
Comme j'aime beaucoup le café au lait, j'ai accepté [...]. (1128)
J'ai pensé qu'ils allaient aux cinémas du centre. C'était pourquoi ils partaient si tôt et se dépêchaient [...]. (1138)

"Le dernier exemple—dit Barrier avec raison—nous fait penser à ce qu'on appelle en algèbre une identité. Il est vrai que 2=2, mais il est absurde de l'écrire."

Certaines expressions orales proviennent d'un usage flexible du langage. Même *écrites,* elles doivent garder leur libre signification. Meursault, au contraire, tire ses conclusions *au pied de la lettre:*

> J'avais déjà commencé à manger lorsqu'il est entré une bizarre petite femme qui m'a demandé si elle pouvait s'assoir à ma table. Naturellement, elle le pouvait.(1155)

Enfin, l'emploi du style direct (plutôt rare) pour rapporter des dialogues ou des répliques banales contribue à miner, à détériorer le *statut* normal de la langue écrite:

> J'ai dit: "oui, monsieur le Directeur."(1126)
> J'étais intervenu pour dire: "Mais non, Mais non."(1128)
> A chaque phrase il disait: "Bien, bien."(1172)

Mais c'est surtout le style indirect (plus courant dans le récit) qui, en recueillant ce qui est substantiellement propre au langage quotidien—familier, spontané, irrationnel—et en le transférant tel quel au discours narratif, met en relief la transgression aux habitudes de l'écriture:

> Les tramways suivants ont ramené les joueurs que j'ai reconnus à leurs petites valises. Ils hurlaient et chantaient à pleins poumons *que leur club ne périrait pas.* (1139)

Et surtout quand le style indirect devient plus abrégé et elliptique:

> Quand on lui demande son métier, pourtant, il est "magasinier." (1143)
> J'ai dit que oui [...]. (1153)
> Je lui ai répondu que naturellement [...]. (1207)

Les effets de la transgression sont particulièrement apparents, avec leur dose d'humeur, quand les phrases toutes faites les plus usuelles du discours direct (calqué sur la langue orale) sont transposées au style indirect:

> Il disait qu'il s'était penché sur elle et qu'il n'avait rien trouvé, *Messieurs les jurés.* (1195)[8]

Meursault est donc, en premier lieu, un individu étrange par le désintéressement, la maladresse, l'agacement dont il fait preuve pour toute espèce d'introspection:

> J'ai répondu cependant que j'avais un peu perdu l'habitude de m'interroger et qu'il m'était difficile de le renseigner. (1170)

Mais ce caractère s'intensifie, en second lieu, quand il traduit son expérience intérieure au moyen de la parole. On sait bien qu'il n'est pas de connaissance séparée du langage, qu'il n'y a pas de pensée sans mots, mais que toute connaissance doit se faire langage. Meursault, peu enclin et moins apte encore à cultiver l'introspection—surtout avant son séjour à la prison—est fruste et gauche dans sa manifestation:

> Je lui ai même dit: "Ce n'est pas de ma faute." [...] J'ai pensé alors que je n'aurais pas dû lui dire cela. (1125)

Un tel caractère s'accentue encore, en troisième lieu, quand il consigne son expérience par écrit. Le registre de Meursault est laconique, insuffisant, très éloigné de ce qui est habituel dans le genre. Il écrit à sa manière. Loin du style que la langue écrite adopte conventionnellement, Meursault écrit comme il parle, il fuit ou méconnaît les artifices, il multiplie les transgressions de "niveau," il donne une forme "écrite" à la langue orale.[9]

L'Etranger insère donc dans la langue écrite tous les signes qui sembleraient la nier, la contester. Cependant, ces signes du langage oral ne font, en définitive, que souligner le caractère artificiel et *écrit* du récit de Meursault.

III. Le récit comme journal

Nous prétendons voir dans le texte la parole de Meursault—parce que c'est la convention par excellence du *roman*. Nous pensons, par conséquent, qu'on ne peut pas douter de l'impression d'immédiateté qui se dégage de la première partie. C'est pour cela que nous préférons être d'accord avec Barrier dans l'appréciation que les signes du présent sont efficaces et dissentir, ensuite, avec Fitch, quand il soutient que cette immédiateté n'est qu'apparente, que les événements narrés sont filtrés à travers la mémoire.

Barrier conclut, cependant, dans un même paragraphe, avec une double affirmation qui nous semble contradictoire (et que, vu son importance pour ce qui suit, nous transcrivons en entier):

> 1. "Les observations que nous avons faites plus haut nous conduisent à approuver la thèse selon laquelle Meursault est supposé avoir écrit tout son récit après avoir vécu les événements rapportés, bref, l'hypothèse qu'en écrivant la première ligne, il sait qu'il va mourir";
> 2. "Mais doit-on voir dans la technique narrative de la première partie, qui supprime plus ou moins l'écart temporel entre le présent du narrateur et celui de

> supprime plus ou moins l'écart temporel entre le présent du narrateur et celui de son récit, la preuve que Meursault *veut revivre* les événements? Nous ne le croyons pas, car nous voulons rester *lecteur* et, en tant que tel, nous n'avons nullement l'impression en lisant: 'aujourd'hui maman est morte' que Meursault est en train de *revivre* un événement, mais bien qu'il est en train de le *vivre*. En tant que lecteur, *nous ne savons pas* que le détachement mental du personnage est dû, comme Fitch le soutient, à son état de concience au moment où il écrit. Pour nous, ce détachement appartient au personnage. C'est un des caractères de sa *nature*." (p. 26)

Et, en effet, l'affirmation 2 doit avoir, à notre avis, comme inévitable corollaire le contraire de l'affirmation 1, à savoir: Nous devons *désapprouver* "la thèse selon laquelle Meursault est supposé avoir écrit tout son récit après avoir vécu les événements rapportés, bref, à admettre qu'en écrivant la première ligne, il sait qu'il va mourir."

Or, rendre Meursault responsable de la parole, et de son enregistrement, implique, en même temps, adopter un critère sur l'un des aspects les plus controversés du récit: celui des *moments de narration*. Et, partant, non seulement sur les déplacements du présent narratif de la première partie (les fameux déterminants—"le soir," "le lendemain,") mais aussi sur l'ordre des entretiens avec l'aumônier dans le dernier chapitre ("Pour la troisième fois, j'ai refusé...").

Vu ces deux cas, on pourrait dire que la critique a eu recours à trois critères différents:

1. S'en tenir au sens général, *malgré* quelques indications du texte.
2. S'en tenir au texte, mais en lui attribuant un sens figuré.
3. Concilier texte et sens général, au moyen d'une troisième interprétation, plus subtile et plus complexe.

De ces trois solutions, dans les deux cas, nous préférons la première. Nous sommes moins d'accord avec la seconde et la troisième, celle-là parce qu'elle nous éloigne du sens primordial qu'un langage si net et catégorique comme celui de *L'Etranger* nous impose, celle-ci parce qu'elle nous éloigne d'une interprétation unitaire et cohérente que de nombreux signes et connotations soutiennent. Et, en effet, l'idée d'un sens métaphorique pour toutes les indications temporelles de la première partie (*aujourd'hui, hier*), à l'efficacité desquelles le lecteur est particulièrement sensible, ne nous paraît pas convenable. De même, l'idée d'un ordre aléatoire des pages de *L'Etranger* ne nous semble pas plausible.[10] Pareillement pour le dernier chapitre. Il ne nous paraît pas vraisemblable de comprendre métaphoriquement ces verbes au présent;

nous préférons voir dans l'absence de corrélation temporelle entre ces derniers et ce qui suit (qu'on résoudrait avec l'emploi de l'imparfait) une nouvelle inadvertence d'auteur. Enfin, faire une différence entre le "troisième" refus de recevoir l'aumônier et le refus "une fois de plus" contredirait un série d'indices qui les *identifient*.

Rendre Meursault pleinement responsable de sa parole implique donc qu'il faut s'en tenir à la cohérence du texte écartant l'auteur. (Le romancier, précisément, cherche toujours cette cohérence). Et cela nous conduit, de façon naturelle, à l'idée déjà énoncée: tout le livre montre le caractère d'une composition qui émane absolument de sa rédaction comme *journal*—malgré la différence entre la première partie et la seconde. Tous les procédés lui permettant (dans celle-ci) de restituer ce passé au journal seront inconsciemment utilisés par Meursault: fidélité dans les détails, intensité affective, netteté sensorielle. Il découpera cette entreprise récupératoire en plusieurs journées (ou épisodes narratifs) qui essaieront de s'intégrer *unitairement* à celles de la première partie. Il y a un aspect dans lequel l'abolition de l'écart temporel opère d'une manière efficace: chaque chapitre évoquera vers la fin le moment déclinant (ou finissant) de la journée qui—comme avant—précédait son moment de narration.

Les événements qui ont eu lieu pendant le procès sont narrés dans ces quatre chapitres de style et de longueur semblables aux précédents. Ces quatre chapitres de la deuxième partie reprennent donc la forme d'un *journal* qui conte non pas les faits immédiats, mais d'autres plus distants, en épisodes narratifs ou en un seul épisode narratif qui—à l'instar du vrai journal initial—se présente maintenant multiple et successif.[11] Mais un nouveau fait survient, aussitôt après ce long épisode (ou brefs épisodes) narratif: le rejet du pourvoi. Et il ramène le journal dans le dernier chapitre à l'immédiateté du récit caractéristique de la première partie.[12] Meursault l'écrit, encore exaspéré par la troisième visit de l'aumônier:

> Pour la troisième fois, j'ai refusé de recevoir l'aumônier. (1200)

Et le chapitre se termine, une fois de plus, avec la fin d'une autre journée:

> [...] devant cette nuit chargée de signes et d'étoiles, je m'ouvrais pour la première fois à la tendre indifférence du monde. (1211)

IV. La langue du récit

Comme Pascual Duarte (son cousin germain espagnol) Meursault est un primitif. Sa conception du langage comme instrument rituel, vaguement exorcisant, le confirme. Une telle conception souligne d'ailleurs un autre trait de sa personne qui a été souvent signalé: son côté "enfant."

Mais Meursault est un primitif tombé en civilisation. Et—comme Champigny l'a bien remarqué—"il n'est pas qu'un enfant"(p.48). Sans avoir perdu quelques vertus de l'enfance il est devenu adulte. Mais ici les règles du jeu sont différentes bien qu'il garde le regard, l'étonnement, la spontanéité de l'enfant. Tout d'abord, Meursault éprouve une gêne, un certain malaise par rapport au langage. D'un côté, il croit pouvoir lui faire confiance, s'abandonner aux formules, aux réponses toutes faites, aux lieux communs. Mais d'un autre côté il se méfie, le met en question, lui applique une logique rigoureuse, tombe dans le piège des interprétations au pied de la lettre. Cette méfiance le conduit à un laconisme croissant; Meursault aime le langage précis. Il finit par croire que "ce que l'on conçoit bien s'énonce clairement [...]." Peut-être plus: ce qui se laisse bien dire, enferme quelque chose de vrai, ou tout au moins de sûr. Il croit, enfin, en la vertu "conjuratrice" du langage. C'est pour cela qu'il tâchera de l'*enregistrer*. Voilà la raison de son *journal*.

Le journal (encore plus les *mémoires*) implique un effort pour ordonner avec un certain *sens* les événements, les tirant de leur indétermination ou chaos, afin d'enregistrer ce sens, de le fixer dans le récit, dans l'écriture. Incapable de le faire (ou se méfiant de l'illusion ou du leurre), Meursault semble procéder à l'envers: il note simplement les faits, les raconte, les fixe au moyen de l'écriture, avec l'espoir de leur trouver, *après*—à la lecture—un certain sens. Le Meursault étrange et étranger (tant pour Meursault-lecteur que pour nous, lecteurs) est précisément celui qui surgit des pages du *journal*.[13]

Il reste une dernière objection à cette pleine attribution de la parole à Meursault, que par sa réitération et son importance, on ne doit pas éluder: celle du *style*. On a parlé, en effet, des "passages lyriques" de *L'Etranger*. De même ici, et admettant une élémentaire convention romanesque, il convient de préciser les caractères de ces passages. En effet, on peut dire que, presque sans exception, le langage de Meursault jaillit d'une perception vivante et aiguë, qui concerne plus d'un des cinq sens et souligne ainsi les qualités les plus concrètes. Le langage de Meursault s'avère, certes, quelquefois *poétique*. Mais c'est une poésie qui naît non pas d'un emploi recherché de procédés rhétoriques, mais bien au contraire, d'un choix adroit et sûr dans le concret, l'immédiat, le spontané. Plusieurs morceaux et phrases qui ont été signalés comme lyriques sont poétiques à force d'exaltation. L'œil de Meursault est un registre sensible de la lumière, de la couleur, de la réverbération. Il subit la démesure, capte la variété, fouille les détails. Il atteint la fascination, et, à certains moments, l'hallucination, comme pendant les instants qui précèdent le premier coup de revolver sur l'Arabe.

Le primitif et l'enfant réapparaissent dans ces morceaux où le style abandonne la monotonie et la platitude: du primitif, Meursault garde la perception limpide de la couleur et du mouvement; de l'enfant, l'éblouissement et la capacité d'étonnement. Quelques comparaisons de Meursault révèlent la fantaisie de l'enfant:

> [...] il y avait la voiture. Vernie, oblongue et brillante, elle faisait penser à un plumier. (1133)

d'autres, le naturalisme du primitif:

> [...] ses mains. Elles étaient fines et musclées, elles me faisaient penser à deux bêtes agiles. (1205)

La poésie de Meursault résulte d'un regard sur le monde clair et sans préjugés, affranchi de toute convention. Bien des effets surgissent d'une abrupte façon de dire les choses (très fréquente dans la langue populaire, exempte d'intention rhétorique):

> [...] je me suis réveillé avec des étoiles sur le visage. (1209)

Il s'agit fréquemment d'images qui ne sont qu'une irruption quantitative, et non qualitative, du même procédé métaphorique invétéré employé par l'homme du peuple quand il réussit dans l'expression 'heureuse', ou de l'enfant quand il découvre des relations insoupçonnées ou invente aux choses de nouveaux noms. Presque toujours, le lyrisme de Meursault naît simplement d'une intensification des traits permanents de son tempérament—clarté, immédiateté, sensualité—ou de sa parole—économie, rigueur, exactitude. C'est la constance d'un langage—non l'exception—qui le définit.[14] Il ne paraît donc pas légitime de mettre en question la parole de Meursault. C'est nous qui décrétons qu'elle est *poétique*. Chez lui, elle a le naturel—et l'audace—de l'innocent.

Le récit de Meursault (encore une preuve de sa conditon de journal) est primordialement destiné à lui-même, à sa propre compréhension. De là qu'il ne tient pas trop compte du lecteur, et ne lui donne aucune explication—comme Fitch l'a bien observé.

Un des traits qui caractérisent les romans d'auteur-transcripteur (au sein de leur convention) c'est qu'il semble qu'on ait remplacé l'auteur intrus par le lecteur intrus. Parce qu'il y a toujours quelque chose d'étrange (ou d'indiscret, ou de coupable) de la part du lecteur, dans la lecture de ces "papiers" qui ne lui étaient pas destinés et que, grâce à une circonstance fortuite, il peut lire.[15] Disons, pour finir, que, par rapport à la nouveauté ou à l'originalité de notre point de vue (*L'Etranger* comme roman d'auteur-transcripteur) on peut conclure, à la fois, d'une manière affirmative et négative. Négativement, parce qu'une telle supposition n'a pas été entièrement ignorée ou exclue; bien au contraire on peut la supposer implicite dans quelques élaborations critiques. Affirmativement, parce qu'elle n'a jamais été expressément formulée, et que le livre n'a pas été vu globalement de cette perspective.

Enfin, une semblable optique peut aller de la timide hypothèse à la franche extrapolation, qui consisterait à voir *L'Etranger* comme un autre exemple d'une longue tradition dans le genre (celle des 'papiers trouvés'), exploit de quelque *éditeur* ou *copiste*, responsable des quelques erreurs subsistant dans ce texte exceptionnel et prémonitoire—que, vu sa qualité exemplaire, il a sauvé de l'oubli—enfin, coupable d'avoir supprimé l'habituel *Avis de l'Editeur:*

> Ces papiers ont été trouvés parmi des cahiers de coupures de journaux et quelques lettres de Meursault, citoyen d'Alger. Nous avons omis, les jugeant d'un faible intérêt, les pages qui précédaient la mort de Mme Meursault. D'une écriture appliquée, à l'encre mauve, ils présentaient très peu de ratures offrant des doutes. Nous les publions sans rien enlever ni ajouter, etc.

Notes
Edition utilisée

I, 1962

1. Nous appelons roman d'auteur-transcripteur celui dont l'auteur feint de n'en être que le copiste, l'éditeur ou le traducteur; cf. notre chapitre "Autor y fautor" in *Las voces de la novela* (Madrid: Gredos, 1973), pp. 34–53.
2. Les trois citations proviennent de M. G. Barrier, *L'art du récit dans "L'Etranger" d'Albert Camus* (Paris: Nizet, 1966), pp. 26, 50, 63. Nous nous empressons de dire, cependant, que ce livre (avec les travaux de Brian T. Fitch) nous semble fonder la critique la plus féconde sur *L'Etranger*.
3. Sans l'aborder spécifiquement, Fitch fait allusion à la critique qui présuppose la vraisemblance (H. Bonnier, C. Gadourek) ou l'invraisemblance (Barrier, Fitch, P.-L. Rey, R. Quilliot) d'un "journal" de Meursault; cf. Brian T. Fitch, *"L'Etranger" d'Albert Camus. Un texte, ses lecteurs, ses lectures* (Paris: Larousse, 1972), p. 117.
4. Robert Champigny, *Sur un héros païen* (Paris: Gallimard, 1959), p. 24.
5. Mais pour la littérature, elle est toute la réalité du livre (et de Meursault).
6. Dans toutes les citations nous soulignons ce qui nous intéresse.

7. Jean Cohen, *Structure du langage poétique* (Paris: Flammarion, 1966), p. 22
8. Cf. Brian T. Fitch, "Aspects de l'emploi du discours indirect libre dans *L'Etranger*," in *AC1*, 81–91.
9. Mais non comme un artifice ni un simple pittoresque. Non pas la langue *Cagayous*. R. Quilliot a montré, à partir de quelques textes plus anciens de Camus jusqu'à *L'Etranger*, "le passage du Cagayous à un langage plus francisé, moins proprement algérien, mais aussi populaire" (I, 1909).
10. Idée qui, cependant, ne contredirait point notre hypothèse (*L'Etranger*, manuscrit de Meursault) mais qui plutôt la confirmerait: comme dans *Le Procès*, la *composition*, l'ordre final serait l'œuvre de l'*Editeur*.
11. "Le Journal emprunte souvent aux Mémoires comme les Mémoires peuvent facilement devenir Journal intime," écrivent R. Bourneuf et R. Ouellet dans *L'univers du roman* (Paris: Presses Universitaires de France, 1972), p. 176.
12. Il est naturel que Viggiani ait divisé le livre en trois parties, ce dernier chapitre constituant, à lui seul, la troisième: Carl Viggiani, "Camus' *L'Etranger*," PMLA, LXXI (Décembre 1956), 865–887.
13. C'est pour cela qu'il sera toujours inexorablement plus étrange que celui qui peut surgir de l'*image*, même si l'intermédiaire possède le talent de Luchino Visconti.
14. Robert de Luppé, par exemple, a transcrit deux passages, Nathalie Sarraute six, qu'ils remarquent comme particulièrement étranges: "Meursault voit trop en poète!" Voir *Albert Camus* (Paris: Ed. Universitaires, 1960), p. 77, et *L'ère du soupçon* (Paris: Gallimard, 1959), p. 19, respectivement. Nous regrettons de ne pas les transcrire, car ils sont très significatifs. Et, en effet, si on les observe, tous (sauf les deux dernier que signale N. Sarraute, "un cap somnolent," "un souffle obscur," le premier cité aussi par Luppé) proviennent d'une allusion au concret. Quant à ces deux exceptions (et tenant compte, pour la première, de l'importance du sommeil, de la somnolence et de l'insommnie pour Meursault), nous faisons appel au jugement de Fitch, qui s'appuie sur S. Ullmann, et qui est valable pour les trois ou quatre métaphores ("les bruits du soir," "les quatre coups . . . sur la porte du malheur"): "leur évocation est trop brève, trop fugace, pour perturber sérieusement le rapport qui s'est tissé au long des pages entre le protagoniste et le lecteur" (Brian T. Fitch. op. cit., p. 125).
15. A ce sujet, la remarque de Henri Mitterand devient fort pertinente: "le lecteur surprend une *voix*, qui semble ne parler que pour elle-même, et dans l'intimité de laquelle il pénètre comme par mégarde" dans "Le langage de Meursault," *Le Français dans le Monde*, LXII (1969), p. 6.

Discussion

G. PRINCE: Je voudrais faire trois remarques que vous pouvez interpréter comme questions. Les deux premières portent sur des points très précis et la troisième est d'ordre plus général. Premièrement, dire avec Champigny que Meursault n'est pas étranger à lui-même c'est forcer un peu la note puisque, par exemple, les trois grandes scènes du miroir du roman sont des scènes de non-reconnaissance ou de reconnaissance. Deuxièmement, ce que vous appelez superflu dans l'écrit, ne l'est peut-être pas. L'un des exemples que vous avez donnés, "J'aime beaucoup le café au lait, j'ai accepté," fera le point. La cause n'est pas nécessairement redondante. La preuve se trouve dans des remarques telles que "comme je suis poli" ou "comme je ne sais pas dire non, j'ai accepté." D'une manière plus générale il me semble qu'insister sur un principe de cohérence ou en appeler à la vraisemblance c'est peut-être domestiquer l'étrangeté de *L'Etranger*. C'est faire un peu ce que Morrissette a fait, d'une manière excellente d'ailleurs, avec *La Jalousie*. Si *L'Etranger* est étrange c'est peut-être parce qu'on ne peut pas répondre à certaines questions que nous nous posons dans le sillage de *L'Innommable* de Beckett, c'est-à-dire: "Où maintenant? Quand maintenant?" et même "Comment maintenant?"

O. TACCA: Répondant à votre premier point je dois avouer que je ne partage pas votre lecture de Champigny. Celui-ci a bien montré que, du moins dans la première partie, Meursault n'est étranger ni au monde ni à son milieu méditerranéen ni à lui-même. Visiblement il est un homme qui vit sans problèmes et sans conflits et qui n'a, partant, aucune raison de se sentir étranger aux autres. En revanche, au cours du long procès, de la deuxième partie, il commence à se sentir étranger parce qu'il s'évertue à se voir comme le voient les autres. Notre impression d'étrangeté résulte précisément de ce tracé de l'écriture, de ce passage du vécu à la parole et plus précisément à la parole écrite. L'impression d'étrangeté est attribuable au fait que Meursault se raconte, est son propre narrateur. Autrement dit, Meursault essaie de nous transmettre ses expériences à travers des pages écrites que j'appelle son journal. Je sais bien que bon nombre de critiques sont d'avis que là où nous attendons de Meursault qu'il se livre entier par de longues confessions il ne nous donne que des détails insignifiants. Deuxième point: J'admets d'avance que j'ai peut-être été un peu maladroit dans le choix de mes exemples. Mais il me semble évident que l'on pourrait trouver plusieurs exemples où cette gratuité de certaines parties du discours, cette futilité et cette banalité du langage soulignent le vide qui caractérise le langage de Meursault. L'exemple que vous avez relevé n'est peut-être pas entièrement convaincant.

B. FITCH: Votre thèse est, du moins en partie, soutenue par le travail de Pariente ("L'Etranger et son double," *AC1*, 53–80) sur le statut du journal dans le récit et votre perspective fait sans doute preuve d'originalité. On peut envisager le texte à la façon dont procède *La Nausée*, avec ou sans note de l'éditeur au début. On pourra alors voir le problème de l'étrangeté de Meursault vis-à-vis de lui-même à la lumière de la différence de statut de l'homme qui se parle à lui-même et de l'homme qui s'écrit. Ce faisant, on est amené à une façon bien différente de voir le texte.

J. LEVI-VALENSI: Tout de même, je ne pense pas qu'on puisse justifier le fait qu'il s'agit d'un journal d'un bout à l'autre du texte. En fait, au moment où Meursault se met en colère il dit: "Le savait-il?" Ce n'est pas vraiment le style d'un journal et je crois que l'hypothèse de *L'Etranger* comme journal est sujette à caution. Vouloir donner à ce texte un statut soit de journal soit de récit purement oral c'est le rétrécir singulièrement. Je crois même qu'un des aspects novateurs de *L'Etranger* c'est justement le refus implicite de définir ce texte comme journal ou comme récit oral. On peut bien postuler une espèce de transcription d'un journal mais on risque alors de retirer à *L'Etranger* son étrangeté. En revanche, *La Peste* se définit très clairement comme chronique et *La Chute* comme texte oral. Camus avait d'ailleurs enregistré à la fois le début de *L'Etranger* et celui de *La Chute*. Or la différence de ton dans sa lecture est tout à fait sensible. Il lit *L'Etranger* d'une façon très monotone alors qu'il lit *La Chute* comme un acteur qui dirait son texte.

O. TACCA: Il me semble que la monotonie de la lecture de *L'Etranger* corrobore ma conception psychologique de Meursault. Je ne nie point que mon hypothèse soit discutable et elle répond à l'opinion communément admise qu'il s'agit d'un récit foncièrement ambigu. Mon hypothèse trouve ses assises dans l'étude des détails structuraux et des étapes de sa rédaction. Avec Barrier et d'autres je maintiens que la première partie constitue un journal. Il y a une évidente immédiateté entre le moment de narration, de rédaction et des événements vécus. La seconde partie raconte, après coup, ce qui s'est passé tout au long des onze mois qu'ont durés le procès et son emprisonnement. On est donc en droit de supposer que Meursault ait interrompu son journal après la dernière ligne de la première partie. Ayant passé un temps considérable en prison, il revient à son journal à un moment donné et, d'un trait, il écrit toute cette deuxième partie. Mais, selon certains indices que je n'ai pas pu développer ici, il décide de le faire à la manière de la première partie. Il découpe donc les événements en petites séquences, il construit des épisodes. A la fin de certains on peut trouver des références dans le texte qui permettent de supposer qu'à la tombée de la nuit, par exemple, il se retire pour enregistrer ce qu'il a raconté.

Gerald J. Prince
University of Pennsylvania, Philadelphia

Le discours attributif dans *La Peste*

Si la critique a su mettre en valeur le rôle du langage dans la thématique de *La Peste*[1] et si elle a décrit de façon suggestive la nature du dialogue dans le roman,[2] elle a complètement négligé le discours attributif, les "dit-il," "demanda-t-elle," "s'exclama-t-il en souriant," qui règlent partiellement la circulation des voix et qui contribuent à définir les actes de parole, leur origine, leur contexte et leur destination.[3] C'est ce discours que je me propose de discuter pour faire ressortir certains traits de la technique camusienne et pour préciser l'attitude même de l'écrivain envers le langage.

Des 814 exemples de discours direct que j'ai dénombrés, 477 seulement sont accompagnés d'une indication attributive quelconque.[4] Le discours attributif s'efface donc entièrement dans plus de 40 pour cent des cas et cette disparition qui, dans certains écrits, pourrait signaler le refus du lisible témoigne au contraire ici de la confiance du narrateur en la lisibilité de son texte. Il n'y a jamais aucun doute, en effet, quant à l'identité de celui qui parle ou quant à celle de son destinataire et, chaque fois que les lignes de communication risquent d'être quelque peu brouillées ou que les circonstances d'une réplique ne sont pas claires, chaque fois, par exemple, que survient un changement de lieu, de temps ou d'interlocuteur, une proposition attributive vient dissiper toute équivoque et toute obscurité.[5]

D'autre part, l'ellipse fréquente du discours attributif met en relief l'importance des paroles échangées: ce qui est compte davantage que celui qui le dit ou que le contexte du dire et l'énoncé prend le pas sur la conjoncture de l'énonciation. Plusieurs traits de style ne font d'ailleurs que confirmer cette deuxième inférence. Ainsi, des 37 verbes ou locutions verbales employés dans le discours attributif de *La Peste*, "dire"—soit le terme le plus neutre—est de très loin le plus sollicité. Ceci frappe d'autant plus qu'il s'agit là d'un nombre relativement élevé—il n'y a que 8 verbes d'attribution dans *La Princesse de Clèves* et 12 seulement dans *Eugénie Grandet*—et que le narrateur, de l'avis général et du sien propre, tatillonne fréquemment par souci d'exactitude et par goût du mot juste. Or, dans *La Peste*, "dire" apparaît 74 pour cent des fois alors que "demander" est utilisé dans moins de 6 pour cent des cas, que "répondre," "ajouter" et "faire" le sont dans moins de 3 pour cent et que 21 autres verbes ne font qu'une seule apparition. La préférence de Camus ou, si l'on veut, celle de Rieux (et de Tarrou) pour le non-expressif est nette. Le contenu des actes de parole est plus précieux que leur nom et leur force illocutoire a rarement besoin d'être clarifiée.

En outre, seules 132 propositions attributives, ou un peu plus de 27 pour cent du total, comportent davantage qu'un verbe et son sujet, font plus que mentionner le locuteur et son acte. Les dimensions mêmes de l'attributif témoignent, en quelque sorte, de sa discrétion, de son peu de poids par rapport aux énoncés des personnages. Surtout, il est clair que le lieu ou l'occasion d'un acte de parole, sa motivation secrète, sa signification profonde, le ton de celui qui parle ou la qualité de sa voix ne sont d'habitude pas explicités, comme s'il suffisait d'exposer les mots prononcés et de les laisser signifier.

De même, on sait que la proposition attributive peut précéder le discours direct—les grammairiens, dans ce cas, parlent d'ordre logique—ou encore qu'elle peut le suivre ou s'y intercaler: c'est alors l'ordre affectif ou expressif qui est adopté, celui qui avantage le dit au détriment du dire. Je n'ai trouvé dans le roman de Camus que 53 propositions devançant le discours direct, soit un peu plus de 11 pour cent du total, alors que dans *Madame Bovary*, par exemple, où Flaubert lui aussi cherche à neutraliser l'attributif, la proportion atteint près de 25 pour cent. Dans la très grande majorité des cas, le chroniqueur de la peste à Oran choisit donc de mettre l'énoncé au premier plan.

Enfin, même les temps employés ne manquent pas d'intérêt. Si l'on remarque de loin des imparfaits, des plus-que-parfait, des passés composés, et des participes présents, le passé simple domine de façon écrasante puisque plus de 80 pour cent des attributives l'utilisent, en dépit du fait que le monde de *La Peste* est un monde où fleurissent les redites et les répétitions et que la narration de Rieux, nourrie de plusieurs voix (celles de Tarrou, de Rambert, de Cottard, de Grand) ne saurait éviter les perturbations de temps ou d'aspect. Le passé simple étant la marque du singulatif et non de l'itératif, le signe d'un acte et non d'un processus ou d'un état, l'emblème par excellence du récit, il souligne la spécificité et l'importance, dans l'économie narrative, de ce qui est énoncé.

Si la position, la dimension ou l'ellipse des propositions attributives, si les temps et les verbes adoptés peuvent être significatifs, il en va de même pour les personnages qu'on entend parler en direct (il y en a 46) et, plus spécifiquement, pour ceux que le discours attributif désigne comme locuteurs (il y en a 44). Comme on pouvait s'y attendre, le docteur Rieux est non seulement celui qui parle le plus souvent mais encore celui qui est le plus fréquemment signifié comme énonciateur par le discours attributif. Suivent, dans les deux catégories, Tarrou, Rambert, Grand, et Cottard, soit les personnages les plus marquants, sans doute, de *La Peste* avec le docteur. Cependant, Rieux, qui apparaît comme sujet dans 122 attributives, a seulement droit à 14 verbes différents (jeter, reconnaître, murmurer, dire, ajouter, lire, couper, répondre, reprendre, faire remarquer, insister, demander, faire, approuver) alors que Cottard, sujet de 42 attributives, en a droit a 13 (reconnaître, faire, dire, affirmer, observer, répéter, s'écrier, constater, ajouter, demander, crier, remarquer, s'étonner). En fait, en ce qui concerne la gamme de chaque personnage, c'est-à-dire le nombre de verbes qui lui sont associés quand il se trouve en position d'énonciateur, c'est Cottard, celui qui parle le moins, qui fait montre du plus de variété, suivi de Grand, de Rambert, de Tarrou, et— enfin!—du docteur. La volonté d'équilibre du narrateur est manifeste: plus on parle, moins la gamme est étendue; plus un personnage est important, moins ses actes de parole sont mis en valeur.

De même que le nombre des verbes accompagnant chaque locuteur dans le discours attributif, la nature de ces verbes est révélatrice. En effet, ces derniers ont toujours une fonction de caractérisation puisqu'ils renvoient toujours à un personnage donné et qu'ils contribuent ainsi, de façon plus ou moins notable, à la constitution de son portrait. Un locuteur qui hurle et qui rugit diffère d'un locuteur qui murmure et susurre; un locuteur qui rétorque, riposte et objecte diffère d'un autre qui ne fait que répondre. Dans *La Peste,* cette fonction de caractérisation est réduite au minimum. D'une part, j'ai déjà souligné que "dire" l'emporte de très loin sur tous les autres verbes et que c'est un terme neutre. J'ajoute pourtant, en passant, que s'il est associé à Rieux dans plus de 81 pour cent des cas, il accompagne Cottard dans moins de 62 pour cent des fois: la volonté d'équilibre, déjà signalée, joue également à ce niveau. D'autre part, on ne trouve pas dans les attributives de verbes dont on puisse affirmer qu'ils singularisent tel ou tel locuteur. Ils peuvent, tout au plus, venir renforcer certains traits établis en d'autres lieux. Tous les personnages marquants mentionnés plus haut disent, font, demandent, et ajoutent; plusieurs d'entre eux remarquent, approuvent et reconnaissent; et si Rieux est le seul à couper, à insister ou à faire remarquer, si Cottard est le seul à observer, à s'étonner et à constater, chacun de ces termes n'apparaît qu'une fois. De même, si Rieux, au contraire des autres, ne crie ni ne s'écrie ni ne s'exclame, ce n'est pas nécessairement qu'il se maîtrise davantage ou qu'il fasse preuve d'insensibilité puisqu'il est fort capable de "jeter avec violence"

(I, 1394); et si Tarrou est le seul à ne jamais "répondre," il serait incorrect, ou du moins imprudent, d'attribuer à ce fait une trop grande importance: après tout, le discours narrativisé l'associe à ce verbe. En somme, les actes de parole tels qu'ils sont signifiés par les propositions attributives ne font pas ressortir le subjectif ou le singulier. Une fois de plus, c'est le dit qui compte et le locuteur qui s'efface.

La façon dont celui qui parle est désigné, les signifiants des locuteurs dans le discours attributif jouent de la même manière. Le principe d'équilibrage, à nouveau, se profile. Rieux est désigné de 5 façons différentes: Une appellation pour plus de 24 attributives; Cottard, au contraire, n'a pas moins de 6 noms: une appellation pour 7 attributives. Le parti pris d'anti-subjectivité lui aussi se fait jour. Le texte de Camus indique le prénom des principaux personnages: Rieux s'appelle Bernard, Tarrou s'appelle Jean, Grand se nomme Joseph, et Rambert Raymond. Quant à Cottard, il n'a pas de prénom, comme si l'être participant le moins à l'effort collectif était, en quelque sorte, le plus indéterminé. Cependant, quand ils sont locuteurs, les personnages ne se voient jamais dèsignés par leur petit nom. De même, un Rieux n'est signifié qu'une fois seulement, et ce dans la dernière partie de *La Peste,* par un signifiant comme "fils," qui évoque les rapports personnels et l'intimité (I, 1449). Les appellations privilégiées sont les noms de famille, les termes professionnels ("le docteur," "le journaliste," "l'employé") ou alors les pronoms et les désignations passe-partout comme "l'autre," "l'homme" ou "ce dernier." Les locuteurs sont pris dans le social. Ce qu'ils disent n'expriment pas l'individualité ou l'idiosyncrasie mais connote plutôt le collectif et l'exemplaire et, pour employer les mots mêmes de Camus, leur conversations sont un peu irréelles, "comme un dialogue de statues" (I, 1386).

Quant à ce qui dicte le choix de tel signifiant ou de tel autre, qui fait, par exemple, que le narrateur emploie "le rentier" au lieu de "Cottard," "Grand" au lieu de "l'employé," "Rambert" plutôt que "le journaliste," c'est d'habitude un impératif d'euphonie ou encore un souci de lisibilité et non point, comme il arrive dans beaucoup d'autres textes, une stratégie permettant de moduler le point de vue ou de varier la distance entre narrateur et personnages. Le chroniqueur de *La Peste* n'écrit pas "approuva le docteur" (I, 1328) ou "dit l'autre en s'agitant" (I, 1432) pour souligner que Rieux parle en médecin plutôt qu'en simple citoyen ou que Grand est perçu comme quasi-anonyme. Il le fait pour éviter le redondance et la cacophonie, pour introduire (ou contester) une certaine variété, pour clarifier les lignes de communication. Même après la mort de son fils et son propre changement, Othon est appelé "le juge"; et, durant la maladie de Grand, durant l'agonie de Tarrou, Rieux se voit désigné comme au début du roman. Le point de vue dans *La Peste* est en général celui d'un chroniqueur qui garde ses distances, qui évite de s'identifier à tel ou tel personnage ou de s'émouvoir en évoquant telle ou telle situation, et le discours attributif fait ressortir ce parti pris.[6]

Récaptitulons. Quelle que soit la façon dont on le considère, le discours attributif semble avantager le dit par préférence au dire. Tout en lui concourt à mettre en relief les paroles prononcées et non point leur contexte ou leur source, tout témoigne d'une grande confiance en la limpidité de ce qu'expriment les personnages. De plus, le refus du dramatique ou du pittoresque et la recherche du non-expressif, le souci d'équilibre, de mesure, d'homogénéité, le goût du prototype et le rejet du singulier ou de l'exceptionnel sont incontestables. Il est évidemment facile d'intégrer cette volonté de nivellement à la stratégie générale de *La Peste,* qui consiste à exalter la moyenne, la collectivité, la condition humaine dans ce qu'elle a de moins spectaculaire et de moins héroïque. Il est également facile de montrer combien cette volonté s'accorde avec le classicisme de Camus et sa "monotonie passionnée" (I, 1890). Par contre, il est plus difficile de concilier la foi que manifeste le chroniqueur en la communicabilité de ce qui est dit et la méfiance dont, à plusieurs reprises, il fait montre envers le langage. On sait que l'inadaptation du langage à la réalité, que la distance entre les mots et les choses constituent un des thèmes importants de *La Peste.* Comment expliquer alors que le chroniqueur laisse parler ses personnages sans recourir outre mesure au discours attributif pour clarifier leurs attitudes, leurs intentions, leurs messages? Il faut, pour le faire, insister sur certaines différences. Le langage est défectueux comme instrument de représentation mais pas comme instrument d'action. Dire la peste peut s'avérer impossible; agir contre elle en utilisant les mots ne l'est point. De même, le langage comme outil individuel, comme expression d'une singularité, d'une subjectivité entraîne bien des déceptions: qu'on se reporte aux pages où les habitants d'Oran sont obligés de résumer leurs sentiments dans des formules toutes faites, de traduire leurs douleurs dans les termes les plus ordinaires (I, 1272 et ss.). Au contraire, le langage comme manifestation de la solidarité possible entre les hommes et de leurs dialogues modèles peut atteindre à la transparence.[7] En fin de compte, le discours attributif dans *La Peste* signale peut-être avant tout que la seule parole efficace est celle qui s'articule en termes d'action collective et d'exemplarité.

Appendice

Nombre de discours directs par personnage:
Rieux 217; Tarrou 156; Rambert 97; Grand 82; Cottard 76

Nombre d'apparitions dans le discours attributif en tant qu'énonciateur:
Rieux 122; Tarrou 60; Rambert 52; Grand 51; Cottard 42

Nombre de verbes attributifs par personnage:
Rieux 14; Cottard 13; Grand 12; Tarrou 10; Rambert 10

Gamme:
Cottard 3,09; Grand 4,25; Rambert 5,2; Tarrou 6; Rieux 8,7

Signifiants d'énonciateurs:
Rieux: Rieux, il, le docteur, celui-ci, son fils;
Tarrou: Tarrou, je, il, l'autre, ce dernier, celui-ci;
Rambert: Rambert, il, l'autre, le journaliste, ce dernier, celui-ci;
Grand: Grand, il, le vieux, l'employé, l'autre;
Cottard: Cottard, il, l'homme, l'autre, le petit homme, le rentier

Verbes de propositions attributives:
dire (354), demander (24), répondre (14), ajouter (12),
faire (12), reprendre (8), conclure (4), reconnaître (4),
murmurer (4), remarquer (4), crier (4), lire (3),
approuver (3), répéter (2), hurler (2), s'écrier (2),
s'exclamer (1), couper (1), terminer (1), préciser (1),
soupirer (1), annoncer (1), sourire (1), faire remarquer (1),
insister (1), finir par dire (1), constater (1), attaquer (1),
bredouiller (1), s'étonner (1), avertir (1), continuer (1),
affirmer (1), jeter (1), observer (1), articuler (1), balbutier (1)

Notes
Edition utilisée

I, 1965

1. Voir, par exemple, Edwin Moses, "Functional Complexity: the Narrative Techniques of *The Plague,*" *Modern Fiction Studies,* xx (1974), 419–429; Roger Quilliot, "Albert Camus ou les difficultés du langage," *AC2,* 77–102; et Brian T. Fitch, *"La Peste* comme texte qui se désigne. Analyse des procédés d'autoreprésentation," *AC8,* 53–71.
2. Voir Gaëtan Picon, "Remarques sur *La Peste,"* in *Les Critiques de notre temps et Camus,* éd. Jacqueline Lévi-Valensi (Paris: Garnier, 1970), pp. 77–84; et Roger Quilliot, loc. cit.
3. Sur le discours attributif, on pourra consulter Gerald Prince, "Le Discours attributif et le récit," *Poétique,* ix (1978), 305–313.
4. Je n'inclus pas dans ma discussion les phrases du genre *"Il toussa.* 'Comment allez-vous?' *Elle croisa les bras.* 'Je vais très bien!'": elles n'introduisent les énoncés qu'*implicitement.* Je n'y inclus pas non plus les quelques propositions qui situent un message écrit ou une pensée.
5. Voir *La Peste* (I, 1241, 1254, 1261, et passim).
6. Il faut cependant noter que de tous les personnages marquants de *La Peste,* Rieux est le seul à ne pas être désigné par "l'autre."
7. Cf. Roger Quilliot, op. cit., pp. 93–96.

Discussion

R. SMITH: J'ai été frappé par le fait que, contrairement à *La Peste,* le discours attributif est difficile à suivre dans les œuvres romanesques de Malraux. Une récente étude sur *L'Espoir,* par exemple, tente de répondre à la double question: Qui parle et qui voit? Si l'on essaye de répondre à la première des deux questions surtout, on découvre, dans *L'Espoir,* ce qu'on pourrait appeler un récit hybride parce que l'énoncé y est à rapporter à un narrateur, à une instance narrative plutôt qu'à un personnage particulier. Très souvent ce qui est énoncé dépasse la compétence du narrateur qui dit plus qu'il ne sait. Croyez-vous que l'on puisse tirer les conclusions suivantes quant au récit hybride: on trouve celui-ci surtout dans un roman où le narrateur est le moins désigné, où l'instance narrative domine, où l'action, souvent héroïque, domine et où l'ennemi est concret? En d'autres termes: le discours attributif se trouve surtout dans les romans où l'héroïsme dramatique n'est pas de mise parce que l'ennemi n'a pas de profile concret.

G. PRINCE: Je ne sais pas comment vous répondre parce qu'il y a toute une histoire du discours attributif à faire. Disons qu'il n'y a pas beaucoup de variété dans ce discours au dix-septième siècle. *La Princesse de Clèves,* par exemple, à laquelle je me suis référé, n'est pas unique pour le peu de verbes qui y sont employés. Pourtant, il n'y a jamais d'ellipses. Au dix-neuvième siècle, Balzac, qui dispose d'un vocabulaire très riche, utilise relativement peu de verbes alors qu'ils sont plus nombreux chez Flaubert mais moins nombreux, chez tous les deux, que chez Camus au vingtième siècle. Celui-ci emploie, notamment dans *La Peste,* beaucoup plus de verbes que d'autres écrivains qu'on dit modernes. Je ne sais pas trop bien quelle conclusion générale on peut tirer de la présence ou de l'absence du discours attributif. Il est clair qu'on doit étudier ces discours dans le contexte que fournit le texte. C'est pourquoi j'ai dit que, quand il y a ellipse, c'est par refus de lisibilité, par souci d'illisibilité. Cependant, dans *La Peste,* il me semble que cette conclusion ne soit pas valable, car, en fin de compte, le roman est parfaitement lisible, avec ou sans ses ellipses. J'hésite donc à généraliser même à partir du décompte considérable que j'ai fait dans beaucoup de récits.

A. ABBOU: A vous en croire, le verbe "dire" l'emporte, dans *La Peste,* sur d'autres verbes. En tant que linguiste je me suis livré à une analyse semblable de *L'Etranger* où, en fait, le verbe "dire" domine aussi. Il me paraît que cela expliquerait le caractère différent de Camus dans l'écriture moderne à partir de 1938. Je ne suis pas sûr que, dans *La Mort heureuse,* nous ayons la même monotonie des verbes. Il y a eu un glissement chez Camus, entre 1937 et 1939, au terme de la fameuse querelle entre Sartre et Mauriac sur les détails psychologiques, et l'on connaît les inhibitions camusiennes quant aux notations psychologiques. En effet, le verbe attributif est en rapport avec ce qu'on appelle une modalité de l'énonciation. Cette modalité peut être au service de la description des attitudes. J'ai l'impression que le héros chez Camus—bien qu'il ne soit vraiment jamais présenté—est toujours montré dans des attitudes directes ou indirectes. Dans *La Peste,* on peut citer son attitude vis-à-vis de sa mère qui se manifeste par un échange quasiment muet. Quant aux autres personnages, il serait bon de voir, en ce qui concerne Tarrou et Rambert, en lesquels on peut reconnaître parfois des substituts de Camus, s'il y a des écarts ou non par rapport à cette présentation. Pour en revenir au verbe "dire," la marge de banalisation, telle que je l'ai rencontrée dans *L'Etranger,* ne se retrouve pas dans *La Peste.* Cette banalisation par le truchement du verbe "dire" va souvent, dans *L'Etranger,* à la rencontre d'une sorte de fracas opéré soit par une opposition discursive soit par une opposition extra-discursive. Plus il y a opposition sémantique qui va dédoubler et mettre en jeu l'ironie, plus on va avoir une banalisation du verbe et c'est généralement le verbe "dire" qui intervient. Je ne puis affirmer si cela s'applique aussi à *La Peste,* mais il serait bon de voir s'il y a un changement par rapport à *L'Etranger.*

G. PRINCE: Tout cela me semble très intéressant et j'ajouterai seulement quelques mots au sujet de Sartre et des notations psychologiques. Si je m'en souviens bien, dans *Les Chemins de la liberté* l'attributif n'est pas tellement neutre. Il y a tout l'arsenal rhétorique dans la proposition attributive de Sartre, certainement dans *L'Age de raison* et *Le Sursis* alors que la situation dans *La Mort dans l'âme* est différente.

Lionel Cohn
Université de Bar-Ilan, Israël

Signification du sacré dans *La Chute*

L'œuvre entière d'Albert Camus répond, si l'on y prête attention, à la définition que Maurice Blanchot donne, dans *L'Espace littéraire,* de l'art:

> [...] L'art nous est constamment invisible [...], il est toujours plus antérieur que ce dont il parle et plus antérieur que lui-même. Rien de plus frappant que ce mouvement qui toujours dérobe l'œuvre et la rend d'autant plus puissante qu'elle est moins manifeste: comme si une loi secrète exigeait d'elle qu'elle soit toujours cachée en ce qu'elle montre, et qu'elle ne montre aussi que ce qui doit rester caché, et ne le montre enfin qu'en le dissimulant. Pourquoi l'alliance si intime de l'art et du sacré? C'est que dans le mouvement où l'art, le sacré, ce qui se montre, ce qui se dérobe, l'évidence et la dissimulation s'échangent sans arrêt, s'appellent et se saisissent là où pourtant ils ne s'accomplissent que comme l'approche de l'insaisissable, l'œuvre trouve la profonde *réserve* dont elle a besoin: cachée et préservée par l'absence du dieu, manifeste et apparente par l'obscurité du divin, protégée et réservée à nouveau par cette obscurité et ce lointain qui constitue son espace et qu'elle suscite comme pour venir au jour."[1]

Ce double mouvement qui découvre et cache l'œuvre, dans lequel le sacré et l'art se lient si intimement, ne peut-il expliquer précisément la difficulté qu'a le créateur absurde à fonder son œuvre qui veut à la fois être présente et cachée; le créateur sait que, pour réussir, selon l'expression de M. Gay-Crosier, il "est condamné à anéantir, au fur et à mesure qu'il crée, de peur qu'il ne soit pris au sérieux au lieu d'être pris au tragique [...]" car "l'échec est la seule consécration que peut espérer et désirer une œuvre tragique."[2] Le sacré, le mystère, préserve et cache l'œuvre: c'est sa vocation et c'est son rôle. L'œuvre ne peut être qu'en n'étant point: ce paradoxe dont M. Gay-Crosier relève justement qu'il provient du désir du créateur d'assumer le "défi de l'absurde tout en le sachant parfaitement vain" explique déjà la dimension particulière de l'œuvre entière d'Albert Camus, mais éclaire singulièrement, nous allons le voir, la lecture de *La Chute*.

M. Claude Vigée dans son étude sur "La Nostalgie du Sacré chez Albert Camus" définit le sacré comme un "rapport rédempteur immédiat entre la conscience et la substance du monde pris dans sa totalité divine."[3] Le sacré ainsi défini exprime une sorte de participation au monde, d'identification ontologique qui permet à l'homme une plus profonde connaissance du monde. M. Vigée estime que "la quête du sacré, chez Camus, doit s'accompagner de la protection des ravages du sacré, donc d'un certain refus de devenir le sacré."[4] Distinguant ainsi le "bon sacré"—"celui où se manifeste une limite dans la révélation sacrale"—du "mauvais sacré"—"exposition sans frein aux forces démoniaques [qui] ouvre le chemin à la destruction," M. Vigée conclut, donc, que Camus "a, face au sacré, une attitude restrictive en même temps que désirante."[5] Il retrouve, par là, l'ambiguïté à laquelle Maurice Blanchot faisait allusion: l'œuvre à la fois cachée et manifeste, alliant l'art au sacré traduit l'ambivalence d'une attitude où le sacré attire en même temps qu'il inquiète. Cette ambivalence d'un pèlerin aux marches du Royaume, sans cesse nostalgique de l'Exil, nul ne la traduit mieux, parmi les personnages camusiens, que Jean-Baptiste Clamence, le juge-pénitent de *La Chute*.

Dans la singulière aventure du héros de *La Chute*, on peut nettement distinguer trois étapes successives, en égard à cette attitude face au sacré: en premier lieu, une *quête illusoire du sacré,* ensuite une *prise de conscience* de l'illusion qui se traduit par la découverte de la *duplicité* de la personne, enfin *nouvelle quête du sacré,* non plus un sacré illusoire, mais un sacré qui connaît ses limites, et qui accepte désormais, pour vivre cette expérience, de reconnaître qu'il doit revêtir un *masque.* Si l'on relève que la première étape, celle de "la lumière édénique," traduit l'illusoire identification du moi avec l'autre, que la seconde étape souligne la distance qui s'établit entre le moi et les autres, distance qui s'accompagne de "deux rêves d'oppression," que la troisième étape est celle où notre juge-pénitent, pour retrouver l'identification avec la société, se dissimule derrière un masque, si l'on relève donc les caractéristiques de ces trois étapes, il est notable de retrouver ici les étapes auxquelles se réfère René Girard, dans son livre sur *La Violence et le Sacré,* pour décrire la démarche de la pensée mythique: désir *mimétique* d'abord, prise de conscience, ensuite, du *double* qui vit en nous, et, enfin, usage de *masques* destinés à dissimuler la difficulté de l'identité première.[6] C'est cette interprétation mythique du sacré qui va nous guider dans la lecture de *La Chute*.

Il est d'ailleurs significatif que chacune des étapes de l'histoire de Clamence s'accompagne d'une évocation de la divinité, sans, bien sûr, qu'il faille voir dans ce fait autre chose qu'une simple référence. Mais cette référence est cependant riche de sens. Au début de sa carrière, quand il se sent "de plein pied," quand il évoque "l'Eden," la "vie en prise directe," quand il s'estime au-dessus de tous se contemporains, il s'écrie:

> Je n'étais concerné par aucun jugement, je ne me trouvais pas sur la scène du tribunal, mais quelque part, dans les cintres, comme ces *dieux* que, de temps en temps, on descend, au moyen d'une machine, pour transfigurer l'action et lui donner son sens. (I, 1486; nous soul.)

Plus tard, le rire le menaçant et lui ayant fait comprendre que cette position édénique était hypocrite, il décide, "[p]our prévenir le rire, [...] de [se] jeter dans la dérision générale" (1520), donc de scandaliser le public. Que fait-il? Il lâche un "gros mot": "'*Dieu* merci,' disais-je ou plus simplement: 'Mon *Dieu*'" (1521; nous soul.). Il en résulte une stupéfaction profonde chez tous ceux qui l'entendent. De même, "[l]a référence, purement verbale, que parfois [il faisait] à Dieu dans [ses] plaidoiries, donnait de la méfiance à [ses] clients" (1528). Enfin, la dernière étape, celle dans laquelle Clamence retrouve, à Mexico-City, "le bonheur qui lui convient" et qu'il avait perdu, redécouvre un sommet où il est le seul à grimper; Clamence ne se contente plus de se référer à Dieu: il le devient!

> Alors je grandis, très cher, je grandis, je respire librement, je suis sur la montagne, la plaine s'étend sous mes yeux. Quelle ivresse de se sentir Dieu le père [...]. Je trône parmi mes vilains anges, à la cime du ciel hollandais, je regarde monter vers moi [...] la multitude du jugement dernier. [...] Et moi je plains sans absoudre, je comprends sans pardonner, et surtout, ah, je sens enfin que l'on m'adore! (I, 1547)

Cette identification absolue du moi avec la divinité donne à la définition du sacré sa vraie dimension. Ainsi la référence au sacré n'implique aucunement référence à la transcendance. Le sacré camusien s'insère, nous le savons, dans une perspective immanente, et se rapproche davantage de la vision païenne de la divinité, que de l'approche judéo-chrétienne d'un Dieu transcendant le monde. Selon l'expression de M. Gay-Crosier, le seule transcendance réelle, chez Camus, est "une transcendance horizontale au niveau de l'homme, et non pas une transcendance verticale qui aboutirait à Dieu."[7] C'est la même idée que reprend Bernard-Henri Lévy qui, dans son livre, prend ses distances à l'égard de la perspective camusienne du sacré, et qui affirme clairement qu'à son avis "le sacré, c'est l'immanence."[8]

Cette conception immanente du sacré va maintenant nous servir de clé pour comprendre la curieuse évolution de Clamence: derrière le flux verbal de notre héros, il apparaît clairement que la révélation qui l'éblouit est due à la découverte de sa propre hypocrisie. Ce rire qu'il entend et qui le bouleverse lui révèle que sa conduite avec l'Autre est mue par une adoration du Moi. Au départ, il se croyait vraiment bon, généreux, dévoué aux autres: le rire le réveille, crée un climat d'hallucination, et lui révèle la présence d'un Autre intérieur à lui. Comme il le dit nettement: "Il a fallu d'abord que ce rire perpétuel, et les rieurs, m'apprissent à voir plus clair en moi, à découvrir enfin que je n'étais pas simple" (1516). Quel est cet Autre caché dans le Moi, inconnu, donc secret, et dont l'apparition crée une faille dans l'individu? René Girard a très justement analysé ce que signifie, dans la mythologie, la découverte soudaine d'une duplicité du Moi, mais il a tort de dire que le seul écrivain à avoir su repérer l'apparition d'un double est Dostoïevski.[9] Camus, en fait, n'a pas moins bien décrit le rôle de cette soudaine révélation. Mais reprenons l'explication que nous donne René Girard de cette apparition, dans les textes mythologiques, car elle sera significative pour notre propos:

> Sous le terme de *double monstrueux,* nous rangeons tous les phénomènes d'hallucination provoqués par la réciprocité méconnue. Le double monstrueux surgit là où se trouvaient dans les étapes précédentes un "Autre" et un "Moi" [...].[10]

Chez Clamence, le double n'est pas encore monstrueux, mais quand la mémoire lui revient, il se souvient d'actes monstrueux, qui ne sont guère reluisants: son attitude dans la rue avec le motocycliste, sa conduite envers une femme qu'il voulait humilier et enfin sa fuite, le soir où une jeune femme se jette dans la Seine, presque à ses yeux.

Cette prise de conscience de l'illusion dans laquelle il vivait jusqu'alors, cet éveil à la vanité de la quête première du sacré suscite chez notre héros des réactions semblables à celles définies dans les phénomènes de possession. Ces phénomènes, souvent inexplicables rationnellement, sont en fait, explique R. Girard, la découverte de l'existence d'un double:

> Les phénomènes dits de *possession* ne sont qu'une *interprétation* particulière du *double monstrueux.* [...] Le sujet paraît obéir à une force venue du dehors; il a les mouvements mécaniques d'une marionnette. Un rôle se joue en lui, celui du dieu, du monstre, de l'autre qui est en train de l'envahir [...]. [Ceux qui sont affectés de ces phénomènes] trébuchent au milieu de leurs compagnons, tombent à terre, se roulent parfois sur le sol [...].[11]

C'est précisément ce qui arrive à Clamence. Il se sent "subtilement désaccordé"; ses amis sont les mêmes; ils n'ont pas changé, mais lui cependant a l'impression qu'ils se sont transformés en juges.

Oui, ils étaient là, comme avant, mais ils riaient. Ou plutôt il me semblait que chacun de ceux que je rencontrais me regardait avec un sourire caché. J'eus même l'impression, à cette époque, qu'on me faisait des crocs-en-jambe. Deux ou trois fois, en effet, je butai sans raison, en entrant dans des endroits publics. Une fois même, je m'étalai. Le Français cartésien que je suis eut vite fait de se reprendre et d'attribuer ces accidents à la seule divinité raisonnable, je veux dire le hasard.
(I, 1513)

N'avons-nous pas ici les symptômes de la possession?

Mais il s'agit, le phénomène un fois cerné, de s'en arranger, d'essayer de vivre avec cette découverte. La conscience du dédoublement va mener Clamence à reconnaître se duplicité. S'il est habité par un Autre, il ne veut pas moins être dans son Eden, retrouver son empire; il ne peut nier l'existence de l'Autre qui, plus puissant que Dieu, le juge. Que faire alors? Il s'estime coupable, non pas devant Dieu, mais devant les hommes: "Dieu n'est pas nécessaire pour créer la culpabilité, ni punir. Nos semblables y suffisent, aidés par nous-mêmes" (1530). Dieu, c'est l'Autre, pour Clamence, c'est lui qui le possède et le juge. Le jugement des hommes est pire, nous précise notre prophète, que le jugement dernier. Mais comment donc, maintenant, accepter cette possession, et pourtant se retrouver Dieu le père?

Il pense d'abord à se suicider pour punir les autres, mais il se rend vite compte que cette punition serait sans effet. Il se lance donc dans la violence, retrouvant ainsi le schéma mythologique évoqué précédemment: il veut déranger les hommes, désorienter l'opinion, défier la bonne renommée que l'on avait de lui. Il cherche, comme il le dit, à libérer ce double qu'il a découvert. Il va donc tenter en premier lieu de parvenir à l'immortalité: tout d'abord, par l'amour d'une femme, car la femme "n'est-elle pas tout ce qui nous reste du paradis terrestre[?]" (1524); puis par l'abandon à la débauche, car cette dernière "remplace très bien l'amour, fait taire les rires [...], confère l'immortalité. [...] Dans un sens, j'avais toujours vécu dans la débauche, n'ayant jamais cessé de vouloir être immortel. [...] Oui, je mourais d'envie d'être immortel" (1525). Nous ne cessons de retrouver ce désir d'être semblable aux dieux, mais, finalement, toute tentative ayant échoué, que reste-t-il? Le malconfort prouvant définitivement la culpabilité, il reste à assumer cette culpabilité. Comment l'assumer et en même temps dominer? Une seule solution subsiste: jouer à être supérieur, bref revêtir le masque de ce que l'on ne peut être. Ne pouvant être au-dessus de tous, se sentant dépendant des autres, soumis au jugement de la société, on ne pourra retrouver la situation dominante qu'en étant conscient de l'hypocrisie. Le masque permet de s'intégrer le double, et nous retrouvons ici—une fois de plus—la perspective mystique: "Le masque unit l'homme et la bête, le dieu et l'objet inerte [...]. Il est au-delà des différences [...]. Il se les incorpore [...]. Il ne fait qu'un avec le *double monstrueux*."[12] Clamence décide d'avouer ses crimes, non en vue d'extirper le double qu'il a découvert, mais afin de se l'assimiler. Il veut montrer aux autres qu'ils sont ses semblables, et, par là l'Autre qu'il a découvert dans son Moi, s'assimilera à son Moi; il n'y aura plus de différence. Pour "vivre à la ressemblance de la société [...] ne faut-il pas que la société me ressemble?" (1544). Il va donc s'accuser face à ses semblables:

> Je m'accuse, en long et en large. [...] Je prends les traits communs, les expériences que nous avons ensemble souffertes, les faiblesses que nous partageons [...], l'homme du jour enfin, tel qu'il sévit en moi et chez les autres. Avec cela, je fabrique un portrait qui est celui de tous et de personne. Un *masque* en somme, assez semblable à ceux du carnaval, à la fois fidèles et simplifiés, et devant lesquels on se dit: "Tiens, je l'ai rencontré celui-là." Quand le portrait est terminé, comme ce soir, je le montre, plein de désolation: "Voilà, hélas! ce que je suis." Le réquisitoire est achevé. Mais, du même coup, le portrait que je tends à mes contemporains devient un miroir. (I, 1545; nous soul.)

Le masque va aider Clamence à supprimer la différence qui le sépare de l'Autre; l'Autre va se réintégrer à son Moi, qui pourra, de ce fait, à nouveau dominer les autres, grâce au masque. Le masque sert donc à retrouver, par la suppression des différences, l'unité première, l'identification ontologique qui était l'apanage de l'homme, avant la découverte de sa duplicité; il ne s'agit pas de nier cette duplicité, mais de la cacher, et c'est ainsi que René Girard comprend le rôle du masque, dans la tragédie grecque:

> Le masque, conclut-il, se situe à la frontière équivoque entre l'"humain" et le "divin"; entre l'ordre différencié en train de se désagréger et son au-delà indifférencié qui est aussi le réservoir de toute différence, la totalité monstrueuse d'où va sortir un ordre rénové. Il n'y a pas à s'interroger sur la "nature" du masque; il est dans sa nature de ne pas en avoir, parce qu'il les a toutes.[13]

Le masque va permettre à Clamence, dans son monde "rénové," à éliminer toutes les différences et à retrouver le bonheur initial. Il est enfin parvenu à cette situation idéale, confortable à laquelle il aspirait. La première quête, illusoire, du sacré avait échoué, et notre héros avait perdu son assurance, retrouvé la mémoire d'événements le détachant de lui-même, mais maintenant, devenu juge-pénitent, il revêt un masque, et peut remonter à nouveau sur sa cime:

Et pourquoi changerais-je, puisque j'ai trouvé le bonheur qui me convient? J'ai accepté la duplicité au lieu de m'en désoler. Je m'y suis installé, au contraire, et j'y ai trouvé le confort que j'ai cherché toute ma vie. [...] [P]lanant par la pensée au-dessus de tout ce continent qui m'est soumis sans le savoir, [...] je suis heureux, je suis heureux, vous dis-je, je vous interdis de ne pas croire que je suis heureux, je suis heureux à mourir! (I, 1546–7)

Le tour est joué, le sacré est retrouvé, mais n'est-ce pas au prix d'une trahison, d'une difficulté d'être?

Qu'est-ce donc que ce "sacré" retrouvé au terme de notre recherche? Les références à la religion chrétienne, au Christ, au pape, à la culpabilité, à la chute, à l'innocence ont certes créé un climat, mais ne sont pas réellement significatives, et nous avons vu que c'est plutôt la mythologie grecque qui servait de fond réel à la quête de notre juge-pénitent. Il nous semble que personne n'a aussi bien que Brian Fitch su exprimer comment cette nostalgie du sacré est en fait une recherche de l'homme, car Clamence se cherchant, a laissé la place au lecteur qui se retrouve finalement seul avec son Moi, à la place de Jean-Baptiste: "Ainsi, le lecteur finit par se retrouver, seul devant lui-même dans la crise de sa propre conscience, ou plutôt devant cet autre lui-même qu'il a mis si longtemps à se reconnaître, mais qui ne le quittera plus" (*AC3*, 78).

Pourquoi appeler cette prise de conscience finale recherche du sacré? C'est parce que forçant l'homme dans son intériorité, le menant à "reconnaître cet autre lui-même" secret, caché, Clamence, ou plutôt Camus, pénètre dans le seul sanctuaire qui l'intéresse: celui de l'homme. Clamence a su surmonter les illusions d'un sacré de pacotille pour pénétrer au cœur de l'indicible: ayant découvert le bonheur qu'il cherchait, "soleil, plages et les îles sous les alizés, jeunesse dont le souvenir désespère" (I, 1547), notre quadragénaire "seul devant lui-même," a retrouvé la "délicieuse angoisse d'être" évoquée dans *L'Eté* (886). "Hanté par la révélation précaire d'une réalité sacrée," selon la belle expression de Claude Vigée,[14] le héros camusien, du fait même de son absence d'illusion, sait qu'il a perdu "la lumière, les matins, la sainte innocence de celui qui se pardonne à lui-même" (1548). Mais Roger Quilliot fait justement remarquer qu'"au plus profond de la mauvaise conscience, chacun redécouvre un sorte de paix" (*AC3*, 92).

Quelle est donc, en fin de parcours, cette paix précaire à laquelle Clamence parvient? Ce n'est rien d'autre que le vrai sacré, sacré immanent, qui n'est pas à proprement parler religieux, mais qui est la trace d'une présence au monde, selon la formule de Maurice Blanchot: "Le Sacré, c'est la présence immédiate [...], *cette vie simple à fleur de terre* qu'annonce René Char; le sacré ce n'est donc rien d'autre que la réalité de la présence sensible [...], savoir facile, tranquille, à notre portée, et pourtant 'amer savoir', car il faut renverser [notre affirmation et dire]: la présence, c'est le sacré, cela même 'qui n'offre nul point d'appui ni d'arrêt, la terreur de l'immédiat qui fait échec à toute saisie, l'ébranlement du chaos'."[15] (Heidegger, commentant Hölderlin). Blanchot ne pourrait mieux résumer la difficile recherche de Clamence qui se veut à la fois immédiatement présent au monde, de plain pied, mais qui s'est soudain rendu compte que son équilibre était instable, que son point d'appui était factice, que cette immédiateté était lointaine, révélation d'un Sacré dangereux qui donne à l'homme "l'impression de vivre, en haute mer, menacé, au cœur d'un bonheur royal" (II, 886).

Notes
Editions utilisées

I, 1962   II, 1972

1. Maurice Blanchot, *L'Espace littéraire* (Paris: Gallimard, 1955), p. 243.
2. Raymond Gay-Crosier, *Les Envers d'une échec: étude sur le théâtre d'Albert Camus* (Paris: Lettres Modernes, 1967), p. 264.
3. Claude Vigée, *Les Artistes de la Faim* (Paris: Calmann-Levy, 1960), p. 254.
4. Ibid., p. 258.
5. Ibid., p. 260–261.
6. Cf. René Girard, "Du désir mimétique au double monstrueux," *La Violence et le Sacré* (Paris: Grasset, 1972), ch. VI, pp. 201–234.
7. Gay-Crosier, op. cit., p. 111.
8. Cf. Bernard-Henri Lévy, *Le Testament de Dieu* (Paris: Grasset, 1979), p. 164, et l'entretien avec Bernard-Henri Lévy in *Magazine Littéraire*, 149 (Juin 1978), 21.
9. Cf. René Girard, *op. cit.*, p. 224: Il se réfère surtout au *Double* de Dostoïevski.
10. Ibid., p. 229.
11. Ibid., p. 231.
12. Ibid., p. 233.
13. Ibid., p. 234.
14. Ibid., p. 272.
15. Maurice Blanchot, *L'Entretien infini* (Paris: Gallimard, 1969), pp. 51–52.

Discussion

A. BRIOSI: Je me demande si la thématique du double, du dédoublement, de l'autre et du sacré que vous avez bien mise en évidence à la lumière des apports de Girard ne pourrait pas être rapprochée de la thématique de Sartre.

Une analogie peut être établie entre le thème du juge et le thème de l'Autre. L'Autre, comme vous le savez depuis *Saint Genet,* c'est le juge. D'autre part, le pénitent renvoie au thème de l'aliénation, c'est-à-dire l'Autre sous le regard accusateur du juge. Enfin, la solution du sacré en tant que masque pourrait également être rapprochée du masque de comédien et de martyr que porte Saint Genet. Pensez-vous qu'une analogie pareille permette de mieux saisir la thématique camusienne?

L. COHN: Je répondrai très simplement. Si je puis me permettre de faire une comparaison du genre de celle que j'ai faite à propos de Camus, c'est parce que j'en trouve la justification chez celui-ci même, dans l'identification ontologique au monde dont parle déjà *Noces.* Il s'agit, en effet, d'une recherche du sacré. Mais ne risque-t-on pas de forcer la pensée de Sartre en établissant le parallèle que vous suggérez?

A. BRIOSI: Il y a toujours une marge d'erreur dans les comparaisons et analogies. Pourtant, de précieuses nuances de sens du sacré peuvent être dérivées lorsqu'on tente de le définir dans le contexte, même différent, de certaines catégories de la philosophie sartrienne à l'aide des affinités et différences qu'on peut trouver.

L. COHN: Vu le registre sur lequel je me suis placé dans mon exposé, je n'en vois pas la nécessité.

E. MOROT-SIR: En vous écoutant, j'ai cru entendre par l'intermédiaire de Blanchot une variation du Dieu caché de Saint Paul. Voici mon commentaire: Il me semble que vous avez un peu trop précipité Camus vers l'immanence et que vous l'avez "girardisé." Ceci dit, je crois comme vous qu'il y a une profonde expérience du sacré chez Camus. Mais je pense que cette expérience, si on veut la saisir dans sa réalité concrète, est fondamentalement l'expérience de la révolte. On peut alors mieux comprendre que pour Camus l'expérience de la transcendance correspond à celle de la révolte.

L. COHN: Je suis entièrement d'accord avec vous et dirai simplement qu'il s'agit d'un aspect que je n'ai pas pu développer dans ma communication.

C. VANCE: Croyez-vous vraiment qu'on puisse parler de "solution" que Camus aurait trouvée au problème? Il me semble, au contraire, que *La Chute* signale une abdication de la part de Camus, même s'il s'agit d'une abdication temporaire puisque l'œuvre n'était pas finie.

L. COHN: Je craindrais beaucoup de parler de solution définitive. Clamence a retrouvé un *modus vivendi,* une manière de vivre avec ses difficultés et les autres sans que ces difficultés disparaissent.

C. VANCE: Oui, mais nous avons affaire à un Clamence qui s'ironise lui-même à ce troisième stade auquel il se livre dans le texte.

G. KAISER: Ne faudrait-il pas plutôt parler d'une désacralisation? Car le sacré présuppose une espèce de concordance harmonieuse entre le verbal et l'actif, c'est-à-dire entre mythe et rite. Le jeu, au sens de Benveniste, fait irruption et rend impossible cette harmonie qu'exige le sacré et met en relief toute la fausseté des actions de Jean-Baptiste Clamence qui désacralise la réalité.

L. COHN: Quel nom donner à cette désacralisation du sacré? Je répète que, dans le contexte camusien, j'emploie "sacré" au sens d'identification ontologique au monde. C'est une manière de se retrouver dans le monde en le sacralisant. On peut parler de désacralisation dans la mesure où l'on ôte au sacré son aspect rituel. Ce n'est pas l'aspect formel du sacré qui m'intéresse ici mais sa dimension existentiel.

M. WEYEMBERGH: Il me semble difficile d'invoquer ici l'étude de Girard parce que vous n'utilisez pas son terme opérationnel de "crise sacrificielle" qui serait essentiel pour votre propos. Or cette crise se situe dans une communauté alors que celle de *La Chute* est individuelle. Il faudrait donc placer la problématique, au départ du moins, dans le rapport entre le groupe et l'individu. A cette difficulté vient s'ajouter une autre: Camus n'est pas dans un monde simplement mythique, il est dans un monde judéo-chrétien. Or vous savez ce que Girard pense du judéo-chrétien et c'est à cette difficulté que vous vous heurtez: Camus parle la langue de la culture judéo-chrétienne, mais en réalité il se trouve mentalement du côté des mythes grecs. L'absence du Christ, du sacrificié—dont est issu le sacré chez Girard—comment l'expliquer, en parlant du sacré, chez Camus? Ne faudrait-il pas plutôt parler de violence?

L. COHN: Comme vous le savez, j'ai fait allusion à la violence. Je répondrai en disant que la réaction de Clamence—qui agit en tant qu'individu d'une société qu'il approuve d'abord et manipule ensuite—et sa manière de se lancer dans la violence rejoint le schéma girardien.

M. WEYEMBERGH: Mais le double est en lui; ce ne sont pas les autres. L'opposition à la société est essentielle dans la thèse de Girard.

L. COHN: Je ne puis que réitérer ma réponse de tout à l'heure que la structure de son comportement permet de faire entrer Clamence dans le schéma girardien même s'il ne suit pas à la lettre les prémisses de *La Violence et le sacrè*.

J. LEVI-VALENSI: On pourrait voir dans *Caligula* l'embryon de la possession que vous voyez chez Clamence. Elle aboutit, chez tous les deux, à un échec.

A. ABBOU: Ne faudrait-il pas dissocier le sacré et la trajectoire de Clamence de celle de Camus? Dans l'optique de Camus, la révolte—à laquelle on a très justement rattaché le sacré dans une intervention antérieure—la révolte de l'artiste en particulier va fonder le seul sacré acceptable: celui qui se situe au niveau de l'homme. Cela nous renvoie à cette paix à laquelle l'artiste accède et que l'on trouve dans *Caligula,* dans *L'Etranger* et, en effet, surtout dans *La Chute.* Tel Caligula qui, après toutes ses défaillances, brise le miroir et se voue à l'histoire, Clamence présente également une récapitulation, quoique sur un autre mode, dans laquelle il expulse le tragique au profit du sacré que constitue l'art. Au tragique, accident du présent, se substitue l'éternité de l'art. Mais c'est un autre monde que celui dans lequel nous faisons une distinction entre le quotidien et le symbolique.

L. COHN: Il me semble que c'est exactement dans ce sens qu'allait mon interprétation: Le seul sanctuaire que décrit *La Chute* est le sanctuaire de l'homme et quand j'ai parlé du premier sacré, j'ai bien précisé qu'il s'agissait d'un sacré de pacotille. Mais quand vous parlez d'éternité, je dois manifester quelque réserve, car comment employer ce terme chez quelqu'un qui ne sait pas trop bien ce qu'il veut dire, qui s'installe dans le présent? Disons qu'on peut tout au plus parler d'une éternité "temporaire."

E. ZEPP: Vous avez fait remarquer que Clamence s'identifie, à un moment donné, avec Dieu. Où placeriez-vous dans votre lecture le monde diabolique qui apparaît aussi dans *La Chute?* L'association de Clamence avec Satan signale-t-elle le refus du sacré ou du non-sacré?

L. COHN: J'avoue ne pas avoir assez développé cet aspect lorsque j'ai insisté sur la possession de Clamence qui est comme saisi par le Diable. J'ai pourtant dit, au début, qu'il y a deux sortes de sacré: celui qui attire, qui plaît par sa sérénité et celui qui effraie, qui inquiète. Le premier serait donc à rapprocher du sacré divin, le second du sacré satanique.

I. CASSAGNE: Dans sa conférence d'Athènes sur "L'Avenir de la tragédie," Camus a dit qu'un des problèmes de la tragédie moderne était la création d'un nouveau sacré. Il y a aussi dit que l'histoire, de nos jours, a pris le visage du destin. En travaillant sur *Les Possèdès* et l'optique de Dostoïevski, il a réfléchi sur les affinités entre le socialisme et la religion et affirmé qu'il n'y avait pas de socialisme sans religion ni de religion sans socialisme. Quel est donc ce rapport du sacré au destin moderne?

L. COHN: En partie vous fournissez déjà la réponse à votre question en la posant. Il est symptomatique que Camus ait fait cette conférence à Athènes pour souligner son lien avec la mythologie classique. Même s'il parle d'un nouveau sacré, il se réfère expressément au sacré des Grecs.

D. SPRINTZEN: What do you make of the beginning remarks taken from Lermontov: This is a portrait not of an individual but of the aggregate of the vices of our civilization?

L. COHN: Cela ne contredit pas la perspective que j'ai proposée. Nous avons en effet affaire à un portrait d'un héros de notre temps qui rencontre des difficultés, se les appropie pour donner un sens à la vie, sens qui reste volontairement ambigu.

R. GAY-CROSIER: Je me permets de revenir à l'intervention d'A. Abbou et au sens restreint qu'il veut donner au sacré. Un schéma assez communément appliqué dans ce contexte est celui de la distinction entre la transcendance verticale et la transcendance horizontale. Or le sacré camusien se situe très clairement au niveau de la transcendance horizontale et refuse la verticalisation.

A. ABBOU: Sur le plan de l'interprétation et même sur le plan conceptuel je suis tout à fait d'accord avec Gay-Crosier. Mais au niveau gnostique de plusieurs personnages dans les œuvres camusiennes il y a pourtant une sorte de verticalité dès lors qu'ils s'apprêtent à quitter le monde du concret qui est le monde de la séparation. Il y a, à mon avis, trois mondes à distinguer chez Camus dont deux font partie de l'univers terrestre qui est un monde séparé. Le troisième, auquel les héros camusiens font appel, est un monde uni, un monde de l'antériorité qui n'a rien à voir avec les aspects gnostiques. Ce troisième monde est en quelque sorte le monde du sacré. Cet univers-là est celui de l'artiste.

E. MOROT-SIR: C'est la création corrigée. [Un membre non identifiable du groupe lance: "C'est la transcendance de Camus."]

R. GAY-CROSIER: Oui, je veux bien, mais je me permets d'insister sur la distinction faite tout à l'heure. Sur le plan de la transcendance horizontale le personnage camusien ne fait que se déplacer du point A au point B les deux se trouvant dans son et notre monde. Dans la transcendance verticale, au contraire, on fait le saut et on est toujours forcé de revenir à son point de départ. C'est ce saut que Camus refuse.

J. LEVI-VALENSI: On peut imaginer, cependant, une espèce de va-et-vient entre les deux plans et voir dans les entreprises de certains personnages une tentative de passage de l'un à l'autre.

L. COHN: Peut-être le terme de "nostalgie" nous aide-t-il à préciser la difficulté: il y a, chez Camus, cette nostalgie d'un monde autre que le nôtre.

R. GAY-CROSIER: Encore faudrait-il savoir si nous parlons de Meursault ou de Clamence. Il n'y a pas de doute que ce dernier se sente attiré par les cimes et que sa volonté d'ascendance se manifeste à plusieurs reprises. Si nous savons qu'il est rongé par le désir des sommets, nous savons aussi qu'à la fin il se retrouve dans les bas-fonds.

M. WEYEMBERGH: Pour ma part je dirai que le sacré chez Camus a essentiellement un sens métaphorique. Sa fonction principale est de distanciation et je n'y vois pas la dimension profondément religieuse que lui attribuent certaines religions ou civilisations.

Peter Cryle
University of Queensland, Australia

The written painting and the painted word in "Jonas"

The most learned and imaginative of art historians would be hard put to classify the works of Gilbert Jonas, *artiste peintre*. While it hardly bears saying that there are literally no paintings in this written text, it is more noteworthy that virtually no paintings are represented. It seems, in fact, that the story is very much more concerned with painting as a vocation than with paintings. Rateau, Jonas' friend, says to him: "Parbleu, ce ne sont pas tes tableaux que j'aime. C'est ta peinture" (I, 1638).[1] Jonas' paintings are normally dealt with in their generality: they lie around in piles in whatever room of the apartment happens at the time to be his studio (1634) and later in other rooms (1644), or are used to build partitions (1633). In the latter stages of the story, in particular, it appears that, for Jonas, sitting around with his paintings is quite the opposite of painting: "Il vécut plusieurs jours avec ses toiles [whether they are painted or unpainted or half-painted seems to be of little consequence...], assis près d'elles le plus souvent, ou bien planté devant la fenêtre; il ne peignait plus" (1646).

Painting in itself, in its essence, can begin to be apprehended in the text: it is manifested in the star. The star, this rather tired image, must bear the weight of Jonas' imaginative investment in a vocation, or a career. It is the intact, the unique symbol, aloof from the multiplicity of objects which are at the same time the products and the impedimenta of his work. We see, then, a notionally spatial disjunction which permits Jonas, in moments of supreme naïvety, to separate completely his painting and his paintings: "'C'est l'étoile, disait-il, qui va loin. Moi, je reste près de Louise et des enfants.'" (1636). There is facile moral comfort here: art is in the sky; he is on earth with Louise and the children. We should note, however, that the artist's naïvety lies apparently in the radical separation and not in the polarisation implied in such statements. In the terms of the story, as we shall see, art may be in the sky and Louise and the children are on the ground, but Jonas is not simply with one of these two entities and separated from the other. In later moments of trial, having begun to acquire greater understanding, he comes to see the separation of star and daily life as poignant: "[...] il attendait son étoile, encore cachée, mais qui se préparait à monter de nouveau, à surgir enfin, inaltérable, au-dessus du désordre de ces jours vides" (1650). Here, he wishes for the star to *stand above* everyday experience as a kind of ordering principle: the earth and the sky, after all, are part of the same world. Without such conjunction of vocation and canvas, there can be no such thing as the activity or the process of painting.

In fact, Jonas is admirably well placed to learn such a lesson. The problem, and the need for its solution, are given to him in the place, or the space, of his Parisian apartment. Better than most, this apartment serves as a microcosm of the world as a whole, having inscribed in it, not only a horizontal dimension which maps the exigencies of "l'entassement urbain" (1631), but a vertical dimension which allows of some relation to that which is above, although not of any *ultimate* transcendence. The ceiling is too high to be a part of the cluttered domain of everyday life: "Jonas avait été particulièrement séduit par la plus grande pièce dont le plafond était si haut qu'il ne pouvait être question d'y installer un système d'éclairage" (1632). Whatever light comes from above will therefore be natural light—sunlight or starlight. Furthermore, the vertical dimension cannot be partitioned or made into stalls (1632), and thus survives intact in what is otherwise a very "modern" apartment. Crowded, but not cosy, the apartment preserves within its space a relationship between floor and ceiling which is homologous to that between earth and sky. It may be—it must be—that there is room within it for both the paintings and the star.

A consideration of stylised non-psychological relationships between characters leads us back to the same problem. From the beginning, Jonas' marriage to Louise, like his friendship with Rateau, constitutes the conjunction of two fundamentally different preoccupations which the text helps us to characterize in generally spatial terms. Jonas, as we know, has a "vocation de peintre" (1628), whereas "la vocation de Louise était l'activité" (1629). We can be in no doubt that Louise's vocation is essentially earthly: her surname, Poulin, like that of Rateau, has animal connotations, and she is likened, for her industry, to an ant (1629). She and Rateau are small and energetic: Jonas is "grand et solide" (1629). Yet the two are coupled in such a way that it is possible to talk of "la double activité de Louise et de Jonas" (1631). While Jonas follows his singular star, Louise deals with the undifferentiated, plural contingencies of art: "Elle se dévoua aussitôt aux arts plastiques, courut musées et expositions [...]" (1630). Now this initial arrangement, in its own abstractly spatial terms, seems quite unproblematic: it couples and reconciles the particular interests and commitments we have associated with earth and sky. But the coordination achieved by this distribution of rôles must be maintained in the particular *espace vital* of the apartment. It hardly suffices to know that art is an elevated preoccupation and that shopping or washing up are lowly ones: there must be a specific *modus vivendi* worked out in spatial terms. And the function of the apartment is to make this problem progressively more acute:

> Le problème de l'espace vital l'emportait de loin, pourtant, sur les autres problémes du ménage, car le temps et l'espace se rétrécissaient du même mouvement, autour d'eux. La naissance des enfants, le nouveau métier de Jonas, leur installation étroite, et la modestie de la mensualité qui interdisait d'acheter un plus grand appartement, ne laissaient qu'un champ restreint à la double activité de Louise et de Jonas. (I, 1631)

In this context, it is Louise who speaks glibly and naïvely of separation: "Sans doute, elle regrettait de négliger Jonas, mais son caractère décidé l'empêchait de s'attarder à ces regrets. 'Tant pis, disait-elle, chacun son établi.'" (1631). The difficulty is that there may not be room in the apartment for two workbenches, just as there may not ultimately be room in a crowded modern world for two different vocations.

It seems to me crucial, in the light of what I have just said, to appreciate the *givenness* of the apartment in "Jonas." While there is constant reference to the need for a new *installation* or *organisation*, the two brief references to the possibility of a new apartment (1631, 1643) indicate that such a thing cannot be part of the present: it is not relevant to the problems at hand. In fact, when Jonas does leave the apartment during a period of depression, this is associated with escape (1647). Whatever is learnt or made must be done with respect to the apartment and within it—a fact which helps, incidentally, to define the optimism and, for that matter, the self-conscious simplicity of this story. Rather than representing the fearful and strictly absurd world of which Camus said in his *Carnets,* "Non seulement il n'y a pas de solutions, mais encore il n'y a pas de problèmes,"[2] "Jonas" sets up precise problems which allow, in principle, specific solutions.

In this sense, the apartment may be said to be—the pun may prove enlightening—the framework of Jonas' activity.[3] Just as the canvas, for the artist, defines the task at hand, so does the apartment require to be dealt with: a spatial solution must be found. Solicited by its geometricality—its "cubage," its "volume," its "surface" (1631-2), its "parallélépipèdes" (1633), its "carré du ciel" (1635), Jonas finds, after numerous failures, and indeed the systematic exhaustion of the horizontal plane (cf. 1646), an admirably geometrical solution: he builds a loft *à mi-hauteur des murs* (1649), halfway between the floor and the ceiling, between the earth and the sky, the paintings and the star, his family and his career, thereby utilising the vertical axis as living space, avoiding the rooms "pleines de tableaux et d'enfants" (1633) and being closer to his star, without denying any of the givens of his situation. He even utters his own Q.E.D.: "C'est une très bonne solution" (1649).

In conceiving and building his loft, Jonas is, in some sense, practicing his art in order to make the conditions of his practice, using his skills in order to make the new living space in which his vocation will be possible, but all the time making this new space out of the old—or rather within the old. One might say that he has now made, or painted, a frame for himself.

It is interesting to note also that the building of the loft solves another problem germane to living and working in the apartment. This space is simply flooded with light:

> La hauteur vraiment extraordinaire des plafonds, et l'exiguïté des pièces, faisaient de cet appartement un étrange assemblage de parallélépipèdes presque entièrement vitrés, tout en portes et en fenêtres, où les meubles ne pouvaient trouver d'appui et où les êtres, perdus dans la lumière blanche et violente, semblaient flotter comme des ludions dans un aquarium vertical. (I, 1633)

What is needed here, then, is an *appui,* a place to stop. To go on floating would amount to being condemned to that indeterminate state of pre-exile referred to in *La Peste*.[4] And the loft, of course, does provide an *appui,* precisely by its geometrical situation: it is at the point of balance and stability. Furthermore, it allows Jonas to deal with questions which are in any case of strictly professional interest to him: matters of light and shade. Unable to cope, during his period of self-doubt and sterility, with an environment which is "littéralement violé par la lumière" (1632), he seeks a refuge outside. He goes to "des lieux enfumés et bruyants" (1647), and becomes "ombrageux," a dark, shadowy figure, fleeing from the light of recognition (1647). Naturally enough, he chooses as the spot for his loft a corner of the apartment—one thinks of Bachelard's evocation of the corner as refuge—where there is a "plafond obscur," presumably because the light does not penetrate so well there (1648). He is thus able to be sheltered from the harsh light, not by escaping to darkness and obscurity, but by building an environment of restful shade: "De plus, alors que tout l'appartement regorgeait d'une lumière crue, l'ombre était ici reposante" (1649). Perhaps he has not only set up his frame, but also prepared his palette.

To this point, I can claim to have described painting as an activity in "Jonas," saying that the artist produces what can be regarded as a figurative painting, an organisation of space, light, and shade, the object of which is painting itself. But I must come now to deal with the sole exception to the general point which I made at the beginning of this paper, when I said that there are almost no paintings represented in the story. There is, of course, one such work: Jonas' final piece, his apparently definitive and climactic production. Indeed, this painting is not just described or evoked: it is effectively rendered, given to us in the text, for the reason that it is essentially verbal:

> Dans l'autre pièce, Rateau regardait la toile, entièrement blanche, au centre de laquelle Jonas avait seulement écrit, en très petits caractères, un mot qu'on pouvait déchiffrer, mais dont on ne savait s'il fallait y lire *solitaire* ou *solidaire*. (I, 1652)

This final painting clears a space and marks a center, presumably as a place of importance, using whiteness or blankness to do so, but above all, it presents to us a written word. As if, in climaxing his painting career, Jonas had become a writer. At last, one might say, the very stuff of his paintings has made its way into the text as we read it: the written painting and the painted word are one.

And yet Jonas' text, while generally legible, provides us with a specific difficulty of interpretation: the one word could be either *solitaire* or *solidaire*, and we must read it, simultaneously or successively, as both. Much has been written about this ambiguity and the kind of dialectical understanding to which it may lead: I have myself discoursed upon it at great length in another place.[5] It constitutes an example of what Laurent Mailhot has called "la 'dialectique d'enveloppement' (et non de division)."[6] At present, rather than dwell upon it further, I should like to consider it as a "solution" to Jonas' problems, if indeed it is such, and ask, in particular, whether it can be read as the verbal translation of the answer found in the construction of the loft. I think we can say that *solitaire* is equivalent to elevation, the star, art, detachment, and *solidaire* to practicality, the earth, living with people, and commitment. But is the relationship between them in Jonas' painting the same as that which exists between floor and ceiling in the organisation surrounding the loft?

I think not. It is hard to imagine anything more perfectly static—and here, for once, I am in disagreement with Brian Fitch, who speaks in his stimulating article on "Jonas" of "la dialectique [...] de l'cspace s'élargissant et se rétrécissant"[7]—than the kind of imagination involved in the construction and glorification of Jonas' loft. To say that it is *anti*-dialectical would already be conceding too much, I suspect. It is built in a precise spot, and is the incarnation of the spirit of compromise: not only is it built *à mi-hauteur*, it is characterised by *demi-silence*, and sounds reach it in appropriate quantities, *étouffés à moitié* (1649). There is no hint here of a progression, or of some Gidean oscillation between extremes: the power of Jonas' dualism seems strictly *riveting*. He finds his ultimate resting and working place at the only possible point. It has been said that Jonas' characteristic "ce sera comme vous voudrez" is a reprise of Meursault's "cela m'est égal," and it could well be added that the spatial organization achieved in this text gives a precisely literal sense to "cela m'est égal": being equidistant from the two poles of his existence could be seen as the spatial representation of Jonas' equanimity, a nice balance of benevolence and indifference.

The specific logic of the loft lies in this, that it avoids the exclusion of opposites:

> [...] la chance lui était enfin donnée d'être seul *sans se séparer* des siens. (1650)
> "*Je ne les quitte pas* [of the children]. Dis-leur surtout que je ne les quitte pas." (1651)
> De si loin, [la belle rumeur] *ne contrariait pas* cette force joyeuse en lui [...]. (1652) [my italics]

It is the most radical form of what Barthes has called *entrisme*, continuing in the tradition, projecting the grammar of "entre oui et non" and "ni victimes ni bourreaux." The verbal painting, on the other hand, manifests neither the severity nor the equanimity of compromise: rather than being simply non-exclusive, it succeeds, by its purposeful and specific ambiguity, in being doubly inclusive. It is both a solution, in the sense that it reconciles, and a *resolution* in that it sets out the particular components—apparent opposites—which it presents as simultaneous possibilities. The painting is only one word, but it requires a dual reading: *solitaire* and *solidaire* are both separate and together. This is the logic, and the grammar, of "l'exil *et* le royaume." Here, no doubt, is the triumph of the written word, in that it is able to hold that which it transcends: each of the elements of the final painting contains in itself both *sol* and *air*, the poles of the spatial compromise.

In sum, I would argue that "Jonas" has two endings, one simple and one complex. But what I have said above hardly exhausts the modalities of the relationships between the two. It is no doubt true, as I have suggested just now, that the complex includes the simple, and that the dialectical transcends the static, making it a stage in the artist's progression. For Jonas to be able to say, as he does in his period of depression "tout allait *re*commencer" (1646) [my italics] implies that he has stopped—or, more strictly, that he needs to have stopped—and, as we have seen, the loft allows him to do this. It is far from the early times of innocence when there was no interruption and therefore no conception of a conscious beginning, when there was no project, merely luck, and Jonas used to say to himself: "C'est une chance qui continue" (1627).

In a slightly different way, we may read the second, ambiguous ending as casting an ironic reflection, by its contradiction, on the earlier simple one, leaving us to doubt, not the precision of the solution, but the appropriateness of the problem. There may be a failure of the spatial imagination to cope with conceptual complexity. In any case, if the loft creates the conditions for the final painting, then the painting sends us back, in a widening circle, to more general considerations about painting, commitment, and human activity. There is a higher-level ambiguity which requires us to hold together simplicity and complexity, the spatial painting and the ambiguous word.[8]

Notes
Edition utilisée

I, 1963

1. A comparable point is made, in different terms, by Brian T. Fitch in his article "'Jonas' ou la production d'une étoile," *AC6*, 64: "Car de même *l'écriture* se trouve ici valorisée au détriment de *l'œuvre d'art* figée dans une immobilité stérile, tel le tableau intitulé *Ouvrière* que Jonas ne parvient pas à réaliser [. . .]" (his italics).
2. *CI*, p. 152.
3. Cf. Fitch, op. cit., p. 52: the "carré du ciel dessiné par la cour" constitutes a shape like that of a *toile*.
4. Cf. Peter Cryle, "*La Peste* et le monde concret: étude abstraite," *AC8*, 9–10.
5. Peter Cryle, *Bilan critique: "L'exil et le royaume" d'Albert Camus. Essai d'analyse* (Paris: Lettres Modernes, 1973), especially chs. II and VIII.
6. Laurent Mailhot, *Albert Camus, ou l'imagination du désert* (Montréal: Les Presses de l'Université de Montréal, 1973), p. 304, n. 34.
7. Fitch, op. cit., p. 58.
8. I should like to acknowledge here the role of my colleague Anne Freadman, whose stimulating conversation was in itself an invaluable contribution to the elaboration of this paper.

Discussion

C. VIGGIANI: I want you to defend the idea that "solitaire" and "solidaire" are together.

P. CRYLE: That is partly what I meant by the painted word. In terms of the way it presents itself, there is a sense in which the process of interpretation has already begun. We do not get that word in the text, we get two words. There is a painted word which is in the middle of Jonas' painting which we see as it has already begun to read. So we have to imagine the text which is the pretext of the one that we read.

G. BAUER: It seems to me that when people are dealing with the works of contemporary authors they tend to forget what is going on in contemporary painting. And I think what Camus has inscribed here is precisely the Duchampian enterprise: the myth of the abandoned work. One of Marcel Duchamp's best known pieces is the door in his apartment which hangs on a single hinge and is a response to the French proverb "Une porte doit être ouverte ou fermée." When I see Jonas in his loft and read the shifting word on his canvas I think of the work of Aiakawa which consists of words inscribed on a blank canvas. A similar relation could be established with the painted writing practiced by Joseph Beuys in Germany. If we look at his pictures not in terms of traditional painting but in terms of Camus' awareness of what is occuring in painting, your demonstration becomes even more convincing.

P. CRYLE: I will have to take a look at some of the works you are mentioning. But I should like to return briefly to Viggiani's question and take a slightly different angle in my response. Using a Greimasian square of oppositions I derive from "Jonas" a set of contraries that resembles somewhat the painting which we are discussing:

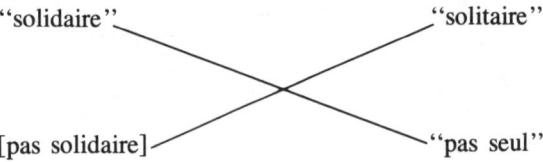

The complex *solidaire/solitaire* and the scheme above together look to me like what the painting in the text is talking about. This configuration is in the center of the story and reflects the importance of spatial representation in this text.

G. BAUER: I think that the paintings of Aiakawa will be very shocking to you because basically they are a grammatical and grammatological enterprise.

A. ABBOU: Y a-t-il, au niveau de la représentation, dans l'art de Jonas quelque chose qui soit en rapport avec l'art de Camus et qui ne soit pas tangible dans d'autres récits et nouvelles? Aussi voudrais-je que vous fournissiez quelques précisions sur l'association peinture/art et ombre par opposition à la vie quotidienne et son rapport avec la lumière.

P. CRYLE: Quand j'ai parlé d'ombre, j'ai parlé d'ombre et de lumière ensemble mais je ne m'y suis pas attardé longuement parce que Fitch avait traité cet aspect dans son article; "Jonas ou la production d'une étoile," [*AC6,* 51–65].

A. ABBOU: Mais dans le milieu, la pièce où Jonas peint, y a-t-il de l'ombre ou de la lumière?

P. CRYLE: C'est une pièce qui est violée par la lumière et où il s'agit de construire la possibilité d'un jeu de l'ombre et de la lumière. Mais ce jeu n'est possible qu'à condition que l'appartement soit refait. C'est ce que Jonas entreprend en construisant sa soupente. Autrement dit il s'échafaude un champ dialectique ombre/lumière.

G. BAUER: Tout cela est dans le concept même d'un tableau. Mais peindre c'est aussi et surtout vivre. Pour les duchampiens d'aujourd'hui il ne s'agit plus de peindre mais de vivre la peinture à travers l'acte de teindre. On pourrait donc juxtaposer les couples solitaire/solidaire et peindre/teindre.

Figure 1. *Ghent Altarpiece* (closed), Van Eyck Brothers. Cathedral of St-Bavon, Ghent. Photo courtesy of Jean Gassin.

Jean Gassin
La Trobe University, Australia

La Chute et le retable de "L'Agneau mystique":
Etude de structure

La présente étude poursuivra un double but. Nous y étudierons d'abord le jeu de miroirs que l'insertion dans *La Chute* d'une partie du retable de "l'Agneau mystique," le panneau des "Juges intègres," établit entre les deux œuvres. Nous montrerons ensuite que le retable peut lui-même s'interpréter comme une mise en abyme de thèmes essentiels de l'œuvre de Camus. Ceci fait, nous serons peut-être arrivés à une meilleure appréciation des raisons qui ont pu pousser Camus à mobiliser pour sa création l'œuvre des frères Van Eyck.[1]

Dans *La Chute*, Clamence et son double semblent contrôler l'accès du lecteur au récit. Peints au centre du polyptyque fermé, les deux Jean (le Baptiste et l'Evangéliste) paraissent en commander l'ouverture (Fig. 1). Clamence prêche un étrange évangile où son interlocuteur trouvera soudain, en même temps que le lecteur, la révélation de sa propre vérité. L'Evangéliste, après avoir rapporté les paroles du Baptiste que l'on voit peintes sur l'autel de "l'Agneau mystique" ("Ecce Agnus Dei qui tollit peccata mundi"), annonce dans l'Apocalypse qu'on lui attribuait communément du temps des Van Eyck le triomphe de l'Agneau et la Rédemption. Nul ne pourra déchiffrer le sens de l'œuvre qui ne communie d'abord avec les deux Jean.

Dans *La Chute*, au-dessus des deux personnages, un "rectangle vide" se détache en clair "sur le mur de fond" du café (I, 1476): c'est la marque qu'y a laissée le panneau des Juges. Au-dessus des deux Jean du retable, un vide, occupant deux panneaux entre l'Ange et la Vierge, attire l'attention. La composition met ainsi en valeur l'objection élevée par Marie aux paroles de l'Ange: sa propre virginité, que symbolisent la fenêtre barrée et la blancheur du linge. Camus, à propos de Clamence, a multiplié dans *La Chute* les références à Saint Jean Baptiste. Or, comme Jésus, le prophète a été conçu par l'Esprit alors que, chargée d'années, Elizabeth ne pouvait plus espérer être mère. L'histoire de Jésus et celle du Baptiste commencent donc toutes les deux par une victoire sur la stérilité. De celle-ci, les vides que nous avons notés au retable et au mur de bar pourraient être aussi bien des symboles. De fait, le rectangle blanc du linge et le rectangle clair du papier se reflètent si exactement qu'on pourrait voir dans cette rencontre comme l'indice d'une hantise de l'écrivain.

Examinons le retable ouvert (Fig. 2). Jean-Baptiste y est assis à la gauche de Dieu. Si haut placé, le prophète semble usurper la place de Jésus dont, d'une certaine façon, il est le "frère." Usurpation dont nous savons l'"idée alléchante" (I, 1540) pour Clamence, Christ à sa "vilaine manière" (I, 1533). Faux prophète, Clamence est aussi un peu "faux frère."

Jean semble désigner de la main droite la figure divine. Celle-ci, coiffée de la tiare pontificale, paraît résumer le délire des grandeurs de Clamence qui, prétendant avoir été pape, s'imagine volontiers "Dieu le père" (I, 1547). Se mettant ainsi à la place de Dieu, il se fait alors son propre père, fantasme qui n'est pas sans rapport avec le destin de l'auteur qui, "abandonné" de son père comme Jésus ou Clamence, "s'érige lui-même en 'maître', en Père" à travers sa création.[2]

Historiquement, la place d'honneur accordée à Jean-Baptiste sur le retable s'explique dès que l'on sait que la ville de Gand et sa première église avaient le prophète pour saint patron. L'agneau de Jean était à la fois l'Agnus Dei et le porte-laine des drapiers de Gand. A travers Clamence, il préside encore, par la grâce de Camus, aux destinées des tire-laine. Le prophète et son double sont pareillement compromis avec le monde. Mais les Juges du retable ne sont pas plus "intègres" que Clamence: ce ne sont en effet que de "faux juges [...] proposés à l'admiration du monde" (1540) puisqu'il s'agit d'une copie remplaçant l'original volé. En opposant faux et vrais juges, Camus récuse à la fois ses critiques et le public qui se laisse abuser par eux. Mais surtout, il instaure entre *La Chute* et le retable le chassé-croisé sur lequel repose pour une large part l'ironie du récit: si l'Agneau est adoré par les faux juges, les vrais sont tombés aux mains du faux prophète. Facétie sans doute un peu facile, doublée d'une allusion, peut-être ironique elle aussi, au domaine sexuel. Les juges s'opposeraient, par leur "intégrité," réelle ou proclamée, à Jean-Baptiste, le prophète décapité sur l'ordre d'Hérode. La troupe de chevaliers habillés d'acier qui, les armes menaçantes, caracolent en avant des juges rappelle le symbolisme castrateur qui s'attache si souvent chez Camus aux figures paternelles, et qui aboutit généralement à la décapitation, réelle ou symbolique, d'un représentant du fils.

Sur l'autre face du panneau des Juges se trouve peint Jean-Baptiste. Ainsi s'opposent, quasi organiquement, Juges et supplicié, condamnation et clémence. C'est, saisie sous ses deux faces, la même réalité, ce monde du procès auquel Camus a toujours opposé un refus obstiné.

Figure 2. *Ghent Altarpiece* (open), Van Eyck Brothers. Cathedral of St-Bavon, Ghent. Photo courtesy of Jean Gassin.

Quant au titre de juge-pénitent que se décerne Clamence, il pourrait transposer, dans sa dualité, la division de l'espace du retable en deux zones symétriques de part et d'autre du panneau de "l'Agneau mystique": l'une, à gauche, que l'on pourrait appeler zone des Juges; l'autre, à droite, groupant les Saints Hermites et les Saints Pélerins, et que l'on pourrait appeler zone des pénitents.

La principale composition du retable fermé étant une Annonciation, on s'attendrait à trouver une Nativité ou une Vierge à l'Enfant sur l'un des panneaux du retable ouvert. En fait, on n'y trouve d'Enfant nulle part, sinon, symboliquement, sous la forme de l'Agneau de Dieu victorieux de l'Apocalypse. D'autre part, les nus vigoureux d'Eve et, surtout, celui d'Adam retiennent l'attention.[3] Un lien s'établissant de lui-même entre ces trois temps forts de la composition, l'Agneau finit par apparaître un peu comme l'enfant du premier couple humain. Sur ce point s'établissent, entre le symbolisme du retable et les fantasmes camusiens de surprenantes correspondances. A son futur roman *Le Premier homme*, Camus avait longtemps envisagé de donner pour titre le nom d'*Adam*. Selon H. Lottman, la vie du héros devait s'ouvrir "sur une scène de nativité quasi-biblique: ses parents arrivent sur les lieux de sa naissance dans une carriole tirée par un cheval, des Arabes assistent à la délivrance du nouveau-né qui sera Albert Camus, et l'un d'eux allume une lampe à huile comme pour faciliter l'adoration des Mages."[4] Remarquons l'affinité entre les Juges (qui vont au rendez-vous de l'Agneau) et les Mages (qui sont à la fois rois et juges) que Lottman évoque à propos de l'étrange nativité imaginée par l'auteur pour lui-même, sans insister sur l'équivalence implicite qui y est faite entre l'enfant Jésus et l'enfant Camus! Peut-être, comme Clamence, Camus se voudrait-il un "pur agneau?" (I,1522).

L'Agneau de Dieu, la victime exemplaire, domine la foule du haut d'un autel qui pourrait aussi bien être l'échafaud des Justes, de Meursault ou de Clamence ... ou encore le "piédestal" que Sartre accusait Camus de vouloir dresser pour sa propre gloire.[5] Derrière l'Agneau, les instruments de supplice, les branches de la croix en particulier, évoquent la potence des Justes, la guillotine de Meursault ou la croix sur laquelle Clamence est toujours prêt à grimper. Le sang, jailli de la gorge de la Victime, est aussi l'un des thèmes insistants de l'œuvre de Camus. Présidant à ce cérémonial trône Dieu, dont l'Esprit répand des rayons pénétrants—à la manière du soleil de *L'Etranger?*—sur le supplice de l'Agneau, qui est aussi son triomphe. Cette représentation de la Trinité pourrait se lire comme une symbolisation du thème camusien par excellence: le supplice du fils provoqué par le père non sans une secrète complicité de la victime. Ainsi de Meursault, selon Camus "le seul Christ que nous méritons" (I,1921).

La Fontaine de Vie, coulant au milieu de prés fleuris, rappelle un autre thème important, celui de la source ou de la fontaine. Camus note dans ses *Carnets* (C2, 35): "Ce bruit de sources [...] à travers les prés ensoleillés, [...] bientôt j'aurai ce bruit en moi, cette source au cœur et ce bruit de fontaine accompagnera toutes mes pensées." Nous lisons dans le *Livre de Mélusine:*

> Il y avait un enfant dans la clairière, près du bassin. Sans cesse troublée par un filet d'eau, la vasque rassemblait sa tranquillité sur les bords [...] Du bois d'alentour d'émouvants parfums sortaient [...] Le grand silence qui songeait dans la forêt [...] lui semblait destiné à masquer quelque chose d'étrange et de surnaturel [...] (*CAC2*, 267).

Ce dernier passage, qui replace la fontaine dans un décor d'arbres et de parfums au milieu d'une atmosphère surnaturelle, présente de grandes affinités avec le retable. Il a été écrit en 1934, l'année même où Camus a pu lire dans les journaux le compte-rendu du vol des "Juges intègres." Mais nous pensons encore à la "petite source" de *L'Etranger* près de laquelle s'était noué le drame. De la sorte, c'est entre la Fontaine de Vie, au symbolisme clairement maternel, et la figure paternelle de Dieu que prend place le supplice/triomphe du Fils. Dans sa partie centrale, le retable rassemble ainsi la plupart des éléments de ce que l'on pourrait appeler le "mythe personnel" de Camus: l'histoire d'un fils qui, ne se consolant pas de sa "chute" en ce monde, entreprend de reconquérir le "Royaume" au prix de son propre anéantissement, imputé par lui à la "justice" du Père, mais où la Mère a aussi sa part—la part principale peut-être.[6]

Cette problématique nous ramène au placard où Clamence détient les Juges, et qui s'apparente au placard où est enfermé le fétiche du "Renégat," à la niche abritant, dans la case de "La Pierre qui pousse" le dieu cornu armé d'un couteau, et peut-être encore à l'espace masqué par la porte de la cellule d'où sortiraient un matin les bourreaux de Meursault. Il s'agit dans tous ces cas de volumes (creux, donc symboliquement féminins) habités par un représentant du père et que nous serions tentés d'interpréter comme autant d'illustrations du fantasme de la Mère phallique dont le rôle dans l'inconscient camusien est connu. Ce fantasme, selon lequel "la mère aurait retenu à l'intérieur de son corps le phallus" du père, provoque chez le sujet une intense peur de castration.[7] Nous pourrions peut-être rapprocher de cette définition la vasque de la fontaine où, au premier plan du panneau de "l'Agneau mystique," s'érige une colonne phallique. Ou encore l'image traditionnelle de la tête tranchée du Baptiste au creux du bassin où elle est présentée à Salomé, et que Clamence évoque lorsqu'il s'écrie: "Vous élèveriez alors ma tête encore fraîche [...]" (I, 1549).[8]

Des rapports existent entre ces représentations et le fantasme de la "scène primitive," que l'on a pu déceler notamment sous les pages célèbres relatant dans *L'Exil et le Royaume* la nuit de fièvre qui avait suivi l'agression sexuelle dont la mère avait été la victime (II, 26–7). Dans "Le Renégat" la copulation du sorcier et de la femme relève du même fantasme ainsi que, sous la main du chef noir, les convulsions des danseuses de "La Pierre qui pousse" (I, 1674).

L'œuvre de Camus est ainsi traversée de fantasmes mettant en scène des représentations très archaïques des rapports sexuels des parents qui déclenchent chez le sujet une intense peur de castration. Or, seul de tous les héros placés dans une situation analogue, Clamence ne semble pas éprouver d'angoisse très profonde, bien qu'il se reconnaisse fiévreux, oppressé et très fatigué. Sa tranquillité relative est le résultat de la double ligne de défense qu'il a su ériger. D'une part, son renfermement dans sa petite chambre bien close lui rend un peu de la sécurité fœtale. D'autre part, la clé du placard lui permet de neutraliser la menace castratrice que celui-ci renferme—alors que dans les cas cités plus haut le héros lui était offert sans défense. Les Juges mis sous clé pourraient représenter en dernière analyse un enkystement du Surmoi opéré par le sujet pour se défendre, une "crypte" du Père en quelque sorte.

Le nom de Jean, en hébreu, signifie "Yahvé fait grâce."[9] Par une curieuse coïncidence, le nom de Yahvé sonne en Espagnol—langue familière à Camus—comme le mot clé en Français. Cette clé (lláve) fait de Clamence l'égal de Dieu (Yahvé) en lui permettant d'obtenir la *clé*mence, ou la grâce, des Juges, d'échapper à toute condamnation à défaut d'être innocent. Peut-être la clé de Clamence/Clémence est-elle aussi la clé de l'énigme de *La Chute*.

Le double emboîtement, de Clamence dans sa chambre, des Juges dans le placard, semble transposer spatialement le processus qui suscite en Camus Jean-Baptiste Clamence pour décharger l'auteur de cet *alter ego* inquiétant qu'il porte en lui, tout en lui permettant—au moins pour la durée de l'œuvre—de maîtriser par lui ses juges, ceux qui l'attaquent du dehors comme ceux qu'il recèle en lui-même et qu'il redoute le plus.

Le rectangle blanc laissé par les Juges sur le mur du bar est comme le symbole de leur malfaisance: le papier ne noircissant pas, l'artiste risque de rester stérile comme Jonas devant sa toile, comme la Vierge avant la visite de l'Esprit. Il est donc nécessaire de les neutraliser en se soustrayant à la fois à leur jugement perçu comme extérieur et à leur jugement intériorisé. On passe ainsi du mur où s'étale le "vide" qui trahit leur influence castratrice au placard de Clamence qui la contient. Cette maîtrise est gagnée sur les Juges à travers le flot de paroles sous lequel Clamence peu à peu les recouvre, comme l'huître sécrétant sa nacre autour d'un corps étranger. En ce sens le placard ou, si l'on préfère, la perle, c'est le texte entier de *La Chute*. La clé de Clamence est donc aussi la clé de la création. L'œuvre est la preuve à la fois des Juges et de l'artiste demeuré fécond pour avoir réussi à les enkyster en lui, par l'intermédiaire de Clamence, son *alter ego* autant que son "faux frère." Ainsi est surmontée la menace de stérilité inscrite au mur du bar de Mexico-City comme au centre du retable fermé. Par la grâce de Clamence prophète de Camus.

Nous voudrions pour terminer souligner les affinités profondes qui existent, en dépit des apparences, entre le mythe du Baptiste et le "mythe personnel" de Camus. Si Jean-Baptiste a été décapité, c'est à la demande d'Hérodiade, pour l'avoir blâmée plus durement que son complice Hérode. Clamence de son côté sait bien que si jamais on l'exécute, ce ne sera pas pour avoir seulement séquestré des représentants du Père mais, comme il dit, "pour le reste" (I, 1548). Ce reste, c'est très vraisemblablement le suicide, du haut du Pont Royal, de la femme en noir, figure maternelle dont il a en un sens provoqué la mort. La culpabilité qu'il ressent à ce sujet fait de lui à bien des égards le frère de Meursault. Tous deux sont victimes de la culpabilité contractée en éliminant symboliquement, comme par un acte d'auto-défense, la femme dont leur inconscient ressentait la menace mortelle.

Plutôt que le mythe de Sisyphe, dont l'excessive popularité avait fini par exaspérer Camus lui-même, le mythe du Baptiste pourrait bien être le mythe le plus représentatif de l'œuvre camusienne dans la mesure où il met en scène la castration du Fils (ou de son prophète, c'est-à-dire de son porte-parole) victime des efforts conjugués du Père et surtout de la Mère castratrice.

Il n'est sans doute pas fortuit que *La Chute* ait pour protagoniste le héros du retable de Gand et que Camus ait trouvé dans l'œuvre des frères Van Eyck un théâtre capable de donner à son personnage une dimension mythique.[10]

Notes
Editions utilisées

I, 1965   II, 1965

1. Jeffrey Meyers a raison d'attirer l'attention sur l'importance du retable pour l'élucidation du sens de *La Chute* dans "Camus' *The Fall* and Van Eyck's 'The Adoration of the Lamb,'" *Mosaic*, VII:3 (1974), 43–51. Cependant, ses interprétations ne nous paraissent pas toujours convaincantes.

2. Alain Costes, *Albert Camus ou la Parole manquante* (Paris: Payot, 1973), p. 177.

3. Le polyptyque s'est un moment appelé "Adam et Eve": Michael A. Sperber, "Camus' *The Fall:* the Icarus complex," *American Imago*, XXV:3 (Fall 1969), 278.
4. Herbert R. Lottman, *Albert Camus* (Paris: Seuil, 1978), p. 19.
5. "En nous faisant l'honneur d'entrer dans ce numéro des *Temps modernes*, vous y amenez avec vous un piédestal portatif": "Réponse à Albert Camus," *Les Temps modernes*, LXXXII (Août 1952), 335.
6. Cf. notre étude "De Tarrou à Camus: le symbolisme de la guillotine," *AC8*, 78-102.
7. Jean Laplanche et J.-B. Pontalis, *Vocabulaire de la Psychanlyse* (Paris: P.U.F., 1973), p. 310.
8. Ce qui peut être aussi une allusion à la tête d'Orphée; cf. José Barchilon, "*The Fall* by Albert Camus: a psychoanalytical study," *Int. J. Psycho-Anal.*, XLIX (1968), 389.
9. Jean Steinmann, *Jean-Baptiste et la spiritualité du désert* (Paris: Seuil, 1956), p. 54.
10. M. John Painter, professeur d'Histoire des Religions à La Trobe University (Melbourne) nous a apporté une aide précieuse dont nous tenons à la remercier ici.

Discussion

A. ABBOU: Dans toute approche psychanalytique—et la vôtre est prudente—il y a tout de même des éléments qui doivent s'appuyer sur certaines règles selon lesquelles le récit demande à être interprété. Vous connaissez sans doute le livre de Butor sur *Les mots dans la peinture:* ici nous avons l'inverse, la peinture dans les mots. Pour que je puisse interpréter le tableau et le rapport qu'il entretient avec les mots, je suis obligé de revoir les directions que l'artiste me donne sinon je risque tout simplement de passer à côté. Il conviendrait donc d'examiner les différentes formes de signatures que Clamence et Camus nous donnent à l'intérieur de *La Chute,* car ce sont autant de directions des axes de lectures. Par exemple, Clamence dit qu'il voudrait que ce soient d'autres que lui qui grimperaient sur la croix. Vous savez à qui il faisait référence, c'était à Mauriac. Si Clamence devient la synthèse ou la symbiose de tous ces visages auxquels il est fait allusion dans *La Chute,* il dépasse de loin Camus et nous avons affaire au récit du salut et de la tragédie de l'humanité. Les matériaux que vous nous avez donnés sont donc capitaux, sans doute, mais ce ne sont que les signes de codes qui restent à déchiffrer.

J. GASSIN: Ce qui me frappe beaucoup dans l'œuvre de Camus c'est la permanence de certains symboles et hantises. On peut bien identifier les codes et dire qu'il s'agit d'un certain couteau de quelqu'un et que celui qui grimpe sur la croix c'est un Jésuite, etc. Mais il y a autre chose et elle dépasse le cadre référentiel de l'actualité contemporaine. Il s'agit des fantasmes dont Camus lui-même n'était pas conscient. La dernière diapositive par exemple pourrait être vue comme l'emblême de toute l'œuvre de Camus. Il s'agit de l'église de San Juan de Dios de Grenade et nous voyons Jean-Baptiste représenté en espèce de Méduse. Ce qui me tient à cœur dans ma perspective c'est que l'œuvre entière de Camus tourne autour d'une poignée de fantasmes dont j'ai tenté de dégager quelques-uns.

A. ABBOU: Un détail qui doit alors vous intéresser c'est que Camus et son frère ont dormi, à une certaine époque, dans la même pièce que leur mère.

Lilliam Hernández
University of Texas, San Antonio

Vers une poétique de *Noces*

La plupart des critiques reconnaissent les qualités lyriques des essais de Camus. Cependant, personne n'a donné à *Noces,* recueil d'essais lyriques conçu en 1936 et 1937 et publié en 1938, l'attention suivie qu'il mérite. Etienne Barilier nous avertit qu'il "ne faut pas prendre l'auteur de *Noces* au pied de la lettre, c'est-à-dire qu'il ne faut pas considérer son vocabulaire comme un répertoire de désignations rigoureuses et rationnelles; il faut le prendre comme possibilité évocatoire. Les mots camusiens n'ont pas d'arêtes, ils ont un rayonnement. Ils ne sont pas, ils donnent à être [...]."[1] A la lumière de ces remarques notre propos sera de montrer comment *Noces* est essentiellement une œuvre poétique où les thèmes, les images, la description et la narration sont transcendés et opèrent dans un univers clos qui obéit à ses propres lois.

Pour déterminer la poétique qui informe l'œuvre, il faudrait étudier les propriétés particulières du discours poétique de Camus. Puisque *Noces* est un genre de prose qui emploie des techniques propres à la prose narrative, il serait nécessaire d'étudier, d'une part, les coordonnées spatio-temporelles et les fluctuations de la voix narrative et, d'autre part, déterminer la fonction de la métaphore à l'intérieur du texte. Cependant, les limites de cette communication nous obligent à concentrer notre attention sur la fonction essentielle de la métaphore, celle de structurer le texte. Pour ce faire, nous nous sommes inspirés de la méthode proposée par Jean Ricardou dans *Problèmes du nouveau roman.*[2] La nouveauté de l'approche ricardolienne consiste à montrer comment la métaphore, figure d'expression, se transforme en "charnière de fonctionnement."[3]

Comment se fait cette transformation? Ricardou distingue deux niveaux fondamentaux de fonctionnement: le premier prend son appui sur ce qu'il appelle le littéralité de la figure, c'est-à-dire le fait de prendre à la lettre une ou plusieurs métaphores centrales: "C'est encore la littéralité d'une figure qui autorise le voyage d'un ici à un autre."⁴ Un deuxiéme niveau de fonctionnement est plus complexe et demande une lecture plus attentive qui consiste à assigner des sens figurés à des expressions innocentes en apparence. De cette manière la métaphore expressive devenue métaphore structurelle, génère un nombre illimité de sens, créant ainsi des échos et des résonances à l'intérieur du texte. Si le premier degré est celui de la littéralité, le deuxième est, d'après Ricardou, celui de la *"figuration de la littéralité de la figure.* [Il faut affirmer...] que le texte s'inspire de son fonctionnement, et y fait allusion par des images."⁵

La métaphorisation de *Noces* n'a pas primairement une fonction ornementale car le texte refuse tout artifice malgré l'éclatement métaphorique auquel nous sommes soumis dès le début. Le texte ne masque pas ses intentions: il nous dit directement de prendre sa "métaphorisation" à la lettre: "L'Unité s'exprime ici en termes de soleil et de mer" (II, 75), ce qui nous permet de considérer le soleil aussi bien que la mer comme des modes de transition et d'établir des rapprochements automatiques dès qu'ils apparaissent dans des contextes différents. De cette manière la métaphore est un moyen de passage en tant que métaphore expressive et en tant que "charnière de fonctionnement."

Prenons comme exemple la métaphore de noces, centrale au récit, qui à un premier niveau, celui de la littéralité, exprime l'union de l'homme et du monde. Ici la transition entre les deux s'accomplit par le truchement de métaphores expressives qui, sexualisant la nature, opèrent le rapprochement voulu; la dépersonnalisation de l'homme, aussi rendue par des métaphores expressives, permet l'union de l'homme et du monde: "Et voici qu'à nouveau cette odeur consacre les noces de l'homme et de la terre" (76).

Toujours au niveau de la littéralité, on constate que la mer et le soleil amorcent deux types d'union: celle de la nature avec elle-même et de l'homme avec le monde: "Debout dans le vent léger sous le soleil qui nous chauffe un seul côté du visage, nous regardons la lumière descendre du ciel, la mer sans une ride, et le sourire de ses dents éclatantes" (55). Les ressemblances entre le texte cité et le suivant permettent au lecteur de créer un reseau de rapports: "Amour que je n'avais pas la faiblesse de revendiquer pour moi seul, conscient et orgueilleux de la partager avec toute une race, née du soleil et de la mer, vivante et savoureuse, qui puise sa grandeur dans sa simplicité et, debout sur les plages, adresse son sourire complice au sourire éclatant de ses ciels" (60). Il nous est suggéré que le narrateur s'identifie et avec le soleil et avec la mer comme il s'identifie avec toute une race. C'est à ce niveau que l'on commence à actualiser des rapports virtuels en faisant appel à tout un système de sens préalables. Du soleil, cette race tire son ardeur de vivre, l'intensité d'une vie à brûler et qui s'épuise rapidement. Mais l'ardeur du soleil nous renvoie par la suite aux brûlures desséchantes du soleil et du vent à Djémila qui constituent de vraies purifications sacrificielles, échos à leur tour des rites dionysiens dont le culte, associé à celui du soleil, nous ramène de nouveau à la mètaphore de départ. Or parler de rite c'est susciter les multiples références aux dieux qui ponctuent le récit du début jusqu'à la fin; c'est aussi évoquer la plongée dans la mer qui devient une sorte de baptême.

L'union du soleil et de la mer, associée à des cultes différents, fait appel à une nouvelle fusion, celle du païen et du chrétien, de la tradition de l'hellénisme et du christianisme, synthèse qu'incarne à son tour la figure de Saint François, méditerranéen au goût du bonheur et l'amour de la nature, franciscain qui, comme les moines de Fiesole, a la vocation du dépouillement. De la race "née du soleil et de la mer" et par une série de résonances fondées sur la ressemblance s'opère la transition entre le peuple algérois qui se dépouille physiquement pour goûter les plaisirs d'une autre vie; ce rapprochement est d'ailleurs confirmé sur le plan littéral par le narrateur: "[. . .] je saisissais le balancement qui mène certains hommes de l'ascèse à la jouissance et du dépouillement à la profusion dans la volupté" (88). Le texte joue constamment sur deux niveaux: celui de la réflexion et celui de la métaphorisation; cependant, les barrières entre eux ne sont pas nettes et c'est ainsi que la réflexion peut être métaphorique et la métaphore réfléchie. C'est aussi dire que les rapports entre ces niveaux de signification sont étroits, qu'ils s'appellent mutuellement, ce qui conféra à l'ensemble une structure serrée.

Jusqu'à maintenant nous avons relevé, à un niveau élémentaire, les manières dont on peut faire le parcours d'un texte en partant d'une métaphore centrale prise à la lettre; et, en établissant des réseaux analogiques, comment une métaphore centrale structure le récit. A un niveau paradigmatique, vertical, on peut assigner des sens chiffrés à des expressions apparemment innocentes. L'analyse révèle que même si la lumière est omniprésente dans ces essais, les références aux couleurs sont peu nombreuses. Nos connaissances élémentaires de la couleur nous rappellent que des deux couleurs primaires, le jaune et le bleu, on obtient le vert. Du jaune du soleil et du bleu de la mer est née une lumière verte "double coquillage du ciel et de la mer" (71), la couleur du crépuscule; c'est aussi la couleur de la menthe que le narrateur sirote assis dans un café maure; ainsi s'actualise, par la couleur verte, un rapport entre deux moments de recueillement et d'intériorisation; le vert met en marche tout un jeu d'oppositions entre l'intérieur et l'extérieur, entre l'absence et la présence de la lumière, entre la tension et la lassitude.

On trouvera également des analogies préfabriquées, correspondances fondées à la fois sur un jeu d'oppositions et de ressemblances entre deux morceaux de texte séparés de quelques pages. Voici deux passages en lesquels nous avons souligné les facteurs communs qui autorisent le rapprochement: "A certaines heures, la campagne est noire de soleil. Les yeux *tentent vainement de saisir* autre chose que des gouttes de *lumière et de couleurs* qui tremblent au *bord des cils*" (55).

"Assis devant la table, *je tente de saisir entre mes cils* battants l'éblouissement multicolore du ciel blanc de chaleur" (58). L'opération s'accomplit d'abord selon la charnière analogique fondée sur les ressemblances indiquées, qui par extension rapprochent "la campagne noire de soleil" du "ciel blanc de chaleur," deux métaphores expressives différentes et apparement sans rapport, mais qui évoquent une "réalité climatique" pareille. De cette façon se crée une identité des contraires qui suggère l'union. Ainsi le noir ou absence de couleur devient-il synonyme du blanc ou totalité de la couleur. La métaphore du soleil noir suscite une constellation de sens. Si l'on assigne au noir le sens qu'on lui attribue d'habitude, c'est-à-dire, si le point de départ est une analogie préfabriquée, le soleil noir se transforme en source maléfique et aveuglante qui empêche la vision et la compréhension. C'est aussi évoquer tout le côté irrationnel, dionysiaque de l'homme et de ces pages. Le blanc, au contraire, évoque la pureté et la vision béatifique dans l'union (aspect apollinien).

Un autre niveau de signification est celui du texte qui réfléchit sur l'écriture, sur le dire poétique. Notre point de départ, encore une fois, est la métaphore initiale: "L'Unite s'exprime ici en termes de soleil et de mer" (75). En faisant appel aux dieux dès le début: "Au printemps, Tipasa est habitée par les dieux et les dieux parlent dans le soleil et l'odeur des absinthes, la mer cuirassée d'argent, le ciel bleu écru, les ruines couvertes de fleurs et la lumière à gros bouillons dans les amas de pierres" (55), l'auteur nous prévient de ses intentions; il nous dit que nous avons à voir un monde poétique qui obéit à ses propres lois. Il nous avertit que nous pénétrons un univers particulier: "Nous entrons dans un monde jaune et bleu" (55). La nature poétique de ce monde, création fictive, est résumée quelques alinéas après: "Je décris et je dis: 'Voici qui est rouge, qui est bleu, qui est vert. Ceci est la mer, la montagne, les fleurs'" (57). Le texte même nous confirme que par le dire poétique se crée un monde. Ainsi la description n'est-elle pas séparée de la métaphorisation: ensemble, elles structurent le récit. Quelques alinéas plus loin Tipasa est évoquée en tant que personnage:

> Tipasa m'apparaît comme ces personnages qu'on décrit pour signifier indirectment un point de vue sur le monde. [...] Elle est aujourd'hui mon personnage et

il me semble qu'à le caresser et le décrire, mon ivresse n'aura plus de fin. Il y a un temps pour vivre et un temps pour témoigner de vivre. Il y a aussi un temps pour créer, ce qui est moins naturel. (59)

Le narrateur nous fait montre de son masque. Il nous le dit d'ailleurs explicitement; "Car les mythes sont à la religion ce que la poésie est à la vérité, des masques ridicules posés sur la passion de vivre" (84). Mais la poésie est aussi définie en termes de lucidité et d'indifférence: "Ce grand cri de pierre que Djémila jette entre les montagnes, le ciel et le silence, j'en sais bien la poésie: lucidité, indifférence, les vrais signes du désespoir ou de la beauté" (65-6). Celle du peuple algérois est "dure, charnelle" (74), celle qu'expriment les maîtres toscans est plus embrassante: "Il s'agit bien vraiment de pittoresque, d'épisode, de nuances ou d'être ému. Il s'agit bien de poésie" (79). C'est-à-dire qu'au fur et à mesure que l'on avance dans les essais le clavier poétique s'élargit et finit par admettre tous le tons: humoristique, populaire, lyrique, ironique, sérieux.[6]

Le narrateur va jusqu'à nous offrir un définition de la langue littéraire: "La langue de Cagayous est souvent une langue littéraire, je veux dire une reconstruction" (77). Le récit de bagarre qui finit le troisième essai illustre un code moral, celui de la rue, une attitude envers la vie, les vérités artistiques énoncées au début du "Désert"; il agit aussi comme transition puisqu'en décrivant une scène de la rue il fait le rapprochement avec les personnages des tableaux des maîtres toscans qu'on "rencontre tous les jours dans les rues de Florence ou de Pise" (79). Ce récit aussi bien que le dialogue rêvé des amants de Shakespeare dans les rues de Pise fonctionnent comme des mises en abyme, deux textes à l'intérieur du texte. Dans les deux, le narrateur s'avère créateur, d'abord parce qu'il nous dit directement ce que c'est que la création: "Il faut savoir se prêter au rêve lorsque le rêve se prête à nous" (82). D'ailleurs le paradigme qu'il emploie est Shakespeare. En ce cas la littérature devient une excuse pour réfléchir sur la vie. A Bab-el-Oued, c'est une scène de la vie, qui sert de paradigme, la littérature étant une reconstruction.

En incorporant deux textes fictifs, le narrateur nous suggère plus qu'il ne l'exprime ce que c'est que la nature de ces essais: un effort de concilier la vie et l'art. Ces deux textes, ces deux reconstructions représentent deux styles, deux conceptions esthétiques qui malgré leurs différences formelles, sont fondés sur la vérité de la vie; ce sont les préoccupations d'un jeune écrivain à la recherche d'un style qui lui soit propre. Ces préoccupations servent aussi à illustrer la conscience créatrice du narrateur qui, lorsqu'il réfléchit sur la vie, ne peut pas s'empêcher de réfléchir sur l'art. Ainsi le texte, en nous montrant son propre masque, dévoile paradoxalement sa vérité et, comme l'Italie,

Noces est "d'abord prodigue de poésie pour mieux cacher sa vérité" (81).
  Finalement, la métaphorisation de *Noces* n'a pas primairement une fonction ornementale. La métaphore organise la structure du récit, du point de vue syntagmatique (organisation horizontale, linéaire) aussi bien que du point de vue paradigmatique (vertical et symbolique).[7] Dans le premier cas elle établit des rapports entre les différentes parties du texte, créant ainsi des tensions entre les systèmes d'images, des liens étroits entre les thèmes. Elle sert aussi à indiquer les moments privilégiés du texte. La métaphore a donc une fonction rythmique; la récurrence des images, des phrases et des mots crée un effet poétique puisqu'un thème dépend d'un autre, une image renvoie à une autre, conférant à l'ensemble une structure serrée. Ainsi s'établissent des parallèles et des résonances entre les différentes parties du texte. Outre les rapports linéaires, la métaphore suscite une constellation de sens en reliant les différents niveaux de signification. L'éclatement métaphorique particulier à *Noces* est significatif, car si le texte est ouvertement métaphorique et poétique, il n'y a plus rien à traduire; ainsi la métaphore attire-t-elle l'attention du lecteur sur la forme du message et s'avère productrice et non reproductrice. Enfin, la métaphore se substitue à l'événement et devient elle-même événement. Ainsi *Noces* constituent-elles une métaphore prolongée de l'union devenant le lieu privilégié de rencontre de l'amour et de la révolte, de l'homme et du monde. Nous conclurons donc par la qualification suivante de *Noces:* un long poème en prose qui tente de posséder l'univers par le langage.

Notes
Edition utilisée
II, 1965

1. Etienne Barilier, *Albert Camus. Philosophie et Littérature* (Lausanne: L'Age d'Homme, 1977), p. 13.
2. Jean Ricardou, *Problèmes du nouveau roman* (Paris: Seuil, 1967), p. 134 (premier renvoi à cette notion dans le livre).
3. Ibid., p. 136.
4. Ibid., p. 138.
5. Ibid., p. 140.
6. On constate un expansion générale dans ces essais autant du point de vue temporel que spatial et esthétique:

"Noces à Tipasa"	une journée	un lieu
"Le Vent à Djémila"	une journée	un lieu
"L'Eté à Alger"	une saison	une ville et un pays
"Le Désert"	atemporalisation	plusieurs villes

7. On notera que nous empruntons le schéma bipolaire avancé par les structuralistes, mais que nous ne l'appliquons qu'à la métaphore, contrairement à Jakobson qui établit le couplage du métaphorique et du métonymique. La force du schéma bipolaire de Jakobson, nous dit très justement Paul Ricœur dans *La Métaphore vive* (Paris: Seuil, 1975), p. 227: "réside dans son caractère d'extrême généralité et d'extrême simplicité." Ricœur trouve que le schéma restreint le champ à deux tropes et que les concepts de combinaison et de sélection sont affectés. En ce qui concerne la notion de processus métaphorique, Ricœur signale qu'il est, chez Jakobson, et trop général et trop étroit car ce qui est omis, c'est le caractère prédicatif de la métaphore. Comme Jakobson, Ricœur forme un concept de procès métaphorique, mais Jakobson généralise un phénomène sémiotique tandis que Ricœur généralise un phénomène sémantique. Si Jakobson oppose le pôle métaphorique au pôle métonymique, chez Ricœur "le pôle métaphorique du langage, étant d'essence nettement prédicative ou attributive, n'a pas pour contrepartie un pôle métonymique. La symétrie des deux pôles est rompue" (p. 252).

Discussion

I. CASSAGNE: Il n'y a pas de doute que l'unité de style que vous évoquez soit un thème majeur chez Camus. On devrait relier la volonté de style et la volonté d'unité en partant des textes qui s'y réfèrent dans *L'Homme révolté* qui propose que l'art corrige la réalité et qu'à travers cette correction il vise l'unité.

L. HERNANDEZ: Il s'agit en effet d'une reconstruction, d'une recréation qui utilise les matériaux que lui offre la réalité crue. Je suis contente que vous ayez fait allusion à *L'Homme révolté,* car il me semble que la fin de cet essai philosophique et celle de *Noces* chantent le même chant du bonheur mais sur deux registres différents.

I. CASSAGNE: J'ajouterai que l'unité se rattache chez Camus aussi à l'idée qu'il se fait de la finitude de l'homme. Le "carpe diem," la jouissance de l'immédiat qui ponctuent *Noces* ne vont pas sans le dépouillement et le dénuement que pratiquent les baigneurs nus ou les Franciscains de Fiesole. L'union mystique que quête Camus répond à un mysticisme naturel, s'opère dans un champ clos. Et ce même besoin d'unité se traduira aussi dans le champ textuel qui décrit l'homme à la fois emprisonné par les limites qui lui sont imposées et libre du fait de la plénitude qu'il ne cesse de quêter.

L. HERNANDEZ: Il y a pourtant deux expériences mystiques dans *Noces*, celle de la plénitude, certes, mais aussi celle de la souffrance. On a sans doute trop insisté dans les lectures de ce texte poétique—qui à bien des égards, peut être considéré comme un poème en prose tel que je l'ai montré ailleurs—sur le simple bonheur et l'insouciance païens qui sont censés y régner.

A. ABBOU: Votre analyse soulève un problème de méthode qui tient au fonctionnement de la métaphore. L'étude de la métaphore découle de l'analyse des sèmes, des champs sémantiques. C'est à partir de l'extraction d'un certain nombre de textes qu'on arrive à un ensemble interprétable. Deuxième point: Avez-vous parlé de la littéralité comme premier degré?

L. HERNANDEZ: J'ai employé ce terme en citant Ricardou.

A. ABBOU: Ce que je tiens à dire c'est que le terme ne peut pas relever de la dénotation mais relève de la connotation au premier niveau, le deuxième étant la littéralité.

L. HERNANDEZ: Dans le texte de *Noces* et mon exposé il s'agit de plusieurs niveaux auxquels s'opèrent l'union: il y a l'union de la nature avec elle-même, l'union de la nature avec l'homme et l'union à un niveau ontologique.

A. ABBOU: Le niveau dénotatif est un niveau événementiel, pratique et non pas mythique et ce serait ce que vous appelez le premier niveau. En revanche vous avez tout à fait raison quand vous parlez de la symbolique des couleurs. Non seulement est-elle opérationnelle dans *Noces* mais elle s'applique aussi à d'autres écrits tel que *L'Etranger*. La pulsion entre le bleu et le jaune qui devient le vert, comme vous le dites justement, c'est exactement ce qui se passe dans *L'Etranger* avec la couleur du ciel. Qu'entendez-vous d'ailleurs par "expansion esthétique," terme que vous utilisez vers la fin de votre communication?

L. HERNANDEZ: Je pense à l'entraînement que subit le lecteur qui pénètre le texte, y est convié à un itinéraire d'abord assez précis dans une temporalité également spécifiée. Peu à peu, cependant, ce lecteur se perd, les contours deviennent flous et c'est comme s'il se trouvait dans une dimension purement esthétique sans points de repère précis.

III. Théâtre

Laurent Mailhot
Université de Montréal

Aspects théâtraux des récits et essais de Camus

Dans son premier texte publié, l'article de *Sud* intitulé "Un nouveau Verlaine" (mars 1932), Camus admire l'"alternance" du repentir et de la volupté; il voit dans *Parallèlement* "l'œuvre capitale du poète."[1] Le contraste, l'alternance sont, avant même la division bipartite (en 1938), "le ressort esthétique" de *La Mort heureuse,* "comme ils sont le ressort de la philosophie de Camus," note Jean Sarocchi.[2] Et le sens de *L'Etranger* "tient exactement dans le parallélisme des deux parties."[3] Camus refuse les dilemmes et affectionne les figures théâtrales de l'énigme, de l'antithèse, du dédoublement, du parallèle. "Je ne puis goûter le bonheur que dans la confrontation tenace et violente qu'il entretient avec son contraire," déclare Mersault à Catherine.[4]

La théâtralité ne se résume pas, bien sûr, à la contradiction, au paradoxe, au renversement, à l'alternance. Il y faut une multiplicité de voix, de personnes, de modes, un texte qui décolle de ses propres assises, des figures qu'on prend au mot. Bref, un jeu affiché, qui ne cache pas ses ficelles, qui soulève ses masques: celui de Clamence comme celui de Caligula.

> "[. . .] Il y a théâtralité et théâtralité. Celle de Camus se situe moins sur le plan de l'action dramatique que sur celui de la rhétorique tout court. Dans ce sens, et dans ce sens seulement, toute l'œuvre camusienne est théâtrale: une pose soigneusement étudiée qui ne se veut pas prise trop au sérieux et qui exige un lecteur capable d'ironie et d'humour. Comédie verbale où la somptuosité du vocabulaire ne fait qu'accuser la distance ironique de l'auteur, la rhétorique camusienne invite le lecteur à lever le rideau ou le voile [. . .]."[5]

Gay-Crosier, tout en la situant à sa juste place, limite trop, à notre avis, la théâtralité de l'œuvre de Camus. A la pose, à l'usage de certaines figures et d'un certain ton, il faut ajouter la présence d'un intertexte dramatique et tragique, des confrontations sur tous le plans, les difficultés de l'amour et du dialogue. . . . Le baroque de *L'Etat de siège* est théâtral, mais aussi la pseudo-objectivité de *La Peste,* les polémiques d'*Actuelles* ou de *L'Homme révolté,* les *Réflexions sur la guillotine,* etc.

Déjà, dans "L'Ironie" de *L'Envers de l'endroit,* la grand-mère "comédienne," qui "poussa la simulation jusqu'à la mort," amène son petit-fils à s'interroger sur sa peine: le jour de l'enterrement, qui annonce celui de *L'Etranger,* "il pleura, mais avec la crainte de ne pas être sincère et de mentir devant la mort" (II, 22). "Entre oui et non," outre son titre, offre un décor et un éclairage théâtraux:

> Sur les murs, des lions jaune canari poursuivent des cheiks vêtus de vert, parmi des palmiers à cinq branches. Dans un angle du café, une lampe à acétylène donne une lumière inconstante. L'éclairage réel est donné par le foyer [. . .] De grands reflets rouges font ondoyer les lions sur les murs. (II, 24)

Vient ensuite la rotation des phares maritimes, lointains mais précis feux de la rampe—"une lumière verte, une rouge, une blanche"—puis des scènes de balcon, de ménage, de rue, de café, et plus loin de cabaret, où le narrateur, "sans être dupe," se prête aux "apparences" et à l'"illusion" (II, 43-4). Des jardins publics aux cimetières et aux caveaux, d'étranges personnages se déguisent pour entrer vivants dans la mort.

Noces, recueil plus théâtral encore que *L'Envers et l'endroit,* fait de la nature une "scène" et du monde un spectacle. Les odeurs y sont volumineuses, concrètes; les gestes lents et lourds, la musique vibrante. Le narrateur "joue" sa vie avec le ciel, la colline, la mer, incarnés par Tipasa elle-même: "Elle est aujourd'hui mon personnage [. . .]," dit-il. Elle est aussi son régisseur, son souffleur, sa partenaire. C'est elle qui lui dicte son texte et exige la réplique. "Le vent à Djémila" souffle sur un plateau désert, sur une scène vide, dans les ruines non seulement d'*un* théâtre (comme à Tipasa) mais *du* théâtre. Un éclairage unique et sec donne au spectacle sa "lucidité aride." Le narrateur n'est plus ici personnage et acteur, il est témoin passif d'une fin de l'Histoire. Djémila ou, par delà le théâtre (grec, antique), le retour au mythe, au "dieu à cornes," à l'autel du sacrifice. Le théâtre paraît revenir, à la fin de *Noces,* sur les hauteurs du jardin Boboli à Florence où, une fin d'après-midi,

> [. . .] les nuages se séparèrent comme un rideau qui s'ouvre. Du même coup, les cyprès du sommet semblèrent grandir d'un seul jet dans le bleu soudain découvert. Avec eux, toute la colline et le paysage d'oliviers et de pierres remontrèrent avec lenteur. D'autres nuages vinrent. Le rideau se ferma. Et la colline redescendit avec ses cyprès et ses maisons. Puis à nouveau [. . .]. (II, 86)

La perspective est nette, la machinerie bien huilée. Le paysage fonctionne comme un théâtre: il est *construit,* démontable, etc. Mais l'illusion est trop parfaite. Devant cette impeccable régie, le narrateur est littéralement "hors de lui," enthousiaste, possédé, séduit. Il observe, contemple; il ne joue pas. Tout se passe au-dessus de sa tête, en marge de la société des hommes. Il se nie lui-même dans cet opéra ou mélodrame cosmique: un "gros sanglot de poésie" lui fait oublier "la vérité du monde"—et du théâtre.

Amour et théâtre dans l'œuvre de Camus sont homothétiques, s'opposant tous deux à la vie. "Vivre, Caesonia, vivre, c'est le contraire d'aimer. C'est moi qui te le dis et c'est moi qui t'invite à une fête sans mesure, à un procès général, au plus beau des spectacles, et il me faut du monde, des spectateurs, des victimes et des coupables" (I, 28). Fête, procès, spectacle: c'est le monde de *L'Etranger* aussi bien que de *Caligula*. Prêt "à tout revivre," c'est-à-dire à recommencer, à jouer, Meursault souhaitera, lui aussi, "beaucoup de spectateurs" à son exécution "et qu'ils [l']accueillent avec des cris de haine" (I, 1210). On s'est souvent interrogé sur le rôle d'écrivain ou de scripteur du héros-narrateur de *L'Etranger:* a-t-il transformé un journal intime en récit? Quand? Pourquoi? Sa fonction de comédien et de metteur en scène est, en tout cas, évidente. S'il écrit au "degré zéro," Meursault vit au second degré. Il s'observe, se décrit comme un objet ou un actant parmi d'autres. Il se voit par les yeux des pensionnaires de l'hospice, il réorganise le cortège et la marche de l'enterrement, il a des *scènes* très étudiées, travaillées, avec Marie. Meursault est à lui-même—et pas seulement dans la salle d'audience—son propre témoin, son reporter, son policier, son Arabe, son juge.

L'absurde réside précisément dans l'inadéquation du procès à la justice, du théâtre à la vie. *Le Mythe de Sisyphe* commence par poser dramatiquement le problème du suicide à la "lumière de l'évidence" et de l'expérience. "Un homme parle au téléphone derrière une cloison vitrée; on ne l'entend pas, mais on voit sa mimique sans portée: on se demande pourquoi il vit" (II, 108). L'essai se développe en décrivant les "murs absurdes," ou plutôt leur écroulement: l'envers du décor est la chance d'un "éveil définitif" de la conscience. Plus de miroir complaisant, mais "une infinité d'éclats miroitants s'offrent à la connaissance." L'absurdité reconnue devient passion, savoir, art. Don Juan, héros absurde, n'est pas le "grand seigneur méchant homme," mécréant et libertin; il est le séducteur inépuisable, c'est-à-dire le joueur, l'acteur. C'est le rire de Don Juan, sa folie, son défi sans illusion que relève Camus. Don Juan est l'homme de la banalité, de la répétition. Le comédien, comme le séducteur, s'applique "à n'être rien ou à être plusieurs." L'inhumain sécrété par l'homme, ces pantomimes insensées, mécaniques, rejoignent et traduisent, grâce à l'acteur, le "grand mime" de la création.

"Mime du périssable, l'acteur ne s'exerce et ne se perfectionne que dans l'apparence" (II, 160). En trois heures, chaque soir, il "va jusqu'au bout du chemin sans issue que l'homme du parterre met toute sa vie à parcourir." Le conquérant, troisième héros absurde, est le Don Juan de l'Histoire. Il fait corps avec son temps comme le comédien avec son personnage, c'est-à-dire qu'il le tient à distance; il fait "comme si," sans illusion, avec style. "Les conquérants savent que l'action est en elle-même inutile," et pourtant nécessaire comme mime, protestation ou sacrifice. Le conquérant moderne vise, en définitive, à se conquérir lui-même. "J'installe ma lucidité au milieu de ce qui la nie" (II, 166).

L'Homme révolté lui-même, malgré "l'hypertrophie du commentaire,"[6] comporte plusieurs aspects théâtraux. Les thèses s'y heurtent violemment, comme les figures historiques et les types esthétiques, qui vont par paires, par couples obligés, complémentaires ou antinomiques: de Prométhée à Spartacus et de celui-ci à César, de Satan à Caïn, de Machiavel aux Jésuites. "Saint-Just, sans doute, est l'anti-Sade," mais les extrêmes se touchent et les contraires échangent leurs propriétés. Marx et Nietzsche s'opposent obliquement comme l'histoire à la nature ou le chrétien au Grec. Anarchistes, inquisiteurs, régicides, "meurtriers délicats," "possédés," tout un peuple se divise entre révolutionnaires et révoltés. Le dandy n'est pas le seul personnage qui "ne peut se poser qu'en s'opposant" (II, 462). "Les nihilistes, aujourd'hui, sont sur les trônes" (II, 649). Si la révolution s'est figée en idéologie, la révolte demeure un acte suspendu, une tension, un arc. *L'Homme révolté*, qui aurait pu s'intituler *Le Mythe de Prométhée* (en attendant celui de Némésis), est fondé sur une conception dramatique, sinon tragique, de l'existence et de l'histoire. Sa construction, ni dialectique, ni dogmatique, repose sur l'opposition symétrique, le renversement paradoxal, la provocation. Du "Tout ou rien" au "Tous ou personne," les formules couperets abondent. Autrui est tantôt un "miroir" (pour le dandy), tantôt un "marchepied." Si les êtres sont ainsi transformés en objets, et les idées en accessoires, c'est que le culte romantique de l'individu "inaugure le culte du personnage," que le dandy raffinera. Dans *L'Homme révolté* comme dans *Caligula*, Camus traque le mauvais théâtre, le "mélodrame sanglant," l'"attitude" narcissique, l'excentricité, les "vaines parodies," l'"honneur dégradé en point d'honneur."

Il ne manquait au romantique décadent pour être un véritable acteur—tels Kean ou Nietzsche[7]—qu'un peu de distance, de jeu entre son costume et lui. Les révolutionnaires ont hérité du "goût de l'apocalypse et de la vie frénétique" des romantiques. Les révoltés, eux, prétendent à une rigueur classique. Les "limites," la "mesure" que Camus assigne à la révolte sont celles du théâtre. Cette lumière, cet équilibre dont Camus se réclame sont ceux de la Cité et de la tragédie grecques. Sous l'éclairage de la "pensée de midi," le dispositif scénique est précis; univers concentrationnaire, prison, remparts, rocher, île déserte, bagne, mais en même temps possibilité d'ouverture, communauté, action, cité démocratique. "Je me révolte, donc nous sommes" est un cogito théâtral qui n'a rien à voir avec l'argument ontologique de Descartes.

La Peste juxtapose, dans une ville fermée et un temps mesuré, une organisation civique, des statistiques, des sentiments, des souvenirs, des manies, des "scènes" (à l'Opéra municipal, à l'hôpital, à l'église, dans les cafés). Le vocabulaire et les gestes sont dérisoires, le décor allusif et artificiel: quelques façades de maisons mauresques. La peste est une maladie contagieuse, donc sociale, où chacun est spectateur en attendant, à tour de rôle, d'être acteur ou victime. D'un bout à l'autre de la chaîne veillent la Vie, la Mort, actants essentiels, comme l'ont montré Le Huenen et Perron. "Que les actants Vie/Mort se manifestent au travers d'acteurs-personnages ou d'acteurs-milieu, l'opposition sémique *ombre* vs. *clarté* se révèle fondamentale pour comprendre l'axiologie camusienne."[8] Et cette axiologie correspond à une dramaturgie. L'espace des illusions mortelles (rues, places, quais, stades, endroits publics) s'oppose à l'espace des vérités vitales (couloirs, escaliers, paliers, chambres, salles plus ou moins privées). "Les rares fois où Rieux est présenté de jour, il est toujours situé dans un espace clos: escalier, palier [...]."[9] Rambert est introduit par Tarrou dans une salle fermée par "une double porte vitrée, derrière laquelle on voyait un curieux mouvement d'ombres" (I, 1385). *La Peste,* en effet, est un théâtre d'ombres, de silhouettes schématisées, de gestes mécaniques, de lieux communs, de clichés.

Outre l'opposition stratégique du couple Vie/Mort, d'autres figures du Double peuplent l'univers de *La Peste:* Cottard et Grand sont des voisins de palier antithétiques, Paneloux est l'ombre chrétienne et cléricale de Rieux, Tarrou est le proto-auteur de la chronique de Rieux, qui lui-même ne se dévoile qu'à la fin. "Rieux, chroniqueur-acteur, parle le texte et le compose en spectacle,"[10] tout en se masquant derrière l'anonymat. Sous des apparences objectives, lisses et monotones—"Pour lutter contre l'abstraction, il faut un peu lui ressembler" (I, 1291)—*La Peste* est une confrontation dramatique d'espaces, d'acteurs, de point de vue. Enfin, *La Peste* ne fait pas que se "désigner"[11] comme texte, elle s'affiche: cent soixante-dix occurrences de termes tels que chronique, reportage, carnets, etc. Elle superpose, emboîte et théâtralise sa fiction-narration. Le suicide de Cottard est écrit en rouge sur sa porte: "Entrez, je suis pendu." "Quand j'ai vu l'inscription, comment vous expliquer, j'ai cru à une farce," dit Grand (I, 1229).

Sur le "rectangle vide" d'un tableau absent, volé (*La Chute*), sur le tableau noir d'une école ou d'un bureau se dessinent, dans plusieurs textes de Camus, des drames précis: exercices d'écriture mimétique de Grand; révolution géopolitique de "L'Hôte." Au début de la nouvelle, le tableau noir s'orne d'une hydrographie multicolore étrangère, apparemment stable et sûre d'elle-même, où "les quatre fleuves de France" coulent imperturbablement "vers leur estuaire depuis trois jours" (I, 1609). A la fin, le tableau n'est plus un espace fictif. Récupéré, occupé par les nationalistes algériens, il devient le théâtre, le lieu même de la lutte anti-colonialiste: "Derrière lui, sur le tableau noir, entre les méandres des fleuves français s'étalait, tracée à la craie par une main malhabile, l'inscription qu'il venait de lire: 'Tu as livré notre frère. Tu paieras'" (I, 1621). On est passé d'un type de représentation à un autre: des signes ont été inversés, un décor bouleversé, crevé; l'écriture est devenue parole, action. Dans une autre fable de *L'Exil et le royaume*, "Jonas ou l'artiste au travail," qui fut d'ailleurs à l'origine un mimodrame, on trouve un appartement où les êtres, "perdus dans la lumière blanche et violente, semblaient flotter comme des ludions dans un aquarium vertical" (I, 1635), des accessoires typiquement théâtraux: paravents, soupente, ouvertures multiples, portes roulantes, tables pliantes, tablettes escamotables, tableaux, y compris celui de *l'Artiste au travail*, en abyme, et finalement la toile blanche au centre de laquelle s'inscrit, minuscule, le mot unique et double: solitaire/solidaire.

Les lecteurs de "Jonas," à la différence des cercles concentriques (disciples, voyeurs) qui l'étouffent, sont des témoins critiques du drame de l'artiste. "En fait, [...] l'ironie qui s'exerce aux dépens des personnages ne peut absolument pas être attribuée au protagoniste,"[12] elle doit l'être aux lecteurs-spectateurs "distanciés" que représente ici le narrateur. Les spectateurs que *L'Etranger* appelait et que "Le Renégat" suppose, pour accomplir leur geste sacrificiel, ont dans *La Chute* une fonction déterminée: le lecteur devient interlocuteur (muet), témoin, puis avocat (à la place de Clamence), enfin juge et pénitent. La voix de Clamence est celle d'un acteur; ses personnages, ses visages successifs sont autant de masques. Roger Quilliot (I, 2003) a signalé les fréquents glissements de la troisième personne dénonciatrice (*ils, eux*) à la première personne communautaire ("Nos philosophes..."). Clamence se déguise littéralement sous les "substituts de la personne," les *on, ils* et même *nous* (ironiques, polémiques). Clamence change de "rôle," mais il s'agit toujours de la même "pièce" (I, 1504).

La Chute, "confession calculée," autocritique piégée, plaidoyer et réquisitoire, est le plus évidemment théâtral des récits de Camus. Ecrite en même temps que l'adaptation de *Requiem pour une nonne*, *La Chute* est un exorcisme problématique, un procès sans fin, sans fond. *La Chute* est du théâtre au second degré: "monologue camouflé en dialogue," dit André Abbou; "dialogue enfermé en monologue," disait plus justement Maurice Blanchot. Le monologue dramatique est d'ailleurs, d'après Camus lui-même, à l'origine de *La Chute*. "J'y ai utilisé une technique de théâtre (le monologue dramatique et le dialogue implicite) pour décrire un comédien tragique. J'ai adapté la forme au sujet, voilà tout."[13] Adapter la forme au sujet, c'est aussi bien l'inverse: adapter le sujet à la forme, voire le choisir en fonction d'une forme, d'une structure, en l'occurrence le théâtre. Clamence est "comédien tragique" parce que l'univers camusien est dramatique et ironique.

Si la guillotine a toujours obsédé Camus, ce n'est pas exclusivement pour des raisons biographiques ou éthiques. La guillotine est un (mauvais) spectacle, et c'est en tant que tel que Camus la refuse. Ce qu'on a appelé le "discours guillotine" de Camus est d'abord du théâtre: une scène œdipienne où le père joue un double rôle (castré, castrateur). Les nombreux balcons, terrasses, hauteurs, parapets des récits de Camus ne sont pas de simples décors, mais des dispositifs scéniques qui impliquent un point de vue théâtral. La rue, la société, le monde sont pour Meursault ou Clamence des spectacles devant lesquels, hors desquels ils se placent. Entre le héros solitaire et la masse anonyme, le regard est incessant, mais la communication se fait mal. Et la femme, charnelle, concrète, quotidienne, est assimilée au peuple sans nom, besogneux, souffrant: Avec elle également le dialogue est difficile et la fusion impossible. D'après Maurice Blanchot, "l'une des arrière-pensées de Kafka est que le dialogue est impossible, mais qu'à cause de cela il faut engager le dialogue."[14] C'est la position de Camus dans *Le Mythe de Sisyphe*, dans "Ni victimes ni bourreaux" (Actuelles I),[15] dans son théâtre, où les dialogues de *Caligula*, du *Malentendu*, des *Justes* entraînent le malheur, la mort. "Le théâtre est l'art de jouer avec la division en l'introduisant dans l'espace par le dialogue," dit encore Blanchot.[16] Le dialogue, pratique tardive, menace à tout moment de faire oublier le silence et d'étouffer le théâtre sous une "conversation de société." Camus échappe à ce piège, puisqu'il est théâtral hors du dialogue, dans des textes où "chaque parole parle solitairement" et solidairement. *L'Homme révolté*, "Le Renégat" et "Les Muets" de *L'Exil et le royaume* se tiennent "à mi-chemin entre la silencieuse impassibilité des dieux et l'activité parlante et souffrante des hommes."[17] Ces textes, plus primitifs que classiques, sont du théâtre originel et moderne, brechtien par sa façon de raconter et de renvoyer le lecteur-spectateur à sa propre vérité, à sa propre action.

Il y a un manque, une rupture, une attente à l'œuvre dans les récits et essais de Camus. Partout, toujours, un rideau est à écarter, un décor à défoncer, une frontière à déplacer. Les personnages se parlent, ou les idées se suivent, comme à travers une vitre ou une cloison, séparés par leur proximité même. "Aujourdi'hui, maman est morte...." "Toujours rien.—Rien le matin, rien le soir.—Rien depuis trois jours." De *L'Envers et l'endroit* (du décor) à *L'Exil et le royaume* (de la scène), les récits et essais de Camus sont des tentatives de contact, et d'abord de situation, de définition, de répartition de l'espace physique et mental. Camus ne refuse pas l'"engagement," il refuse le dogmatisme et les blocs idéologiques. Sa *représentation* de l'histoire consiste à la rendre présente, à en actualiser les fantômes, les forces, les victimes. La théâtralité est une doublure: non pas une démission, une retraite, mais un retrait, l'espace d'un regard. L'œuvre entière de Camus dépasse le théâtre du dialogue et des gestes pour accéder à la fois, contradictoirement, au concret et à l'abstraction. La plage de Meursault, le bar de Clamence, l'oasis de la Femme adultère sont le lieu d'une parole et de son silence, le théâtre d'un théâtre.

Notes
Editions utilisées

I, 1962   II, 1965

1. *CAC2*, 134.
2. *CAC1*, 9–10.
3. *C2*, 30.
4. *CAC1*, 178.
5. Raymond Gay-Crosier, *AC7*, 7; sur la théâtralité, Annie Ubersfeld, *Lire le théâtre* (Paris: Editions Sociales, 1977), pp. 19–20, complète et corrige la notion qu'esquissait Roland Barthes à propos du "Théâtre de Baudelaire," *Essais critiques* (Paris: Seuil, 1964), pp. 41–42.
6. Roger Quilliot (II, 1624).
7. Nietzsche, selon Gilles Deleuze, "a introduit le théâtre dans la philosophie même. Et avec le théâtre, de nouveaux moyens d'expression qui transforment la philosophie": *Cahiers de Royaumont*, numéro spécial sur *Nietzsche* (Paris: Minuit, 1967), p. 287.
8. R. Le Huenen et P. Perron, "Structure actantielle et inversion dans *La Peste*," *AC8*, 44.
9. Ibid., p. 42.
10. Ibid., p. 34.
11. Cf. Brian T. Fitch, "*La Peste* comme texte qui se désigne; analyse des procédés d'autoreprésentation," *AC8*, 52 et ss.
12. Brian T. Fitch, "'Jonas' ou la production d'une étoile," *AC6*, 63.
13. "Dernière interview d'Albert Camus" (II, 1927).
14. Maurice Blanchot, *L'Entretien infini* (Paris: Gallimard, 1969), p. 272.
15. "Le long dialogue des hommes vient de s'arrêter" (II, 332). Voir aussi les sections "Vers le dialogue" (349 et ss.); "Dialogue pour le dialogue" (383 et ss.).
16. Blanchot, op. cit., p. 528; cf. Ubersfeld, op. cit., pp. 106–107: "[. . .] Donc, au départ, il n'y a pas dans le texte de théâtre une voix privilégiée qui serait celle de l'idéologie dominante: le théâtre est par nature décentré, conflictuel, à limite contestaire."
17. Blanchot, op. cit., p. 539.

Discussion

R. SMITH: Il me semble que vous insistez trop sur la théâtralité du "nous" dans la "je me révolte donc nous sommes." Cette prétendue théâtralité est plutôt l'effet d'une prise de conscience préalable et votre lecture fait de l'effet une cause. Car c'est après tout la révolte qui est primordiale et je ne vois pas la justification de ce que vous appelez le "cogito théâtral."

L. MAILHOT: Je ne tiens pas absolument à cette formule mais ne vois pas non plus pourquoi je devrais modifier mon argument central. Le jeu des personnages, des voix, etc. que pratique Camus c'est en le qualifiant de théâtral qu'on peut mieux le cerner. Plusieurs questions se sont posées lorsque j'ai abordé le sujet. D'abord: Comment se fait-il que Camus, homme de théâtre accompli, n'ait pas mieux réussi dans ses propres pièces exception faite, peut-être, de *Caligula*? Le théâtre de Camus serait-il partout sauf dans ses pièces? Je pense au théâtre de Baudelaire qui se trouve un peu partout comme l'a montré R. Barthes dans les *Essais critiques*. Le jeu entre le "je" et le "nous" de la révolte camusienne implique une relation comparable à celle qui existe entre le "je" et le "nous" au théâtre. Il n'y a pas d'univocité au théâtre comme il ne peut pas y avoir de dogme ou d'idéologie. C'est ce qu'a bien montré Annie Ubersfeld, qui est pourtant un critique marxiste, dans *Lire le théâtre*. L'esthétique et la rhétorique théâtrales de Camus sont intimement liées à ses notions morales et philosophiques.

J. GASSIN: Un mot sur la guillotine comme mauvais théâtre. Dans les tragédies que j'ai lues on tue pas mal de gens. Est-ce du mauvais théâtre? De toute façon, pour qu'il y ait bon théâtre il faut qu'il y ait bonne mise en scène.

L. MAILHOT: Il y a mauvais théâtre et mauvais théâtre. Dans le sillage de Camus je pense surtout aux pièces et mises en scènes qui se veulent des activités socialisantes. De par son aspect spectaculaire et enseignant, la guillotine fait figure de décapitation exemplaire. Or quand Meursault parle de la guillotine, je pense que cela n'a rien à voir avec la technique soit-disant plus humaine de la chaise électrique. Le mauvais théâtre ne signifie pas nécessairement qu'il y ait beaucoup de sang ou de souffrance.

G. PRINCE: Si le théâtral n'est pas univoque ni idéologique, ne pourrait-on pas dire que tous les textes qui se veulent littéraires sont théâtraux? Quelle est la portée du théâtral dans les textes de Camus comparés à ceux de Baudelaire, Balzac, Proust, Malraux ou n'importe quel écrivain?

L. MAILHOT: C'est en effet une question essentielle. Il y a du théâtre dans tous les textes littéraires mais surtout dans les textes dits modernes. Ainsi, par exemple, la mise en abyme est en premier chef un procédé théâtral. Ou songeons à l'entreprise de Mallarmé dont le *Livre* est un drame métaphysique qui se joue dans un espace textuel théâtral sous la forme extérieure d'un poème. La même remarque vaut aussi pour le *Coup de dés*. Dans le manuscrit, le poète parle même de l'identité du livre et de la pièce, le livre devenant ainsi le spectacle de l'avenir. Il y a des nuances importantes lorsqu'on compare Camus à Gide et Malraux. Si je qualifiais le texte camusien de théâtral, je parlerais, dans le cas de Gide, plutôt d'intimisme et, dans le cas de Malraux, plutôt d'héroïsme. Je songe aussi aux décors dans les récits camusiens où les paysages font figure de coulisses, de façades devant lesquelles se jouent les drames des personnages. Et pourquoi Meursault sollicite-t-il la présence, voire les cris de haine des spectateurs assistant à sa décapitation? Il y a là une convergence des exemples qu'il faudrait étudier davantage.

Walter G. Langlois
University of Wyoming, Laramie

Camus et le sens de la révolte asturienne

Au début du mois d'octobre 1934, une révolte armée éclata parmi les mineurs des Asturies, province dans le Nord-Ouest de l'Espagne. Un an et demi plus tard, pendant les mois de février-mars 1936, le jeune Albert Camus—en collaboration avec plusieurs de ses amis—écrivit une pièce intitulée *Révolte dans les Asturies*.[1] Les quelques critiques qui ont étudié cette œuvre se sont intéressés surtout à ses valeurs esthétiques et théâtrales peu communes, ou à la place qu'elle occupe dans l'évolution littéraire de Camus.[2] En général, on n'a pas cherché à examiner cette pièce dans une perspective historique, ni à analyser les raisons qui ont pu amener Camus à choisir l'insurrection asturienne de 1934 comme base de son texte. C'est ce que nous voudrions faire ici, pour mettre en lumière quelques éléments méconnus de l'œuvre.

I

La révolte asturienne de 1934 a marqué la culmination d'un grave malaise politique qui pesait sur l'Espagne depuis l'automne de l'année précédente. A ce moment-là, un gouvernement républicain modéré avait perdu le pouvoir au profit d'une coalition de droite.[3] Cette coalition, dont le but avoué était d'annuler les quelques modestes réformes sociales et politiques inaugurées par les républicains entre 1931 et 1933, était complètement dominée par la Confederación Española de Derechas Autónomas, ou CEDA. Le chef de ce parti politique d'extrême droite était un certain José Maria Gil Robles, catholique fanatique qui admirait les régimes autoritaires (ses adversaires l'appelaient le "Hitler espagnol").[4] Malgré la victoire de la CEDA aux urnes, le président de la République espagnole, Don Niceto Alcalà Zamora, croyait— avec raison, paraît-il—que Gil Robles était trop à droite pour être vraiment efficace comme premier ministre. Donc, après les élections de 1933, il demanda à un autre conservateur, Alejandro Lerroux, chef du parti radical, de former le gouvernement qui prit le pouvoir en janvier 1934. Pendant la première moitié de l'année, la situation politique resta très troublée, et après l'ajournement des Cortès (le parlement espagnol) en juillet, la tension entre la Droite et la Gauche continua à augmenter dans toute l'Espagne, mais surtout dans la Generalidad de la Catalogne—province quasi-autonome autour de Barcelone—et dans les Asturies. Dans cette région minière, les Socialistes et les Syndicaux avaient pour une fois suspendu leurs différences doctrinales et s'étaient unis dans une Alliance ouvrière, à laquelle même les Anarchistes avaient finalement adhéré.

La rentrée des Cortès au début du mois d'octobre 1934 précipita une crise gouvernementale. Gil Robles, impatient et très sûr de son pouvoir, tenait absolument à poursuivre le programme des conservateurs d'une façon agressive, et il exigea un rôle beaucoup plus important pour la CEDA dans le nouveau cabinet Lerroux qui s'organisait. Naturellement, cette demande produisit une réaction très forte de la part des partis de gauche. Selon un des chefs syndicaux des mineurs asturiens, "[l]a participation de la CEDA au gouvernement serait une premiére victoire officielle du fascisme. Accepter cela sans résistance, sans lutte, équivaudrait à préparer soi-même sa défaite, son écrasement, sa tombe. Ce serait une complicité. L'amère expérience des travailleurs allemands est présente à tous les esprits. Cette expérience, les travailleurs espagnols ne la répéteront pas."[5] La liste des membres du nouveau cabinet, annoncée tard dans la soirée du jeudi 4 octobre, comprenait trois ministres de la CEDA. Dès la matinée de vendredi, les organisations de gauche commencèrent des grèves dans toutes les grandes villes d'Espagne. (En général, ces manifestations échouèrent, faute de préparations suffisantes.) Puis, le samedi 6 octobre, Luis Companys, président de la Generalidad de la Catalogne, proclama l'indépendance des provinces catalanes à l'intérieur de la République espagnole. Quand le général Domingo Batet, commandant de la région militaire de Barcelone, refusa de donner son appui à ce mouvement séparatiste, Companys et son cabinet comprirent que leur cause était perdue. Ils se rendirent le matin suivant, dimanche 7 octobre. Ces événements en Catalogne jouent un rôle important dans la pièce de Camus.

La troisième des protestations contre l'entrée des ministres de la CEDA au gouvernement fut l'insurrection dans les Asturies. Du point de vue historique, cet événement était de loin le plus important, car il avait des conséquences non seulement en Espagne mais aussi—en fin de compte—à l'étranger. L'action des mineurs commença tôt dans la matinée du vendredi 5 octobre, dès que l'on confirma que trois ministres de la CEDA allaient faire partie du nouveau cabinet.[6] Presque immédiatement la grève asturienne devint une insurrection armée. A la fin de cette journée de vendredi, grâce en grande partie au stock de dynamite capturé dans les mines, et aux armes prises aux forces gouvernementales, les insurgés contrôlèrent presque tous les villages et hameaux du bassin minier autour de Mières, et ils avaient proclamé une "République ouvrière et paysanne," basée sur des principes socialistes. On organisa des comités qui promulguèrent des décrets, "organisant la nouvelle discipline sociale." Ceux qui s'opposaient activement à la révolte devaient être fusillés, mais les comités garantirent un traitement équitable à tous les autres citoyens, indépendamment de leur classe. Le pillage était strictement défendu, et dans ce domaine la probité des révolutionnaires—du moins dans les premiers jours de l'insurrection—surprit beaucoup de bourgeois de la région. Comme un observateur notait à l'époque, dans les villes prises par les mineurs les chefs rebelles "ont livré les marchandises réquisitionnées en échange de bons délivrés par les comités à tous les habitants, sans distinction de classes." Aux yeux des insurgés, l'abolition de l'argent, base du système capitaliste et féodal tant détesté, en faveur de "bons de travail" ouvriers était un pas important vers l'établissement d'une "véritable égalité des travailleurs."[7]

Quand Don Diego Hidalgo, ministre de la guerre du cabinet Lerroux, apprit à quel point la situation dans les Asturies était sérieuse, il poussa les autres ministres à confier la suppression de cette révolte à un officier parmi ses amis, le général Francisco Franco.[8] Franco conseilla vivement l'emploi d'avions pour attaquer les mineurs et l'envoi immédiat de troupes de la Légion étrangère et de *Regulares* maures de l'Afrique du Nord pour combattre les insurgés sur terre. Selon le général, ces troupes africaines étaient presque les seules unités militaires sur lesquelles le gouvernement pouvait compter pour lutter de façon vigoureuse contre les insurgés. Plusieurs membres du cabinet Lerroux ne tenaient pas du tout à lâcher ces étrangers—dont la réputation de cruauté et de violence était légendaire—contre des citoyens espagnols, en majorité des civils. Mais Franco insista, et enfin on donna l'ordre de faire venir de l'Afrique du Nord quelque 8.000 soldats. Ils devaient renforcer le plus tôt possible les forces gouvernementales du général Lopez Ochoa qui marchaient déjà sur les Asturies.

La capitale asturienne d'Oviedo était particulièrement importante pour les révolutionnaires, non seulement à cause de sa situation stratégique au centre de toute la région, mais aussi à cause des fabriques d'armes et des garnisons militaires qui s'y trouvaient. Le samedi 6 octobre, les mineurs de Mières se joignirent à deux groupes de travailleurs urbains qui les attendaient dans une banlieue d'Oviedo, et après trois jours de lutte cette force unie réussit à prendre la plus grande partie de la ville. Puis, le 10 octobre, les troupes du général Lopez Ochoa—fortement appuyées par des avions et des unités venues d'Afrique—lancèrent leur contre-attaque. Après deux jours de combat acharné, Madrid affirma que le gouvernement avait repris presque toute la ville d'Oviedo, mais que beaucoup de bâtiments—y compris la cathédrale—avaient été sévèrement endommagés ou incendiés.[9] Ceux parmi les insurgés qui n'avaient pas été tués ou fait prisonniers s'étaient enfuis vers la région montagneuse autour de Mières. A cause de la nature de ce terrain, les troupes gouvernementales avaient du mal à les prendre. Le 20 octobre, radio Madrid annonça la reddition des trois derniers villages du bassin minier, mais des opérations de "nettoyage" continuèrent pendant plusieurs mois.[10]

Le général Lopez Ochoa, commandant en chef des forces du gouvernement, était un homme raisonnable et un républicain modéré. Ce qui l'intéressait surtout, c'était de restaurer l'ordre et le contrôle du gouvernement dans cette région en révolte. Malheureusement, son subalterne—le cruel Colonel Yagüe, camarade de Franco—commandait les Maures et les Légionnaires, et il ne partageait pas du tout les idées humanitaires du général López Ochoa. Il tenait à "punir" les rebelles de leur témérité; aussi donna-t-il à ses troupes africaines la plus grande liberté pour se livrer à ce que même un historien franquiste a appelé une "orgie de fusillades et de viols."[11] La Garde civile, tant détestée de la population ouvrière, saisit cette occasion pour se venger, elle aussi, et elle exécuta sommairement un grand nombre de prisonniers. Beaucoup de mineurs qui tombèrent entre les mains d'un commandant sadique de la police régionale subirent des tortures horribles avant de mourir. Finalement, Madrid fit l'erreur d'autoriser l'emprisonnement—le plus souvent sans aucune espèce de procès—de quelque 30.000 à 40.000 individus, surtout en Catalogne et dans les Asturies. Dans la plupart des cas, ces personnes n'étaient coupables d'aucun crime, sauf celui d'avoir appartenu à l'opposition politique de gauche. Malgré des rapports documentés confirmant les atrocités commises par les forces de "l'ordre," notamment dans les Asturies, les chefs du gouvernement conservateur Lerroux continuèrent à faire l'éloge de la répression, et bientôt ils annoncèrent leur intention d'en honorer les commandants en leur décernant des décorations spéciales![12]

II

L'emploi général que fit Camus des événements historiques esquissés ci-dessus est évident pour tous ceux qui ont quelque familiarité avec le texte de sa pièce sur la révolte asturienne.[13] Ce qui nous intéresse en particulier ici est la façon dont il adapta ou changea certains éléments de cette matière pour servir ses besoins dramatiques et idéologiques. D'abord, pour encadrer son récit, Camus employa une seule mise en scène: une place publique au centre d'Oviedo. Une table au milieu de la salle, vraisemblablement sur une petite plate-forme surélevée, lui permit aussi de présenter—presque entièrement en pantomime—les actions du cabinet Lerroux faisant face à la révolte. La scène elle-même était dominée par "un gigantesque haut-parleur figurant Radio Barcelone" (I, 401). Essentiellement, les quatre actes de la pièce représentent les quatre étapes par lesquelles la révolte asturienne passa: prélude, organisation, défaite, et répression. Le premier acte a lieu à une date non-spécifiée vers "la fin de l'été" (401), évidemment de 1934. Son but, c'est d'esquisser les événements majeurs qui provoquèrent l'insurrection. Comme nous l'avons vu, historiquement c'était la nomination de trois ministres de la CEDA de Gil Robles au cabinet Lerroux qui donna le signal des grèves et de l'action dans les Asturies qui devint presque immédiatement une révolte armée. De toute évidence, Camus pensait que ces nominations au cabinet espagnol constituaient un événement beaucoup trop obscur pour justifier l'action de sa pièce, particulièrement devant des spectateurs nord-africains à Alger, dix-huit mois plus tard. En plus, il comprit que, du point de vue historique, la révolte de 1934 était au fond le résultat des élections de novembre 1933, quand le gouvernement modéré de gauche de Manuel Azana fut remplacé par une coalition conservatrice. Donc il décida d'utiliser les élections de 1933, et non pas les nominations au cabinet de 1934, comme catalyseur de l'action de sa pièce. En plus, pour augmenter l'effet dramatique de l'événement historique, il en réduisit beaucoup la durée.

La pièce elle-même est un scénario ou une petite esquisse plutôt qu'une œuvre dramatique pleinement développée. Mais dans ces limites, Camus réussit à rendre évidents les problèmes politiques qui étaient à la base de la révolte. Peu après le lever du rideau, des échanges entre plusieurs personnages de la classe ouvrière soulignent que les gens de cette classe mettaient tous leurs espoirs dans les élections qui approchaient. Ils y comptaient pour effectuer un certain nombre de réformes sociales qui amélioreraient leur sort misérable. Au contraire, un pharmacien et un épicier qui représentent la bourgeoisie locale tiennent à ce que les élections signalent le retour à un passé traditionnaliste qui leur est cher. Quand les premières nouvelles des résultats sont annoncés à la radio, ces deux conservateurs sont très heureux, car les Socialistes ont connu des défaites dans plusieurs régions du pays, et Gil Robles, chef de la CEDA, a gagné une grande victoire. Avec une voix menaçante, le pharmacien fait remarquer à son ami épicier que bientôt la foule populaire bruyante dans le café d'à côté n'aura rien à célébrer, car une fois au pouvoir la Droite installerait Lerroux comme premier ministre. Ce chef conservateur restaurerait la *discipline* en Espagne et empêcherait les réclamations de plus en plus exagérées de la classe ouvrière: "Tous ces salauds-là, on leur donne un doigt et ils vous bouffent la tête," dit le pharmacien irrité (405).

Un peu plus tard, Radio Madrid confirme que les conservateurs ont gagné d'une façon décisive, et un bulletin ultérieur annonce qu'en effet Don Alejandro Lerroux est nommé chef du gouvernement. Alors un enfant court sur la scène pour dire que des mineurs armés de la région de Mières entrent déjà dans la capitale. Presque immédiatement on les entend qui approchent de la place d'Oviedo, chantant en chœur pour exprimer leur unité fraternelle.[14] Pèpe, jeune idéaliste et fils du peuple, se fait le porte-parole de tous les misérables en Espagne, quand il dit que le moment d'une confrontation décisive est enfin arrivée: "Il y a trop longtemps que ça dure. Il fallait que ça crève," crie-t-il (409). Ce premier acte se termine avec les mineurs "en ligne, torse nu, armés" (409), rangés en face des bourgeois de la ville. En même temps, la radio annonce en termes pompeux l'intention du nouveau gouvernement Lerroux de retourner à la "grande tradition [...] sociale" de l'Espagne, en annulant les réformes du régime de gauche qui l'avait précédé, "à la solde des pays étrangers" (410). Comme nous l'avons dit, du point de vue historique, c'était en effet cette victoire de la Droite aux urnes en 1933 qui avait rendu inévitable la confrontation armée de 1934.

Dans les trois actes suivants de la pièce, Camus et ses collaborateurs continuent à suivre la réalité historique d'assez près, tout en la simplifiant et en la comprimant dans un intervalle de temps très court. Le deuxième acte présente les premiers moments de la révolte et sa transformation rapide en une véritable *révolution* sociale, grâce à l'organisation. Au lever du rideau, un bulletin à la radio annonce des grèves à Barcelone et dans un certain nombre d'autres villes de la péninsule, ainsi que la prise d'Oviedo par les mineurs. Pour diffamer le caractère et les motivations des chefs des révoltés, un long bulletin affirme un peu plus tard que certains "révolutionnaires professionnels du marxisme et de l'anarcho-syndicalisme ont créé dans divers centres urbains des provinces un mouvement insurrectionnel" (413). On rapportait que, dans les Asturies en particulier, les chefs communistes et socialistes du syndicat des mineurs avaient malheureusement "réussi à entraîner derrière eux" une partie de leurs membres. Peu après, le même poste de radio affirmait que "des groupes importants de contrebandiers" (416) s'étaient joints aux mineurs rebelles et étaient en train de commettre des horreurs. En face d'un tel barbarisme, "le gouvernement a pris d'ores et déjà toutes les mesures susceptibles de faire échouer ce mouvement et de ramener l'ordre auquel aspire l'Espagne entière" (413). Comme nous l'avons indiqué, les mesures ordonnées par le général Franco comprenait l'emploi d'avions pour bombarder et mitrailler les rebelles, et le transport rapide dans les Asturies d'unités de la Légion étrangère et de troupes maures de l'Afrique du Nord.

La réalité de la situation des insurgés d'Oviedo, telle qu'elle est présentée dans cette partie du texte de Camus, est en gros confirmée par les historiens. Les rebelles n'étaient pas du tout une bande de criminels qui se révoltaient sans raison valable contre les autorités, mais un groupe d'hommes dévoués à une cause idéaliste et résolus à mettre fin aux injustices qui les avaient rendus si misérables pendant des générations. Dans ce deuxième acte, Camus présente des individus de plusieurs régions de l'Espagne et de plusieurs milieux populaires différents. Chacun doit représenter un aspect de l'insurgé "collectif" qui est le véritable héros de la pièce. Il y a Pèpe, avec son désir de connaître la joie et le bonheur, son idéalisme d'adolescent, et sa capacité de sacrifice; un berger basque anonyme, membre d'une minorité opprimée qui cherche à faire reconnaître ses droits légitimes; Antonio, qui vient des montagnes et qui ne connaissait pas l'injustice et la misère avant d'être descendu vers la "civilisation"; le vieux Santiago, qui—après une longue vie de souffrance et de privation—fait cause commune avec les insurgés, "pour les jeunes," comme il dit; Alonso, simple cordonnier de l'Andalousie qui n'a jamais connu autre chose que la faim; Ruiz et Léon, qui se sacrifient de sang froid pour la cause du peuple; et Sanchez, chef syndicaliste qui n'aime pas la violence mais qui est prêt à entreprendre n'importe quoi dans un effort désespéré pour améliorer le sort de ses copains. Ces hommes n'étaient certainement pas les criminels dépeints dans les communiqués de propagande du gouvernement conservateur de Madrid. En plus, les déclarations faites par ces individus au cours de ce deuxième acte sont pleinement en accord avec ce que les historiens savent à propos des buts réels des insurgés des Asturies. Au fond, ces hommes luttaient pour obtenir un changement de leur niveau de vie, qui était très bas; pour restaurer un sentiment de valeur personnelle et de dignité humaine que des siècles de misère leur avait ôté. La religion traditionnelle, depuis longtemps au service de la classe opprimante, était sans valeur pour ces gens, mais ils avaient enfin trouvé une nouvelle foi pour remplir ce grand vide de leur vie. Cette nouvelle foi, c'était la Révolution.

Au cours du deuxième acte, Camus esquisse les différents obstacles qui empêchèrent la réalisation du grand rêve collectif d'une société nouvelle qui animait les insurgés.[15] En plus, il souligne que l'on doit s'organiser immédiatement pour que la révolte—cet "élan lyrique" (selon l'expression de Malraux) des premières heures d'une insurrection—soit victorieuse. Avec l'assentiment de ses camarades, le chef syndicaliste Sanchez prend les choses en main. Pour éviter autant que possible une résistance meurtrière, il proclame au nom du peuple que "tout contre-révolutionnaire pris les armes à la main, tout saboteur sera immédiatement fusillé" (412). On autorise des "bons de travail" pour remplacer l'argent. On organise l'attaque—au moyen d'un camion chargé d'explosifs—d'une caserne où des soldats du gouvernement tiennent encore. Ruiz et Léon, les deux hommes qui doivent accomplir cette mission, sont tirés au sort; un peu plus tard ils meurent dans une explosion que l'on entend dans les coulisses. Enfin Sanchez ordonne à plusieurs de ses hommes les plus sûrs d'organiser des patrouilles pour empêcher le pillage: "Il ne faut pas qu'ils nous la salissent, notre révolution" dit-il avec passion (414). Du point de vue historique, tous ces événements sont authentiques.

Après ces différents incidents réels, l'acte se termine par une scène *symbolique* que Camus semble avoir inventée pour représenter l'esprit général qui animait les insurgés pendant ces premières heures de la révolte. Quand Sanchez prend connaissance du fait que les marchands de la ville persistent dans leur refus d'accepter les bons de travail des insurgés, et qu'un certain nombre d'officiers et de bourgeois ne veulent pas se soumettre aux rebelles, il agit en juge d'une façon résolue. Au groupe de boutiquiers—dont l'épicier et le pharmacien—que l'on amène devant lui, Sanchez explique la situation de son point de vue à lui. Si ces bourgeois acceptent de partager leurs ressources avec le peuple, on ne leur fera aucun mal. Mais s'ils persistent dans leur refus de coopérer et de partager, alors la Révolution—qui, elle, est beaucoup plus importante que tout individu—est condamnée à échouer. Sanchez souligne que cela est une possibilité qu'il ne peut pas admettre. Quand l'épicier refuse avec dédain tout compromis, Sanchez le tue sur le champ. Après cette action, tous les autres bourgeois se précipitent pour accepter sa proposition. Ensuite, il s'occupe de plusieurs "anti-révolutionnaires" actifs. Un officier de la Garde civile qui a tiré sur un groupe de mineurs sans provocation est condamné à mort, ainsi qu'un "gros transitaire" (420), qui s'était caché dans son appartement d'où il a tué plusieurs personnes qui se promenaient dans la rue. Dans cette dernière scène de l'acte deux, Camus et ses collaborateurs semblent suggérer qu'à ce moment de l'insurrection, le grand idéal social représenté par la révolte asturienne était sur le point de devenir une réalité. Par une action collective et de grands sacrifices individuels, on allait donner aux hommes la possibilité de changer la société, d'en éliminer des abus qui duraient depuis des siècles, et de créer un monde nouveau et meilleur, au profit des générations futures.

Historiquement, en moins d'une semaine, la révolte dans les Asturies commença à échouer comme opération militaire. C'est cet échec que Camus présente dans le troisième acte de sa pièce. Pour des raisons dramatiques, il est obligé d'apporter quelques changements à la réalité historique sur laquelle la pièce est basée, et de condenser en quelques heures des événements qui s'échelonnaient sur une période de plus de deux semaines. Comme c'était le cas pour l'acte deux, des communiqués radiophoniques de Madrid établissent la chronologie de base et présentent la propagande ennemie. Un long bulletin initial révèle que le Président Companys et ses ministres catalans ont été arrêtés à Barcelone et que la révolte en Catalogne et dans toutes les autres provinces d'Espagne est terminée. Il n'y a que dans la ville d'Oviedo que les insurgés tiennent encore. Le gouvernement annonce qu'une attaque majeure sera montée contre la ville, dès que "l'arrivée des légionnaires et des tirailleurs marocains [...] sous les ordres du Général López Ochoa" sera confirmée (422). Pour rassurer ceux en Espagne et à l'étranger qui écoutaient cette nouvelle et qui pouvaient être horrifiés par l'idée que l'on allait envoyer de tels soldats contre des civils espagnols, Don Diego Hidalgo, ministre de la guerre du cabinet Lerroux, affirmait: "Il ne faut pas laisser la capitale [Madrid] sans défense. C'est pourquoi il s'agit d'employer les corps mercenaires dans le travail contre-révolutionnaire" (422). Pour souligner davantage cette idée, il précisait: "Il ne saurait être question que d'opérations purement militaires pour lesquelles les légionnaires sont tout désignés par leur courage, leur discipline, l'ascendant qu'ont sur eux leurs chefs" (423); leur but était simplement de "rétablir l'ordre et la paix dans les Asturies menacées" (424).[16] Finalement, le premier ministre Lerroux en personne fit une brève allocution à la radio dans laquelle il s'attaquait aux "factieux" qui s'étaient révoltés contre les traditions vénérables du peuple espagnol. Dans une langue boursouflée, il exhortait tous les citoyens à soutenir le programme en faveur du *statu quo* que son gouvernement envisageait, et il promettait que "sous l'autorité de la loi, nous allons poursuivre la glorieuse histoire de l'Espagne" (426). Bien entendu, Camus et ses collaborateurs présentent ces affirmations très ironiquement, mais historiquement elles reflètent parfaitement l'attitude du gouvernement de Madrid à l'époque.

Le moment final de l'acte trois représente d'une façon concise mais frappante la mort de cette vision d'une société nouvelle envisagée par les mineurs, et la fin de la révolte dans les Asturies. Pourtant, rétrospectivement, la courte scène où les insurgés sont accablés et tués par les légionnaires est étrangement prophétique de ce qui allait bientôt se passer au moment de la guerre civile en Espagne. Car elle montrait qu'un des moyens les plus efficaces pour amener la défaite d'une "armée" populaire était l'emploi d'avions—qui terrifiaient et démoralisaient les combattants—et de troupes disciplinées équipées d'armes modernes. Dans une telle situation, le courage personnel, l'engagement passionné pour une cause juste et humaine, le martyre même, ne suffiraient pas. Le "peuple" ne pouvait pas arrêter une force mieux organisée et soutenue par des armes modernes. Camus et ses collaborateurs antifascistes avaient certainement à l'esprit, au moment où ils écrivaient *Révolte dans les Asturies*, que des populations entières dans plusieurs pays d'Europe étaient tenues en esclavage par une minorité autoritaire, bien armée et disciplinée.

L'acte final de la pièce met en scène la "justice," telle qu'elle fut dispensée par les gouvernementaux après la victoire dans les Asturies. Du point de vue thématique, elle constitue un contraste très frappant avec ce qui se passe à la fin de l'acte deux. Maintenant le juge n'est plus un chef de syndicat et homme du peuple. Au contraire, c'est un "señorito," portant monocle et des bottes bien cirées, représentant de la classe qui avait exploité l'Espagne depuis des siècles. Le mépris éprouvé par cet officier envers "la masse" est évident à en juger d'après ses instructions à un sergent qui vient lui demander des directives pour disposer d'une quantité de cadavres d'insurgés: "Arrose-les d'essence et mets-y le feu. Cela dégoûtera les autres, comme pour les rats...," répond-il (431). Pour apprendre le nom de l'insurgé qui avait tué l'épicier, membre d'une classe alliée, ce prétendu "gentilhomme" menace ses prisonniers de torture et de mort. Mais chaque travailleur ou mineur qu'il questionne donne la même réponse: l'épicier a été tué non pas par un individu, mais par une collectivité qui s'appelait "le peuple" (432). Furieux, le capitaine ordonne que l'on emmène ces "canailles" pour les fusiller. Immédiatement après, il part avec le pharmacien pour essayer d'étouffer les cris des veuves des insurgés et leurs enfants affamés.

Dans ce dernier acte, comme dans les précédents, Camus emploie la radio —toujours très ironiquement—pour présenter les événements des Asturies du point de vue du gouvernement de Madrid. Il y a un long communiqué qui est particulièrement révélateur. Il affirme que "la révolution a été entièrement écrasée. La troupe s'est rendue maîtresse des Asturies" (433) Puis, en des termes qui font écho aux justifications fascistes pour de semblables actions menées dans d'autres pays d'Europe à la même époque, le bulletin souligne que cette victoire voulait dire qu'on "vient de sauver en Occident les principes essentiels de la démocratie et de la civilisation latine" (433). Bien entendu, le jeune Camus et ses collaborateurs étaient absolument convaincus du contraire; ce n'était pas du tout la démocratie et les principes de la civilisation gréco-romaine que l'on avait sauvés dans les Asturies, mais plutôt une forme particulièrement oppressive et autoritaire du système féodal-capitaliste. Ce bulletin gouvernemental continuait en notant que "la répression se passa au milieu de l'humanité et de la générosité [...] un exemple jamais égalé de tolérance, d'humanité et de généreuse application des lois" de la part de la Droite victorieuse (433). Ces propos sont aussi très ironiques, car comme nous l'avons indiqué—et comme Camus et ses amis le savaient très bien— rien ne pouvait être plus loin de la vérité. La pièce se termine par une petite scène émouvante dans laquelle on entend la voix spectrale du généreux vieux, Santiago; celle du dynamique chef syndical, Sanchez; celle du "pur" Antonio des montagnes; celle du jeune idéaliste Pèpe; celle des martyrs Ruiz et Léon; celle du berger basque et celle du cordonnier andalou—toutes demandant si leur sacrifice avait un sens. "Qui se souviendra?" disent-elles.

Pour bien comprendre la dimension de la pièce soulignée par cette scène finale, nous devons replacer l'œuvre dans son contexte historique. La violence de la répression de la révolte des Asturies de 1934 avait produit presque immédiatement des protestations indignées en Espagne, non seulement de la part de gens de gauche et de républicains modérés, mais même d'un certain nombre de catholiques conservateurs. En plus, au fur et à mesure de la publication à l'étranger de détails des atrocités, des critiques sévères commencèrent à s'élever dans le reste l'Europe (sauf dans les pays fascistes), et on lança des appels à la clémence pour les quelques 30.000 prisonniers politiques espagnols. Pendant l'année 1935, le gouvernement Lerroux se trouva de plus en plus embarrassé par ce qui était arrivé dans les Asturies, et la question de la répression devint un point de ralliement pour une opposition politique de plus en plus bruyante. S'efforçant d'améliorer la situation—et pour désarmer un peu les critiques—le président Alcalà Zamora décréta de nouvelles élections pour le 18 février 1936. C'était un moment propice pour l'opposition, car pour une fois la Gauche—y compris les Anarchistes—se trouva unie sur la question de l'amnistie pour les prisonniers de 1934, et elle réussit à s'allier avec le Centre pour s'opposer à un gouvernement entaché par la répression asturienne. Aux urnes, cette coalition fut victorieuse. (Par une coïncidence historique, au même moment—mais pour des raisons différentes—une coalition semblable se formait également en France et allait bientôt gagner des victoires électorales importantes.[16])

Manifestement la pièce *Révolte dans les Asturies* fut écrite pendant la période d'euphorie entre ces élections espagnoles du mois de février 1936 et les vacances de Pâques au début d'avril de la même année. A ce moment-là le jeune Camus était encore un homme de gauche actif (bien qu'il semble avoir déjà commencé à craindre le caractère essentiellement autoritaire du stalinisme russe),[17] et il comprit que les victoires électorales en Espagne avaient une importance énorme non seulement pour les Espagnols, mais aussi pour l'évolution politique et sociale de tous les pays européens, menacés par des puissances fascistes. Il se rendit d'ailleurs bien compte que c'était surtout la répression terriblement brutale dans les Asturies—suivie par l'emprisonnement de tant de gens innocents—qui avait uni une grande partie de l'opinion publique en Espagne et ailleurs contre des régimes d'extrême droite. Il était évident qu'une telle situation était juste ce qu'il fallait pour servir de base à une œuvre littéraire d'opposition politique.

Non moins important est le fait que Camus comprit que dans les mois suivant la répression, la révolte elle-même était devenue un *symbole* de premier ordre pour les gens de gauche. Car malgré la brièveté de son succès, comme expérience sociale elle rappelait à la fois la Commune de Paris et la révolution russe d'octobre 1917.[18] Les théoriciens politiques et les experts militaires pouvaient différer dans leurs explications de l'échec de la révolte asturienne de 1934, mais personne ne pouvait nier son importance comme mouvement populaire spontané à base très large. Elle était en somme la première manifestation majeure en Europe contre la Droite fasciste, qui à cette époque devenait de plus en plus forte sur tout le continent. C'était surtout à cet égard—comme "épopée" sociale des masses en lutte (et finalement victorieuses) contre un autoritarisme répressif—que l'insurrection asturienne intéressait Camus. Selon nous, cette dimension historique—souvent négligée par les critiques—est un des éléments les plus importants de *Révolte dans les Asturies*.[19]

En somme, on peut dire que pour Camus—comme pour beaucoup d'autres intellectuels de gauche au printemps de 1936—la révolte asturienne était un événement crucial dans l'évolution politique de l'Europe contemporaine. Car, en gros, elle représentait la protestation profonde des classes ouvrières contre le capitalisme, dont la forme exagérée, le fascisme, se développait d'une façon toujours plus menaçante en Allemagne et en Italie. Ce que le peuple voulait—dans les Asturies et ailleurs—c'était un système plus juste et plus humanitaire, représenté par les différentes formes du socialisme. Camus ne pouvait pas prévoir que deux mois après la date envisagée pour la représentation de sa pièce—texte qui, à notre avis, est essentiellement optimiste—un autre événement en Espagne, mettant aux prises les mêmes forces politiques et contenant les mêmes éléments de base que le révolte asturienne, allait dominer l'histoire de l'Europe pendant près de trois ans. En fait, à partir de la mi-juillet 1936, la guerre civile espagnole suivait un scénario que Camus avait déjà esquissé à propos de l'insurrection dans les Asturies.

Du point de vue métaphysique, cette pièce peut être "absurde," comme Camus semble le suggérer dans la préface qu'il griffonna au moment de sa publication,[20] mais elle ne l'est certainement pas à un niveau politique. Au contraire, elle nous semble présupposer une position essentiellement optimiste de la part des auteurs. Car, comme nous l'avons souligné, c'était précisément la révolte dans les Asturies qui avait permis aux partis de gauche de reprendre le pouvoir en Espagne, quelque dix-huit mois après l'insurrection, et de commencer une série de réformes politiques et sociales qui réjouiraient les anti-fascistes de l'Europe entière. Ironiquement, ces réformes pour lesquelles les insurgés des Asturies sont morts—et dont Camus et ses collaborateurs espéraient tant au printemps de 1936—sont depuis longtemps des réalités dans presque tous les pays de l'Europe de l'Est. Malheureusement, en Espagne—jusqu'à très récemment—elles sont restées lettre morte. La raison? Un petit gros à la voix aiguë, celui qui était en fin de compte le plus responsable de la répression terrible des Asturies: Francisco Franco. Camus ne lui a jamais pardonné cette infamie.[21]

Notes
Edition utilisée

I, 1967

1. Pour notre discussion, nous employons l'édition courante de *Révolte dans les Asturies* (I, 395–438). La pièce était un "essai de création collective" mais il est généralement admis que Camus en fut l'"animateur incontesté." Voir les commentaires de Roger Quilliot (I, 1852–53), et Herbert R. Lottman, *Albert Camus: A Biography* (Garden City, N.Y.: Doubleday, 1979), pp. 100–101. L'édition originale sortit chez Charlot à Alger en mai 1936, "Pour les amis du Théâtre du Travail," groupe fondé par Camus. Sur les activités dramatiques du jeune Camus à cette époque, voir Roger Quilliot (I, 1689–97), Lottman, pp. 90–105, et surtout l'étude très nourrie de Jacqueline Lévi-Valensi, "L'Engagement culturel," *AC5*, 83–106. Madame Lévi-Valensi donne beaucoup de renseignements précis sur le Théâtre du Travail, pp. 88–95. En principe, la troupe devait présenter *Révolte dans les Asturies* le 2 avril, au moment des vacances de Pâques 1936, mais le maire d'Alger refusa l'autorisation nécessaire (Lottman, p. 102).
2. La plupart des études générales sur Camus traitent *Révolte dans les Asturies* seulement superficiellement et analysent surtout ses éléments littéraires ou dramatiques, au détriment de ses aspects politiques. Le premier à examiner l'œuvre en quelque détail fut Carl A. Viggiani, dans "Camus in 1936: The Beginnings of a Career," *Symposium*, XII (Fall-Spring 1958), 7–18. Ensuite Raymond Gay-Crosier discuta la pièce dans un chapitre de son livre, *Les Envers d'un échec: Etude sur le théâtre d'Albert Camus*, (Paris: Lettres Modernes, 1967), pp. 41–53. Quelques années plus tard, Edward Freeman reprit le sujet dans *The Theatre of Albert Camus: A Critical Study* (London: Methuen, 1971), pp. 12–34. Les bibliographies étendues dans ces deux volumes indiquent qu'il y a peu d'autres études sur la pièce. Apparamment Madame Lévi-Valensi est le seul critique à avoir abordé—brièvement—la question de la dimension politique de cette œuvre (cf. note 1, ci-dessus).
3. Pour notre discussion nous simplifions considérablement la situation politique en Espagne pendant la période 1930–34. Elle était excessivement compliquée. Pour des renseignements plus détaillés, voir E. Allison Peers, *The Spanish Tragedy, 1930–36* (London: Methuen, 1936); Gerald Brenan, *The Spanish Labyrinth: An Account of the Social and Political Background of the Civil War* (Cambridge: Cambridge University Press, 1950); Gabriel Jackson, *The Spanish Republic and the Civil War, 1931–1939* (Princeton: Princeton University Press, 1965); et Hugh Thomas, *La Guerre d'Espagne*, traduit de l'anglais par Jacques Brousse et Lucien Hess (Paris: Laffont, 1961).
4. Concernant Gil Robles et la CEDA, voir—entre autres—le livre de Brenan, pp. 267–279. Sur l'épithète "Spanish Hitler," voir "Foes of Republic Attacked in Spain," *New York Times*, 6 October 1934, p. 3.
5. A cause d'une grève des imprimeurs et la censure imposée par le gouvernement Lerroux, le plus souvent les journaux espanols ne fournissent pas beaucoup de renseignements sur ce qui se passait dans les Asturies pendant la période après le 5 octobre. Mais on trouve des rapports assez bien documentés dans la presse française—surtout celle de la gauche—et dans des journaux de langue anglaise, comme le *New York Times*. En plus, un certain nombre d'Espagnols ont écrit

leurs souvenirs de ces jours agités (voir en particulier la bibliographie qui se trouve dans le livre de Jackson). Notre citation est tirée d'un des mémoires les plus détaillés et dignes de foi, celui du chef syndicaliste Manuel Grossi, *L'Insurrection des Asturies: Quinze jours de révolution socialiste*, traduction et présentation de Georges Garnier (Paris: Editions E.D.I., 1972), p. 51. Ce livre sortit en espagnol à Barcelone en 1935.

6. Pour plus des détails sur ces premières heures de l'insurrection, voir surtout Grossi, op. cit., pp. 53–87; et le long article d'André Ribard, "Oviedo, la honte du gouvernement espagnol," *Monde*, 11 Novembre 1934, pp. 15–17. Au mois de décembre, le commentaire de Ribard fut publié en pamphlet: *Espagne 1934: De la grève à la Révolution; Les luttes d'octobre* (Paris: Comité mondial de lutte contre la guerre et le facisme, 1934). Voir l'annonce dans *Monde*, 21 Décembre 1934, p. 15.

7. Les citations dans ce paragraphe sont tirées de Ribard, et un des "bons" en question est reproduit dans son article, p. 17.

8. Pour un récit détaillé du rôle que joue le Général dans la répressionn asturienne, présenté du point de vue franquiste, voir la biographie de Brian Crozier, *Franco* (Boston: Little, Brown, & Co., 1967), pp. 140–149. Les notes de Crozier indiquent d'autres sources à consulter sur ces événements.

9. Voir "Azaña to Be Tried in Spain's Capital," *New York Times*, 11 October 1934, p. 15, et "Asturias Rebels Continue Fighting: Dislodged from Strongholds in Oviedo," *New York Times*, 13 October 1934, p. 7. En plus des renseignements sur la bataille pour la ville donnés dans les volumes cités dans les notes ci-dessus, il y a de nombreux articles révélateurs dans des périodiques français de gauche, tels que *Monde*, *Lu*, et *L'Humanité*, ainsi que dans la presse bourgeoise en France et ailleurs.

10. Voir Jackson, pp. 158–168, ou Thomas, pp. 90–95, pour un résumé plus détaillé des événements.

11. Crozier, op. cit., p. 146.

12. La scène où Lerroux honore des chefs de la répression est mimée vers la fin du dernier acte de la pièce de Camus (I, 435–436). Pour un résumé des atrocités commises par les troupes de Yagüe—confirmées plus tard par une commmission spéciale des Cortès, voir Brenan, pp. 287–289; Jackson, pp. 159–164; et Crozier, pp. 145–149. Quant au projet de décorations, voir "Spanish President Opposes Executions," *New York Times*, 12 October 1934, p. 33.

13. L'intérêt général de Camus envers l'Espagne est bien connu (sa mère était d'origine espagnole), mais sans doute fut-il attiré par la révolte dans les Asturies surtout à cause des éléments politiques qu'elle contenait, et par son exemple "révolutionnaire." Camus semble avoir puisé des renseignements sur ces événements dans au moins trois sources. Une des plus importantes de ces sources était la presse française de gauche, notamment *Monde* et *L'Humanité*. Madame Lévi-Valensi en parle un peu dans son article, mais comme elle l'indique, une étude détaillée de cette question reste à faire. En plus il faut noter qu'à cette époque Camus était lié avec une famille hispanophile d'Alger qui s'appelait Barbès, et que deux de des collaborateurs à la pièce—Jeanne-Paule Sicard et Yves Bourgeois—avaient des liens avec l'Espagne. Voir Raymond Gay-Crosier, "Une fausse attribution: Petite clef pour *Révolte dans les Asturies*," *AC7*, 71–76.

14. En vérité, les mineurs commencèrent à arriver à Oviedo pour se lier à plusieurs groupes d'ouvriers en grève seulement le samedi 6 octobre. Voir l'article de Ribard dans *Monde*, p. 15, et les mémoires de Grossi, pp. 67–73.

15. Sur les problèmes auxquels les insurgés devaient faire face, voir Grossi, pp. 129–154.

16. Sur cette question, voir, parmi beaucoup d'autres, Daniel Guérin, *Front populaire: Révolution manquée* (Paris: Julliard, 1963), pp. 63–131; et Jean Grandmougin, *Histoire vivante du front populaire: 1934–1939* (Paris: Albin Michel, 1966), pp. 139–174.

17. La question des rapports entre Camus et le Parti communiste pendant la période en question est très complexe. Voir surtout Lottman, pp. 147–160, et l'article de Madame Lévi-Valensi.

18. On fait cette comparaison dans beaucoup des comptes-rendus des événements asturiens qui parurent dans la presse de gauche à l'époque. Typique est le début de l'article, "En Espagne," qui parut dans *Monde* du 11 Novembre 1934, p. 3: "En octobre 1917, la révolution

prolétarienne russe a ouvert un nouveau chapitre dans l'histoire de l'humanité et a introduit la nouvelle époque du socialisme. En octobre 1934, les ouvriers des Asturies [. . .] ont confirmé que la classe ouvrière était capable de prendre le pouvoir [. . .]."

19. Dans notre étude nous n'avons indiqué que les éléments historiques les plus évidents ou les plus frappants que Camus a incorporés dans sa pièce. Il y en a beaucoup d'autres (que Camus a parfois transposés pour des raisons dramatiques) qui méritent un analyse détaillée à cause de leurs résonances politiques. Ceci ne veut pas dire que les critiques qui ont concentré leur attention sur des éléments philosophiques ou dramatiques de la pièce se soient trompés. C'est simplement souligner que l'œuvre est peut-être beaucoup plus complexe que l'on n'a pu croire jusqu'à présent.

20. Lottman, op. cit., pp. 103–104.

21. Sur ce point, voir Albert Camus, ¿España libre! Articulos, discursos, y documentos sobre el problema español, recopilado, traducido y presentado por Juan M. Molina (Mexico: Editores mexicanos unidos, 1966).

Discussion

D. SPRINTZEN: Do you know in some detail who worked with Camus to write this play and what the actual contributions of the co-authors were? The latest reference to this question is, to the best of my knowledge, in Lottman's biography.

W. LANGLOIS: I do not think that the question of the specific contributions of the collaborators, who are known, will ever be settled. Obviously Camus worked with people who had direct access to information from Spain. Although my paper does not go into details on this question, I can tell you that certain events in the play were taken directly from reports published in French journals such as *L'Humanité, Le Populaire, Regard,* etc. Camus must have had some knowledge of the events from his readings of leftist papers or journals. Among his Hispanic and hispanophile friends there was one in particular [Léo-Louis Barbès] who, through his own background and activities, influenced a small circle of intellectuals interested in Spanish culture and politics. Gay-Crosier wrote an article on this recently ["Une fausse attribution: petite clef pour *Révolte dans les Asturies,*" (*AC7*, 419–424)]. My impression is that we will never know exactly what Camus contributed nor will we ever know who provided which event to be included in the text. The important thing is that the authors worked as a team and termed their effort an "essai de création collective." My concern is to replace the play in its proper historical context which many critics often tend to overlook completely.

R. GAY-CROSIER: The names of the co-authors (Jeanne-Paule Sicard, Poignant, Bourgeois) were always known, but one of them (Bourgeois) seemed to have disappeared until H. Lottman found him again. There have been attempts to identify more specifically Camus' contributions [e.g. R. Quilliot in I, 1852-1853] but I agree that we will probably never know in detail what they were.

J. LEVI-VALENSI: Il est possible d'identifier l'une des sources dont Camus et ses amis se sont inspirés au moment de la rédaction de *Révolte dans les Asturies*. Il s'agit d'une série d'articles d'André Ribard parus, en 1936, dans *Monde*. Il faudrait y ajouter les comptes rendus des évènements en Espagne qu'on pouvait lire dans la presse et certains slogans fascistes que les auteurs ont intégrés au texte.

W. LANGLOIS: Bien sûr, mais il est difficile de démêler parmi ces centaines d'articles contemporains que j'ai lus ceux qui furent une source directe de la pièce.

A. James Arnold
University of Virginia, Charlottesville

Pourquoi une édition critique de *Caligula?*

La pièce *Caligula* est unique dans les écrits d'Albert Camus. C'est le premier ouvrage littéraire de quelque envergure que Camus ait terminé, en 1938, et il y est revenu tout au long de sa carrière d'écrivain. On connaît les éditions de *Caligula* datant de 1944, 1947, et 1958. Chacune témoigne de modifications de types assez divers et qui, surtout de 1944 à 1947, ont pu infléchir de façon importante le sens de la pièce. Jusqu'à présent, la critique camusienne a suivi une tradition vénérable qui veut que la dernière édition revue et corrigée par l'auteur révèle la plénitude de son art et le fond de son esthétique. Cette pratique, pour efficace qu'elle soit dans beaucoup de cas, peut parfois nuire à une meilleure compréhension de l'art de certains écrivains. Tel me semble être le cas de *Caligula* et des précieuses indications que l'évolution surprenante de cette pièce est capable de fournir sur les étapes successives de la conception de la tragédie chez Camus. Une image aidera à l'exposition de cette pensée. Dans la perspective où je me place, le texte de l'édition dite définitive de *Caligula* est une sorte de palimpseste. Loin de relever d'une conception unie de l'art dramatique de son auteur, le *Caligula* que nous connaissons depuis une vingtaine d'années représente plusieurs couches d'écriture sur un même parchemin ou canevas.

L'intérêt de cette question ressortira mieux si l'on se réfère à la tentative d'Albert Camus de fonder une tragédie moderne. Avant de mesurer l'étendue de son échec ou de sa réussite dans ce domaine, il convient de savoir, non seulement ce que Camus a pu penser et dire en 1955, lors de sa conférence d'Athènes, mais ce qu'il a pu écrire en 1938, date à laquelle il a toujours insisté que *Caligula* a été terminé. Mais sait-on quel était le *Caligula* originel? Y a-t-il, comme l'auteur lui-même le laissait supposer, une solution de continuité entre le texte de 1938 et celui de 1958, c'est-à-dire, une amélioration progressive de la pièce où, nous le savons, la mesure et la dignité humaine finissent par se révolter contre une tyrannie meurtrière?

Dix ans de recherches m'ont convaincu de la nécessité de présenter une édition critique de *Caligula* basée sur le texte de la version de 1938. Celle-ci représente, pour ce qui est de l'art dramatique comme pour la conception de la tragédie, une pièce autre que le *Caligula* édité à trois reprises à partir de 1944. Il y a une rupture dans la vision de Camus entre 1938 et la dernière version pré-originale de la pièce, terminée en 1943. Il serait plus juste de dire que la version de février 1941 montre une faille importante dans la conception originelle de la tragédie, et que les modifications de 1941 à 1943 en font graduellement un véritable rupture. Cette thèse ne porte pas exclusivement sur le seul théâtre de Camus. Il sera possible, dès que les textes seront à la portée de tous, de montrer le lien entre le roman abandonné, *La Mort heureuse*, et le premier *Caligula*. En somme, il s'agit de ressusciter tout un pan de l'œuvre camusienne, le premier, qui pourra éventuellement modifier notre vue de l'édifice dans son ensemble. Bien entendu, la présente communication, par son format comme par sa brièveté, ne saurait qu'esquisser un certain nombre des questions et problèmes que l'on pourra envisager à partir de cette édition dont la réalisation doit se faire dans un proche avenir. Je ne détaillerai pas ici le nombre ni l'état des manuscrits et dactylographies qui entrent dans la présentation de l'édition critique—cette documentation est le sujet d'un article dans un numéro récent de la série *Albert Camus*—mais je dois mentionner deux camusiens qui m'ont précédé dans cette voie.[1] Carl Viggiani a, avant 1960, étudié les écrits du jeune Camus et il a compris l'intérêt du manuscrit de la première version de *Caligula*. Albert Camus avait prêté à notre collègue le document en question peu de temps avant de trouver la mort. Une dactylographie en a été faite qui m'a été d'une aide précieuse pour la vérification des autres documents dont nous disposons. Germaine Brée a sauvé d'une dispersion probable deux documents d'un très grand prix. Ils sont le complément indispensable de ceux qui sont restés dans les archives auxquelles Madame Camus m'a gracieusement donné accès. Prises dans leur ensemble, ces dactylographies corrigées par l'auteur, avec les textes manuscrits, permettent de rétablir l'historique à peu près complet de cette pièce maîtresse de l'œuvre de Camus.

La question centrale que pose la pré-histoire de *Caligula* est toutefois celle de l'idée que Camus se faisait de la tragédie au moment de faire sa première tentative dans ce genre. C'est en 1971 que j'ai avancé pour le première fois l'argument que l'esthétique du premier *Caligula* reposait sur certaines thèses de Nietzsche dans l'*Origine de la tragédie*.[2] A l'époque où j'ai fait la communication en question il était encore relativement rare que l'on parle d'une influence positive de Nietzsche sur Camus. L'idée pouvait donc surprendre, d'autant plus qu'elle n'était appuyée alors que par la documentation partielle de R. Quilliot dans les notes de l'édition de la Bibliothèque de la Pléiade. Depuis cette époque, d'autres chercheurs se sont penchés sur le rôle que Nietzsche a pu jouer dans l'art et la pensée de Camus, et une autre communication à ce colloque en fera le bilan.[3]

Je dois nécessairement abréger une exposition qui mérite un plus ample développement, par exemple celui de l'évolution parallèle, mais en sens inverse, des personnages de Cherea et de Caligula dans les versions successives de la pièce. Il sera cependant possible d'indiquer quelque chose de l'importance de la direction de cette évolution en disant ce que le texte de 1938 fera ressortir très clairement. A l'origine, la tragédie de *Caligula* était entièrement axée sur un héros unique auquel l'ensemble des Sénateurs (plus tard, les Patriciens) servait d'antagoniste. En d'autres termes, la belle figure morale de Cherea qui, pour beaucoup de lecteurs et de spectateurs, représente le principal intérêt dramatique de la pièce, cette figure morale de résistant qui annonce déjà le Dr. Rieux de *La Peste,* n'existait pas. Elle a évolué petit à petit après 1941 et s'est très fortement accentuée en 1943–1944 seulement, peu de temps avant la première édition de *Caligula*. (Disons entre parenthèses que la conception de la tragédie que Camus a articulée dans la conférence d'Athènes en 1955, et qui se conforme si parfaitement à l'opposition Cherea-Caligula, ne nous parle pas du tout du *Caligula* de 1938.)

On comprendra mieux cette conception apparemment singulière du héros tragique quand on pourra examiner les autres aspects du *Caligula* originel qui la mettaient en valeur. Entre autres, l'ombre de Drusilla, la sœur-amante, qui hante la pièce tout entière, fournit le ressort du soliloque tragique qui clôt le premier acte et annonce déjà et la signification et la nécessité de la mort de Caligula. Car toute la pièce, de 1938 à 1941, évoluait dans l'ombre de la mort, non pas d'*une* mort—Drusilla étant le signe absent de la moitié perdue d'une unité ontologique idéale—mais la mort conçue comme le phénomène définitif qui donne son sens à la vie. En ceci le premier *Caligula* révèlera des affinités avec les plus belles pages méditatives de Malraux dans *La Condition humaine*. L'érotisme du premier *Caligula* n'est pas non plus sans rapports avec le Malraux qui s'intérrogeait, au début des années trente, sur la mort et la vie par le biais de la sexualité. Et on n'a pas encore tout dit sur la coïncidence chez Camus et Artaud de l'idée de la peste ou bien, dans "Sur le théâtre balinais" de ce dernier, de la notion que le théâtre devait revêtir un aspect rituel et toucher intimement l'être du spectateur. Le premier *Caligula* a été écrit dans un état d'esprit similaire qui s'estompe dans les révisions successives pour disparaître tout à fait à la fin.

Au moment où commençait à s'imposer à moi l'idée de *Caligula* comme palimpseste, *La Mort heureuse* n'avait pas encore vu le jour. C'est-à-dire qu'à l'origine ma lecture "nietzschéenne" de *Caligula* n'avait pas bénéficié des indications d'un schème mythique calqué sur l'*Origine de la tragédie* qui se lisent en clair dans le texte de *La Mort heureuse*. L'édition critique du premier *Caligula* illuminera le roman abandonné en montrant que, de 1937 à 1938, Camus avait mené de front deux explorations artistiques du sens de la mort. Il a fini par condamner à l'oubli l'exploration narrative, où d'ailleurs les meilleures pages sont lyriques, en faveur de l'exploration théâtrale qui, en 1938, relevait encore d'un théâtre lyrique. Dans sa thèse de doctorat, Barbara Suratt, qui a pu consulter une dactylographie du *Caligula* original, a étudié *La Mort heureuse* comme le point de départ commun à *L'Etranger* et à *Caligula*.[4] Cette thèse encore inédite mérite l'attention des chercheurs qu'intéresse la question des débuts littéraires d'Albert Camus.

Dans *La Mort heureuse* le nom de Roland Zagreus, la mort nécessaire de celui qui a libéré Patrice Mersault et lui permet de poursuivre une mort consciente et heureuse, le lyrisme de la description des derniers jours de Meursault, tout ceci témoigne d'une lecture fort optimiste par Camus de l'*Origine de la tragédie*. Le nom de Zagreus, en effet, nous ramène à l'exposition nietzschéenne du mythe de Dionysos. Donnant sa propre interprétation des antiques mystères d'Eleusis, Nietzsche avait cru pouvoir y trouver le sens métaphysique de la tragédie depuis ses origines. Tout héros tragique serait alors un masque de Dionysos:

> le Dionysos souffrant des mystères, le dieu qui éprouve en soi les douleurs de l'individuation et de qui d'admirables mythes racontent que, dans son enfance, il fut massacré et mis en pièces par les Titans, et adoré ainsi sous le nom de Zagreus.[5]

A l'instar de Nietzsche, Camus semble bien avoir fait du sacrifice de Zagreus (Roland) la condition d'une re-naissance de Patrice Mersault. Celui-ci, tout comme le Dionysos nietzschéen, doit vivre et souffrir de façon exemplaire avant de retrouver dans la mort la promesse d'une réintégration à l'être indifférencié. Dans *La Mort heureuse,* la veine lyrique de Camus, qui s'est exprimée avec tant de succès dans *Noces*, n'a pu s'accommoder des exigences de la narration. Le schème mythique ne pouvait suppléer au manque d'une structure romanesque. On sait de quelle façon magistrale Camus a, très rapidement, tiré de cet échec le chef d'œuvre de *L'Etranger*. Ce qui doit attendre l'édition du premier *Caligula*, c'est la preuve qu'avant même de réaliser son grand roman, il a fait profiter sa première pièce de théâtre de la leçon tragique qui ne trouvait pas sa forme ni le ton adéquat dans *La Mort heureuse*. Dans ce sens, on peut dire que le premier *Caligula* représente un développement parallèle à *L'Etranger* à partir d'une source commune, sans ignorer toutefois ce qui les distingue.

Dans la version originale, *Caligula* est une pièce très peu dramatique. Les rares critiques qui en ont consulté les documents ont surtout parlé de répliques trop longues et d'un état d'esprit juvénile. Ces objections valent aussi longtemps que l'on se tient dans l'optique que j'appelle volontiers la téléologie rétrospective. Une certaine critique génétique part de l'existence de telle version dite définitive d'une œuvre littéraire et, à l'aide de notions comme "maturité" ou "génie" dont elle se garde d'examiner le poids idéologique, elle "démontre" que, puisque l'auteur a suivi une évolution donnée, les états antérieurs de cette œuvre doivent se succéder selon un ordre d'amélioration technique ou esthétique toujours croissant. Cette attitude, et la méthodologie qui s'ensuit, tendent à privilégier les notions de raison, de technique, voire de métier. Elles tendent également à exclure tout examen sympathique et patient de l'état d'esprit qui a dû être sacrifié à celui qui a fini par s'imposer. L'état d'esprit "juvénile" dont Camus fait preuve dans le *Caligula* de 1938 est aussi, et au premier chef, une tentative artistique de suggérer la possibilité de réintégrer les contradictions de la vie humaine par delà la mort, afin de retrouver une plénitude de vie que l'on suppose aussi en deçà de la naissance. Il est évident qu'une tragédie qui se propose de traiter, de donner à voir et à sentir, cette conception de la vie et de la mort, devra s'éloigner beaucoup de ce qu'il est convenu d'appeler les réalités de la vie sociale. Cette tragédie-là, par contre, exploitera, jusqu'à l'exaspération des nerfs, la part d'ombre de la vie humaine, celle qui n'est pas et, peut-être, ne sera jamais socialisée. Caligula, le héros tragique de 1938, évolue précisément dans cette atmosphère de la fin des temps où le sens de l'*historia* se noie volontiers dans la nostalgie du *mythos* inaccessible.

Le *Caligula* de 1938 est lyrique et onirique. Les principes qui organisent les rapports entre ses parties—l'extraordinaire symétrie entre Scipion et Caligula, par exemple, ou bien la lutte métaphysique, l'*agon*, qui détermine le sort tragique du héros et qui se communique viscéralement, pour ainsi dire—ont été oblitérés par la substitution d'une esthétique étrangère à celle qui présidait à la composition de la version originale. C'est l'idée d'une rupture radicale entre le premier *Caligula* et la pièce que nous connaissons qui exige la présentation *in toto* de la version originale. Il est impossible de contrôler objectivement ou de mettre à l'épreuve cette thèse en l'absence du texte de base. On peut désormais espérer que le moment n'est pas loin où l'on pourra juger des mérites de cet argument à partir d'une édition du premier *Caligula*.

Notes

1. Pour la documentation, voir A. James Arnold, "Pour une édition critique de *Caligula:* travaux préliminaires," *AC9*, 133–150.
2. L'article intitulé "Camus' Dionysian Hero: 'Caligula' in 1938," *South Atlantic Bulletin*, xxxviii:4 (November 1973), 45–53, est le texte d'une communication faite au South Atlantic Modern Language Association deux ans auparavant.
3. Voir la communication, dans ce volume, de Maurice Weyembergh, "Camus et Nietzsche: évolution d'une affinité."
4. Barbara Suddath Suratt, "Camus' Early Aesthetics, 1932–1940: the Nietzschean Tragic Perspective," thèse de doctorat (Charlottesville: University of Virginia, 1976), pp. 38–84.
5. Friedrich Nietzsche, *L'Origine de la tragédie: ou, hellénisme et pessimisme,* trad. Jean Marnold et Jacques Morland (Paris: Mercure de France, 1901), p. 97.

Discussion

A. ABBOU: Vu l'évolution récente de la textologie, comment faudrait-il concevoir la méthodologie de l'édition d'un texte à l'heure actuelle?

A.J. ARNOLD: Une réponse possible à votre question se trouve dans "Pour une édition critique de *Caligula:* travaux préliminaires," [*AC9*, 133–150]. J'avoue qu'il y a plusieurs possibilités. Celle que je préfère à l'heure actuelle ce serait la présentation *in toto* d'une dactylographie corrigée de la main d'Albert Camus de ce que j'appelle ici et ailleurs le *Caligula* de 1938. Ce premier texte étant très bref, je crois qu'il serait utile d'y ajouter une sorte de second volet sous forme du texte—également corrigé par Albert Camus, mais d'une façon beaucoup plus extensive—de la dactylographie datée de 1941. Car c'est là où les changements importants commencent à se manifester. Mais tout cela demeure une question non encore résolue et dont la réponse dépend des accords conclus avec un éditeur qui détermineront jusqu'à quel point je dois et puis conserver l'intégralité des variantes. Si j'ai bien compris la visée de votre question, il s'agirait de concevoir une édition critique qui ne soit pas une simple "archive" mais qui contribue, directement ou indirectement, aux études littéraires sur le plan stylistique et critique.

A. ABBOU: N'empêche qu'il existe une série de problèmes qui ont trait à l'édition critique en général et les apparats qui entourent l'édition critique qu'il faudrait élucider à côté des objectifs pratiques que l'on se propose.

A.J. ARNOLD: Comme nous ne disposons pas de beaucoup de temps, je pense que nous pourrions discuter les critères que vous visez en plus de détails à la fin de cette séance.

P. ARCHAMBAULT: Vous nous avez fait entendre qu'il y avait une rupture entre le premier *Caligula* et les autres. Serait-elle attribuable à un changement d'optique radical de la part de Camus?

A.J. ARNOLD: Je pense qu'il s'agit, en gros, d'une progression d'abord assez lente, ensuite, mettons à partir de 1941, plus accélérée de ce qu'on pourrait appeler un monologisme lyrique vers ce discours dialogique qui va constituer le théâtre de Camus. Cela confirmerait également l'optique entamée tout à l'heure par L. Mailhot en ce qui concerne la théâtralisation du discours que l'on trouve dans les autres œuvres. Ostensiblement celui qu'on se plaît à appeler "le premier Camus" ne travaillait pas dans ce sens et il y a là un champ d'exploration à peine défriché sur le plan de l'analyse du discours.

P. CRYLE: Pourquoi parler de palimpseste pour suggérer l'effacement? Les séquences d'écriture font appel à l'imagination spatiale et je ne vois pas très bien le sens de votre métaphore.

A.J. ARNOLD: J'accepterais toute autre image applicable. Ce qui m'intéresse c'est de voir, en partant des variantes, le passage d'un état d'esprit à l'autre et c'est cela et non pas la compilation de notes qui me semble important dans un projet d'édition critique.

P. CRYLE: Ainsi vous seriez en mesure de suivre avec plus de précision le processus d'effacement.

L. MAILHOT: Au risque d'avoir mal compris je voudrais quelques précisions sur l'opposition entre le texte lyrique, donc le premier *Caligula,* et le texte dramatique.

A.J. ARNOLD: Il n'y a pas de malentendu: le passage du texte lyrique au texte dramatique signale un changement dans le mode du discours camusien qu'il faut attribuer aux événements historiques. C'est après l'armistice de 1940 que Camus a pu, su et dû reprendre *Caligula* en y insérant ses préoccupations éthiques de plus en plus marquées qui n'existaient pas au moment de la première version. Disons plutôt que dans la mesure ou elles étaient présentes, elles fonctionnaient sur tout un autre registre.

L. MAILHOT: Mais ce n'est pas parce que l'aspect éthique n'est pas ou est moins tangible dans la première version qu'il s'agit d'un texte lyrique. Sinon, il faudrait conclure que Camus nous présente une espèce d'adaptation du premier texte.

A.J. ARNOLD: Je ne m'inscrit pas en faux contre le terme d'adaptation. Mais sur le plan de la création proprement dite, il y a tout de même des ajouts qu'on ne peut guère faire entrer dans l'adaptation. Je pense notamment au troisième acte de l'édition dite définitive. Quels sont les principes esthétiques généraux des changements que Camus fait subir à la pièce vers 1941? Il n'y a pas de doute que ces modifications changent radicalement l'orientation de la pièce. Autre exemple: Lorsque Caligula s'écrie, à la fin de la pièce: "Je n'ai pas pris la voie qu'il fallait," il renie son vaste projet et se renie lui-même. C'est un ajout très tardif qui date d'environ 1943. Or c'est à partir de cette année que l'on trouve et se plaît à mettre en vedette des formules sententieuses qui soulignent les questions morales et le tort de Caligula. L'une de ces formules les plus connues, "Les hommes meurent et ne sont pas heureux," est également tardive et nantit le texte d'une tonalité entièrement absente dans la version originale.

IV. Philosophie

Edouard Morot-Sir
University of North Carolina, Chapel Hill

Logique de la limite, esthétique de la pauvreté: Théorie et pratique de l'essai

En bonne logique camusienne de la limite, le texte qui suit appartient à cette phase de la recherche expérimentale appelée "formation du champ des hypothèses." Cette formation a été précédée par une première chasse de Pan, comme disait Francis Bacon, dans le territoire des "essais" d'Albert Camus. Il va de soi qu'une vérification des hypothèses doit suivre, c'est-à-dire un travail plus ample de contrôle, et surtout une œuvre patiente de rectification et de correction, après l'effervescence des affirmation, dont j'excuse par avance le ton jubilant.

La distinction camusienne entre pensée et art est claire et relative, comme le sont les fonctions complémentaires de l'essai et du roman: il n'y a pas d'art sans pensée, et le penseur est lui-même un artiste. Ainsi s'affirme, dans l'œuvre de Camus, l'existence d'un art de l'écriture philosophique qui participe à une entreprise de discipline linguistique, solidaire des écritures romanesques et théâtrale. L'étude présente tentera de dégager les grands traits d'une refonte et recréation de l'essai au milieu du vingtième siècle. Dans sa dernière interview, Albert Camus a reconnu cet objectif d'écriture: "Je ne parle pour personne, j'ai trop à faire pour trouver mon langage" (II, 1925). Pour conduire cette analyse nous ne pouvons mieux faire que de suivre le conseil de Camus à tout lecteur de Kafka: "...il est honnête de consentir à son jeu, d'aborder le drame par l'apparence et le roman par la forme" (201). Voilà une règle digne d'être étendue au texte philosophique lui-même. Elle signifie: aborder la pensée par l'apparence et l'essai par sa forme. Camus nous invite à lutter contre l'attraction de la transparence, contre cette traversée de l'apparence, qui, selon Sartre, serait l'idéal de la prose. Camus suggère une mise en opacité du texte qui devient obstacle et limite à affronter, non à dépasser. Avant de se laisser aller à la joie des variations herméneuticiennes, il faut avoir "essayé" le texte, éprouvé sa résistance et sa dureté signifiantes, avec l'aide de concepts que j'emprunte à la linguistique contemporaine, et dont je reconnais les limites théoriques.

Tout texte présente un degré plus ou moins accentué de *contextualisation,* c'est-à-dire une mise en contexte implicite ou explicite d'une partie de son sens.[1] Qu'en est-il dans l'essai camusien? Il possède une contextualisation très forte. Les renvois à des événements et des œuvres sont constants: est-il possible de suivre les analyses des premières pages de *L'Homme révolté* sans avoir lu *Les Hauts de Hurlevent* ou *Les Frères Karamazov?* Une masse culturelle vibre autour du texte qui se met en état permanent de référence et de dialogue. *L'Homme révolté* s'oppose ainsi à la *Phénoménologie de l'esprit* de Hegel, qui offre le plus extraordinaire exemple d'une contextualisation tendant vers zéro: dans son appétit d'ogre culturel Hegel absorbe et rumine dans les poches de son estomac dialectique toute l'histoire de la conscience. Au contraire Camus met sans cesse en contexte, il supprime explications et justifications, il limite l'expression, il pense par fragments qui constituent autant d'îlots sémantiques dans l'océan contextuel du sens. Ainsi s'impose, dans le jeu de l'argumentation, une restriction sévère de la démonstration, un besoin d'ellipse et de raccourci, une tentation de laconisme. Toute mise en contexte fait intervenir les opérations rhétoriques d'hypotaxe et de parataxe, l'une et l'autre produisant, comme l'a montré Erich Auerbach,[2] deux langages divergents, l'un *parataxique,* qui implicite les liaisons, l'autre *hypotaxique,* qui explicite les relations entre éléments discursifs. A la tendance parataxique se rattachent les techniques d'énumération et d'ellipse, les effets de dramatisation textuelle: le texte *montre,* il ne s'évertue pas à justifier.[3] Sans aller jusqu'à accepter la simplification proposée par Auerbach qui distingue les écrits gréco-romains hypotaxiques et les écrits hébraïques parataxiques, on peut observer le fait d'une double orientation du langage; et pour l'essai camusien, on notera que sa forte contextualisation est le signe d'un langage parataxique. Sartre a été hanté par l'impossibilité de *tout prouver;* de là, chez lui, cette ivresse hypotaxique dont *Critique de la raison dialectique* nous donne un exemple vertigineux. Au contraire, Camus a toujours peur de *trop dire:* il freine, retient, contient le signifié; il multiplie les références à tous les textes réels ou même possibles, et la mise en contexte devient l'art de l'allusion et du raccourci. Ainsi commence la mise en lecture du texte.

L'intertextualité est un phénomène voisin de celui de contextualisation: elle est le fait de la présence d'autres textes dans la fabrique du texte. Il convient de distinguer entre une intertextualité sémantique et une autre, formelle. La critique camusienne a largement exploré l'un et l'autre domaine, et on sait ce que l'essai camusien doit à Kierkegaard, le premier adversaire de Hegel, à Dostoievski, à Nietzsche, à Gide, et finalement à Jean Grenier. Mais la découverte des intertextes sémantiques est toujours ambiguë. Comme Pascal l'a remarqué à propos du Cogito, l'essentiel n'est pas dans le dire, mais dans la manière de dire. Même dans le cas de Grenier, une parenté sémantique indiscutable fait oublier que des résonances stylistiques différentes produisent des effets de compétence intellectuelle voisins en surface, radicalement autres en profondeur. J'attache beaucoup plus d'importance à l'intertexte formel. Sans doute les œuvres déjà citées ont-elles contribué à la fabrique de l'essai camusien; mais quand il s'agit de forme de pensée, et non de contenu, je crois que les intertextes exemplaires qui ont aidé Camus à donner à l'essai une forme nouvelle remontent à la période classique: les *Méditations métaphysiques* de Descartes, les *Pensées* de Pascal. Les premières montrent que l'essai ne peut se manifester qu'en méditation, et que l'art de penser est d'abord l'art difficile de dire je: du *Mythe de Sisyphe* à *L'Homme révolté* Camus passera du je au nous; alors il restreindra le droit de dire je, et même nous. Mais le mouvement secret du texte restera celui d'une méditation dramatique: dans leur expérience logique les idées se vivent: *L'Homme révolté* dira la vie tragique des conséquences et de leurs limites. C'est ici qu'intervient Pascal, maître des fulgurations instantanées. De Pascal Camus tient une logique de renversement du pour au contre et une rhétorique du figuratif, dont nous étudierons plus tard les effets. Disons, pour le moment, que l'essai camusien réunit le rythme continu de la méditation cartésienne et le rythme saccadé du fragment pascalien. Cependant le texte suggère encore un autre intertexte, peut-être plus profond et secret. Pascal a aidé à cette intervention: je veux parler de l'*intertexte évangélique,* qui fait comprendre l'harmonie que Camus a voulu faire régner entre l'essai, le roman et le théâtre. Non pas que Camus ait emprunté aux Ecritures le style de la prophétie, encore que ce langage soit partout, et discrètement, présent. Mais il y trouve le langage évangélique par excellence, celui que Auerbach appelle parataxique, et qui est, au-delà du langage de la prophétie, celui de la foi. Je ne suis pas en train de "convertir" Camus et son texte. Loin de là! Selon lui-même, ses essais devaient contribuer à l'avènement d'une ère post-chrétienne, préparée par Descartes et peut-être par Pascal en dépit de lui-même. La foi camusienne est ce qui, à travers le langage, exprime l'exigence du *oui*. Elle est aussi l'inspiration profonde du texte pour ceux qui ont su devenir pauvres en esprit. Et l'essai camusien possède une qualité évangélique, non pas tant parce qu'il annonce la fin de l'ère des grandes négations historiques, ce qui est cependant la bonne nouvelle de *L'Homme révolté,* mais parce qu'il pratique et enseigne le vrai langage de pauvreté.

La production du texte s'observe à deux niveaux, celui des unités élémentaires déterminées par la grammaire, ou micro-unités, et celui des unités supérieures, ou macro-unités, depuis la phrase jusqu'à l'œuvre. Dans l'essai camusien les micro-unités sont dominées par le problème de la relation nom/verbe: leur rapport donne au texte, à ses degrés divers de totalisation, une allure originale, tandis que les autres éléments grammaticaux—déterminants, adjectifs, adverbes, conjonctions et prépositions—jouent un rôle secondaire, selon leur propre destination grammaticale. Et, dans la relation nom/verbe, c'est le nom qui a la fonction signifiante la plus forte: le verbe sert le nom en le dynamisant. La statique nominale reste la science fondamentale du langage philosophique de Camus. Je parlerai donc d'un *langage à forte nominalisation*. Ce qui ne signifie pas que les écrits de Camus tendent, sauf dans les *Carnets,* à la phrase nominale. Il y a aussi nominalisation inévitable dans la mesure où la prédominance attendue des mots abstraits implique une transformation de l'expression verbale en expression nominale. Mais ce fait, normal pour la philosophie, n'entraîne pas chez Camus, comme cela arrive presque toujours chez les philosophes, un appauvrissement de la verbalisation du discours. Avec Camus, le verbe trouve une richesse nouvelle, comme animateur du nom. Mais c'est le nom qui assume la responsabilité du discours: *l'acte de nommer* devient la fonction essentielle du signe.

Comment? Répondre à cette question, c'est se demander comment les mots concrets interviennent dans le langage abstrait du philosophe.[4] Camus se sert souvent de noms concrets sous la forme d'allusions littéraires ou historiques. Mais leur intervention n'est pas sollicitée par une logique inductive qui chercherait à justifier une loi générale. L'allusion à Heathcliff au début de *L'Homme révolté* n'a pas qu'une valeur illustrative ou typique. Elle se rattache à ce phénomène d'alternance entre concret et abstrait, qui caractérise tous les textes de Camus, du théâtre au roman et à l'essai. Cela signifie-t-il que le concret serve de métaphore à l'abstrait selon le modèle bergsonien où la métaphore compense la distance créée par l'abstraction entre la pensée et le réel? Camus ne partage pas cette peur de l'analyse ni ce souci de réalisme métaphysique qui rêve d'identifier réalité et langage. Mais il n'est pas davantage idéaliste.[5] Pour lui le nom concret participe à la mythologisation de l'abstraction. Ici s'aperçoit son goût pour la mythologie grecque, et se comprend l'usage qu'il en fait. On pourra aussi parler d'allégorie, en écartant les connotations habituelles du mot, et en faisant de l'allégorie l'opération par laquelle le langage concrétise ses abstractions. Il en résulte aussi que l'adjectif est à la fois rare et fort: pas de prolifération adjectivale; mais à chaque qualification, il fera corps avec le nom et sera irremplaçable dans son modeste rôle. En conséquence, dans le texte camusien, l'acte de nomination est l'acte absolu de création artistique: il constitue simultanément les essences et leurs mythes, et il sollicite un discours qui soit à mi-chemin entre une phénoménologie des essences et une mythologie de l'expérience concrète.

Albert Camus, on le sait, évite tout le jargon philosophique, bien qu'il ne l'ignore pas. Mais il puise généreusement dans le trésor des mots abstraits de la langue française. Il ne forge ni n'adapte aucun néologisme. Il forme son propre univers du discours à l'aide des mots les plus courants: ce qui ne va pas sans une certaine ambiguïté qui lui a été reprochée. Quoiqu'il en soit, ses textes philosophiques se concentrent autour de quelques *mots-essences* qui servent de polarisateurs: tels sont évidemment "absurde," "révolte," "histoire," "révolution," ou autour d'essences à demi mythologisées, telles que "pensée de midi," "pensée de minuit." Cette nomination de l'essence qui n'a rien de commun avec l'eidétique husserlienne, s'accompagne de particules grammaticales significatives. Notons d'abord, dans les essais, la faible valeur et fréquence des articles indéfinis et démonstratifs, ainsi que des pluriels: ils sont présents pour des raisons occasionnelles. Au contraire, l'article défini singulier renforce le nom abstrait et lui assure un effet complexe d'universalité, de familiarité et de quasi-personnalisation, de sorte que le lecteur ait l'impression d'entendre parler la révolte ou le meurtre, plutôt que le révolté ou le criminel. On se prend même parfois à écouter un curieux discours indirect libre, dans lequel des essences personnalisées se mettent à parler à la troisième personne. C'est là un art très fin de dramatisation qui transforme l'essai en une tragi-comédie des essences, avec leurs jeux d'antonymes et de synonymes, leurs contrastes et leurs tautologies.

Cette situation exceptionnelle du mot-essence permet de reconnaître la place réservée, dans les essais, aux déictiques personnels, spatiaux et temporels. Si les déictiques de seconde personne (tu et vous) sont rares, ceux de première personne (je et nous) prennent une grande importance, mais avec une nuance: le "je" du *Mythe de Sisyphe* disparaît presque de *L'Homme révolté* pour laisser la place à "nous." De plus, comme le Descartes des *Méditations,* Camus tend à donner au sujet personnel la valeur d'une essence: il est *le* sujet du cogito absurde ou révolté. Les déictiques spatiaux (ici, là) sont rares et sans signification spéciale: dans le discours philosophique cette situation est certainement liée au refus, déjà noté, de traiter le concret comme fait localisable. Cependant les déictiques temporels, et plus généralement tout le lexique de la temporalité, jouent un rôle décisif dans le déploiement du texte. Nul n'ignore le goût, et même la faiblesse de Camus, pour les décisions temporelles absolues dans une sorte de prophétisme latent, du type "ce fut," "c'est," "ce sera le temps des. . . ."[6] Le temps se métamorphose en essences distinctes: ce trait, encore peu souligné dans *Le Mythe de Sisyphe* devient une des marques de *L'Homme révolté,* sans doute pour accentuer l'opposition à la philosophie hégélienne de l'histoire qui se projette en un continu dialectisé.

Encore que les linguistes soient loin d'être d'accord sur la signification de la relation nom/verbe, ils reconnaissent habituellement au verbe une double fonction de prédication et d'action, tandis que le nom exprime le sujet et l'état. Dans la mesure où ces distinctions sont commodes, notons qu'elles s'appliquent à l'essai camusien. L'usage des verbes être et avoir, ainsi que des tournures impersonnelles "c'est, "il y a" est fréquent. Mais, s'il produit des effets stylistiques sensibles, il n'est pas systématique, comme il peut le devenir chez Sartre. Cependant un des charmes de la stylistique camusienne réside dans le choix des verbes par rapport aux noms abstraits. Camus évite autant que possible ces "métaphores usées" qui sommeillent au fond des lexèmes philosophiques et dont le statut épistémologique a été mis en cause par J. Derrida.[7] Non pas que Camus veuille re-valoriser la fonction verbale en la métaphorisant fortement. *Il cherche à dramatiser les essences par l'intermédiaire des verbes,* et il achève ainsi l'œuvre de personnalisation commencée avec les déterminants et les qualificatifs. Un seul exemple suffira, mais rappelons-nous que chaque phrase témoigne de cet effet: "Coincé entre une vertu injustifiable et un crime inacceptable, dévoré de pitié et incapable d'amour, solitaire privé du secourable cynisme, la contradiction tuera cette intelligence souveraine" (II, 469). (Il s'agit d'Ivan Karamazov.) Une telle phrase est exemplaire à plus d'un titre: elle montre particulièrement la complicité des verbes et des adjectifs dans le travail d'animation simultanée des essences et des êtres en qui elles s'incarnent. Une puissante anacoluthe, de type pascalien, est soutenue par une première partie au masculin qui fait naître l'attente du sujet: Ivan Karamazov. Brusquement le mouvement s'inverse, la phrase passe au féminin et transpose le nom propre masculin en essence: il est remplacé par une expression-essence renforcée par un déictique démonstratif "cette intelligence souveraine," cependant qu'à la cassure du rythme surgit le vrai sujet "la contradiction"; et le futur "tuera" rassemble tous les éléments du texte dans le lieu de leur unité, dans leur avenir tragique. Il est clair enfin que Camus refuse l'affaiblissement et l'usure qui semblent inévitables quand le sens passe du propre au figuratif. Ivan Karamazov n'est pas figurativement "coincé" pas plus que la contradiction ne "tue" en figure. Il n'y a pas non plus transfert métaphorique: le verbe décrit la vie des essences, non pas simplement en les rattachant à des situations particulières, mais en révélant leur vie concrète. L'opposition de l'abstrait et du concret, qui donne à tout discours une polarisation nécessaire, devient relative. De là une conséquence littéraire remarquable: la distinction entre essai, roman et théâtre est elle-même relative: elle qualifie des distributions et fréquences de degré variable entre mots abstraits et concrets, entre essences et existences, et chacun de ces genres résout des problèmes différents de nomination et d'animation.

Rassemblons ces vues sur les micro-unités constitutives de l'essai camusien: le nom-essence s'impose aux autres éléments du discours, et il les soumet à une discipline d'expression qui fait du langage philosophique une description dramatique du sens.

Observons maintenant le jeu et les effets des macro-unités du texte, mais sans jamais perdre de vue le fait que, chez Camus, la décision fondamentale et permanente du discours se manifeste par un acte universel de nomination. Il n'y a pas de meilleur texte où se trouve exprimée une telle volonté de parole que celui de "L'Enigme." En voici deux extraits, l'un au début, l'autre à la fin:[8] "Je ne sais pas ce que je cherche, je le nomme avec prudence, je me dédis, je me répète, j'avance et je recule. On m'enjoint pourtant de donner les noms, ou le nom, une fois pour toutes. Je me cabre alors; ce qui est nommé, n'est-il pas déjà perdu?" (II, 861). Et dans le paragraphe final: "Mais nous avons appris, loin de Paris, qu'une lumière est dans notre dos, qu'il nous faut nous retourner en rejetant nos liens pour la regarder en face, et que notre tâche avant de mourir est de chercher, à travers tous les mots, à la nommer" (866). Ce mouvement d'inversion et de conversion platoniciennes et orphiques hors de la caverne littéraire de Paris justifie l'hypothèse selon laquelle les diverses conduites du texte camusien se concentrent autour de l'acte de nommer, à la fois refusé et obstinément repris, réaffirmé. Il montre aussi la relation profonde entre les micro- et les macro-unités du discours: la phrase et les groupements supérieurs conservent en leur développement et leur dilatation la nostalgie de la condensation nominale: le discursif n'est que la parousie du nominatif.

A première vue, la *masse textuelle* dans les écrits philosophiques de Camus manifeste une tendance à la concentration. Selon l'édition de la Pléiade *Le Mythe de Sisyphe* se limite à 112 pages environ, et *L'Homme révolté,* le plus long de tous les écrits philosophiques, se contente de 287 pages. Ces grandes masses sont divisées en parties d'inégale longueur; et chacune se subdivise à son tour en sections, sous-sections, et même en groupes de paragraphes séparés par un double interligne. Les macro-unités inférieures sont le paragraphe et la phrase. Leur rapport quantitatif est révélateur: le paragraphe est relativement court: il se dilate en moyenne entre 15 et 30 lignes. En cette matière de distribution verbale, Camus est à l'opposé de Proust ou de Sartre, qui l'un et l'autre semblent se résigner difficilement à aller à la ligne. Camus, au contraire, lutte sans cesse contre la marée discursive.

Est non moins significatif le rapport entre phrases et entre paragraphes, soutenu par une ponctuation précise et détaillée. Un échantillonnage de la relation entre le nombre de lignes et le nombre de phrases montre un rapport qui oscille entre 2 et 1, c'est-à-dire que le nombre de phrases par paragraphe tend à être la moitié du nombre de lignes. De fortes oscillations autour de cette moyenne existent, mais elles restent exceptionnelles. La phrase elle-même est courte. Il est facile d'identifier les trois formes de phrases que distinguent les grammairiens: simple, étendue, complexe.[9] La phrase qui dépasse quatre lignes est rare; et presque toujours elle est la dilatation d'une phrase courte sur laquelle elle s'appuie, ou vers laquelle elle tend après un, deux ou trois essais de dilatation. Il arrive même que la phrase simple cherche à se nicher à l'intérieur de la phrase longue dont elle devient la concentration interne. Le rythme concentration-dilatation, toujours contrôlé et contenu, est présent à tous les niveaux des macro-unités, depuis la phrase jusqu'à l'œuvre—et par œuvre, je désigne l'ensemble des textes publiés, ou simplement écrits, et aussi à venir. Tirons encore une autre conséquence: la phrase étendue ou complexe n'est jamais oratoire ou périodique. Elle n'aspire pas à l'ampleur cicéronnienne, à la totalité démonstrative de Bossuet, ou à l'enveloppement rythmique d'un Chateaubriand, d'un Proust ou même d'un Breton. La phrase complexe de Camus reste attique, en dépit de son ampleur. Elle n'est jamais qu'une addition de phrases simples, même dans le cas d'une énumération rythmée. La répétition casse l'amplitude oratoire: pour employer une formule de Camus, la parole se fait "monotonie passionnée."[10] L'effet stylistique qui caractérise l'art camusien d'être classique, cache donc son secret dans la profondeur de la phrase simple.

Nous avons déjà relevé une tendance au laconisme, à l'ellipse et plus encore au raccourci, en étudiant la relation du texte avec son contexte et ses intertextes.[11] Voyons maintenant la technique de la phrase simple. Elle n'est pas soumission au schéma prédicatif défini par la *Logique de Port-Royal*. Certes Camus obéit aux impératifs de la logique et de la grammaire françaises. Il ne s'accorde aucune distorsion lexicale, et les écarts syntaxiques sont rares. Bien qu'il soit conscient des limites de la grammaire, il ne prétend pas lui en remontrer, mais il aime à faire sentir ses limitations.

La phrase simple camusienne cherche à exprimer une prédication double, positive et négative. En termes de calcul logique, on dira que cette phrase simple, ou à plus forte raison, la phrase complexe, tend à contenir (dans le double sens du mot) une affirmation et une négation de type "a, non-b," ou une inférence de type $a \rightarrow b$, ou plus encore, une disjonction de type $a \vee b$, alors que les conjonctions de type $a.b$ sont rares. L'opération logique donne à la phrase son rythme fait d'antonymies et de synonymies en alternance. Le rythme binaire des textes camusiens a été étudié, et on a aussi découvert des rythmes ternaires et quaternaires.[12] A mon avis, les rythmes ternaires ou quaternaires sont le plus souvent des variations du rythme binaire, qui est fondamental. Le rythme ternaire est une double binarité: a est en alternance avec b, et b se décompose en une nouvelle alternance. Tout se passe comme si Albert Camus transposait dans la prose philosophique l'exigence de l'alexandrin classique, de sa césure et de ses hémistiches. Non pas que je reproche à Camus la faute que Vaugelas dénonçait, et qui consiste à glisser dans la prose des rythmes alexandrins, encore qu'il soit plus d'une fois très près de commettre ce péché cardinal! A l'aide de différences quantitatives pour éviter une monotonie pesante, la binarité se poursuit avec "l'obstination ajoutée au ton qui lui convient," dirait Camus (I, 1901). Il s'agit donc d'une binarité où la logique et la musique combinée produisent un alliage unique, dont il convient maintenant d'approfondir la nature.

Une lecture assidue des textes philosophiques de Camus m'a conduit à l'idée que, parmi les opérations logiques structurant le discours moral camusien, la *disjonction* joue un rôle primordial et qu'elle intègre la négation et l'inférence dans des structures "aVnon-b" ou "a→non-b." De plus, l'intertexte cartésien offre la binarité idéale: "je pense, donc je suis" constitue une "logique en existence," selon une heureuse expression de Camus,[13]— formule que je serai tenté de lire comme "discours en existence." Ainsi le cogito se binarise plus fortement chez Camus que dans les *Méditations* de Descartes, et il devient: "il y a absurde, donc je suis" et "je me révolte, donc nous sommes." Or le premier cogito—celui du *Mythe de Sisyphe,* historiquement premier—est second en bonne logique, car la conscience de l'absurde naît d'un acte de révolte. Disons donc que la révolte fonde la binarité de surface, et que les jeux du rythme binaire sont les affleurements d'une révolte profonde, de cette révolte qui fait exister le langage comme pensée et comme art.

La binarité ainsi comprise est liée à un autre caractère important de l'essai camusien. Pour structurer cette nouvelle analyse je me servirai de la distinction complexe qu'utilise la linguistique actuelle, entre axes *paradigmatique* et *syntagmatique*. Cette distinction comporte presque autant de définitions et d'usages qu'il y a de linguistes, ou au minimum, de théories linguistiques. Mon emploi ici se rapprochera de l'opposition qu'établit Hjemslev entre liaisons disjonctives et conjonctives, entre l'exigence de système et celle de procès. Je le répète, il s'agit d'outils conceptuels relativement grossiers: il nous serviront de guide pour mettre à jour la tendance profonde qui anime le langage philosophique du *Mythe de Sisyphe* et de *L'Homme révolté*. En termes moins techniques, notre problème se formule ainsi: quelles sont les relations de coexistence et de succession qui s'établissent entre les phrases, les unes par rapport aux autres, et entre les phrases et les unités supérieures?

La critique camusienne a déjà relevé le phénomène de *juxtaposition* interphrastique.[14] Cette observation concerne l'aspect le plus apparent du texte. La juxtaposition cache une exigence profonde de description et de nomination dont nous avons parlé, et qui s'oppose à un besoin de linéarité démonstrative où les phrases s'enchaîneront à la manière de théorèmes, à partir de propositions primitives et de règles opératoires: un tel processus est aussi éloigné de la composition camusienne que *L'Homme révolté* l'est de la *Critique de la raison dialectique*. Camus rejette à la fois l'enchaînement analytique de modèle mathématique et la succession dialectique des modèles hégélien ou marxiste. Décrire, dira-t-on, c'est juxtaposer, poser des touches les unes à côté des autres. Le langage paradigmatique, en rivalisant avec le tableau du peintre, chercherait donc à présenter au lecteur un espace de coexistence textuelle, et non à le guider le long d'une ligne temporelle irréversible. Cependant l'image du tableau n'est qu'une première approximation. Une autre image géométrique suggère, en tout langage, une double tension de verticalité et d'horizontalité. Pour nous limiter au genre de l'essai, notons que le texte de Camus est un effort constant de *superposition:* non pas une touche à côté d'une autre, mais touche sur touche. Le texte est plus qu'un tableau où vibrent des valeurs qui prennent sens les unes par rapport aux autres. Il offre une verticalité de nuances qui se corrigent et se complètent, selon ce rythme de condensation et de dilatation, sur lequel se règlent les détails et les ensembles.

Voilà bien des métaphores, direz-vous? Je les confesse. Mais que dire d'autre à ce niveau d'analyse? Après tout, le langage est une matérialité obéissant aussi aux lois de l'organisation spatiale. D'autres précisions sont encore possibles. D'abord on peut maintenant découvrir la finalité de l'acte de nomination et celle du rythme binaire: la phrase est la fin du texte; elle est le raccourci des paragraphes et des unités supérieures; elle est le rêve irréalisable qui possède le Grand de *La Peste* et le Jonas de *L'Exil et le royaume;* elle est la suprême retouche que l'art apporte à la création naturelle. De là cette conscience qu'a le lecteur de saut linguistique d'une phrase à l'autre, ou encore d'un groupe de phrases à un autre, ou entre les grandes sections d'un ensemble. Et au-delà, en se superposant au chaos en devenir, *le texte est ce qui donne unité à des contextes désordonnés.* Deux faits stylistiques corrélatifs témoignent de cette situation: d'abord la très forte attaque de la phrase, assurée par la rareté des liaisons et la densité des premiers mots qui appellent leurs opposés. Souvent le sujet commence la phrase; et le risque de monotonie est compensé de temps à autre par des tournures impersonnelles ou des inversions. Voici quelques exemples parmi des milliers possibles: "Les Grecs n'enveniment rien" (II, 438), "Les temps modernes s'ouvrent alors dans un grand bruit de murailles écroulées" (ibid.), "Pour que le dieu soit homme, il faut qu'il désespère" (444), "De Paul à Staline, les papes qui ont choisi César ont préparé la voie aux César qui ne choisissent qu'eux-mêmes" (471), "La vraie passion du vingtième siècle, c'est la servitude" (637). Le deuxième fait remarquable consiste dans la rareté de ce métalangage d'argumentation qui est, au contraire, extrêmement fréquent chez les philosophes, et grâce auquel l'auteur, s'adressant au lecteur, surdésigne et surqualifie sa propre argumentation. Je parle ici de ce tissu conjonctif qui est fait de "donc," "mais," "en conséquence," "plus encore," "peut-être," "pourrait-on dire," "on voit que," "il importe de remarquer que," "il ne s'agit pas non plus de," "il faut préciser que," "il est évident que," "on pourrait établir que," "pour finir que," etc. En ce rôle de guide et de rhétoricien de l'argumentation, l'auteur Albert Camus a toujours obéi à un strict principe de sobriété métalinguistique.

Ainsi l'essai camusien s'affirme descriptif et faiblement démonstratif: *il fait voir, il fait dire.* Il invite à des superpositions verbales, qui, les unes par rapport aux autres, sont des retouches. Soulevé par un rythme de concentration et de dilatation, le texte se ramasse toujours sur la phrase, qui est elle-même superposition binaire.[15] Tels sont, je crois les traits essentiels de la performance camusienne dans le champ de l'essai. Ils font de l'auteur un penseur et un artiste classiques, tandis que Sartre aura peut-être été le dernier des grands romantiques.

Selon Chomsky, toute performance linguistique implique une compétence. La critique littéraire, qui ne traite pas de ce que F. de Saussure désigne par la *langue,* mais de ce que M. Merleau-Ponty nomme *parole parlante,* pourrait renverser le rapport chomskien: un texte est une performance qui annonce, pour la variété des lecteurs, une puissance de compétence concernant à la fois le signifiant et le signifié, ou si l'on préfère, la forme et le sens: ce qu'on pourrait appeler "l'avenir du texte." C'est ainsi que la compétence de l'essai camusien nous offre un logique et un art, qui sont les deux faces d'une même création dont la performance expose la réalisation matérielle. Le discours moral d'Albert Camus est le produit du vrai et du beau combiné: notre "moraliste" est *un logicien artiste ou un artiste logicien de l'univers moral.* Il s'exprime par l'intermédiaire de l'essai, qui devient le genre même du langage philosophique satisfaisant à la double exigence d'une logique et d'une esthétique. Noter ce fait, c'est définir le classicisme d'Albert Camus, et fonder son langage de *description logique.*

Quelle doit être cette logique? *Une logique de la limite.* Quelle doit être cette esthétique? *Une esthétique de l'échec et de la pauvreté.* A l'une et à l'autre se rattachent toutes les décisions de performance que nous avons analysées.

Le mot "logique" apparaît constamment, comme nom ou adjectif, dans *L'homme révolté* et ailleurs, pour désigner la conduite universelle de toute pensée. Il amène avec lui le mot "contradiction" et ses adjectifs: la non-contradiction est le principe moteur et régulateur de toute pensée, et il ne comporte *aucune* exception. N'est-ce pas rejeter la possibilité d'une synthèse des contraires? C'est encore prescrire au logicien une conduite, voire une vocation: non pas celle de faire une théorie logique de la non-contradiction, mais celle d'être le gardien du principe de non-contradiction, celle de dénoncer les erreurs dues à la contradiction dans le raisonnement, et celle d'apprendre à raisonner. Le mot "raisonnement" joue un rôle non moins capital: la logique de la limite se manifeste par deux types de raisonnement : le *raisonnement absurde*, le *raisonnement révolté*. Dans le cogito, le "donc" désigne l'inférence originaire. J'aime cette formule que Camus emploie plus d'une fois: "entrer en conséquence."[16] Voilà donc le logicien démasqué derrière le moraliste! Les valeurs morales doivent obéir à la valeur formelle de non-contradiction. Etre moraliste, ce n'est pas s'indigner au nom de principes moraux,[17] ni transformer le discours moral en prédication,[18] c'est déceler les contradictions de l'expérience morale partout où elles s'insinuent dans le discours de l'homme, c'est résoudre ce problème: *comment une logique du oui et du non est-elle possible?*

Albert Camus a médité, plus qu'il n'apparaît à la surface du texte, sur la dualité du oui et du non, du positif et du négatif, de la pensée qui dit oui et de celle qui dit non, bref sur la dualité de l'affirmation et de la négation.[19] Il maintient une sorte de manichéisme logique qui peut expliquer sa préférence discrètement avouée pour la Gnose manichéenne, les cathares et le jansénisme.[20] Il condamne les artifices qui ramènent le non à un oui, ou le oui à une double négation. Le fameux *omnis determinatio negatio est* de Spinoza et dont Hegel s'est emparé, est complété par un *et affirmatio*. Plus profondément, il subordonne le non au oui, en admettant à l'origine de la pensée et de l'art, une affirmation originaire dont la négation doit déterminer les limites: ce qui explique l'usage fréquent de la négation restrictive "ne . . . que," et la relativement faible occurrence de la négation grammaticale "ne . . . pas."

Il n'y a pas de logique sans théorie de l'erreur. Albert Camus ne manque pas de nous en proposer une, par laquelle il identifie l'erreur et la faute, donc pensée logique et réflexion morale. Il se réfère à Pascal: l'erreur vient toujours d'une exclusion.[21] L'exclusion consiste à rester dans le oui en oubliant le non, ou réciproquement. Comment cela est-il possible?—Par oubli des prémisses et par un mouvement extrême qui tire toutes les conséquences d'une pensée exclusive: une certaine démesure logique s'empare de ces raisonnements extrêmes qui, comme on le sait, animent la dynamique tragique de la *révolte métaphysique* et la dynamique horrible de la *révolte historique;* chacune fournit d'abondants exemples d'une logique où le non a exclu le oui, et qui s'engage dans le radicalisme de la logique infernale du *Tout ou rien*. Un point reste ici obscur: d'où vient cette fureur logique des conséquences qui aboutit à la justification du meurtre anonyme et généralisé? Chez Pascal la solution serait simple: elle a son origine dans la chute. Mais Camus écarte l'idée d'une corruption originelle de l'homme. Je ne vois pour le moment qu'une solution: cette logique du tout ou rien, ce besoin extrême de l'extrême prend sa source dans cet acte de foi originaire, cette passion de vie qui brûle tout homme. La dualité pascalienne du cœur et de la raison devient alors la dualité de la passion et du raisonnement. Trop souvent, la passion envahit le raisonnement. Alors *une passion fatale possède le raisonnement, et la logique de la limite aura pour mission de la contenir.* Contenir quoi?—La violence et les cynismes du raisonnement. La logique sera Némésis, la déesse de la mesure ou, plus précisément, la déesse qui *mesure le oui et le non*. Installée à la frontière où l'affirmation et la négation se confrontent, elle dénonce l'illusionnisme dialectique, et apporte à la logique traditionnelle de la conséquence les correctifs nécessaires. En rapprochant, dans la dernière partie de *L'Homme révolté,* les termes de mesure et de limite, Camus a donné l'impression qu'il assimilait la limite à une expérience morale de la mesure, et qu'il nous invitait à revenir au "lieu" grec de la mesure entre les extrêmes. Je crois, au contraire, qu'il a voulu prouver que la morale grecque de la mesure dépendait d'une logique de la limite: la mesure, comme principe de vertu, couronne une stricte logique de la conséquence.

Qu'est-ce donc que la limite? Elle est d'abord la double et respective conscience de la limite du oui comme consentement et du non comme renoncement. Il y a, par exemple, un point où l'esclave cesse de consentir, et où il ne peut plus continuer à renoncer: il renverse les mouvements du oui et du non. C'est le moment-limite où la révolte éclate. La limite, c'est aussi l'arrêt du raisonnement emporté par le vertige des conséquences: la potence fut cette limite pour les anarchistes de 1905. Elle dénonce encore les contradictions, comme limites à ne pas dépasser. Elle est le rejet de la totalité et du système comme formes linguistiques ultimes, et ainsi conscience d'une unité non-totalisante. Elle est le refus d'un au-delà du raisonnement et, au contraire, la découverte d'un en deçà d'elle-même. Décrivant le raisonnement qui conduit à la mort de Dieu, Camus observe: "Ce qui met Dieu en doute dans la révolte métaphysique, ce n'est pas que l'homme puisse le nier, c'est qu'il puisse affirmer autre chose que Dieu." Et il commente ainsi: "Ce n'est pas que le révolté arrête le pouvoir éternel à la limite qu'il a fixée, c'est qu'il y ait quelque chose en deçà de cette limite" (II, 1694).

Une telle remarque dégage les fondements de cette logique: celle-ci se base sur l'expérience de la révolte, dont on aperçoit la nature logique par dessous la surface morale. En posant la limite au-delà de laquelle il ne veut plus aller, le révolté fait coexister une affirmation *et* une négation; c'est la révolte de l'esclave devant le maître, de l'homme devant le pouvoir, de l'individu devant l'histoire. Cependant la logique de la limite ne s'applique pas qu'au révolté; elle gouverne encore l'amour et l'art, qui sont d'autres types de révolte.[22] L'un et l'autre font l'expérience de cette limite que l'homme impose au désordre de la nature. Le romancier ajoute une unité à la désorganisation naturelle des destinées individuelles et collectives. L'amoureux aussi. Le cri du révolté possède la qualité du geste artistique; une déclaration d'amour ordonne le chaos sexuel. Et cette solidarité profonde de la révolte, de l'art et de l'amour fait comprendre la littérature engagée, qui ne met pas, comme le romantisme l'a cru, l'art au service d'une morale humanitaire ou de l'humanisme bourgeois, mais qui manifeste l'universelle solidarité du révolté et de l'artiste, dont les langages, apparamment distincts, obéissent à la même logique.

Dans son mouvement cette logique est *binaire*. Elle va d'un concept à l'autre, par poussées antonymique ou synonymique, avançant dans une sorte de sur-place, par oppositions et ratures, à coups de retouches contrastées.[23] Elle rappelle le renversement pascalien du pour au contre, et affronte la même difficulté: comment une telle alternance de négation et d'affirmation peut-elle aboutir à une vérité, quand la synthèse des contraires est refusée? Pascal jette le chrétien au pied de la Croix, là où le langage de l'homme cesse d'être contradictoire. Y a-t-il une Croix camusienne, une croix qui se dresserait à l'entrée de cette ère post-chrétienne qu'annonce *L'Homme révolté?* Albert Camus a été souvent attaqué pour son impuissance à constituer une morale positive: il décrirait admirablement la négativité de la limite, mais il n'aurait jamais dit comment l'homme peut construire son univers. Je crois qu'on a eu tort de reprocher à Camus son impuissance à proposer une solution morale et politique précise. Son vrai problème était logique. Et ce qui manque vraiment à l'œuvre inachevée, c'est une logique rigoureuse de la limite, applicable en morale et en politique.

Sans prétendre écrire ce *Mythe de Némésis* et imiter ceux qui s'ingénient à mettre en forme une apologétique pascalienne, reconnaissons que l'alliance métaphysique de la révolte et de l'art donne à la pensée camusienne l'unité logico-esthétique à laquelle le texte aspire: *la logique de la limite conduit à une esthétique de la pauvreté et de l'échec.*

L'art camusien est dominé par la dualité du tragique et du comique, qui, elle-même, correspond à la dualité de la foi et de la raison. La foi appartient à l'ordre du tragique, comme affirmation de la vie, alors que l'essence de la raison est le comique. Cette relation entre les antinomies du tragique et du comique, de la foi et de la raison, est implicite dans l'œuvre. Je prends le risque de son explication. Pour le moment elle me semble la seule hypothèse qui donne à l'esthétique de la pauvreté sa cohérence profonde, et qui surtout fait saisir comment elle est culture de l'ironie et de l'humour. Albert Camus a insisté sur le caractère ironique de son œuvre et, dirai-je, tout spécialement de ses essais. Il a aussi regretté que la critique ait négligé de mentionner l'humour qui circule à travers ses textes.[24] Depuis, la critique s'est un peu rattrapée, et je me bornerai à poser ici quelques jalons.

Tous les choix stylistiques mentionnés dans cette étude participent d'un art d'ironie et d'humour comme *pratiques d'une raison comique* qui tente de contrôler le tragique de la foi, et qui transforme la révolte morale et la révolte artistique en conduites d'ironie et d'humour. Puis-je risquer cette hypothèse: la conduite ironique anime la relation de l'homme avec l'homme, tandis que l'humour est réaction devant le chaos naturel. Le texte de Camus offre, à des degrés variables, des contrôles ironiques ou humoristiques, c'est-à-dire des essais de correction de l'histoire aussi bien que de la nature: ironie devant les gestes de l'histoire, humour devant la fatalité naturelle. La mort mérite l'humour; l'ironie est digne du meurtre.

Tel est le message d'art et de pensée qui nous est livré; l'homme n'est pas l'athée qui cherche en gémissant, mais le pauvre qui trouve en se révoltant. Quel est donc ce pauvre qui fait entendre la voix de son quartier, qui est le vrai penseur et l'artiste authentique?[25] Il est l'opposé du bourgeois, comme l'étudiant pauvre de *L'Etranger* l'est de l'avocat riche et bavard de *La Chute*. Il est aussi le contraire du pauvre honteux ou de l'ouvrier syndiqué. Il est d'abord le vrai *anarchiste,* qui a peu de chose en commun avec l'anarchiste bourgeois qui est une sorte de dément de la logique, et qui aime parler d'individualisme ou d'humanisme. Le pauvre, c'est encore l'artiste en face des autres et du monde. L'art bourgeois, libéral ou marxiste, convertit les données de l'expérience en richesses. Le poète romantique et bourgeois dit: "Tu m'as donné ta boue, et j'en ai fait de l'or!" L'art du pauvre est celui de l'enfant prodigue qui veut vivre et exprimer la réalité de la pauvreté (et non celle d'un dénuement précieux à la Gide), et qui retrouve alors le sens du silence en deçà de la limite des mots. Trop souvent la critique lit mal Camus: elle est une lecture bourgeoise, capitaliste ou marxiste, avide de connaissances et de jouissances. Elle demande au texte ce qu'il voudrait lui refuser: pour Camus, le texte n'est pas un capital à consommer ou à investir; il est l'expérience d'un dépouillement qui conduit au vrai savoir.

L'esthétique de la pauvreté qui fait de l'artiste un pauvre en signes, et de l'écrivain un pauvre en langage, est un exercice de *contraintes,* c'est-à-dire une expérience d'échecs, dont nous avons observé les effets et la discipline dans la pratique de l'essai.[26] Il y a une *contrainte morale* qui refuse l'émotion et se fait ironique: la vraie révolte, qui est logique, n'a rien en commun, ai-je déjà dit, avec l'indignation vertueuse. Non pas que ce sentiment soit condamnable; mais, luxe de belles âmes et source de "moraline," il doit être refréné. La pratique de la pauvreté est aussi *contrainte oratoire:* elle écarte les tentations de la période et de la maxime. Certes Albert Camus n'est pas parfait, et il lui arrive de tomber dans ces tentations. L'artiste camusien discipline encore les élans poétiques: son texte exprime un *lyrisme contenu;* l'image est mise au service de la logique. Quant au philosophe camusien, sa méfiance à l'égard des philosophies est une conséquence de l'art de pauvreté: philosopher, c'est finalement s'imposer une *contrainte sémantique;* "on dit toujours trop!" Trop expliquer, comme le fait la culture en bourgeoisie, c'est mystifier, c'est truquer les définitions et les raisonnements. Par contraste, la logique camusienne sera anti-démonstrative, anti-persuasive, simplement corrective.

Les biographes et les psychanalystes interpréteront à leur gré l'expérience humaine que désigne les mots-clés de limite et de pauvreté. Dans la perspective qui est la mienne, et en la prolongeant par une dernière généralisation, je dirai que Camus a donné un nouveau style et une nouvelle compétence à l'essai philosophique. Celui-ci n'est pas seulement modestie reconnue, aveu d'imperfection, besoin d'ouverture ou revendication d'un droit à l'inachèvement. Il n'est pas même exercice et récit combinés, comme chez Montaigne. Il se rapproche de la prose de ce Pascal qui a vécu le mystère de la pauvreté. Le langage philosophique n'a pas le droit de se systématiser ni de céder à la tentation de vouloir tout dire, ou même, comme Sartre, de commencer à vouloir tout dire tout en ne finissant jamais. L'essai camusien est donc la forme même de la *contrainte philosophique* que demande la pauvreté en pensée. Il ne prétend pas fonder les connaissances, ni les justifier, ni les envelopper dans une totalisation encyclopédique. Il avertit le philosophe qu'il a lui aussi des responsabilités d'artiste, comme l'artiste a des responsabilités de logicien. Par l'essai, comme échec de pensée, le philosophe a droit de cité dans l'univers littéraire.[27] C'est pourquoi, en cette époque qui entrevoit la fin de l'ère des révolutions, l'essai devrait nous apporter la Parole que nous attendons. Il pourrait être l'instrument du philosophe, comme réparateur de mondes et de langages.

Notes
Editions utilisées

I, 1974   II, 1965

1. Cf. A. J. Greimas et J. Courtès, *Sémiotique, dictionnaire de la théorie du langage* (Paris: Hachette, 1979), pp. 66–67.

2. Erich Auerbach, *Mimesis, The Representation of Reality in Western Literature*, trad. W. R. Trask (Princeton: Princeton University Press, 1974), pp. 70–75, 99–121.

3. On consultera avec profit Ch. Perelman et L. Olbrechts-Tytega, *La Nouvelle rhétorique: Traité de l'argumentation* (Paris: Presses Universitaires de France, 1958), pp. 212–213.

4. Cf. les définitions des noms abstraits et concrets dans *La Nouvelle Grammaire française* (Paris: Larousse, 1973) par Jean Dubois et René Lagane. Les noms concrets "désignent des êtres ou des choses qui appartiennent au monde extérieur, à la réalité, qui sont perceptibles par la vue, le toucher, etc., ou que l'on imagine appartenir à ce monde [. . .]. Les noms abstraits désignent des actions, des qualités, des états, des propriétés reconnues aux êtres et aux choses."

5. On consultera sur ce problème de la dualité réalisme/idéalisme la section IV de *L'Homme révolté*, et "Sur une philosophie de l'expression" (II, 1671–82).

6. Voici quelques exemples d'expressions temporelles dans *L'Homme révolté*: "Les Grecs n'ont jamais fait de la pensée [. . .] un camp retranché" (II, 440); "La race des vrais saints commence à se répandre sur la terre" (463); "Il [Ivan Karamazov] inaugure l'entreprise essentielle de la révolte" (465); "Une mort au fond d'une forteresse clôt, au bout de douze années de réclusion, la vie de ce révolté qui inaugure la race méprisante des grands seigneurs de la révolution" (570); "L'éternel printemps des hommes nous est annoncé dans un langage d'encyclique" (612); "On entre alors en mensonge et en violence comme on entre en religion" (543); "Au XXe siècle, la puissance est triste" (647); "Au cœur de la nuit européenne, la pensée solaire, la civilisation au double visage, attend son aurore" (703); "Dès cet instant, midi ruisselle sur le mouvement même de l'histoire" (708); "Avec lui [l'artiste] commence l'âge des directeurs de conscience" (463).

7. Jacques Derrida, "La Mythologie blanche: la métaphore dans les textes philosophiques," *Poétique* v (1971), pp. 1–52.

8. "L'Enigme" est datée de 1950, donc de l'époque où *L'Homme révolté* prend sa forme définitive.

9. Dubois et Lagane, op. cit., distinguent la phrase *simple;* la phrase *étendue,* quand il y a élargissement du nom et du verbe par l'adjectif, l'adverbe, le pronom relatif, etc.; et la phrase *complexe,* quand l'élargissement est obtenu par phrases subordonnées, coordonnées, juxtaposées.

10. "L'Intelligence et l'échafaud": "L'intelligence, ici, n'apporte pas seulement sa conception, elle est en même temps un principe d'une merveilleuse économie et d'une sorte de monotonie passionnée. Elle est à la fois créatrice et mécanicienne. Etre classique, c'est en même temps se répéter et savoir se répéter" (I, 1898).

11. Rappelons la définition de Dumarsais reproduite dans Pierre Fontanier, *Figures du discours* (Paris: Flammarion, 1968): "*L'ellipse* consiste dans la suppression de mots qui seraient nécessaires à la plénitude de la construction, mais que ceux qui sont exprimés font assez entendre pour qu'il ne reste ni obscurité ni incertitude" (p. 305). Ce que j'appelle "raccourci" correspond à "l'abruption" dont Dumarsais observe qu'elle se rapproche de la disjonction, et qu'elle est "passage brusque, imprévu, passage *ex abrupto*" (p. 342).

12. Sur ce problème du rythme, on consultera en particulier *Langue et langage*, AC2 (1969); Östen Södegard, "Un Aspect de la prose de Camus: le rythme ternaire," *Studia neophilologica*, XXXI (1959), 128–148; Pera Polovina, *Le Rythme de la phrase dans les romans et les essais de Camus* (Belgrade: Université de Belgrade, 1971); et dans *CAC2*, p. 253: "Une sorte de rythme binaire, insistant et despotique, règne dans la vie et les idées [. . .]."

13. Expression à rapprocher d'une note manuscrite citée par Roger Quilliot (II, 1621): "Il n'y a pas eu dans mon œuvre, ni chez nui, conversion à la vertu, mais *logique d'une infirmité* et effort difficile vers plus de lumière. —C'est tout" (je souligne).

14. Consulter André Meunier, "Approches de l'art camusien," *AC2*, 9–33; et Jean-Paul Sartre, "Explication de *L'Etranger*," *Les Critiques de notre temps et Camus* (Paris: Garnier, 1970).

15. Camus définit ainsi la maxime dans "Introduction aux 'Maximes' de Chamfort": "Qu'est-ce que la maxime en effet? On peut dire en simplifiant que c'est une équation où les signes du premier terme se retrouvent exactement dans le second, mais avec un ordre différent" (II, 1100).

Le texte camusien évitera cette mécanisation de la phrase simple ramenée à l'état de maxime.

16. Voici quelques formules typiques: "Si le meurtre a ses raisons, notre époque et nous-mêmes sommes *dans la conséquence*" (II, 414, je souligne); "Cette logique a poussé les valeurs de suicide [. . .] *jusqu'à leur conséquence extrême* qui est le meurtre légitime" (416, je souligne); "A partir de ce moment, il [Ivan Karamazov] *entre dans la conséquence*" (467, je souligne).

17. On connaît la déclaration qui se trouve à la première page de *L'Homme révolté:* "On ne s'indignera pas ici. Le propos de cet essai est une fois de plus d'accepter la réalité du moment, qui est le crime logique, et d'en examiner précisément les justifications: ceci est un effort pour comprendre mon temps" (II, 413).

18. Ce refus du sermon moral est la contrepartie d'une exigence de dialogue en tout langage: "Le progrès et la grandeur vraie est dans le dialogue à hauteur d'homme et non dans l'évangile, monologué et dicté du haut d'une montagne solitaire" (*C2*, 183).

19. Albert Camus a employé l'expression de pensée négative. Observons aussi que pour lui l'expérience logique de la négation et de la contradiction peut être une épreuve difficile, même tragique: "Il y a des heures où je ne crois pas pouvoir supporter plus longtemps la contradiction" (*C2*, 183).

20. N'a-t-il pas appelé Antigone *"la janséniste"* (II, 1637)?

21. "Un esprit un peu rompu à la gymnastique de l'intelligence sait, comme Pascal, que toute erreur vient d'une exclusion" (*C2*, 78). "Oui, pour le bonheur. Mais sans exclusive. L'erreur vient toujours d'une exclusion, dit Pascal": interview publiée dans *La Revue du Caire*, 1948 (II, 379).

22. Voici quelques textes montrant le lien logique entre révolte, amour et art: "*Les Hauts de Hurlevent* un des plus grands romans d'amour parce qu'ils finissent dans l'échec et la révolte—je veux dire dans la mort sans espérance" (*C2*, 50); "Régénérer l'amour dans le monde absurde, c'est en fait régénérer le plus brûlant et le plus périssable des sentiments humains" (*C2*, 75); "Le monde absurde ne reçoit qu'une justification esthétique" (*C2*, 65); "Forme et révolte. Donner une forme à ce qui n'en a pas, c'est le but de toute œuvre. Il n'y a donc pas seulement création, mais correction" (*C2*, 236).

23. On trouve dans les *Carnets* cette très intrigante remarque: "Essai: un chapitre sur la 'fécondité des tautologies'" (*C2*, 78). On regrettera qu'un tel chapitre n'ait pas été écrit.

24. "Toute mon œuvre est ironique" (*C2*, 317). Se rappeler aussi la réponse d'Albert Camus, en 1959, à la question suivante: "Y a-t-il dans votre œuvre un thème, selon vous important, que vous estimez négligé par vos commentateurs?"—"L'humour" (II, 1922).

25. Les références à la pauvreté chez Camus sont nombreuses. On se reportera, bien entendu, à la préface de *L'Envers et l'Endroit*. Voici quelques textes des *Carnets:* "La pauvreté est un état dont la vertu est la générosité" (*C2*, 62); "Une des directions de l'esprit absurde c'est la pauvreté et le dénuement" (*C2*, 82); "Qu'est-ce qu'un homme peut souhaiter de mieux que la pauvreté? Je ne dis pas la misère et non plus le travail sans espoir du prolétaire moderne" (*C2*, 88); "Devant ma mère, je sens que je suis d'une race noble: celle qui n'envie rien" (*C2*, 326). Voir aussi son article sur Jehan Rictus (*CAC2* 137–144) et son Avant-Propos à "La Maison du peuple" de Louis Guilloux (II, 1111–5).

26. Sur cette importance de la discipline littéraire, voici quelques textes des *Carnets:* "En fait il [le roman] exige le style le plus difficile, celui qui se soumet tout entier à l'objet. On peut ainsi imaginer un auteur écrivant chacun de ses romans dans un style différent" (*C2*, 89); "1er cycle. Depuis mes premiers livres (*Noces*) jusqu'à *La Corde* et *L'Homme révolté*, tout mon effort a été en réalité de me dépersonnaliser (chaque fois sur un ton différent). Ensuite je pourrai parler en mon nom" (*C2*, 267); "Il y a en moi des résistances artistiques, comme il y a chez d'autres des résistances morales ou religieuses" (*C2*, 297); "L'art naît de contraintes. Généralisons, la vie naît de contraintes" (*CAC2*, 205).

27. On pourrait dire aussi que l'essai camusien tente de réunir la première et la troisième Critiques kantiennes—la *Critique de la raison pure* et la *Critique du jugement*. "Tout le problème absurde devrait pouvoir se concentrer autour d'une critique du jugement de valeur et du jugement

de fait" (C2, 77). "Il n'y a pas de connaissance absolument pure, c'est-à-dire désintéressée. L'art est un *essai, par la description, de connaissance pure"* (C2, 116, je souligne). Ne pourrait-on pas renverser ici le sujet et l'attribut, et dire: l'essai est un art, par la description, de la connaissance pure?

Discussion

R. GAY-CROSIER: Voici les deux questions que je me pose au terme de votre présentation: si l'on peut dire que Camus pratique une espèce de révélation qui s'évertue à se cacher derrière son discours philosophique, n'est-on pas amené à conclure qu'il y a derrière cette pratique un aspect ludique à étudier? Ce dernier me paraît le moteur du dynamisme qui gouverne le discours philosophique camusien que d'aucuns—je pense à Champigny par exemple—qualifient de théâtral. C'est un discours qui, en fin de compte, ne voudrait pas trancher le paradoxe fondamental de l'être tel que Camus le conçoit. Ma seconde question porte sur le privilège de la description que vous détectez dans la parataxe de Camus. Est-ce à dire que celui-ci serait plus proche de la phénoménologie que le Sartre hypotaxique?

E. MOROT-SIR: En réponse à votre première question je dirai qu'il s'agit en effet d'un aspect dont je n'ai pas parlé. Le ludisme est un problème très difficile de l'art camusien que je me suis permis d'écarter parce que je parle du langage de l'essai philosophique. Ce matin, en écoutant la présentation sur *Noces*, j'ai pensé à ces quelques textes extrêmement fugitifs que je cite à peine et où l'on trouve ce qu'on pourrait appeler une innocence d'écriture, c'est-à-dire ce rare moment où il se laisse aller. Ce discours innocent est le contraire de celui dont je parle qui est un discours de contrainte. Comme pour Pascal on peut se demander si Camus a en effet trouvé cette innocence—il s'agit de la nostalgie du paradis terrestre—le langage d'avant la chute pour ainsi dire. D'autre part, le style des grandes œuvres camusiennes s'inspire du principe classique de l'art de la contrainte. Votre deuxième question est une question de technique philosophique. La description camusienne n'a rien de commun avec l'eidétique husserlienne alors que Sartre, tout en hégélianisant Husserl, suit celui-ci jusqu'à un certain point. Mais je m'empresse d'ajouter que Camus mériterait une étude serrée par des philosophes. Je n'aurais pas dit cela il y a dix ans parce qu'alors je ne prenais Camus philosophe pas au sérieux. Au moment de la parution de *L'Homme révolté* j'ai eu la même réaction que Sartre: "Ce n'est pas sérieux, il ne sait pas de quoi il parle et, après tout, ce n'est pas un agrégé de philosophie." Tout cela est profondément injuste. C'est un style de méditation qui, lorsque je l'ai relu, m'a fait penser à Descartes dont on trouve l'écho jusqu'à certaines formules qui renvoient à la troisième ou quatrième méditation. Il y a donc chez Camus un problème que j'ai posé mais pas résolu: Quelle est la relation entre l'abstrait et le concret? Parmi les écrivains contemporains, il est celui qui a le plus sérieusement affronté cette question capitale. Si vous songez au cas de Sartre que nous avons si longuement étudié à Cerisy, vous vous souviendrez que l'auteur de *La Critique de la raison dialectique* donne dans l'ivresse hypotaxique, qu'après de longs développements dialectiques il s'arrête et vous donne trois ou quatre pages d'exemples. Camus, au contraire, pose ce problème dans la structure même du langage et s'interroge sur l'union du concret et de l'abstrait. Ce faisant, il se situe et nous situe au-delà de la simple question rhétorique.

A. BRIOSI: Je suis d'accord avec vous lorsque vous renvoyez à Descartes et une espèce d'essentialisme et que vous refusez la dialectique hégélienne ou ses dérivés phénoménologiques dans votre analyse de la pensée camusienne. Camus refuse aussi l'ambiguïté ce qui se montre dans l'absence de bavures au niveau du langage et du style. Que faut-il opposer à ce refus de la dialectique et de l'histoire? Quand vous disiez que Sartre commence toujours sans terminer pourrait-on conclure que Camus termine toujours sans commencer?

E. MOROT-SIR: Oui, comme condensation à l'emporte-pièce ce n'est pas mal formulé. Ce qui est impliqué derrière celle-ci c'est une nouvelle théorie de la vérité. Chez Camus, la vérité n'est ni l'adéquation d'une théorie réaliste de la vérité ni une théorie idéaliste d'une construction de réalité. La vérité se révèle, chez Camus, à travers une prise de conscience chaotique de la réalité à laquelle il ajoute une légère rectification linguistique. C'est ce qui fait que, pour lui, la vérité s'identifie au beau. La fusion du beau et du vrai est, à mon avis, la justification logico-esthétique de l'essai.

A. ABBOU: En tant que linguiste j'ai tenté de vous suivre dans votre démarche de philosophe. Vous avez d'abord procédé à une analyse des structures linguistiques pour passer, ensuite, à ce qu'on pourrait appeler la logique du discours. Si je vous suis bien, vous avez etabli une dialectique entre les aspects métaphysiques et les aspect logiques. Ne faudrait-il pas, partant, examiner ce qu'on pourrait appeler la linguistique de la parole, linguistique qui, tout en ne négligeant pas les structures superficielles du discours, en dégagerait les structures profondes? On passerait, ensuite, à la rhétorique à laquelle renvoie le terme de référent que vous utilisez souvent. Troisièmement, il faudrait fournir une véritable logique de la parole qui demanderait un travail soutenu et conduirait, finalement, à la métaphysique de la parole. Par exemple: vous parlez de contextualisation qui est en quelque sorte la citation du discours de l'autre dans notre propre discours. Or Camus était assez versé dans la rhétorique pour manipuler, dans ses œuvres de fiction, le discours de ses personnages. Je pense, entre autres, à la manière dont il a piégé le discours du juge d'instruction. Il se pose alors la question suivante: Etait-il conscient du risque qu'il courait dans l'essai en intégrant un discours de l'autre dans le sien? Deuxième question: Vous notez une prédominance du nom sur le verbe. C'est poser la question des structures superficielles et constater un aboutissement de la phrase depuis le dix-septième siècle. Mais ensuite vous nous faites entrez dans une perspective métaphysique verbale qui n'est pas celle de la linguistique actuelle. Vous avez peut-être raison puisqu'une première façon d'aborder ce genre de questions était de le faire à travers une métaphysique de la parole. Mais il me semble qu'en prolongeant votre étude vous devriez mieux séparer les différents ordres de la pratique discursive.

E. MOROT-SIR: J'ai bien dit que ce que je présentais était un champ d'hypothèses qui exige toute une série de vérifications. Vous m'accusiez d'une certaine maladresse dans l'usage des concepts linguistiques. Comme je le disais hier à B. Fitch, je refuse la position de l'herméneutique comme solution de la critique. Je souffre du fait qu'aujourd'hui il semble qu'il n'y ait rien à faire et je tente de faire entrer les concepts des linguistes dans mes catégories de pensée. Ma position est simple et se définit par une méthode expérimentale: Il y a un texte qui est une matérialité et qui, en tant que telle, produit un effet sur moi comme on parle d'un effet chimique. Il s'agit alors de me débrouiller pour essayer de comprendre cet effet. On fait ce qu'on peut.

Paul Archambault
Syracuse University

Albert Camus et la métaphysique chrétienne

Je n'ai pas l'intention d'aborder aujourd'hui le rapport personnel, j'allais dire existentiel, entre Camus et la foi chrétienne. Le langage de Camus à ce sujet-là semble d'ailleurs avoir été on ne peut plus clair: il n'a jamais accepté les principaux dogmes de la foi chrétienne. Jusqu'au jour de sa mort Camus n'a laissé planer aucune ambiguïté sur son incroyance, et je ne connais aucun texte publié depuis 1960 qui ait donné lieu de remettre en question ce qu'il est convenu d'appeler son humanisme athée.[1]

J'écarte également le problème de la morale et de l'éthique chrétiennes dans l'œuvre de Camus. Nous savons qu'il a tenu sur ce problème-là des propos à la fois pertinents et contradictoires, tout particulièrement dans ses *Carnets*. Il lui semblera, d'un côté, que le christianisme nous a surtout inculqué la honte de notre sexualité, du désir, du corps nu: "Il a fallu deux mille ans pour qu'on puisse à nouveau l'exposer nu sur les plages" (*C2*, 164). Les mêmes *Carnets*, d'où nous avons extrait cette citation, nous livrent des considérations de tout ordre sur la nécessité de s'imposer une discipline sexuelle.[2] Il est vrai que cette discipline est abordée sous un jour plus stoïcien que chrétien; mais l'importance que lui accorde Camus nous permet de supposer qu'il a éprouvé une curieuse attirance à l'égard de cette chasteté chrétienne qui semblait tant répugner à son tempérament d'aventurier. Lorsque Marcel Moré lui a un jour fait grief de sa "sympathie pour les formes perfectionnistes du christianisme" et l'a mis en garde contre les dangers propres à de telles "théologies de la pureté," Camus a répondu par un silence qui en disait long.[3]

Ce que j'ai plutôt l'intention d'examiner avec vous, ce sont les formules qu'emprunte Camus pour poser le problème de la métaphysique chrétienne. Problème qui ne se pose pas dans je ne sais quel vide de la pensée historique, mais sous un double rapport: rapport, au moment de sa genèse, à une pensée hellénique dont elle aurait incorporé puis transformé l'outillage mental; rapport, au moment de sa désacralisation, à un historisme immanentiste auquel elle aurait légué son antinaturalisme et son pessimisme.

I. Métaphysique chrétienne et hellénisme.

L'originalité du christianisme par rapport à la pensée grecque qui l'a précédé et lui a fourni son outillage mental est, comme nous le savons, le problème que le jeune Camus entreprendra de résoudre dans son diplôme d'études supérieures de 1936.[4] Ce mémoire, rédigé au milieu d'une activité littéraire et théâtrale particulièrement fiévreuse, porte déjà l'empreinte d'un jeune esprit passionné par l'histoire de l'art et de la pensée grecque et chrétienne; et malgré le reproche que lui adresse son directeur, d'être d'une tournure d'esprit plus littéraire que philosophique,[5] Camus n'en témoigne pas moins sa capacité de manier avec aisance divers systèmes d'idées.

> "[L]a pensée chrétienne, écrira-t-il en exposant son sujet, contrainte de s'exprimer dans un système cohérent, a tenté de se couler dans des formes de pensée grecques et de s'exprimer dans les formules métaphysiques qu'elle a trouvées toutes faites. Mais du moins les a-t-elles transfigurées. D'où pour comprendre l'originalité du Christianisme, la nécessité d'éclaircir ce qui fait son sens profond, et d'un point de vue historique la nécessité de remonter à ses sources." (II, 1224)

C'est en quatre temps, selon Camus, que se produit le dégagement d'une métaphysique chrétienne indépendante des sources grecques qui l'ont produite. Dans un premier temps, le premier siècle, le christianisme est un message évangélique s'articulant avant tout sur le plan affectif, et que touchent à peine les premières tentatives de conciliation avec l'hellénisme, tout particulièrement celle de Justin. La gnose alexandrine des deuxième et troisième siècles marque, par contre, un rapprochement profond entre les deux univers. Basilide, Marcion et Valentin, tous les trois de culture grecque et marqués par le christianisme, échafauderont "un des premiers essais de collaboration gréco-chrétienne [...], une réflexion grecque sur des thèmes chrétiens" (1250). Dans un troisième temps, le néoplatonisme, tout particulièrement la doctrine plotinienne, fournira au christianisme un méthode philosophique fondée sur l'idée de procession et alimentera toute l'ascétique chrétienne durant les siècles à venir. Dans un quatrième et dernier temps, celui de la puissante synthèse augustinienne, la pensée chrétienne réussira à assouplir la pensée grecque, qu'elle incorporera à son edifice, "mais dans un domaine où elle est inoffensive" (1301). L'augustinisme constituera donc "une deuxième révélation; celle d'une métaphysique chrétienne après celle de la foi évangélique" (1306). Le christianisme, ayant donc emprunté à la pensée grecque son matériel, au néoplatonisme une méthode, se constitue en philosophie grâce à saint Augustin et conquiert ainsi sa catholicité (1308–10).

Qu'un système de pensée chrétien ait été lentement élaboré à mesure que le christianisme entrait plus profondément en rapport avec la pensée grecque, qu'il s'en soit dégagé un système de pensée original qui assouplit la raison grecque et l'incorpore à son édifice, rien ne saurait paraître plus soutenable. Si l'on peut reprocher à Camus d'avoir peut-être simplifié outre mesure la genèse d'un système complexe d'idées, ses conslusions principales, largement empruntées d'ailleurs aux grands travaux universitaires de l'époque, n'en sont pas moins irréfutables.[6] Il est à noter que "Métaphysique chrétienne et néoplatonisme," s'il ne fait aucune allusion directe au célèbre débat qui avait retenu toute l'attention de la Société française de philosophie cinq ans plus tôt, n'en doit pas moins à ce debat la position et les termes du problème.[7] Y a-t-il ou non une philosophie chrétienne? Gilson et Maritain avaient répondu oui, Bréhier et Souriau non. La conclusion principale à laquelle Camus aboutit en 1936, à savoir qu'il est permis, dès le cinquième siècle, de parler d'une métaphysique chrétienne cohérente, universelle et philosophiquement transmissible, semblerait le ranger ici dans le camp néo-thomiste.[8]

II. Métaphysique chrétienne et historisme moderne

Que la métaphysique chrétienne soit issue de la pensée grecque paraît une thèse irréfutable. En est-il de même d'une autre théorie historique que Camus tenait à cœur, à savoir que le christianisme, ayant incorporé l'idée grecque de *nature,* lui a progressivement substitue l'idée judéo-chrétienne d'*histoire;* et un fois coupé de ses origines sacrées, il aurait engendré ce monstre issu du sein de la pensée allemande qu'est l'historisme—cet historisme déchaîné, sans garde-fou ni point de repère "naturel," qui est directement responsable des philosophies totalitaires du vingtième siècle?

Les deux textes principaux où Camus énonce le plus clairement cette thèse nous sont sans doute fort connus. Je les citerai toutefois afin de vous permettre d'en apprécier le caractère percutant et de constater à quel point l'expression même que donne Camus à certains textes de *L'Homme révolté* ne peut manquer de nous rappeler certains passages de son diplôme, écrit une quinzaine d'années plus tôt. (Les *Carnets* nous confirment, d'ailleurs, que Camus a emprunté largement à son mémoire de 1936 lorsqu'il rédigeait son essai sur la révolte, et nous apprennent même qu'il aurait voulu un jour reprendre ce travail de jeunesse afin de le publier.)[9] Dans un premier texte, où il discute des origines du marxisme, Camus décrit les origines de la pensée historique en occident:

Les chrétiens ont, les premiers, considéré la vie humaine, et la suite des événements, comme une histoire qui se déroule à partir d'une origine vers une fin, au cours de laquelle l'homme gagne son salut ou mérite son châtiment. La philosophie de l'histoire est née d'une représentation chrétienne, surprenante pour un esprit grec. . . . Le christianisme a été obligé, pour s'étendre dans le monde méditerranéen, de s'helléniser et sa doctrine s'est du même coup assouplie. Mais son originalité est d'introduire dans le monde antique deux notions jamais liées jusque-là, celles d'histoire et de châtiment. Par l'idée de médiation, le christianisme est grec. Par la notion d'historicité, il est judaïque et se retrouvera dans l'idéologie allemande. (594–95)

Camus poursuit son raisonnement en constatant que toutes les pensées historiques sont hostiles à la nature, "considérée par elles comme un objet, non de contemplation, mais de transformation" (595). L'association plusieurs fois séculaire de l'hellénisme et du christianisme a pu, bien entendu, occulter pendant longtemps cet antinaturalisme chrétien, dans l'œuvre d'un saint François, par exemple; mais, pris dans son ensemble, le christianisme a rompu "au profit de l'histoire" le bel équilibre de l'humain et de la nature qui caractérise la pensée grecque :

> L'entrée, dans cette histoire, des peuples nordiques qui n'ont pas une tradition d'amitié avec le monde, a précipité ce mouvement. A partir du moment où la divinité du Christ est niée, où, par les soins de l'idéologie allemande, il ne symbolise plus que l'homme-dieu, la notion de médiation disparaît, un monde judaïque ressuscite. Le dieu implacable des armées règne à nouveau, toute beauté est insultée comme source de jouissances oisives, la nature elle-même est asservie. Marx, de ce point de vue, est le Jérémie du dieu historique et le saint Augustin de la révolution. (595)

Les idéologies allemandes de l'histoire ont donc avec la métaphysique chrétienne une profonde complicité. L'hégélianisme, et plus particulièrement le marxisme qui en est issu, ne seraient donc qu'un judéo-christianisme sécularisé; ou, pour reprendre le mot célèbre de Toynbee, "le marxisme n'est qu'une page déchirée et extraite du nouveau testament."[10] Camus dira les choses sur un ton plus dramatique dans ce texte célèbre que l'on trouve à la fin de *L'Homme révolté:*

> Le conflit profond de ce siècle ne s'établit peut-être pas tant entre les idéologies allemandes de l'histoire et la politique chrétienne, qui d'une certaine manière sont complices, qu'entre [. . .] l'histoire [. . .] et la nature. Mais l'idéologie allemande est en ceci une héritière. En elle s'achèvent vingt siècles de vaine lutte

contre la nature au nom d'un dieu historique d'abord et de l'histoire divinisée ensuite [...]. Le christianisme sans doute n'a pu conquérir sa catholicité qu'en assimilant ce qu'il pouvait de la pensée grecque. Mais lorsque l'Eglise a dissipé son héritage méditerranéen, elle a mis l'accent sur l'histoire au détriment de la nature, fait triompher le gothique sur le roman et, détruisant une limite en elle-même, elle a revendiqué de plus la puissance temporelle et le dynamisme historique. La nature qui cesse d'être objet de contemplation et d'admiration ne peut plus être ensuite que la matière d'une action qui vise à la transformer. Ces tendances [...] triomphent dans les temps modernes, et contre le christianisme lui-même, par un juste retour des choses. Que Dieu en effet soit expulsé de cet univers historique et l'idéologie allemande naît où l'action n'est plus perfectionnement mais pure conquête, c'est-à-dire tyrannie. (702)

Que l'historisme immanentiste, et les idéologies politiques qui en découlent, représentent une version désacralisée d'un christianisme ayant rompu sa première alliance avec la pensée grecque—nous sommes-là devant une des convictions philosophiques le plus souvent et le plus passionnément énoncées de Camus. Amorcée dans son petit mémoire de 1936, "Métaphysique chrétienne et néoplatonisme," cette thèse est proclamée avec une éloquence toute particulière dans *L'Homme révolté*. Le plus étonnant aux yeux du chercheur très au courant des lectures préférées de Camus est que cette thèse est puisée à un auteur dont l'orthodoxie chrétienne ne saurait faire de doute, Nicolas Berdiaev. Or, tout en faisant sienne cette thèse, qu'il reprend, parfois textuellement, au grand livre du philosophe russe intitulé *Le Sens de l'histoire*,[11] Camus confère aux termes "nature" et "histoire" un sens tout à fait différent de ceux que leur donne Berdiaev. Selon l'écrivain russe, le mot "nature" signifie "l'ordre d'avant la grâce," c'est-à-dire l'ordre de la nécessité, de l'esclavage, et de la mort. Le mot "nature" a donc pour Berdiaev un sens non pas physique (ou "cosmique") mais bien métaphysique, signifiant l'état de l'homme soumis aux nécessités que lui impose sa condition d'homme, tout particulièrement la nécessité de mourir.[12] En inaugurant l'ordre historique, écrit l'auteur du *Sens de l'histoire*, le christianisme libère l'homme de la prison de la nécessité en donnant à la vie humaine une orientation dynamique et axée sur le futur. La naissance du Christ a toutes les particularités et toutes les propriétés de ce qui est historique. Mais l'ordre historique est transcendant et spirituel, c'est le foyer de l'activité divine dans l'Eglise et dans le temps. Tout en inaugurant l'ordre historique, le christianisme continue de s'abreuver aux sources de la pensée grecque, à qui il doit sa métaphysique et son sens de la beauté.[13] Berdiaev admettra que l'historisme chrétien a détruit le sens de l'unité de l'homme avec la nature (prise ici dans son sens physique), qu'il a précipité le développement de la technique et de la science, ce qui était impossible aussi longtemps qu'avait dominé une conception mythique de la nature. Pour forger une nouvelle image de l'homme selon le modèle du nouvel Adam, écrit Berdiaev, il était nécessaire de se détourner de la nature, tandis que l'homme de l'ancien monde était une réflexion du vieil Adam qui s'était permis de sombrer dans une nature inférieure et élémentaire. La lutte du christianisme contre les puissances de la nature, sa proclamation de la valeur infinie de l'âme humaine ont eu pour conséquences d'engendrer le dualisme du corps et de l'âme. Sans ce dualisme, qui est à l'origine d'un principe dynamique dans l'homme, l'histoire serait impossible, car le sujet resterait ancré dans l'objet. A travers l'histoire du christianisme, il reste une nostalgie de la beauté grecque: nostalgie sans espoir dans la mesure où la brèche introduite par la conscience chrétienne entre le monde fermé, immanent de l'hellénisme et le monde infini et transparent du christianisme ne peut pas être colmatée dans les limites d'une culture historique.[14]

Camus paraît donc avoir emprunté à Nicolas Berdiaev un schéma historique dont il a renversé la signification des deux termes essentiels. Chez Berdiaev, le terme "nature" a une signification strictement métaphysique et paraît un synonyme de ce que la théologie catholique appelle l'ordre "post-lapsaire," c'est-à-dire la condition spirituelle de l'homme après la chute et avant la grâce. Le terme "histoire," par contre, a une signification entièrement spirituelle, c'est l'ordre transcendant de la nature assumée et rachetée par le Christ. Pour Camus, c'est tout le contraire: "nature" représente une relation d'harmonie de l'homme avec le monde, une conception mythique du monde; le monde historique est, selon la définition de Camus, un monde entièrement immanent, aliénant, à la dérive, et, à la limite, concentrationnaire.

III. Critique et conclusion

Que la métaphysique chrétienne ait pu conquérir sa catholicité en assimilant l'essentiel de la pensée grecque nous paraît un thèse incontestable dans son ensemble; par contre, le problème du rapport historique entre la métaphysique chrétienne et l'historisme allemand est beaucoup plus compliqué que ne l'a prétendu Camus. Le lien qui unit la pensée chrétienne à l'historisme allemand—qu'on me passe l'expression—ne tient pas à un fil. La genèse de l'historisme est fort mal comprise. L'historisme, pour reprendre l'analyse du grand Leo Strauss,[15] a émergé au dix-neuvième siècle à l'abri d'une conviction qui remontait à l'époque des Lumières, celle que la nature est en mesure de nous livrer des certitudes immuables. L'école historique a émergé en Allemagne en réaction contre la révolution française et contre les doctrines laïques et universalistes du "droit naturel" qui avaient préparé cette secousse violente. La réaction de l'école historique fut un réaction conservatrice: en s'opposant à la rupture violente avec le passé, fondée sur des principes laïques universels, tel que celui des droits "naturels" de l'homme, l'école historique allemande voulait insister sur la sagesse et la nécessité de préserver ou de continuer l'ordre traditionnel.

Les fondateurs de l'école historique, tout particulièrement Hegel, se sont rendu compte que la reconnaissance de certains principes universels abstraits a nécessairement des répercussions révolutionnaires, car elle oblige à juger l'ordre actuel, *hic et nunc*, à la lumiere d'un ordre naturel ou rationnel; et tout le monde sait que ce qui est actuel n'arrive jamais à la hauteur d'une norme universelle et immuable.

Si nous devons en croire la brillante analyse de Strauss, la thèse de Camus selon laquelle la métaphysique chrétienne a directement engendré l'historisme allemand serait très sujette à caution. Entre la désacralisation du christianisme au dix-huitième siècle et l'idéologie marxiste il y a, en effet, une série d'étapes, de bonds en avant, et de réactions: la doctrine abstraite et universaliste du droit naturel préconisée par les philosophes engendra une révolution cataclysmique, qui à son tour provoqua une première vague d'historisme conservatrice, dont le but avoué fut de renouer avec la tradition chrétienne en redécouvrant les principes universels dans les traditions particulières des peuples; ce même historisme conservateur engendra, sans le vouloir et par contrecoup, une seconde vague d'historisme, celle-ci positiviste, scientifique et nihiliste.

Notes
Edition utilisée
II, 1965

    1. Sur l'humanisme athée de Camus les écrits sont nombreux. Voir entre autres Robert Champigny, *Sur un héros païen* (Paris: Gallimard, 1959); Simone Fraisse, "De Lucrèce à Camus, ou les contradictions de la révolte," *Esprit,* III (Mars 1959), 437–453; Henri Peyre, "Camus the Pagan," *Yale French Studies* XXV (Spring 1960), 20–25; Jean Onimus, *Albert Camus and Christianity,* trans. Emmett Parker (University, Alabama: University of Alabama Press, 1970), pp. 64–101. Les déclarations de Camus lui-même à ce sujet sont fort nombreuses. Voir sa conférence devant les Dominicains du Boulevard de Latour-Maubourg (II, 371–379). Voir aussi *C2,* 317, 318, 336, et passim.

    2. Voir *C1,* 59, 107, 193, 227; *C2,* 49, 51, 55, 57, 77, et passim.

    3. Dans un article sur *L'Homme révolté,* paru dans *Dieu vivant* en mai 1952, le directeur de la revue, Marcel Moré, avait attribué à Camus une sympathie pour les formes sévères et ascétiques du christianisme, tels le gnosticisme, le catharisme, et le jansénisme, et avait relevé les dangers

propres à ces théologies de la pureté en soulignant les conséquences néfastes d'un certain purisme excessif en politique. Tout en refusant de s'appeler cathare, Camus n'a pas nié "sa sympathie pour les formes perfectionnistes du christianisme," et a terminé sa lettre en demandant à Moré pourquoi c'est l'Englise, "qui se serait toujours définie comme le corps vivant de la médiation," qui a persécuté les Albigeois et les Jansénistes de Port Royal, et non le contraire. La lettre de Camus a été reproduite dans *Actuelles II* (II, 744–5).

4. Le texte du diplôme, "Métaphysique chrétienne et néoplatonisme," est reproduit intégralement (II, 1224–1313).

5. La soutenance a eu lieu à l'université d'Alger le 25 mai 1936. Le professeur René Poirier, directeur de la thèse, écrira sur sa copie du diplôme l'appréciation suivante: "Plus écrivain que philosophe," selon Herbert R. Lottman, *Albert Camus. A Biography* (Garden City: Doubleday, 1979), pp. 109–110.

6. Camus a emprunté notamment aux travaux d'Emile Bréhier, *La Philosophie de Plotin* (Paris, 1923); de R. Arnou, *Le Désir de Dieu dans la philosophe de Plotin* (Paris, 1921); de Louis Rougier, *Celse* (Paris, 1926); de Franz Cumont, *Les Religions orientales dans le paganisme romain* (Paris, 1907); d'Alfred Loisy, *Les Mystères païens et le mystère chrétien* (Paris, 1919). Pour ses idées sur l'évolution générale du christianisme il s'appuie beaucoup sur *L'Histoire des dogmes* de J. Tixeront et sur les travaux de P. de Labriolle sur la littérature chrétienne des premiers siècles (sa bibliographie figure à la fin de son diplôme (II, 1310–3). Sur l'usage que fait Camus des ses sources, voir mon livre, *Camus' Hellenic Sources*, UNCSRLL 119 (Chapel Hill: University of North Carolina Press, 1972), pp. 63–75.

7. Entre mars 1931 et juillet 1932, un débat sur la notion de philosophie chrétienne préoccupa vivement la Société française de philosophie. Les philosophes catholiques Etienne Gilson, Jacques Maritain et Gabriel Marcel on soutenu que, tout en étant une religion révélée fondée sur la réalité de mystères suprarationnels, le christianisme avait engendré dès les premiers siècles un système philosophique entièrement accessible à la raison. M. Souriau adopta une position à peu près identique. Emile Bréhier a prétendu, au contraire, que révélation chrétienne et philosophie sont des concepts qui s'opposent radicalement. Ce débat aurait-il inspiré à Camus la problématique de son diplôme? Il se garde d'y faire allusion dans son texte, tout en citant dans sa bibliographie (II, 1313) les principaux textes des débats.

8. Voir le procès d'ensemble que fait Emile Bréhier à la notion de la philosophie chrétienne dans son article, "Y a-t-il une philosophie chrétienne?" *Revue de métaphysique et de morale* (Janvier–Mars 1931), pp. 133–162; et les réponses, parmi d'autres, d'Etienne Gilson, *L'Esprit de la philosophie médiévale*, I (Paris: Vrin, 1932), ch. I; et de M. Souriau, "Qu'est-ce qu'une philosophie chrétienne," *Revue de métaphysique et de morale*, (Juillet–Septembre 1932), 353–385.

9. C2, 342: "Reprendre le passage de l'Hellénisme au Christianisme, véritable et seul tournant de l'histoire" (écrit aux environs de février 1951).

10. Arnold J. Toynbee, *Civilizationn on Trial* (London: Oxford University Press, 1948), p. 236: "Communism, which is another of our latter-day religions, is [. . .] a leaf taken from the book of Christianity—a leaf torn out and misread."

11. Nicholas Berdiaev, *Le Sens de l'histoire* (Paris: Aubier, 1948). En préparant *L'Homme révolté*, Camus a lu et annoté *Le Sens de l'histoire* selon R. Quilliot (II, 1625). Il copie aussi un certain nombre de textes de Berdiaev dans ses *Carnets* (*C2*, 227, 228, 229), sans préciser de quelle œuvre du philosophe russe il est question.

12. Berdiaev, op. cit., pp. 32–33.
13. Ibid., pp. 100–101.
14. Ibid., p. 116.
15. Leo Strauss, *Natural Right and History* (Chicago: University of Chicago Press, 1953), pp. 12–30. Je résume ici tout particulièrement les pages 12–15.

Discussion

E. MOROT-SIR: Ce que vous avez dit me fait penser à cette période où nous avons vécu les mêmes expériences et paricipé aux mêmes débats que Camus. Ceci vaut surtout pour la discussion au sein de la Société française de philosophie. A ce propos vous avez très justement tiré l'attention sur Berdiaev et cela mériterait une étude paritculière. Nicolas Berdiaev [1874–1948], qui avait réussi à sortir de Russie, vivait dans la banlieue parisienne et on traduisait ses *Cinq Méditations sur l'Existence*. Il faudrait en particulier regarder son *Dostoïevski* que Camus a sans doute lu. Ce serait une manière de voir quelques affinités évidentes. L'autre, ce serait l'étude des rapports avec le christianisme orthodoxe qui signifie un christianisme anti-catholique, anti-Vatican. Camus a proposé comme préférable une espèce d'évangélisme chrétien qu'il oppose à un christianisme devenu de plus en plus historique voire totalitaire. Alors se pose la question délicate, qui n'a jamais été clairement abordée, de l'opposition radicale entre l'Ancien et le Nouveau Testament. En tant qu'historien des idées je me pose la question si, par rapport à ce problème, l'un des contacts à citer ne serait pas Gide qui, dans son évangélisme, s'oppose également à l'Ancien Testament.

P. ARCHAMBAULT: Il me semble que les rapports entre Camus et Gide soulèvent plusieurs problèmes. C'est dans *Noces* que se trouve cette célèbre note à propos de Gide dont l'exaltation du désir n'est pas partagée par Camus qui chante les goûts simples. C'est que Gide présentait, au cours des années trente et pour ceux qui le lisaient alors, un certain jansénisme à fleur de peau.

E. MOROT-SIR: Sans doute et il faudrait relire à ce sujet *Numquid et tu* ainsi que la parabole du *Retour de l'enfant prodigue,* etc. Tous ces textes représentent néanmoins une certaine orientation morale que Camus va intégrer à sa pensée révoltée.

P. ARCHAMBAULT: Il me semble pourtant que dès avant qu'il ne connaisse Gide, dans son Diplôme d'études supérieures de 1936, Camus manifeste pour le christianisme évangélique une affection plus vive que pour le système métaphysique et philosophique qu'il était devenu à ses yeux. Dans sa jeunesse et son intégrité, le christianisme était beau et pur, mais pour assumer sa catholicité il dû céder à des tendances impures.

C. VIGGIANI: Vous avez parfaitement raison d'insister sur Berdiaev que Camus lisait et relisait au moment où il travaillait sur *Les Possédés*. L'un des livres de Berdiaev contient un chapitre intitulé "L'Enfer" dont l'étude, par rapport à Camus, serait très recommandable.

R. GAY-CROSIER: Une précision s'impose en ce qui concerne le conflit entre l'Ancien et le Nouveau Testament. Une série de thèses philosophico-théologiques ont été consacrées récemment en Allemagne à la christologie camusienne. Elles se demandent quel est le genre de christianisme que Camus a ou bien épousé, directement ou indirectement, ou bien rejeté. Or la plupart de ces travaux tirent, à ce propos, une conclusion semblable à savoir que Camus est resté prisonnier d'une conception trop exclusivement ancien-testamentaire du christianisme. En tant que source, autrement dit, l'Ancien Testament joue un rôle trop exclusif dans la genèse de la pensée camusienne.

P. ARCHAMBAULT: A cette époque, la personnalité de Camus était dominée par le "tout ou rien." Cela explique sa sympathie pour ce qu'il y avait de "pur" dans le christianisme, pour le jansénisme et la catharisme qui l'attiraient intellectuellement. Signalons aussi son engouement pour cet Africain passionné, saint Augustin. Il n'y a aucun doute quant à l'affinité entre Camus et cet évêque fougueux qui, à cause de sa vie sexuelle, est resté longtemps à l'écart du christianisme. C'est comme si Camus voulait nous dire, à travers les échos augustiniens de 1936: "Si j'étais croyant, voilà ce que je serais."

A. ABBOU: Votre exposé fait bien comprendre les raisons pour lesquelles Camus exprimait de la réticence envers l'humanisme traditionnel dont il connaissait fort bien les aventures et les mésaventures à partir du dix-septième siècle. Si l'on est d'avis qu'il est une façon de se racheter ou de modifier l'avenir, l'humanisme n'a de sens que si l'on entre dans l'histoire. Au-delà de ces ambitions, le terme ne veut pas dire grand'chose pour Camus.

J. LEVI-VALENSI: Je me demande si au milieu des perspectives historiques que vous avez dévoilées vous n'avez pas aussi fourni une des clés de *L'Etranger*. J'étais surtout frappée par la citation de *L'Homme révolté* qui nous montre l'historisme comme une sorte de rupture de l'équilibre régnant. Cela m'a rappelé de très près le moment du meurtre de Meursault qui, comme il le dit lui-même, a rompu l'équilibre du jour. Meursault, l'homme de la nature, entre brusquement dans l'histoire par le meurtre et articule la signification du fameux malheur. Avant *L'Homme révolté*, *L'Etranger* nous disait déjà la même chose.

P. ARCHAMBAULT: Je crois avoir vu un article sur cette question qui fait correspondre la première partie à un état prélapsaire et la seconde à la chute, à l'entrée dans l'histoire. Les analyses stylistiques confirment la thèse de rupture.

M. WEYEMBERG: Nietzsche n'a-t-il pas joué de rôle dans la génèse de l'anti-historisme de Camus? Il y a des textes extraordinaires de Nietzsche qui affirment que le sang des philosophes allemands est du sang de théologiens. Il y a pourtant une différence: Pour Nietzsche, le mal remonte à Socrate et Platon sur lesquels il y a ce texte étrange qui dit: "S'ils ne sont pas des Juifs, je ne sais ce qu'ils sont." Mais Nietzsche n'est-il pas une source de l'anti-historisme camusien?

P. ARCHAMBAULT: L'hostilité presque viscérale de Nietzsche à l'égard de l'histoire est connue. Mais y a-t-il, chez Nietzsche, hostilité envers le marxisme? En parle-t-il même? Très peu, me semble-t-il alors que pour Camus le marxisme est le grand monstre.

M. WEYEMBERGH: Nietzsche parle surtout de Hegel mais aussi d'Eduard von Hartmann qui est un épigone de Hegel. C'est par ces intermédiaires qu'il aborde le problème de l'historisme, attitude qu'il n'aime pas du tout.

P. ARCHAMBAULT: Il y a ici plusieurs hostilités qui s'enchevêtrent. Nietzsche faisait surtout allusion à l'hégélianisme et à la pratique universitaire historisante de la philosophie allemande, à tout ce que cela impose comme ascèse pour ainsi dire monastique aux universitaires. Pour Camus, l'aboutissement de l'historisme c'est manifestement le marxisme.

Maurice Weyembergh
Vrije Universiteit, Brussel

Camus et Nietzsche: évolution d'une affinité

Avant d'en arriver à l'essentiel, je voudrais souligner, en guise d'introduction, quelques éléments de ce que j'appellerais leur communauté de destin. Que Nietzsche est un philosophe qui a des soucis d'écriture et Camus un écrivain qui s'occupe de philosophie est trop évident pour s'y attarder. Nietzsche et Camus sont des orphelins de père: on sait l'importance que la psychanalyse attribue à cette situation. Ils ont tous deux été éduqués par des femmes et leur mère a joué dans leur existence un rôle considérable. La carrière professorale du premier a été interrompue pour raison de santé: Nietzsche a vu dans la maladie qui l'a contraint à la démission comme une sagesse du corps qui lui a permis de se consacrer à sa tâche de créateur. Camus s'est d'abord vu refuser le droit d'enseigner en raison de sa santé et, lorsqu'il en a eu l'occasion, un peu plus tard, il a refusé de s'engager dans une carrière qui ne lui aurait donné la sécurité que pour le soumettre, en termes kierkegaardiens, à la répétition. Leur voie à tous deux a quelque chose d'excentrique: Nietzsche est un Allemand qui se prétend d'origine polonaise et qui vit, dès lors qu'il est libre de ses mouvements, à l'étranger, pour l'essentiel dans le midi; Camus est un Français d'Algérie, qui vit en demi-exil à Paris et rêve de paysages méditerranéens. Mais ils sont surtout devenus des espèces de personnages mythiques, l'un après sa mort, l'autre de son vivant déjà. Et il est curieux de remarquer que Nietzsche, qui se savait personnage posthume, a mis en garde contre ce mythe, alors qu'il y a pourtant contribué: il a prédit avec dépit qu'on ferait de lui un saint (*WII,* 1152)[1] et a déclaré qu'il préférait encore être un *Hanswurst.* Camus a été "canonisé" de son vivant, on a fait de lui un "saint laïque": on sait combien il a souffert, mais aussi profité, de cette notoriété "fracassante." Au cours du colloque *Camus 1970,* on a jugé qu'il fallait le démythifier, le démystifier, alors que certains, Bertram, par exemple, ont cru jadis devoir édifier autour de Nietzsche une mythologie. On a voulu aussi réduire Camus au rang de philosophe pour classe terminale, comme on a essayé de faire de Nietzsche un malade et un décadent. Je ne vois personnellement dans toutes ces tentatives que la continuation et la santé du mythe. Nietzsche et Camus avaient semble-t-il, à en croire le dernier biographe de Nietzsche, Janz, et les amis de Camus, un sens exceptionnel de l'amitié, vertu assez rare pour être signalée. Enfin la production nietzschéenne s'arrête en 1889, le philosophe a 45 ans. Camus meurt à l'âge de 46 ans: le premier n'a pu écrire ce qu'il considérait comme son œuvre philosophiquement la plus importante, le second son livre le plus décisif. Le caractère fulgurant de ces destinées, la folie de Nietzsche avec son ambiguïté, la mort accidentelle de Camus, tellement caractéristique de notre société, n'ont pas peu contribué au mythe.

Mais ce qui précède n'aurait pas ou peu de sens, si la communauté de destin ne s'accompagnait d'une communauté de pensée. Avant d'analyser cette parenté, il est bon de réfléchir à une objection assez évidente qu'on pourrait nous adresser: comment expliquer le caractère *unzeitgemäss,* inactuel, de Nietzsche et, à l'opposé, le caractère tout à fait actuel de Camus? N'y a-t-il pas là une différence fondamentale qui met en question la possibilité du rapprochement? Si Nietzsche est bien, comme le veut Camus dans *L'Homme révolté* "la conscience la plus aiguë du nihilisme" (II, 487), s'il est l'annonciateur—hélas trop perspicace—de la catastrophe à venir et de ce fait à des lieues des préoccupations de son temps, Camus en se voulant actuel, au contraire, en vivant les problèmes de son époque qui sont ceux-là mêmes que Nietzsche a pressentis, demeure exactement dans la postérité de Nietzsche. La volonté d'actualité de Camus n'est donc nullement en contradiction avec la volonté d'inactualité de Nietzsche: elle est au contraire la condition de leur rencontre. La différence est évidemment que Nietzsche n'a pu vivre les problèmes du futur que de manière mythique, comme disait G. Lukács dans *Die Zerstörung der Vernunft,*[2] alors que Camus les a vécus, pour employer un mot qu'il utilise souvent, dans sa chair: le mal s'est précisé entre-temps et a exigé des thérapeutiques nouvelles. En somme, le mythe nietzschéen s'explique partiellement par la justesse de certaines des prophéties du philosophe, le mythe Camus par la fidélité de l'écrivain à son époque: il a été par sa vie et par ses œuvres, et jusque dans sa mort, pour employer une expression du *Mythe de Sisyphe* (I, 174), le *grand mime* de notre temps.

Reste à mettre en lumière la parenté de pensée des deux écrivains. Je me limiterai pour l'essentiel aux grands essais,[3] et m'efforcerai de rendre compte du mouvement même de la pensée de Camus et de la proximité de ce mouvement à la problématique du dernier Nietzsche.

Qu'est en effet *Le Mythe de Sisyphe?* Une interrogation sur le suicide, sur cela même que Nietzsche avait appelé dans le *Wille zur Macht* (*W.M.* §247) "die Tat des Nihilismus." Peut-on vivre, survivre dans le nihilisme qui résulte de la mort de Dieu? La réponse de Camus est positive à condition qu'on accepte de précipiter l'absurde, de le théoriser, de le systématiser en le poussant à ses conséquences ultimes. Il y a une remarque sur *Le Mythe de Sisyphe* dans une lettre de Camus à Ponge du 27 janvier 1943 (II, 1662-8) qui nous semble clarifiante:

> C'est pour cela que j'ai multiplié les précautions pour montrer le caractère provisoire de la position définie dans *le Mythe* [sic.]. C'est que je me méfie de moi-même—et je veux me ménager la possibilité d'être tout à fait personnel, c'est-à-dire de penser en marge de ce nihilisme moderne dont *le Mythe* est très exactement un essai de définition passionné. [...] Je l'ai dit dans ma prière d'insérer: "Il s'agit de savoir si l'on peut définir un bon nihilisme." (II, 1666)

Et un peu plus loin:

> Si je n'avais pas une peur bleue des magnifiques généralisations à la Nietzsche, je vous dirais: "Le sentiment de l'absurde, c'est le monde qui est en train de mourir. La volonté de l'absurde, c'est le monde nouveau." (II, 1667)

Autrement dit, pour arriver au bon nihilisme, c'est-à-dire celui qui mène au monde nouveau, à l'au-delà du nihilisme, il faut la volonté de reconnaître ses itinéraires, d'en élaborer la topologie, il faut passer du sentiment de l'absurde à la volonté de l'absurde. "C'est dans la direction du mal que le malade trouve le remède" (1430). Fréquenter ces voies de l'absurde et s'y tenir—maintenir ce que Camus appelle la confrontation de la nostalgie humaine d'unité et de clarté à l'opacité du monde—apprend à ne pas tomber dans les pièges de l'esquive (la restauration de la transcendance ou du totalitarisme de la raison). Bref, Camus nous convie à une nouvelle règle de vie, une nouvelle ascèse (189, 191), un exercice de détachement et de passion (179).

> Quand Nietzsche écrit: "Il apparaît clairement que la chose principale au ciel et sur la terre est d'*obéir* longtemps et dans une même direction: à la longue il en résulte quelque chose pour quoi il vaille la peine de vivre sur cette terre comme par exemple la vertu, l'art, la musique, la danse, la raison, l'esprit, quelque chose qui transfigure, quelque chose de raffiné, de fou ou de divin," il illustre la règle d'une morale de grande allure. Mais il montre aussi le chemin de l'homme absurde. (146)

Il faudrait presque parler d'une règle de l'absurde au sens religieux; pour apprendre à vivre avec le nihilisme, il convient en quelque sorte de se faire moine de l'absurde: Don Juan, personnage absurde, termine sa vie, selon certaines sources, au couvent; Camus écrit: "La jouissance s'achève ici en ascèse. Il faut comprendre qu'elles peuvent être comme les deux visages d'un même dénuement" (157); ce qui prolonge certains textes du "Désert" dans *Noces*. Idée qui est toute nietzschéenne et que l'on pourrait résumer par la formule: du bon usage des religions. Les aphorismes 61 et 62 de *Jenseits von Gut und Böse*, dont est précisément extraite la précédente citation, en sont un bon exemple, comme l'aphorisme 915 du *W.M.*: "Ich will auch die Asketik vernatürlichen [...]."

En résumant ce qui précède, je dirais que le mouvement même de la pensée de Camus, dans *Le Mythe de Sisyphe*, s'expose volontairement à l'absurde pour préparer l'au-delà du nihilisme—l'absurde jusqu'ici "conclusion" devient "point de départ" (97, 864–5). C'est très précisément la stratégie fondamentale de Nietzsche, ce qu'il appelle philosopher avec le marteau, détruire les idoles (les esquives), poursuivre la logique inhérente au nihilisme. Que Camus connaît parfaitement cette stratégie ressort du début de son commentaire sur Nietzsche dans *L'Homme révolté* (475–81).

La parenté de la démarche fondamentale explique alors celle des thèmes: la mort de Dieu mène à la liberté comme disponibilité (140), à l'innocence (137)—il peut y avoir responsabilité mais non culpabilité—à la révolte, au défi (139), à la lucidité ou à ce que Nietzsche appelle avoir le courage de sa connaissance, à vivre dans le présent, dans l'instant (145). L'homme de l'absurde, comme le héros nietzschéen, est un homme de passion et d'indifférence, feu et glace font partie de son paysage intérieur (186). Les types absurdes sont proches de l'aventurier, du voyageur dont Zarathoustra peut constituer le prototype: comme il l'a enseigné, ils doivent vivre dangereusement. *Le Mythe de Sisyphe* a ainsi quelque chose d'expérimental, en tant qu'œuvre absurde, il est un *essai* au sens fort de même que les types d'existence décrits demeurent des possibilités. Rappelons que pour Nietzsche le philosophe du futur doit être un *Versucher* (*WII*, 605, 674) et que Zarathoustra aime les esprits ouverts à la nouveauté et à l'expérimentation (*WII*, 406).

Mais la règle de vie à laquelle Camus en appelle reste purement formelle: du moment que la confrontation homme-monde qui fonde l'absurde et que la tension qui lui est propre sont maintenues, les commandements de l'absurde sont comblés; l'ascèse se satisfait des contenus les plus divers et peut mener à des morales différentes, tout est permis. "Vivre le plus," "replacer la qualité des expériences par la quantité" (II, 143) équivaut à faire vivre le plus l'absurde. Qu'il y ait ici un sentiment tragique et dionysiaque de la vie me semble indiscutable. "Tout être sain tend à se multiplier" (152), l'acteur "s'applique de tout son cœur à n'être rien ou être plusieurs" (160), l'œuvre d'art doit "marquer à la fois la mort d'une expérience et sa multiplication," "créer, c'est vivre deux fois," la création est "mime," "répétition" (173-4), autant de formules qui préparent l'image mythique qui symbolise toute l'entreprise: Sisyphe, le rocher et le bonheur, le *oui* qui accompagne la répétition. Soulignons ici encore la proximité aux thèmes nietzschéens: la volonté de puissance vise essentiellement à plus de puissance, à se multiplier; le thème du fardeau à porter, de l'escalade est récurrent chez Nietzsche et il y en a un exemple notoire dans *Also sprach Zarathustra,* dans le second chant du troisième livre, "Vom Gesicht und Rätsel," là où Zarathoustra porte un nain juché sur ses épaules, l'esprit de la pesanteur, et parvient à s'en débarrasser en évoquant précisément l'idée de l'éternel retour, comme Sisyphe domine son mal par la conscience qu'il en prend. Sisyphe d'ailleurs accepte de rouler éternellement son rocher, tandis que les efforts de l'homme absurde pour répéter, mimer ne sont que des tentatives manquées d'instituer l'*ewige Wiederkehr*. Lorsque Camus écrit: "'L'art et rien que l'art,' dit Nietzsche, 'nous avons l'art pour ne point mourir de la vérité'" (173), il touche effectivement au nœud du problème: par un de ses aspects, l'éternel retour— qui a effectivement des visages différents suivant l'angle sous lequel on l'envisage[4]—est la création absurde par excellence du *Künstler-Philosoph,* il est la fiction la plus haute, celle qui fait vivre l'homme au sommet de ses possibilités et donne au devenir le caractère de l'être, celle qui assure l'auto-éternisation, en termes camusiens le *grand mime* définitif. *L'éternel retour est au fond la limite vers laquelle tend tout artiste absurde,* mais en sachant qu'il ne l'atteindra pas: c'est pourquoi sa création est "sans lendemain." Remarquons d'ailleurs que pour qui s'y tient, l'*ewige Wiederkehr* rend le suicide, "die Tat des Nihilismus," caduc: à quoi servirait en effet de vouloir ensfinir, dès lors qu'on ne finit pas de recommencer?

Mais revenons-en à la constatation du caractère formel de la règle de vie absurde: dire par exemple que l'homme absurde "ne peut que tout épuiser, et s'épuiser" (139) est dire peu de choses lorsque l'on est confronté à l'histoire, où l'homme s'épuise en effet, mais à épuiser les autres. Camus a dû apprendre à se mesurer à ce qu'il appelle la Gorgone politique (1341), et cela n'a pas été sans mal. Les *Lettres à un ami allemand* en portent témoignage, de même que *L'Homme révolté* et le texte intitulé "Défense de *L'Homme révolté"* qui renvoie d'ailleurs aux dites *Lettres*. C'est surtout la quatrième lettre qui nous intéresse car Camus y constate la proximité de son point de départ et de celui de l'ami allemand: le monde n'a pas de sens, tout est équivalent. "Vous avez supposé qu'en l'absence de toute morale humaine ou divine les seules valeurs étaient celles qui régissaient le monde animal, c'est-à-dire la violence et la ruse" (240). Or Camus n'avait rien à opposer à cette vision en un premier temps, si ce n'est "son goût violent pour la justice." "Et si la justice n'est qu'un instinct," dira-t-il plus tard, dans la "Défense de *L'Homme révolté,*" "alors l'injustice est justifiée aussi comme instinct" (1703). Approfondissant le problème, l'auteur constate que l'ami allemand a accepté d'ajouter à l'injustice de notre condition, il a choisi la destruction, parce qu'il a trop rapidement désespéré, il n'a pas eu le courage d'opposer à cette injustice naturelle la solidarité humaine.[5] Or, choisir l'injustice, c'est se mettre "avec les dieux" (241), alors que Camus choisit de lutter contre le malheur. Si le monde n'a pas de sens, l'homme porte l'exigence d'un sens en lui et opter pour la justice, c'est permettre sa réalisation, c'est sauver l'homme. Et Camus d'ajouter: "J'ai choisi la justice au contraire, pour rester fidèle à la terre" (241). Cette dernière expression doit nous retenir, puisqu'elle est l'une des formules les plus fameuses de Zarathoustra. Mais pourquoi y faire allusion, alors que l'attitude de l'ami allemand reprend certains thèmes nietzschéens que Camus met précisément en question? Je pense qu'il faut y voir l'amorce de ce qu'il fera de manière plus systématique un peu plus tard: corriger Nietzsche par Nietzsche lui-même.[6] Les *Lettres à un ami allemand* me semblent le texte où Camus thématise pour la première fois cette prise de distance par rapport à Nietzsche. Il a compris qu'il avait "longtemps vécu sans morale, [...] professé en somme le nihilisme, quoique sans le savoir toujours, [...] et que, dans certaines occasions, accepter certaines pensées revenait à accepter le meurtre sans limites" (1704).

L'Homme révolté commence d'ailleurs par la constatation que l'absurde ne nous aide guère et qu'il est contradictoire à l'égard du meurtre. La solution du *Mythe de Sisyphe* au problème du nihilisme n'était décidément, pour reprendre un expression de *Caligula,* que Camus utilise à deux reprises dans les *Lettres à un ami allemand* (229, 235), *pas la bonne.* L'écrivain s'est dès lors interrogé sur l'origine de ce nihilisme; il a été conduit à faire une histoire de la révolte en Occident et à élaborer, à partir de sa propre expérience, une espèce de modèle de la révolte pure qui lui permet de juger les figures successives qu'elle a dessinées. C'est dans le cadre de cette histoire et à partir de ce modèle qu'il situe alors Nietzsche.

Nietzsche est d'abord celui qui *accomplit* de manière méthodique le nihilisme en détruisant toutes les idoles qui pourraient encore le masquer et retarder par là les échéances. Le christianisme par exemple, dont le socialisme n'est que le dernier avatar, la morale sont des signes de décadence, car ils substituent "à l'homme de chair un homme reflet" (477); ne voulant pas voir ce qui est et ne pouvant y croire, ils professent que la réalité a besoin d'être jugée et justifiée. Nietzsche est aussi celui qui consent à ce qu'il sait, il a le courage de sa connaissance et entend en tirer toutes les conséquences. Il sait que la mort du Dieu moral, l'absence de toute finalité dans l'univers va de pair avec la découverte d'une liberté inconnue et de l'innocence du devenir. Mais, en un second temps, l'homme ainsi libéré découvre le visage d'ombre de sa nouvelle condition: l'absolue disponibilité, qui s'accompagne de l'absolue responsabilité, implique que le "hasard est roi," que la liberté nouvellement conquise n'est que "l'affreuse liberté de l'aveugle" (480). Nietzsche veut ainsi nous "rendre la situation intenable" pour nous obliger à créer. Et la solution qu'il propose est de "replacer [...] tous les jugements de valeur par un seul oui, une adhésion entière et exaltée à ce monde" (481–2). Il en appelle à l'*amor fati,* l'héroïsme, "l'ascétisme du grand homme" qui doit devenir "l'arc le plus tendu qui soit" (482): participer à la grande roue de l'être, au cosmos, accepter comme Dionysos la souffrance du démembrement comme condition du devenir et de l'éternel retour. Constatant que le national-socialisme a prétendu mettre en pratique la théorie nietzschéenne, Camus déclare que "nous n'aurons jamais fini de réparer l'injustice qui lui [Nietzsche] a été faite" (485), mais il s'interroge néanmoins sur le bien-fondé de cette prétention. Nous dirions, en utilisant une distinction marxiste, que Camus aboutit aux résultats suivants: *subjectivement* Nietzsche est à des lieues des tortionnaires nazis par son courage, son intelligence, sa droiture et par sa critique du nationalisme et du racisme, mais, *objectivement,* par la logique même du nihilisme, certaines composantes de sa pensée se prêtent au travestissement. Et Camus en souligne deux aspects: il y a d'abord le oui "forcené" au monde, que ne contrebalance aucun *non,* par quoi d'ailleurs Nietzsche n'est pas fidèle au mouvement même de la révolte tel que Camus le comprend. Dire oui au monde sans rien en retrancher, c'est admettre le meurtre, surtout, quand, comme Nietzsche l'a écrit, on pense que les grandes fins doivent être jugées à l'aune de critères particuliers. Il y a ensuite le fait que Nietzsche a bien vu qu'avec la mort de Dieu l'homme doit prendre en charge la direction de l'avenir humain et se préparer à la domination de la terre, au gouvernement mondial. La logique du nihilisme mène ainsi à l'empire. "Passée au creuset de la philosophie nietzschéenne, la révolte, dans sa folie de liberté, aboutit au césarisme biologique ou historique" (489). Camus ne pousse pas plus avant les considérations de Nietzsche sur le dressage et la sélection: il se borne à les juger "puériles" (477).

Dans ses réflexions sur l'art, Camus modifie sa perspective et s'éloigne par conséquent de Nietzsche. Rappelons que dans *Le Mythe de Sisyphe* l'art était mime, répétition et que nous avons interprété l'éternel retour comme la limite vers laquelle il tend. Dans *L'Homme révolté* éternel retour et art sont, dans le commentaire que Camus donne de Nietzsche, complémentaires: "Aucun jugement ne rend compte du monde, mais l'art peut nous apprendre à le répéter, comme le monde se répète au long des retours éternels. [...] Dire oui au monde, le répéter, c'est à la fois recréer le monde et soi-même, c'est devenir le grand artiste, le créateur" (483). Le point de vue de Camus dans *Le Mythe de Sisyphe* et de Nietzsche sont donc fort proches en effet, sinon que l'écrivain ne va pas jusqu'à admettre la fiction de l'éternel retour et qu'il s'oppose au monde. Dans *L'Homme révolté*, Camus applique à l'art sa conception de la révolte; si la création est consentement au monde, et donc répétition, elle est aussi négation, correction du monde: le oui et le non doivent, ici encore, s'équilibrer. Bref, l'art n'est plus simple réduplication du monde, il est aussi fabrication, création corrigée: alors que le créateur absurde exaltait la diversité aux dépens de l'unité (191), *L'Homme révolté* remet l'accent sur l'unité (657-9). Les *Discours de Suède* défendent le même point de vue.

Pourtant, si Camus prend ainsi ses distances par rapport au philosophe, il continue de le citer: disons qu'il cite le Nietzsche qui corrige l'autre. Il est tout à fait remarquable que l'exergue d'*Actuelles I* qui reprend des textes de la résistance, est de Nietzsche et à la fin de *L'Homme révolté*, on trouve cette phrase étonnante dans le chapitre intitulé, d'un titre nietzschéen, "La pensée de midi," et qui est l'exaltation de la mesure: "Il est bien vrai que la démesure peut être une sainteté, lorsqu'elle se paye de la folie de Nietzsche" (703). Et l'ultime phrase de la dernière section, "Au-delà du nihilisme," reprend une image nietzschéenne, à laquelle Camus a fait allusion dans son commentaire du penseur allemand: "Au sommet de la plus haute tension va jaillir l'élan d'une droite flèche, du trait le plus dur et le plus libre" (709). On ne pourrait mieux indiquer, malgré la distance prise, sa fidélité. Dans la lettre-réponse à Patri et à Breton, Camus dit de Nietzsche, que Patri avait mis en cause, qu'"une telle [...] âme nous surpasse tous infiniment" (735). Dans sa préface au livre de K. Bieber, *L'Allemagne vue par les écrivains de la résistance,* il déclare, pour justifier le fait qu'il n'a pas de haine pour les Allemands: "Mais je dois à Nietzsche une partie de ce que je suis, comme à Tolstoï et à Melville" (1490). En 1955, il parle en Grèce de la renaissance de la tragédie; c'est encore à Nietzsche qu'il emprunte le schéma général de son exposé. Les *Discours de Suède* citent le philosophe allemand à plusieurs reprises et réaffirment ce que Camus avait déjà écrit dans *L'Homme révolté*: "créer aujourd'hui, c'est créer dangereusement" (677, 1080).

Bref, le "bon" Nietzsche a triomphé du "mauvais": il est loisible de se demander si Camus, après *L'Homme révolté*, n'opère pas de plus un retour à Nietzsche, ce qui pourrait s'expliquer par le fait que, selon lui, après la victoire sur le fascisme, le danger viendrait moins du totalitarisme de droite que du totalitarisme de gauche. Il me semble en tout cas que lorsqu'il évoque à la fin des *Discours de Suède* les feux que Nietzsche allumait sur les montagnes du Golfe de Gênes (1095) et qu'il utilise un peu plus loin la formule de Zarathoustra "les grandes idées viennent sur des pattes de colombe," il me semble que Camus s'identifie de plus en plus avec *l'artiste* Nietzsche.

Pour terminer cet exposé, je voudrais très brièvement comparer l'attitude de Camus à l'égard de Nietzsche à celle de quelques commentateurs du philosophe allemand. W. Kaufmann, K. Löwith, et M. Heidegger,[7] pour des raisons bien entendu totalement différentes, n'épiloguent pas sur les déclarations incendiaires de Nietzsche sur la *Züchtung* (le dressage), lesquelles recommandent l'eugénisme, la castration, le meurtre et le sacrifice des malades et des décadents. K. Jaspers, par contre, en parle longuement, mais pour occulter ce qu'elle a de plus révoltant.[8] Il déclare dans sa préface à la deuxième édition de 1946 qu'il avait prévu à l'origine un chapitre consacré aux errements de Nietzsche, mais qu'il y a renoncé par respect. On comprend que Jaspers a évité de le faire, pour ne pas apporter de l'eau au moulin des nazis, dans la première édition de 1935; on ne comprend pas qu'il ne l'a pas fait pour la deuxième édition. Lukács, quant à lui, jette le bébé avec l'eau du bain: Nietzsche n'est plus que l'idéologue par excellence de l'irrationalisme de la période impérialiste. Si Camus déclare qu'"il sera toujours impossible de confondre Nietzsche et Rosenberg" (485), Lukács dirait la même chose, mais dans un sens strictement opposé: les qualités de Nietzsche font qu'il est beaucoup plus dangereux que Rosenberg. Si Lukács exagère en réduisant la philosophie de Nietzsche à une réponse au socialisme, s'il se trompe parfois, par exemple dans son interprétation de l'éternel retour, il reste qu'il a mis l'accent sur un aspect de Nietzsche qui continue à faire problème. En ce sens, Camus a fait preuve de clairvoyance dans *L'Homme révolté,* encore qu'il ait sans doute sous-estimé la responsabilité objective du philosophe: il est trop facile de déclarer puériles les considérations de Nietzsche sur le dressage sans se demander pourquoi un auteur aussi éminent sombre tout à coup dans la puérilité. Horkheimer et Adorno[9] ont eux aussi mis en évidence le caractère problématique de certains aspects de la pensée de Nietzsche, qu'ils comparent d'ailleurs également à Sade. S'ils sont sévères pour ces deux auteurs, c'est néanmoins en reconnaissant qu'ils ont eu le courage de penser jusqu'au bout ce que leurs contemporains voulaient ignorer: les conséquences de l'*Aufklärung*. Signalons encore l'ouvrage de E. Nolte[10] et l'opinion de l'auteur sur le rapport Nietzsche-national-socialisme: si Nietzsche est, par ses qualités, incomparablement supérieur aux idéologues nazis, il n'en demeure pas moins que sa doctrine de l'adhésion au monde et de l'éternel retour clôt l'univers sur lui-même, éternise et transfigure les conflits et la violence qui y régnent.

L'absence de transcendance, verticale ou horizontale, qui en résulte rapproche incontestablement Nietzsche de la conception national-socialiste d'un univers livré sans fin à la lutte des espèces et des races. Ici encore, le rapprochement avec certaines vues critiques de Camus est possible.

Notes
Edition utilisée

II, 1965

1. Les citations de Nietzsche sont extraites de *Werke in drei Bänden*, éd. K. Schlechta (Munich: Hanser, 1960)—sigles *WI, II, III*. Pour le *Wille zur Macht*—sigle *W.M.*, je renvoie au numéro de l'aphorisme.
2. György Lukács, *Die Zerstörung der Vernunft* (Neuwied: Luchterhand, 1962), p. 278.
3. Pour une étude plus générale, voir B. Rosenthal, *Die Idee des Absurden. F. Nietzsche und A. Camus* (Bonn: Bouvier, 1977).
4. Cf. notre ouvrage, *F. Nietzsche et E. von Hartmann* (Bruxelles: Centrum voor de Studie van de Verlichting, 1977).
5. Nietzsche développe ce thème, "die Brüderschaft des Todes," dans l'aphorisme 278 de la *Fröhliche Wissenschaft*, mais sans en tirer les conclusions que Camus en tire.
6. L'expression est utilisée dans une interview du 10 mai 1951, où Camus déclare que Hegel, Marx et Nietzsche sont les mauvais génies de l'Europe, mais où il dit aussi placer ce dernier "infiniment" au-dessus des deux autres (II, 1341).
7. Walter Kaufmann, *Nietzsche, Philosopher, Psychologist, Antichrist* (Princeton: Princeton University Press, 1968); Karl Löwith, *Nietzsches Philosophie der ewigen Wiederkehr des Gleichen* (Stuttgart: Kohlhammer, 1956); Martin Heidegger, *Nietzsche I et II* (Pfullingen: Neske, 1961).
8. Karl Jaspers, *Nietzsche. Einführung in das Verständnis seines Philosophierens* (Berlin: Walter de Gruyter, 1950).
9. Max Horkheimer et Theodor W. Adorno, *Dialektik der Aufklärung* (Frankfurt: Fischer, 1969).
10. Emil Nolte, *Der Faschismus in seiner Epoche* (Munich: Piper, 1971), pp. 529–535.

Discussion

A. ABBOU: Vous nous avez montré que la présence de Nietzsche confine à une sorte de permanence entrecoupée d'interrogations ou de remodelages suscitées par diverses situations. Pour Camus, l'une des façons dont le christianisme s'est coulé dans la pensée occidentale à un moment donné c'est d'emprunter un certain nombre d'expressions et de symboles à l'hellénisme. Il savait très bien que, pour communiquer ce qu'elle a d'original, une pensée nouvelle doit emprunter certains moules à celle qu'elle conteste. Je me demande si, dans le cas de l'influence de Nietzsche, nous ne sommes pas en présence, dans l'œuvre de Camus, de deux ou trois systèmes nietzschéens. L'un remonterait à la période d'avant 1938, l'autre commencerait son élaboration à partir de 1938. Car jusqu'en 1938, et malgré son adhésion au Parti communiste et plusieurs activités politico-culturelles, on peut dire que Camus se situe hors de l'histoire. Quand, pour des raisons journalistiques, il entre dans les problèmes du concret, il ne refuse plus l'histoire parce que cela lui semblerait puéril. L'histoire *est,* il faut en tirer les conséquences et il ne peut s'agir de l'exclure. Aux yeux de Camus, Nietzsche était une sorte de rédempteur de l'hellénisme qui a tenté en quelque sorte de vider celui-ci de ce que le christianisme a pu y mettre.

M. WEYEMBERGH: Il y a une chose que je n'accepterais que difficilement, c'est le terme de système. Ni Camus ni Nietzsche aime les systèmes. Si vous utilisez cette notion, vous vous situez en dehors de la terminologie propre aux auteurs en question.

A. ABBOU: Il y a cependant l'aspect péjoratif et la réalité d'un terme. Je sais bien qu'ils ont refusé le système et l'idéologie. Mais qu'est-ce qu'une idéologie? C'est un ensemble ce concepts tendus vers l'action. Or Camus se situait, en effet, d'abord hors de l'action puisqu'il se plaçait hors de l'histoire. De ce point de vue-là vous avez raison de refuser le terme "idéologie." Mais par ses lectures, par ses propres réflexions, par ses exprériences proprement originales, il a abouti à la mise au point d'un ensemble d'éléments qui constituent en et par eux-mêmes un système.

M. WEYEMBERGH: La date de 1938 me paraît un peu ponctuelle et il faudrait étendre cette période de modifications à 1942–43. C'est à partir de ce moment que Camus utilise Nietzsche plus systématiquement mais dans une perspective différente.

J. ARNOLD: J'aimerais voir cette recherche sur Camus lecteur de Nietzsche poursuivie aussi loin que possible. Le face à face Camus-Nietzsche pourrait se faire un peu comme P. Archambault l'avait fait au sujet de la pensée néochrétienne. Déjà en 1936, dans le Diplôme d'études supérieures, Camus a emprunté d'ailleurs plusieurs phrases à *L'Origine de la tragédie* sans citer sa source.

M. RYBALKA: Il est intéressant de constater que vers la fin de 1938 Sartre passe par une évolution analogue à celle de Camus. C'est à cette époque qu'il abandonne les problèmes de l'homme seul dans lesquels l'avait entraîné, entre autres, Nietzsche. Il faudra à Sartre un certain nombre d'années pour conceptualiser ses problèmes.

A. BRIOSI: N'oublions tout de même pas les différentes manières dont Sartre et Camus ont fait leur entrée dans l'histoire.

V. Littérature comparée et relations littéraires

Alessandro Briosi
Reijksuniversiteit Groningen, Holland

Sartre et le caractère "classique" de *L'Etranger*

L'article de Sartre sur *L'Etranger* fut publié en 1943: la même année où Sartre et Camus se rencontrèrent pour la première fois[1] et où débuta une collaboration qu'allait interrompre la parution de *L'Homme révolté*. Les raisons de cette rupture sont connues et on connaît aussi le sens, politique surtout, qu'elle a eu.[2] Mais à la base de celle-ci les points de divergence entre les visions du monde des deux écrivains—déjà présents dès les années 1938-43— ne manquent pas, ni, en même temps, de solides points d'accord. Notre but ici est de contribuer à reconstruire la préhistoire des rapports connus entre Sartre et Camus, qui jouent surtout sur le plan de la philosophie du langage et de la pratique de la critique littéraire.

Dans "L'Explication de L'Etranger," l'essai sartrien autour duquel va s'axer tout notre propos, on est frappé par une ambiguïté, une incertitude qui aboutit à des affirmations à première vue contradictoires. D'une part, la fermeté du jugement positif, posant *L'Etranger* comme une œuvre "classique, fondamentale," est évidente; d'autre part, Sartre ne cache pas que le roman produit en lui une impression d'artifice: Camus, dit-il, "ment, comme tout artiste, parce qu'il entend restituer l'expérience nue et qu'il filtre sournoisement toutes les liaisons signifiantes, qui appartiennent aussi à l'expérience." Comme Renard, Camus "aime les choses pour elles-mêmes, il ne veut pas les diluer dans le flux de la durée," et ici se situe l'origine de sa technique de narration, où "chaque phrase est un présent." Si nous relisons l'essai sur Renard, postérieur de deux années seulement, nous apercevons que le jugement sur le caractère artificieux de l'ouvrage implique déjà, quasiment, une accusation très grave: celle du refus, "bourgeois," de "se compromettre," qui deviendra explicite, justement, à propos de Renard: la fragmentation du discours en phrases "qui ne renvoient jamais à d'autres phrases" (c'est la parataxe dont parle E. Morot-Sir) est un instrument qui permet à l'écrivain de "planer au-dessus des partis, au-dessus des classes," de "s'affirmer comme bourgeois."[3] Cette fragmentation est l'exact contraire, évidemment, de l'écriture-projet, engagée, telle que Sartre va la théoriser à propos de la "prose" dans *Qu'est-ce que la littérature?*

Toutefois, l'idée de l'engagement proprement dit, en 1943, n'a pas encore pris forme dans l'esprit de Sartre. L'effacement, dans l'œuvre, de tout "futur" n'est pas encore pour lui, semble-t-il, une "faute" de l'écrivain, mais un caractère des "conditions sociales de notre vie présente," dans laquelle "l'avenir est barré"—comme il dit, en 1939, à propos de Faulkner.[4] C'est pour cette raison qu'à propos de la "temporalité de Faulkner" dans laquelle, comme dans *L'Etranger,* le "présent" est "innommable et fugitif," Sartre pouvait écrire: "J'aime son art," comme l'art de Dos Passos, comme la représentation "réaliste" d'un monde dont le futur est barré et dont le présent "s'effondre" dans une dimension de "vitesse glacée." (Et, soit dit entre parenthèses, "vitesse glacée" est une définition qui demeure efficace de nos jours, susceptible de préciser le lieu intermédiaire entre le temps du "réalisme" et celui du "mythe" qu'examine J. Lévi-Valensi.) Il l'aimait au fur et à mesure que celui-ci entrait en contradiction avec la "métaphysique" de son auteur et, dans la "glace," il parvenait à faire sentir la nostalgie de la "vitesse" sur laquelle pouvait se fonder "le désir de briser nos destins."[5] La force des romans de Faulkner et Dos Passos venait de leur capacité de raconter un "présent indécis, qui fait tache et se prolonge un peu sur le présent qui le suit,"[6] et c'est justement cette capacité qu'il ne retrouve plus en Camus: *L'Etranger* est une œuvre classique parce qu'elle est la réalisation d'un art où enfin peut pleinement s'exprimer la métaphysique moderne, dont le but est de réussir à concevoir l'homme comme une réalité qui *résiste* au mouvement du projet, de l'engagement, qui le "perd" dans son propre futur: soit que celui-ci apparaisse encore, comme pour Faulkner, barré, soit que, comme en 1945, un futur nouveau de liberté se profile à l'horizon.

Chez Camus, le lieu de cette résistance est identifié par Sartre dans le présent "glacé," où dans le "silence." C'est en lui que le premier contact a lieu, encore muet et non organisé, entre l'homme et les choses. Ce contact précède le langage qui intervient—nous le savons—pour "trahir" sa vérité muette mais aussi pour l'exprimer et lui donner un sens; mais Sartre repousse la possibilité de croire que, en deçà (ou à l'intérieur) du libre projet, quelque chose de l'ordre du "silence" résiste à la force primitive de l'"explosion" vers le monde grâce à laquelle l'homme donne, simultanément, un sens à lui-même et au monde. Dans la mesure où il est "condamné à la liberté," pourrions-nous dire, l'homme sartrien est condamné au sens.[7] C'est ici la raison des attaques polémiques, fréquentes durant ces années, de Sartre contre la "hantise du silence" dont Camus est (après Renard, les Surréalistes, Ponge,

Paulhan) un représentant par excellence: "Voilà pourquoi, en écrivant *L'Etranger*, Camus peut croire qu'il se taît: sa phrase n'appartient pas à l'univers du discours [...] elle est mesurée très exactement par le temps d'une intuition silencieuse."

Le but de Camus est donc le silence: une vérité ferme *avant* le langage plutôt que, comme on se plaît à dire aujourd'hui et comme l'a bien formulé B. Fitch, le mouvement de mise en abyme d'une "possibilité qui ne cesse de se commenter."

Mais sur le problème du langage et de ses rapports avec la pensée et avec le "silence," l'auteur qui, dans ces années-là, en France, offre les analyses les plus intéressantes est Brice Parain. Lors de la parution des *Recherches sur la nature et les fonctions du langage*,[8] Camus et Sartre sont intervenus immédiatement[9] et une comparaison entre les deux points de vue pourra être utile à nos propos.

Comme Camus le remarque, "l'histoire de la philosophie, pour Parain, est, au fond, l'histoire des "échecs de la pensée devant le problème du langage." Le problème fondamental qu'elle n'a pas su résoudre, se pose à partir du moment où l'on admet que si l'idée se trouve placée, comme Platon le voulait, hors du langage, l'homme n'a plus de moyen d'en contrôler la vérité et ne peut qu'en "accepter" la réalité "miraculeuse"; mais si elle est située dans le langage, l'idée se condamne à la relativité historique et à l'absurdité. "L'originalité de Parain, remarque alors Camus, [...] c'est de maintenir le dilemme en suspens (II, 1678). "Mes paroles déforment peut-être ma pensée, mais si je ne raisonne pas, ma pensée s'évanouit" (Parain cité par Camus, 1678): "Ni oui ni non, le langage est seulement une machine à fabriquer du doute" (1678). En deçà du doute, ce qui résiste c'est seulement le fait que "les mots ont juste assez de sens pour nous refuser cette ultime certitude que tout est néant" (1678). Ce sens équivaut à "ce que l'homme a de plus strictement impersonnel, de plus intimement pareil aux autres" (Parain cité par Camus, 1679). Pour Camus, "[c]'est à cette banalité supérieure que peut-être il faut se tenir, là où se réjoignent l'artiste et l'homme des champs [...]" (1679). Ce qui compte, pour Camus, c'est que miracle et absurde "à eux deux [...] forment le seul choix possible" (1680). "[T]ournés vers le miracle ou vers l'absurde, nous ne ferons rien en dehors de ces vertus qui font l'honneur de l'homme et qui sont honnêteté et pauvreté" (1681). Enfin, au fond de l'inévitable aliénation du langage, l'"honnêteté" (1679) fait entrevoir à Parain la présence de Dieu, tandis qu'elle indique à Camus la voie de la révolte.

Voici un point qui sépare la voie de Sartre de celle de Camus. Pour Sartre, cet entrelacement inextricable entre la parole et la vérité, qui pousse Parain à chercher quelque chose qui *précède* leur rencontre, n'existe pas; pour lui, l'alternative "suspendue" entre l'absurde et le miracle n'a pas de sens car l'absurde, sous la forme de la "gratuité," est l'essence originaire de l'homme, qui s'identifie avec sa liberté. A propos de Parain, Sartre écrit: "cependant il y a un langage et il y a un monde"; et le monde, "que je *suis* sans intermédiaires," c'est-à-dire le signifié, peut être dupé par le langage, "mais je n'en serai jamais dupe que si je le veux, car j'ai la possibilité de revenir toujours à ce que je suis, à ce vide, à ce silence que je suis."[10] Car le silence, pour Sartre, qui coïncide avec la certitude originaire du "cogito préreflexif," est déjà, et *ab origine,* signifiant. Si pour Camus et Parain le langage n'est "ni oui ni non," pour Sartre il est question d'un *aut-aut:* le langage, *ou* il est dupe, réparable, *ou,* s'il rencontre mon intention, il se dissout, s'identifie avec le mouvement de ma transcendance et son objectivité n'est rien d'autre que l'altérité à laquelle je suis *toujours* condamné car "je n'existe originellement que par et pour l'Autre." "Cet être étrange: le mot-chose," "l'idée-chose" de Parain est une réalité que Sartre refoule maintenant; c'est la prémisse de ce dramatique retour du refoulé que sera le *Saint Genet* où le mot-chose de la poésie sera un moyen de se libérer de l'aliénation dans le regard des Autres (des "Justes") à laquelle aboutit nécessairement l'idée sartrienne de liberté, si dépourvue de cette "pauvreté" et de cette "honnêteté" que Camus admirait tant chez Parain.[11]

On comprend mieux, alors, le sens de la valeur "classique" que Sartre attribue à *L'Etranger* et que Camus retrouve lui aussi dans Parain (à propos duquel il parle justement de "nouveau classicisme" [II, 1681]). Il s'agit, pourrait-on dire, d'un populisme désespéré dont la fonction, exclusivement négative, est pour Sartre celle de contribuer à la liquidation du passé. Avec Schlumberger, et à propos justement de Camus et de Parain, il écrit: "Quel soulagement, lorsqu'une œuvre modestement vraie vient à remettre à leur place les grandes figures exaltées, devenues avec le temps d'assez vides fantoches!" Or il ajoute: "Mais quel sursaut lorsqu'une affirmation péremptoire permet un nouveau départ dans une époque stagnante" (243–4). C'est au nom de ce "départ"—là, qui pour Sartre va prendre la forme de l'engagement "péremptoire" des *Temps modernes,* que la rupture entre Sartre et Camus se prépare; mais c'est déjà dans le pressentiment de celle-ci que le jugement sartrien sur *L'Etranger* se base. Plusieurs parmi les remarques sur le roman de Camus, sur sa technique narrative de la "congélation" des phrases et des verbes se retrouvent d'ailleurs identiques dans d'autres essais de ces mêmes années: sur Renard, Faulkner et Dos Passos, comme nous l'avons dit, mais aussi sur Mauriac et Giraudoux.[12] Tous ces auteurs bourgeois nous donnent l'image d'une compréhension, très lucide et complice, du monde contemporain que Sartre s'apprête à abandonner pour de bon.

Déplaçons-nous, maintenant, de l'autre côté, et voyons ce que Camus pense de *La Nausée*.[13] Dans le roman sartrien, ce qui pour lui "empêche l'adhésion" (II, 1418) du lecteur c'est surtout "l'erreur d'une certaine littérature [qui] est de croire que la vie est tragique parce qu'elle est misérable" (1418). Le sentiment commun que Camus retrouve dans *La Nausée* a le tort, enfin, de s'exprimer dans la figure médiocre de Roquentin, de ne pas être assez radical, de ne pas savoir montrer que le tragique de l'existence existe malgré, ou grâce à la beauté et l'amour. D'ailleurs le "dérisoire" (1419) espoir placé dans la littérature, qui conclut le roman, est bien le complément de cette misère: partagé entre le maigre espoir dans son roman futur et la misère de son présent, le héros de Sartre ne peut pas atteindre la profondeur de Kafka, auquel l'apparente son effort de rendre "ce que peut avoir de quotidien ce dégoût d'apparence si subtile" (1418). La nausée, en somme, apparaît à Camus comme un sentiment trop lié à l'histoire, à la contingence: ce qui sépare Sartre de Kafka c'est la distance qui le sépare de la "sérénité" qui est le signe d'un désespoir vraiment radical. On ne s'étonnera donc pas que, dans l'essai sur Camus, Sartre propose, en renversant les perspectives, la même comparaison pour arriver à des conclusions opposées: ce qui manque à *L'Etranger* pour qu'on puisse vraiment le comparer à Kafka c'est justement "l'envers du décor," l'aspiration jamais satisfaite à la transcendance; ce qu'il y a de trop c'est justement sa "condition bien tranquille au cœur du désordre." Pour Sartre, le monde kafkaïen est beau parce que la beauté "est une contradiction voilée."[14] Cette contradiction se manifeste entre la condamnation de l'homme à "se perdre" dans le monde et l'absurdité de notre monde réel, dépourvu de sens, de futur. Pour Camus, au contraire, il ne s'agit pas de contradiction mais d'équilibre, de "perpétuels balancements entre le naturel et l'extraordinaire, l'individu et l'universel, le tragique et le quotidien, l'absurde et le logique" (II, 202). La contradiction est destinée à marquer dramatiquement toute la future pensée de Sartre jusqu'à se transformer, ces dernières années, en moteur "dialectique," "progressivo-régressif," de l'histoire. *En deçà* de cette oscillation, quelque chose résiste en Camus: la banalité du désespoir, que *son* Kafka "aide à accepter. Dans un certain sens [...] il la fait chérir" (II, 209).

Nous avons mis en évidence, ainsi, quelques raisons qui expliquent la prise de distance du Sartre de 1943 par rapport à *L'Etranger*. Mais les raisons d'un consentement intime ne sont pas moins fortes. Pour essayer de les dégager, relisons *Le Mythe de Sisyphe:* "[l]a tension constante qui maintient l'homme en face du monde, le délire ordonné qui le pousse à tout accueillir lui laissent une autre fièvre. Dans cet univers, l'œuvre est alors la chance unique de maintenir sa conscience et d'en fixer les aventures" (II,173). Si nous ouvrons à présent, *Qu'est-ce que la littérature?* au chapitre "Pourquoi écrire?" nous y trouvons la définition selon laquelle "un des principaux motifs de la création artistique est le besoin de nous sentir essentiels par rapport au monde. . . . Ce besoin, certes, ne peut pas être satisfait: "je ne puis dévoiler et produire à la fois" et, dans l'instant même où je me sens essentiel "par rapport à ma création," c'est "l'objet créé qui m'échappe"; et toutefois, c'est lui, pour Sartre, qu'on trouve à la base de chaque entreprise littéraire. Etre essentiel par rapport à sa propre création: qu'est-ce sinon tendre vers une œuvre qui puisse comme le dit Camus "maintenir la conscience," l'empêchant d'éclater de "se perdre" dans le monde?

Cette liberté qui s'efforce, en vain, de se replier sur soi jusqu'à devenir son propre fondement n'est pas tellement éloignée de l'"indifférence clairvoyante" de Camus, de l'œuvre conçue, comme il le voulait, "à la fois comme fin et comme commencement" (II,178). Mais pour Sartre, il s'agit d'un *besoin,* qui ne saurait être actuellement satisfait et pourra l'être, peut-être, plus tard, dans le "mot-chose" de Genet; mais au prix, alors, de l'irréalisation de soi dans l'espace de la mauvaise foi ou de l'imaginaire. La dimension de liberté que celui-ci peut ouvrir ne pourra pas davantage correspondre à une vérité du monde, à une vérité intersubjective. L'écrivain sartrien ne pourra jamais entendre "le message de l'apparence sensible" (II,178); il ne pourra jamais faire de l'art un moyen de renouvellement de la vie, comme le comédien, le conquérant et tous les héros absurdes de Camus. L'"apparence sensible," arrachée au monde du libre intentionnement, se referme dans l'espace, source de nausée, de la chose "en soi"; et, parallèlement, arraché au monde des choses, l'héroïsme désespéré du comédien ne peut qu'apparaître comme mauvaise fois. Pour Sartre, il n'y a pas de lieux intermédiaires entre la conscience libre et transparente et l'aliénation dans le regard de l'Autre. Pour Camus, au contraire, le "regard fugitif" jeté par la conscience sur soi-même dont il parle dans le *Mythe de Sisyphe* n'est pas simplement la conscience "transversale" de Sartre, mais la découverte de quelque chose qui résiste: c'est bien un regard fugitif mais non transversal, *direct*. Chez le comédien de Camus, la contradiction entre vivre et vouloir vivre, conscience et réflexion "s'unit" et conduit au silence, à l'"on," à une vérité qui est conciliation pleine de l'homme et de la nature.

La spirale, au contraire, ne s'arrête pas dans le monde de Sartre. Mais celui-ci a beau ironiser la "tranquillité" "voltairienne" de *L'Etranger:* il ne pourra jamais abolir le désir de sortir de la spirale, de se libérer de la condamnation. *Son* comédien, le "dandy" auquel il commence à penser dans ces années, est Baudelaire. Et sur Baudelaire son jugement est négatif: car aux yeux de Sartre il s'agit, pour l'auteur des *Fleurs du mal,* d'une "révolte" et non pas d'une "révolution." Mais si on pense à l'échec auquel son premier engagement "révolutionnaire" est destiné, si on songe à comment le mouvement de la spirale va bientôt le conduire à admirer justement le "comédien" Genet, nous comprenons que, dans la "prudence" de ses réserves sur *L'Etranger,* il n'y a pas seulement les raisons contingentes d'un monde où, provisoirement, l'avenir est barré.

La raison la plus profonde est la conviction que la spirale, à laquelle Sartre a confié les aventures de sa pensée, est un mouvement au fond duquel la seule certitude est offerte par la même vérité qui soutient Camus, une vérité qui reste, en fin de compte, solipsiste et selon laquelle "[e]n dehors de cette unique fatalité de la mort, tout [...] est liberté" (II, 192). Mais cette certitude, justement, ne peut pas constituer pour Sartre une base ferme de résistance: en vertu de son caractère absolu, la liberté sartrienne est destinée à se "situer," à se perdre, à être volée par l'Autre. Aucune "nature humaine" ne s'interpose, dans ce procès; aucune œuvre ne peut pour cela se proposer, comme pour Camus, dressée "comme les symboles évidents d'une pensée limitée, mortelle et révoltée" (191). Seulement, en 1943, lorsque cette résistance personnelle coincide avec la résistance au nazisme, Meursault peut apparaître à Sartre comme un "trotzkyste du cœur";[15] mais alors déjà, comme dans le cas de Faulkner, il pouvait aimer son art car la réalité contingente de l'histoire se chargeait de donner un sens à son choix. *L'Etranger* était un exemple d'"honnêteté" à la fois historique et métaphysique; sa condamnation à mort était un acte métaphysique avec lequel le nazisme pouvait s'identifier: "votre personnalité fut réelle et vivante tant que l'événement la nourrissait"[16] dira Sartre à Camus en 1952. Aujourd'hui, ajoutait-il, elle est un "mirage." Mais c'est justement ce mirage d'une coïncidence entre l'histoire et la métaphysique, le mirage d'un lieu où la "pure" et "silencieuse" liberté de l'homme puisse ressortir du cœur de sa facticité que nous retrouverons dans l'"anarchisme" sartrien des années plus récentes; et c'est ce mirage qui le conduit, dès 1943, à pressentir dans le "classicisme" de Camus un rêve irréalisable dont on ne saurait jamais se libérer. Par mirage j'entends un lieu de conciliation de l'homme avec soi-même, d'effacement de la fissure, de la *Spaltung* qui le constitue. Ce lieu, qui pour Camus s'identifie avec la nature humaine et la nature tout court, correspond, chez Sartre, à la structure libre et purifiée de l'existence (où la *Spaltung* n'est que la "fente impalpable" du Néant). Cette structure renaîtra dans le miracle du "groupe en fusion." C'est ici, dans ce mirage commun, je crois, que l'on trouve la raison profonde de la phrase écrite par Sartre à la mort d'Albert Camus: "Nous étions brouillés, lui et moi: une brouille, ce n'est rien, tout juste une autre manière de vivre *ensemble* et sans se perdre de vue dans le petit monde étroit qui nous est donné."

Notes
Edition utilisé
II, 1972

1. Michel Contat et Michel Rybalka, *Les Ecrits de Sartre. Chronologie, bibliographie commentée* (Paris: Gallimard, 1970), p. 249.
2. Albert Camus, "Lettre aux *Temps modernes*," 30 Juin 1952 (II, 754–74); Jean-Paul Sartre, "Réponse à Albert Camus," *Temps Modernes* (Août 1952), *Situations IV* (Paris: Gallimard, 1964), pp. 90–125.
3. Jean-Paul Sartre, "L'Homme ligoté," (1945), *Situations I* (Paris: Gallimard, 1947), p. 311.
4. Jean-Paul Sartre, "A propos de *Le Bruit et la fureur*, la temporalité chez Faulkner," (1939), *Situations I*, p. 80.
5. Jean-Paul Sartre, "A propos de J. Dos Passos et de *1919*," (1938), *Situations I*, p. 19.
6. Jean-Paul Sartre, "Explication de *L'Etranger*," (1943), *Situations I*, p. 117.
7. Cela signifie que le "pour-soi" a, dès le début, une structure "personnelle," du moins à partir de *L'Etre et le néant*. Cf. Leo Fretz, "Le concept d'individualité," *Obliques*, XVIII, XIX (1979), 221–236.
8. Brice Parain, *Recherches sur la nature et les fonctions du langage* (Paris: Gallimard, 1943). Sur l'essai que Camus consacre à Parain et sur sa prise de distance implicite par rapport à la philosophie du langage de Sartre, voir Raymond Gay-Crosier, "Croyance et incroyance passionnées: analyse du discours philosophique de Sartre et de Camus," à paraître dans les actes du colloque de Cerisy sur Sartre (1979), éditions 10/18.
9. Jean-Paul Sartre, "Aller et retour," (1944), *Situations I*, pp. 189–244.
10. Ibid., p. 236.
11. Les mêmes oscillations auxquelles est condamné le sujet, liberté "sans freins" destinée à s'aliéner dans le regard de l'Autre et à se saisir—au point moyen de la "spirale"—comme réalité suspendue, "sacrée," sont en effet à la base de la philosophie du langage de Sartre. Cf. ce passage du *Saint Genet:* "le langage est *nature* quand je le découvre en moi et hors de moi avec ses résistances [. . .] il est *outil* dès que je parle [. . .] les mots s'effacent." Mais, "dès qu'il échappe, le langage redevient le sacré: 'le Verbe, c'est l'Autre'," comme le remarque Henri Meschonnic, "Situation de Sartre dans le langage," *Obliques*, XVIII, XIX (1979), 163.
12. Jean-Paul Sartre, "Mauriac et la liberté," (1942), et "Giraudoux et la philosophie d'Aristote," (1940), *Situations I*, pp. 36–57, 82–98.
13. Albert Camus, "*La Nausée* de Jean-Paul Sartre," (1938), (II, 1417–9).
14. Jean-Paul Sartre, "A propos de J. Dos Passos et de *1919*," *Situations I*, p. 25.
15. Jean-Paul Sartre, "Réponse à Albert Camus," *Situations I*, p. 91.
16. Ibid., p. 111.

Discussion

A. ABBOU: Votre discours a été une promenade au cœur des choses. Vous avez très justement fait remarquer que Sartre et Camus s'étaient intéressés à la *Philosophie de l'expression* de Brice Parain. Cet intérêt commun pour l'ontologie du langage explique pourquoi il y avait d'abord dialogue nécessaire quoique difficile entre Camus et Sartre, ensuite conflit inévitable. Pour Sartre, l'existentialisme est une façon de vivre l'histoire qui conduit inexorablement à la culpabilité. Chez Camus, en revanche, l'absurde est une façon de vivre l'ordre humain du cosmos qui, en dernier lieu, conduit au tragique de la beauté et de l'innocence ou, plutôt, de la néo-innocence. Le terme d'absurde n'a donc pas le même sens chez Camus et chez Sartre, il répond à deux systèmes conceptuels différents. Chez Camus, le langage a une fonction métaphysique qui oppose le sacré et la socialité et c'est dans cette opposition que se situe une partie de l'esthétique camusienne. Cette esthétique et la théorie du langage qui la sous-tend ont fait du dialogue Sartre-Camus un dialogue de sourds.

A. BRIOSI: Je ne puis pas répondre à cette intervention parce qu'il me semble que vous m'avez donné raison dans le gros. Cependant, quand vous parlez de la non-pertinence du mot "absurde" je préciserai qu'il se trouve entre guillemets dans la phrase où je le cite. Sartre ne peut pas croire à l'absurdité et préfère le terme de gratuité. Car il ne conçoit pas un rapport de conflit Je/Monde qui serait à la source d'une apparence absurde du monde. Son rapport de conflit se situe entre moi et l'autre et pas entre moi et le monde. Je ne sais d'ailleurs pas si l'on peut affirmer que, pour Sartre, l'absurde est une source de culpabilité et de tragique. La gratuité sartrienne est plutôt source d'angoisse et l'angoisse n'est que l'autre face de la liberté. En fait, je crois que s'il y a quelque chose qui manque à Sartre c'est justement le sentiment de culpabilité. Je le dis sans ironie mais aussi en tant que jugement négatif. Car le sentiment de culpabilité implique une conception de rapport nécessaire entre le sujet et l'histoire, de rapport plus réellement dialectique dans lequel l'histoire est vue comme le lieu de l'ambiguïté et non pas comme le lieu où se déroule l'intériorisation de l'extériorité ou l'extériorisation de l'intériorité. Ou bien je suis le monde parce que je suis libre—et alors je ne suis pas coupable—ou bien c'est le monde qui est moi et qui m'aliène intégralement—et alors je ne me sens pas coupable non plus.

A. ABBOU: La différence de la culpabilité n'émane pas de l'ordre humain chez Sartre. C'est l'insertion de l'ordre social dans l'ordre humain qui va transformer un rapport qui n'est pas de culpabilité en un rapport de culpabilité. Il y a une façon de vivre l'histoire qui est différente de celle de vivre la société et c'est à ce moment que s'introduit, chez Sartre, la culpabilisation.

A. BRIOSI: Mais où exactement voyez-vous ce développement?

A. ABBOU: Notamment dans le conflit des classes et la manière dont Sartre le met en relief. C'est comme si l'homme communiquait directement avec l'histoire et comme si l'histoire prenait en charge l'ordre social. Pour ma part, il y a là un côté mirage.

A. BRIOSI: Peut-être pourrait-on résoudre le problème en parlant, au sens hégélien, de mauvaise conscience, plutôt que de culpabilité. A ce moment, je suis d'accord avec vous, car il suffit de se rapporter au "Plaidoyer pour les intellectuels" où la mauvaise conscience est la source des contradictions et des hantises face à l'engagement.

A. ABBOU: La culpabilité est de fait à partir du moment où la mauvaise conscience est utilisée comme une sorte de mesure pour évaluer le comportement de l'autre. La mauvaise conscience dégénère alors en culpabilité de l'autre.

A. BRIOSI: Mais alors il s'agit d'une autre culpabilité. Il y a chez Sartre la mauvaise conscience, la conscience malheureuse qui est le moteur de la participation à l'histoire. En revanche, il y a la culpabilité de l'autre qui se situe ailleurs: c'est la projection sur l'autre de ce que je ne veux pas avouer être, etc.

A. ABBOU: C'est le juge pénitent ou le pénitent juge. Le manipulateur de la mauvaise conscience par rapport au pénitent c'est le juge.

A. BRIOSI: Oui, mais ce n'est pas un hasard que Sartre n'a jamais écrit quelque chose sur le juge pénitent. Il parle du juge ou du pénitent mais jamais des deux ensemble.

F. PAEPCKE: Pour en revenir au terme de gratuité, ne pensez-vous pas qu'il y ait deux sens différents chez Camus et Sartre? La gratuité, telle que Sartre l'emploie dans *La Nausée*, c'est la dissolution de la causalité. Camus, dans les *Carnets* par exemple, parle du "jeu gratuit" et le terme est proche de l'emploi qu'en fait Gide, il s'approche de la générosité.

A. BRIOSI: Nous n'opposions pas tellement la gratuité sartrienne et camusienne, mais la gratuité chez Sartre et l'absurde chez Camus. Je pense que chez Camus la gratuité comporte un sens négatif qu'il faut rapprocher de la mauvaise foi sartrienne tandis que chez Sartre la gratuité a un statut ontologique. Ce statut se dérive de formules telles que "je suis condamné à la liberté," c'est-à-dire l'absence de quelque chose qui fonde ma liberté et qui fait que ma liberté soit comme une condamnation.

F. PAEPCKE: Pourtant, dans la grande scène de la racine du marronnier de *La Nausée,* le gratuit est très proche de l'absurde dans le sens déjà précisé d'une dissolution des liens de causalité.

A. BRIOSI: La nausée et l'en-soi sont justement l'autre face du caractère gratuit, de l'absolu de la liberté. Dans l'optique de l'engagement, la liberté devient la projection de soi dans le futur; à d'autres moments, on se rend compte que cette plénitude de liberté a sa source dans l'effet de la gratuité. On a trop souvent interprété *La Nausée* dans une perspective existentialiste vulgarisée comme le roman du pessimisme alors qu'il faut y voir la base positive des réflexions vécues qui conduiront à *L'Etre et le Néant.*

Gilbert Pestureau
University of Natal, South Africa

Albert Camus et la littérature américaine

Les œuvres d'un homme retracent souvent l'histoire de ses nostalgies ou de ses tentations, presque jamais sa propre histoire.

Albert Camus est algérien et français, grec et latin, bref méditerranéen par excellence. Mais il porte l'imperméable de Humphrey Bogart, admire le théâtre élisabéthain, adapte Faulkner. Comme chez tant d'autres écrivains des années 30 à 50, il y a bien chez lui une fascination américaine, un héritage littéraire anglo-saxon qui s'unit à son inspiration européenne continentale. Je me propose ici de présenter quelques réflexions, d'une part sur l'inspiration américaine de *L'Etranger*, d'autre part sur l'adaptation de *Requiem pour une nonne*.[1]

Dans les années d'avant et d'après-guerre, on le sait, naît, se gonfle et s'amplifie en France la vague, ou la vogue du roman américain. Malraux, Sartre, Camus—avec quelques réserves qui marquent ses réticences de Latin face aux modes anglo-saxonnes—et d'autres célèbrent le génie ou le talent de Faulkner, Hemingway, Dos Passos, Steinbeck, Caldwell. Camus parle de l'Amérique (et de la Russie) comme de "peuples enfants" qui "ont grandi pendant que notre culture vieillissait et dont la culture à son tour nous imprègne," annonçant tel jugement de Malraux: "l'Amérique, pour l'instant, signifie le romanesque plus que tout autre pays."[2] C'est bien l'âge d'or du roman américain, selon l'expression de C.E. Magny.

Une enquête de *Combat*, en 1947, propose sous le titre "Que pensez-vous de la littérature américaine?" une quinzaine d'interviews d'écrivains, traducteurs et critiques, de Sartre à Mauriac, de Caillois à C.E. Magny. Faulkner fait l'unanimité dans l'éloge; Hemingway reçoit critiques sévères comme éloges admiratifs; Caldwell est généralement loué alors que l'étoile de Dos Passos commence à pâlir même aux yeux de Sartre. Melville, grâce à la traduction de *Moby Dick* parue en 1941, est admiré comme l' "Homère du Pacifique," selon le titre décerné par Camus qui s'y réfère souvent et le place au rang des tragiques grecs, de Shakespeare et Cervantes, Balzac ou Dostoïevski. On comprend aisément que cette œuvre qui ne cesse d' "aller enfin vers la mer, la lumière et son secret" ait passionné Camus le Méditerranéen; plus profondément, il faudra un jour étudier les rapports de *Moby Dick* avec la conception de l'Absurde et de l'art de Camus.³

Pour en finir avec ce préambule, rappelons le voyage de Camus aux Etats-Unis, en 1946, et les pages intitulées "Pluies de New York": "La pluie de New York est une pluie d'exil" (II, 1829). Est-ce seulement la pluie qui fait du Nouveau-Monde un univers viscéralement étranger à Camus, sans humanisme ni chaleur? Ces gratte-ciel, "gigantesques sépulcres d'une ville de morts," "l'extrême pointe de la solitude" au cœur de la plus grande cité, le regard indifférent des splendides créatures qui parcourent cette ville "prison le jour, bûcher la nuit," on trouve là d'admirables images justifiant l'aveu "je perds pied [...] pensant à New York". Car la séduction opère aussi, mélange d'irritation et de délectation, de brûlure et d'amour refusé. Et puis ces rares instants où New York redevient une île, c'est-à-dire la mer, c'est-à-dire "ma patrie" (II, 1829–33). C'est comme une image symbolique de ses rapports avec la littérature américaine, à quoi j'arrive enfin après quelque vagabondage.

La technique romanesque américaine

Un exemple typique des romanciers français à l'école américaine est celui du marginal existentialiste Mouloudji dont *Enrico* reprend la manière brutale et le style de reportage mis à la mode par Hemingway et Caldwell. Mais plus qu'*Enrico* en 1945, et avant *Les Chemins de la liberté*, *L'Etranger*, dès 1942, offre un roman influencé par le style américain. Dans son article de 1943 sur ce roman, Sartre centre son analyse sur la définition célèbre "du Kafka écrit par Hemingway," pour rejeter la première référence mais préciser la seconde:

> La parenté des deux styles est évidente [...] les mêmes phrases courtes [...]. Chacune est un recommencement [...] comme une prise de vues sur un geste, un objet.

Rappelant que Camus n'écrit plus ainsi, Sartre ajoute:

> Il s'agit d'un emprunt délibéré. M. Camus a choisi l'instrument qui lui paraissait le mieux convenir à son propos,

style adéquat à un sujet précis: l'homme absurde "n'explique pas, il décrit." La vie de Meursault étant une "série d'instants," le récit analytique justifie la discontinuité hemingwayenne des phrases: "Une phrase de *L'Etranger*, c'est une île. Et nous cascadons de phrase en phrase, de néant en néant."⁴ Plusieurs fois, Sartre reviendra sur cette parenté entre Camus et Hemingway, affirmée par un seul bref roman puis rejetée par l'écrivain français.

D'autres critiques ne manquent pas de retenir l'évidence de cette ressemblance, M. Nadeau parlant d'un "pur produit de l'influence américaine sur nos lettres" et G. Castex affirmant que toute la première partie et des fragments de la seconde témoignent à la fois du souvenir de Hemingway et de la technique cinématographique.[5] On relie d'ailleurs cette technique à une discipline behavioriste dont l'originalité paradoxale est que le comportement de Meursault est vu de l'intérieur, puisque le récit est à la première personne, mais prend une allure tout objective, extérieure, puisque Meursault refuse toute introspection classique.

Certes, la langue de *L'Etranger* est une langue parlée, simple, avec des répétitions et des platitudes; les notes préparatoires montrent Camus attentif à retenir des conversations réelles, reporter avant d'être romancier. Des dialogues brefs révèlent le vide intérieur de Meursault ou son angoisse de la communication: "J'ai dit 'oui' pour n'avoir plus à parler." Ce style plein de passés composés et d'imparfaits n'est pourtant pas celui d'un récit, mais très exactement d'un roman, selon la fameuse distinction sartrienne: les choses ont lieu au fur et à mesure de l'écriture, suivant cette sorte d'indifférence du héros-narrateur qui semble redécouvrir les faits en les racontant, comme revoyant le film de sa vie, tout en surface. La psychologie est bien celle du comportement, gestes et paroles, actions et réactions primaires, comme à propos de l'enterrement de la mère, ou quand Meursault se met au balcon pour regarder le spectacle de la rue, passage dont un brouillon existe dans *La Mort heureuse,* avec le même style "américain," ou encore lorsqu'il assiste à une bagarre qui pourtant le concerne davantage, au chapitre 6: c'est déjà l'annonce de ce meurtre qu'il verra un autre lui-même commettre. A la vie comme constat correspond le roman comme reportage immédiat.[6]

L'appréhension du monde se fait par les sens, par les sensations primaires, tout au long du roman: chaleur, odeurs, lumières, couleurs, bruits, douceur sensuelle de la peau de Marie, ivresse; et c'est un monde de sensations subies qui pousse à des gestes comme involontaires: faire l'amour, faire un pas, crisper son doigt sur une gâchette [...]. On pense aux héros de Steinbeck, Caldwell ou Cain aussi bien qu'à ceux de Hemingway. Les seuls sentiments naissent des sens, "trêve mélancolique" unissant Meursault à sa mère par la contemplation du même paysage, "joie" à la fin du chapitre de l'enterrement parce qu'il va enfin dormir—et l'on note cette ironie secrète que signalait Sartre. Mais la plupart du temps les réactions de la sensibilité tiennent lieu de sentiments et de passions: Meursault désire Marie mais ne ressent nul amour.[7]

Comme Hemingway aussi, cependant, Camus sait "l'art de susciter, avec un ton neutre et dépouillé, une émotion intense,"⁸ et la deuxième partie du roman, où il met plus de lyrisme et de passion, développe les impressions auparavant semées chez le lecteur.

Une remarque encore à propos du meurtre de l'Arabe. Dans l'un des meilleurs *thrillers* de Dashiell Hammett, *Red Harvest,* je suis frappé par le récit d'un crime, absurde d'ailleurs, commis par un jeune caissier de banque assez falot, Robert Albury; celui-ci raconte:

> Je me souviens d'avoir tiré le pistolet de ma poche. Tout s'est brouillé devant mes yeux comme si je pleurais. Peut-être c'était vrai. Je ne me souviens pas d'avoir tiré [. . .]. Je veux dire que je ne me souviens pas d'avoir visé et pressé sur la gâchette—mais je me rappelle encore le bruit des détonations. Je savais que le bruit venait du pistolet que je tenais.

Certes on reconnaît les différences avec le crime de Meursault, différences de situation, de circonstances, de rôle du personnage. Mais les ressemblances techniques et psychologiques sont frappantes. Souvenir de lecture conscient ou inconscient? Rencontre fortuite? Personnellement je pencherais pour la première hypothèse, rappelant que Gide écrivit un éloge enthousiaste de *La Moisson rouge* dans *Fontaine,* en 1943: "une réussite extraordinaire, un sommet d'atrocités, de cynisme et d'horreur. Les dialogues [. . .] ne sont comparables qu'aux meilleurs Hemingway."⁹

Au total, behaviorisme et technique américaine ont servi Camus le temps d'une œuvre, il le reconnut lui-même. L'union du "je" et de la psychologie du comportement fut un excellent moyen de révéler un être aussi étranger à soi qu'étranger au monde. Puis Camus déclare en 1945 que cette technique mène à une impasse, même si elle convenait pour "décrire un homme sans conscience apparente," et il ajoute, ce qui ne manque pas d'originalité à l'époque: "Je donnerais cent Hemingway pour un Stendhal ou un Benjamin Constant. Et je regrette l'influence de cette littérature sur beaucoup de jeunes auteurs" (I, 1918). R. Quilliot éclaire fort bien la composition de *L'Etranger* en rapportant des propos de Camus affirmant l'utilisation ironique, critique, polémique, pour informer une conception de l'existence et une façon d'être qu'il ne partageait nullement. En 1947 il proclame le même refus de la "littérature de l'élémentaire," "littérature de magazine" qu'il oppose à la "littérature de grandeur," Melville et Faulkner. "Nous mettons des litotes où il n'y en a pas," dit-il, et lisons *Of Mice and Men* "avec les mêmes yeux que *La Princesse de Clèves.*" Cette technique documentaire "incomparable pour décrire un homme sans vie intérieure apparente," il serait déplorable d'en généraliser l'emploi.¹⁰

Cependant des notes précédentes montrent que la méfiance de Camus envers cette technique s'est développée peu à peu, et que, rien n'étant simple, le choix du style de *L'Etranger* ne fut peut-être pas si critique. Dans les *Carnets* de 1942, Camus écrit de ce roman: "C'est un livre très concerté et le ton . . . est voulu," puis "je définis mon personnage négativement" (I, 1931)—n'est-ce point une forme de litote? La même année, il note:

> Stendhal va prendre le style chronique, le reportage du "grand." C'est dans la disproportion du ton et de l'histoire que Stendhal met son secret (à rapprocher de certains Américains). (*C2*, 14)

Ainsi, ajoute-t-il, ressort le refus du "ton pathétique." Et si lui-même, deux ans auparavant, voulant traiter un sujet qui pouvait alors lui paraître symbole de la tragique condition humaine, à travers une première figure de l'homme absurde, avait imité Stendhal et avait très consciemment décidé d'appliquer une technique à la fois stendhalienne et américaine, "style chronique" ou reportage? Puis, découvrant Melville et agacé peut-être—c'est bien de lui!—par le culte des existentialistes pour les Américains, enfin détaché d'une œuvre qu'il juge indigne de son projet et surtout de sa philosophie qui s'est développée, l'homme absurde cédant la place à l'homme révolté, Camus n'aurait-il point très sincèrement renié une influence passagère de Hemingway, se réfugiant derrière l'adéquation de ce style à son objet, et devenant enfin très critique envers les écrivains américains les plus "surfaits"? Ainsi *L'Homme révolté* offre en 1951 une analyse sévère du réalisme subjectif et du behaviorisme qui réduit l'homme à l'élémentaire universel, à l'automatisme quotidien et qui, niant la vie intérieure, se réfère à un homme imaginaire (cf. II, 668–9). C'est donc en fonction de la révolte qui "ne peut trouver sa satisfaction qu'en fabriquant l'unité à partir de cette réalité intérieure, et non pas en la niant" que Camus récuse enfin le style américain qu'il a adopté et adapté dans un de ses plus célèbres ouvrages.

De 1940 à 1951 se joue entre Camus et la littérature américaine en vogue un psychodrame dont *L'Etranger* est l'ouverture et *L'Homme révolté* la résolution, après une période culminant dans des jugements originaux par rapport aux frères ennemis existentialistes, en 1945–47, et dans l'utilisation aussi des moyens du reportage-chronique dans *La Peste* (récit à la troisième personne, dates, nombres de morts, exposé objectif de tous les comportements), moyens qui donnent au récit du Dr. Rieux la "subjectivité objective" du témoin intégré, rappelant encore la manière américaine, romans ou films. C'est après tout cela, dans ses dernières années, que Camus acceptera sereinement le génie du seul Faulkner qu'il place dans son Panthéon personnel près des Grecs, Shakespeare, Calderon et Melville.

Camus adaptateur de William Faulkner

Si Camus a subi un temps l'attirance de Hemingway, il reconnaît surtout la valeur de Faulkner, et nous jugeons aujourd'hui combien son choix est judicieux. Dans son ultime interview pour *Venture* en décembre 1959, il précise:

> Faulkner reste pour moi notre grand créateur vivant. Je viens de lire *A Fable*. Depuis Melville, personne chez vous n'a parlé comme Faulkner de la souffrance.

Ce "notre" n'est-il pas révélateur? N'est-il pas frappant que l'éloge s'affranchisse de réserves antérieures? Une fois passée la mode, il reste l'éclat du génie, au-delà des prouesses techniques d'abord fascinantes.

Trois ans auparavant, Camus a adapté *Requiem pour une nonne*, l'année même de *La Chute*. C'est pourtant un hasard, "quasiment un accident" qui lui valut de porter sur la scène française l'œuvre de Faulkner, remplaçant Marcel Herrand mort avant d'accomplir cette tâche. Camus hésita peu, car il "voyait dans le *Requiem* une des tentatives les plus intéressantes de renouvellement de la tragédie" (II,1863). Il s'attacha à l'histoire de Temple Drake, "répondant moderne de l'aventure d'*Œdipe-roi:* la vérité éclate peu à peu, et avec elle, la douleur" (1863); cette "montée intérieure [...] part [...] dans le faux-semblant pour arriver à la 'tragédie'" (1863); ce roman policier triomphe dans "la religion de la souffrance." C'est "[l]'univers de Dostoïevski, avec en plus la rigueur protestante" (1864). "Et l'obsession érotique," ajoute R. Quilliot. Enfin, Faulkner voit "que la souffrance est un trou. Et que la lumière vient dans ce trou, oui" (1864).

"Le tragique, dit Lawrence repris par Camus, devrait être comme un grand coup de pied au malheur" (1793): *Requiem* offre ce combat avec l'ange, Temple luttant contre son passé, et la mort de Nancy étant le défi suprême au malheur de vivre. Le hasard établit ainsi une correspondance admirable entre l'univers de Faulkner, charnel et puritain, et la vocation tragique de Camus, lyrisme du désespoir et de la sensualité. *Requiem* est une suite de *Sanctuaire:* Temple Drake a épousé Gowan Stevens responsable jadis de sa soumission à Popeye; elle a deux enfants mais n'est pas allégée du poids du passé, et la malédiction demeure sur ce couple servi par Nancy Mannigoe, ex-prostituée noire, sœur de la Temple qui vécut dans le bordel de Memphis, Nancy qui vient d'étrangler la petite fille des Stevens et que défend au tribunal l'oncle de Gowan. Faulkner définit "roman" cette œuvre qui comporte alternativement trois longs passages romanesques et trois dialogues théâtraux. Les développements épico-romanesques rapportent la création de la ville de Jefferson avec son tribunal, la construction du Capitole et l'histoire de la prison, hauts-lieux de la tragédie humaine. Les trois parties dialoguées, trois actes (3 scènes, 3 scènes, 1 scène) sont autant scénario de film que pièce de théâtre: indications minutieuses de gestes, décor, éclairage. . . . Faulkner, après son passage à Hollywood, écrit là une sorte de ciné-roman, mi-évocation romanesque et épique, mi-dialogue dramatique et lyrique; il mêle chronique du passé et drame présent dans ce scénario proprement injouable, monstre que Camus transforme en tragédie à succès. Comparons un peu d'une part l'œuvre de Faulkner, traduite par M. E. Coindreau et préfacée par Camus en 1956, et le texte de la pièce jouée la même année.

Camus garde la structure générale des dialogues. Les trois scènes de l'acte I deviennent les trois tableaux de la première partie; celles des actes II et III composent la deuxième partie, en quatre scènes. Le flash-back cinématographique utilisé par Faulkner pour placer Temple face à son amant-maître chanteur Pete, juste avant le meurtre du bébé, est utilisé aussi par Camus, heureuse innovation sur la scène française. Quant au langage faulknérien, dont M. E. Coindreau admet lui-même qu'il est quasi intraduisible, Camus en dit ceci:

> [Il] nous fournit un équivalent moderne, et nullement artificiel, de la tirade tragique. [. . .] J'ai choisi de [le] simplifier [. . .] et de le rendre aussi direct que j'ai pu [avec] quelques touches de style "haletant." En revanche, pour tout ce qui concernait la souffrance nue irrépressible [. . .] j'ai pastiché, en français, le style de Faulkner. (I, 1868–9)[12]

Dès le début de la pièce, Camus insiste immédiatement, en homme de théâtre, sur de précieuses précisions. Il ajoute le nom de "Nancy Mannigoe" après les premiers mots du juge: "Accusée, levez-vous" et amplifie la réponse illégale de celle-ci à l'annonce du verdict: le "Oui Seigneur" originel est redoublé en "Merci, Seigneur," repris d'un passage postérieur de Faulkner; cette insistance renforce l'effet dramatique en même temps qu'elle donne immédiatement le sens de la pièce et du meurtre auto-sacrificiel de Nancy. Entre ces deux répliques, Camus interpole deux tirades du juge et de l'avocat Stevens rappelant la nécessité du silence légal et rituel de l'accusé jugé; c'est aussi repris et développé d'une allusion postérieure de Temple racontant les incidents du procès. Dans cette courte première scène, Camus a introduit, sans trahir l'œuvre aucunement, clarté, force, précision, et obtenu l'effet dramatique maximum par une exposition qui fait ressortir le "scandale" juridique de la conduite de l'accusée et annonce précisément son sacrifice et l'"étrange religion" dont Faulkner baigne son œuvre. C'est bien une adaptation fidèle à l'esprit de l'œuvre et dramatiquement efficace.[13]

Dans la longue deuxième scène qui dévoile peu à peu le drame de Temple et les mystères qui baignent et expliquent le meurtre, Camus suit l'excellente progression dramatique du dialogue original. Mais deux évidences ressortent d'une étude de détail que je ne peux développer ici: désir de précision et de clarté lié à l'efficacité théâtrale—insistance sur les liens de parenté, suppression de longueurs lyriques si caractéristiques du baroque faulknérien, et d'autre part atténuation et simplification du langage dans un sens délibérément classique: "putain" dans la traduction de Coindreau est remplacé par "fille des rues" ou "prostituée," et l'on note tout au long de la pièce cette recherche de dignité tragique et classique du style avec le refus de mots "bas." Noblesse de la tragédie dans son style, clarté et efficacité dramatique, on voit bien le classicisme profond de Camus appliqué à un texte baroque qu'il ne prive pas cependant de richesse ni de force, mais dont il accroît la tension.[14]

Dans le sens de l'équilibre dramatique, Camus augmente le rôle de Gowan et renforce sa personnalité. Ainsi le duel puissant Temple—l'oncle avocat se double-t-il d'un duel aussi violent Temple—son mari. Le drame du couple en ressort d'autant, et le dénouement, réunion du couple ajoutée par Camus, prend une dimension humaine égale à sa dimension sacrée. Dans cette septième scène où certains ont cru voir, après lecture partielle de *La Chute,* une "conversion" chrétienne de Camus, celui-ci retrouve certes dans un contexte mystique des thèmes qui le passionnent, souffrance et dignité, crime et châtiment—l'adaptation des *Possédés* va suivre—justification terrestre ou rachat mystique, aveu et force de vivre malgré tout. Mais la comparaison avec le texte de Faulkner permet de constater que l'adaptateur fait ressortir le rachat terrestre de Temple plus que l'espoir chrétien, et autant le retour à la vie familiale—il faut essayer sans trêve, comme Sisyphe—que la rédemption par la souffrance et le Christ—grand thème faulknérien. Faulkner développe le dernier mot de Nancy à Temple, "Croire," par un dialogue entre celle-ci et Stevens qui met l'accent sur la damnation et le rôle du Christ, ce "quelqu'un pour nous sauver" que réclame Temple. Plus humaine et plus ambiguë: "N'importe qui, pour me sauver et pour m'aider": la version de Camus laisse penser que ce "quelqu'un" peut être tout simplement Gowan qui justement apparaît à la fin; chez Faulkner il restait en coulisse—comme le secours humain de Temple, celui qui l'a enfin acceptée pour femme et l'aidera à "n'être plus seule sur cette terre malheureuse" et à "fermer les yeux enfin" (I, 856–62).[15] On comprend donc l'écœurement et l'ironie de Camus qui, ayant atténué pour le public français le sombre mysticisme de l'Américain, s'entend traiter de converti à cette occasion (cf. I, 1869, 1881).

Est-ce à dire que toute parenté est exclue? Certes non, et Camus lui-même se compare à Faulkner en répondant à la question "Que pensez-vous que les critiques français aient négligé dans votre œuvre?"

> La part obscure, ce qu'il y a d'aveugle et d'instinctif en moi. La critique française s'intéresse d'abord aux idées. Mais, toutes proportions gardées, pourrait-on étudier Faulkner sans faire la part du Sud dans son œuvre? (II, 1925)

Or le Sud de Faulkner, c'est aussi la lourde fatalité de la race et l'obsession du sexe, le mystère d'un univers avant la rédemption, où le rachat n'est possible qu'au prix d'une communion des Saints—dont certains sont des putains—qu'il est tentant de rapprocher de la communion des sages souhaitée par Camus pour échapper au pessimisme [...]. R. Quilliot et R. Gay-Crosier ont déjà montré en quoi *Requiem* venu par hasard sous la plume de Camus, présentait des thèmes camusiens exprimés ou virtuels: thème du soleil, thème de l'aveu et de la mauvaise foi, thèmes de la culpabilité partagée, de la mémoire du crime, de l'avilissement d'où doit triompher la vraie justice; thème religieux de la catharsis par la souffrance, de la rédemption à travers la souillure. "Du faux espoir au vrai salut," Faulkner offre une tragédie qui est "acte de délivrance," évasion d'une corruption.[16]

Ces thèmes et ces obsessions ne sont pas étrangers, particulièrement, à l'auteur de *La Chute*. La technique même de cette confession, "technique de théâtre (le monologue dramatique et le dialogue implicite)" (II, 1927), comme le monologue intérieur de l'être à demi-fou qu'est "le Rénégat," nouvelle écrite de 1952 à 1957, renvoie aisément à la technique faulknérienne, monologues d'idiots, de violents passionnés, d'êtres complexes et masqués, menteurs, insaisissables (cf. I, 1952-7). De la fuite à la résignation, des masques repris aux masques posés, du repos factice à la responsabilité assumée, on voit se développer dans le *Requiem* une dialectique de la déchéance, du mal, du rachat et de l'échange qu'illustrent aussi, parallèlement, *L'Exil et le royaume* ou *La Chute*. Il est difficile de ne pas croire que l'œuvre de Faulkner n'a pas renforcé—coïncidence que je me garderai d'appeler providentielle!—l'inspiration originale de Camus. Mais n'oublions jamais que le héros de son requiem pour un juge-pénitent est "Sicilien et Javanais [...] Pas chrétien pour un sou!" (I, 1881).

Mises à part la séduction passagère de la technique romanesque américaine et l'admiration non démentie pour l'univers marin de Melville, c'est surtout par le théâtre que Camus s'attache à la littérature anglo-saxonne: traductions de Shakespeare, projet de pièce inspirée du *Journal de l'année de la peste*, adaptation de Faulkner. Si le style romanesque américain a servi l'auteur de

L'Etranger plus qu'il ne l'avoue, le *Requiem* l'a enrichi dans une période d'aporie. Le jugement de P. Gascar: "L'adaptation d'auteurs étrangers lui permet [...] de se taire en ayant l'illusion de parler"[17] est à la fois faux et méchant. D'une œuvre complexe, bavarde, parfois indigeste et qui manque terriblement de concentration dramatique, Camus fit une tragédie efficace et puissante qui illumine certaines valeurs de sa philosophie. J'ai voulu corroborer ce que E. Freeman notait déjà—union de Faulkner et de Racine—et la conclusion de R. Gay-Crosier:

> Grâce à l'auteur américain, Camus a pu réaliser, une fois au moins, l'un de ses rêves les plus chers: adapter la rigueur de la tragédie grecque à un drame du vingtième siècle.[18]

A la tragédie en complet veston, Camus donne bien la noblesse du cothurne de Melpomène.

A-t-il trahi Faulkner en lui imposant la dignité et la clarté classiques? Celui-ci ne s'en est pas plaint et le *Requiem pour une nonne* constitue au contraire à mes yeux le témoignage accompli de la collaboration féconde de deux écrivains de première grandeur, en même temps qu'une résurgence de l'inspiration camusienne et un révélateur de son art et de sa pensée. La littérature américaine fut une part limitée mais indéniable de la culture et de l'inspiration de Camus le Méditerranéen.

Notes
Editions utilisées

I, 1967   II, 1965

1. Références anglo-saxonnes: I, 303, 1697, 1701–8, 1747–9, 1923; II, 158–61, 677, 679; *C2*, 15, 22, 58, 75.
2. II, 1573; André Malraux, *Les Conquérants* (Paris: Grasset, 1928), Postface, p. 234.
3. I, xxxii, xxxiii, 1894, 1909, 1911; II, 178, 189, 459; *C2*, 12, 14, 175, 294–295; cf. Leon S. Roudiez, "Strangers in Melville and Camus," *French Review*, XXXI:3 (January 1958), 217–226.
4. Jean-Paul Sartre, *Situations I* (Paris: Gallimard, 1947), pp. 105–117.
5. M. Nadeau, *Le Roman français depuis la guerre* (Paris: Gallimard, 1963) p. 102; P.-G. Castex, *Albert Camus et "L'Etranger"* (Paris: J. Corti, 1965), pp. 99 et ss.
6. I, 1128, 1129, 1136, 1140 et. ss., 1164–5, 1929–31.
7. I, 1135, 1137, 1150, 1163, et ss.
8. M. Raimond, *Le Roman depuis la Révolution* (Paris: A. Colin, 1967), p. 206.
9. D. Hammett, *La Moisson rouge* (Paris: Gallimard, 1950), p. 75; A. Gide, "Interview imaginaire," *Fontaine* (Juin-Juillet 1943), pp. 7–10.

10. "Réponse à l'enquête de *Combat*," 1947 (I, 1918–19).
11. II, 1927; cf. I, 1865, 1866, 1879, 1880.
12. William Faulkner, *Requiem pour une nonne*, trad. M. E. Coindreau (Paris: Gallimard, 1957), pp. xxi–xiii (Préface d'Albert Camus).
13. Ibid., pp. 59–63, 66, 215–217; I, 825–8, 1865, 1869, 1880.
14. I, 829–44; Faulkner, op. cit., pp. 73, 75, 79, 81. Le terme utilisé par Faulkner est constamment *whore:* William Faulkner, *Requiem for a Nun* (London: Chatto & Windus, 1970), p. 60, 62, 66, 67.
15. Cf. E. Freeman, *The Theatre of Albert Camus. A Critical Study* (London: Methuen, 1971), p. 133. La fin de la pièce se lit ainsi chez Faulkner: "*Gowan's voice* (off stage): Temple. *Temple:* Coming. *They exit* [. . .]." *Requiem for a Nun*, pp. 250–251, et chez Camus: "*Gowan:* Temple! [. . .] Allons, Temple, il faut rentrer. *Temple* (après un temps): Rentrer? Avec qui? *Gowan:* Avec moi. Bucky nous attend. *Temple:* Avec toi. Oui. Pourquoi pas!" (I, 922). Comparer aussi *Requiem pour une nonne,* pp. 312, 314; ou II, 1877–8, et I, 921.
16. R. Quilliot (I, 1863); Raymond Gay-Crosier, *Les envers d'un échec. Etude sur le théâtre d'Albert Camus* (Paris: Lettres Modernes, 1967), pp. 228–229.
17. P. Gascar, cité in Gay-Crosier, op. cit., p. 252.
18. Gay-Crosier, op. cit., p. 229.

Phillip H. Rhein
Vanderbilt University, Nashville

Camus and Percy: an acknowledged influence

Outsiders, searchers, philosophers, novelists—above all novelists—are all labels applicable to both Albert Camus and Walker Percy. Although the degree of applicability may vary, the fact of it does not. In the 1940s, while the world went mad with war, Camus, as a member of the French Resistance, and Percy, as a medical doctor in New York, posed the same pointed, haunting question of how man lives out his existence in a world bereft of meaning. Gone was the long cherished security of western civilization, and Camus and Percy found themselves aliens in a universe whose illogic and illusions they neither understood nor shared. Camus' intellectual odyssey, in which he explored the nature of man and the nature of the reality in which man finds himself, is the hallmark of his entire creative work. By rethinking the meaning of human existence, he rediscovered the mystery and the paradox of individual lives; and he gave new hope to a generation that sought explanations for its feelings of anxiety, isolation and anonymity.

In 1942, Percy was grappling with the same doubts that had plagued Camus.[1] Confined for the most part to his bed because of the pulmonary tuberculosis he had contracted while serving his medical internship at Bellevue Hospital, his world of action was dramatically halted. Through his professional training, he had learned to fit the entire world into a scientific system; and he now discovered that he, himself, an individual, had been left out of that system and was unaccounted for. He felt himself a stranger who was a part of the world but not at home in it. In his mind, the clarity of science was displaced by the muddled, complicated facts of the self facing the self. He began to question everything that he once believed. He attempted to rediscover man as a wanderer, as a quester, as an individual rather than as a functioning organism in an evolving environment. And he began to read, to study. He read Camus, Sartre, Thomas Mann, Kafka, Tolstoy, Dostoevsky, Kierkegaard. "I began to question everything I had once believed," he says.

"I never turned my back on science. . . . But I had wanted to find answers through an application of the scientific method. . . . Then I gradually began to realize that as a scientist—a doctor, a pathologist—I knew a good deal *about* man but had little idea what man *is*."[2] In the books he read, Percy found a source of affirmation, a way of coming to terms with the world of his unease, if not outright despair. He particularly admired Camus' *The Stranger*.[3] He knew that Camus had studied philosophy for years before writing, and he knew that Camus had sought to utilize the novel as a means of elucidating a number of philosophical ideas. He realized that he shared with Camus a desire to search for the knowledge of what to live by and to live for. According to Percy, "The search is what anyone would undertake if he were not sunk in the everydayness of his own life. . . . To become aware of the possibility of the search is to be onto something. Not to be onto something is to be in despair."[4]

The something that Percy was onto involved his understanding of the historical present. Paralleling Camus' perception of the age as a time "when the future is uncertain and the present dramatic. . ."; when "man, consciously or not, frees himself from an older form of civilization and finds that he has broken away from it without yet having found a new form that satisfies him,"[5] Percy concluded that although man knows more and more about himself as an organism and more and more about the world as an environment, he has never before been so isolated, afraid and lonely. "The end of the age came when it dawned on man that he could not understand himself by the spirit of the age. . . . Deprived of the means of being a self in a world made over by science. . . , he is like a ghost at a feast."[6] Modern man, to Percy, has become invisible, average, indistinct. "Ours," he writes, "is the only civilization in history which has enshrined mediocrity as its national ideal."[7] To break the grip of the everydayness and the prizing of mediocrity, Percy demands an awareness on man's part of his estrangement from an incomprehensible world: a desert, as Camus states, which we all willingly enter when we reach a certain degree of lucidity and feel that our hearts are closed. Without protest or rebellion we turn our backs on what up to then we had taken for our life. "When we reach a certain stage of awareness," he writes, "we finally acknowledge something which each of us, according to his particular vocation, seeks not to understand. This clearly involves undertaking the survey of a certain desert. But this strange desert is accessible only to those who can live in the full anguish of their thirst."[8]

For Camus and for Percy, the attainment of this "certain stage of awareness" is comparably best illustrated in their novels *The Fall* and *Lancelot*. Applying Camus' dictum that "art is the total and undistinguishable union of form and content,"[9] Camus and Percy both chose to unify and interrelate the allusions they created and the thoughts they conveyed through the voice of one speaker: the monologists Jean-Baptiste Clamence, an "empty prophet for shabby times," and Lancelot Andrewes Lamar, a contemporary "knight of faith." As the confessions of these arrogantly confident, former lawyers unfold, the narratives move from the characters' consciousness of the meaninglessness of their pasts, to their contention with an essentially hostile, bourgeois world, to their final redefinition not only of their individual selves but also of the worlds they see mirrored in Amsterdam and New Orleans. The last of the Old and the first of the New Testament Prophets, like the Arthurian Knight who sought the Holy Grail, is remythologized in modern guise.

It is to Amsterdam, enclosed by a fog "compounded of neon, gin, and mint" (13),[10] that Camus takes us in *The Fall;* and in the seeming refuge of the Mexico City bar, he introduces us to Jean-Baptiste Clamence, a former lawyer in his mid-forties. For five days we listen to this man who proclaims himself to be "the image of all and of no one" (139). We are shocked by his single sentence characterization of us as fornicators and readers of newspapers (6–7); we are amused by his snobbish use of language and literary allusions (5,14); we are enticed by his confession of being "the lowest of the low" (140); we are seduced by his words, words, words until finally we realize with horror that we have become entrapped by his rambling confession into recognizing ourselves behind his "both lifelike and stylized mask" (139).

This self-appointed prophet, who inhabits the limbo of those who have betrayed others and themselves, shouts that we are the same as he, if only we will listen to his voice crying out in the modern desert. He lives in a world without a Christ, without an eternal Father, without justice. He is a Sadduccee who proclaims the basic law of repentance in bitter and mocking language. He is truly the mirror of modern man who without God searches in torment to fill the void created by His absence. In his attempt to give form to chaos, Jean-Baptiste explores the contradictions of the human dilemma and attempts to mold these contradictions into something that will give meaning and purpose to existence. His entire confession becomes a mythic document which recalls man's history and rebuilds man's faith upon the Camusian rock of Sisyphus.

In Amsterdam, where the sea steams like laundry, where the "concentric canals resemble the circles of hell. The middle-class hell . . . the last circle (14), . . .with stagnant waters, the smell of dead leaves . . . and the funereal scent rising from the barges loaded with flowers" (43), Camus creates an atmosphere in which guilt and innocence, pride and humility, comedy and deadly seriousness are difficult to distinguish one from the other. This ambiguity of atmosphere underscores the duplicity of Jean-Baptiste as a judge-penitent, as a man whose continued sense of superiority over others is constantly poisoned by his awareness of his own guilt. More than that, it creates an atmosphere in which Camus can rebel against the natural formlessness of life and give both life and history a unity and a coherence which it does not have in our experiencing it. In *The Rebel,* Camus argued that it is art which corrects natural disorder and provides man with a refuge from the all-consuming movement of time.[11] The writing of novels is one way to give life the fixed and irredeemable quality longed for but found unattainable in day-to-day experience. In *The Fall,* he artistically, at least momentarily, stops the humanly absurd and irrational onslaught of time; and through the words of Jean-Baptiste, intellectually tempts us by a complex use of allusions to recapture and to reevaluate history in such a way that we can comprehend, if not change, the disorder, contradiction and intellectual mystification that characterize our time.

In a similar fashion, Percy in *Lancelot* forces the reevaluation of history and a reversal of myth. Lancelot, traditionally the bravest and ablest of the Knights of the Round Table, the lover of Guinevere and the father of Galahad, in Percy's novel is a forty-five year old lawyer who reveals, as Jean-Baptiste had done, not the details of a biography, but rather the psychological and spiritual agonies that are universal to any sensitive and thoughtful person. The Lancelot of the first part of the novel is self-centered, proud, and aloof toward himself. Then, through an event, comparable to the bridge episode in *The Fall,* he is awakened to the meaninglessness of his existence by the chance discovery of his wife's infidelity. This incident, at first dismissed as "nothing more . . . than the touch of one membrane against another," as "cells touching cells" (16–17),[12] becomes the stimulus for Lancelot's search. "How strange it is," he tells Percival, "that a discovery like this, of evil, of a kinsman's dishonesty, a wife's infidelity, can shake you up, knock you out of your rut, be the occasion of a new way of looking at things" (51). Like Jean-Baptiste prior to the bridge scene, Lancelot before his discovery had lived his life according to rituals, without consciousness. After the discovery, he becomes aware of self and is ready to commence his search for definition.

Lancelot's search, related from his cell at the Institute for Aberrant Behavior to his friend Percival, a psychiatrist-priest, takes on a special form. Lancelot asks Percival if he has ever considered the possibility that one might undertake a search not for God but for evil: "In times like these," Lancelot says, "when everyone is wonderful, what is needed is a quest for evil . . . one 'sin', one pure act of malevolence. . . . 'Evil' is surely the clue to this age, the only quest appropriate to the age. . . . The mark of the age is that terrible things happen but there is no 'evil' involved" (138–9). Through the course of the novel, the search for sin, for evil, becomes Lancelot's consuming activity, and it eventually defines the central movement of the novel.

As Camus, Percy also utilizes landscape to mirror his protagonist's search. Lancelot rejoices in the "vital decay" and "lively fetor" (22) of New Orleans and sees the city's soul as "neither damned nor saved but eased rather, existing in a kind of comfortable Catholic limbo somewhere between the outer circle of hell where sexual sinners don't have it all that bad and the inner circle of purgatory where things are even better." He adds to that description "a flavor of Marseilles vice leavened by Southern U.S.A. good nature. Death and sex treated unseriously and money seriously. The Whitney bank is as solemn as the cemetery is lively (23). . . .An odd thing about New Orleans: the cemeteries here are more cheerful than the hotels and the French Quarter . . . 2,000 dead Creoles [are] more alive than 2,000 Buick dealers" (249). Like Amsterdam, New Orleans is a city of the bourgeoisie, busy with activity, where people are the happiest when they are "putting on masks at Mardi Gras so nobody knows who they are" (10). And, also like Amsterdam, it is a port town. These cities, opening to the sea, not only outwardly sustain and underscore the inner torment and frustration of Clamence and Lancelot, they also evoke symbolically and actually the route to Camus' "divine indifference" or Percy's "silence" of the universe.

Although the universe remains silent to Lancelot's quest, he reaches a decision. He has persisted long enough to be within sight of the Annuniciation. If he can see and comprehend fully what he has been about, his future will not be one of endless repetition. He will instead be "in sight of the Holy Grail, or God's Gracious Presence, or a Vision that is more than yet another secular fantasy of omnipotence—a fantasy that has weak and doomed man, a fleck in eternal space, a moment in eternal time, brandishing his muscles and shaking his fists as if he were God himself."[13] Although the reader does not see Lancelot succeed in his quest, the novel concludes with the hope-filled word "yes." This "yes" is Percival's answer to Lancelot's question, "Is there anything you wish to tell me before I leave?" (257). The two knights have yet to reach the end of their journey. They must continue to live, to question; but there is hope that they will succeed. Through his confession, Lancelot is released from the meaninglessness of his past actions, off to begin life anew in the edenic Shenandoah Valley.

Percy, like Camus, gently leads his readers to his desired conclusion with the epigraph of the novel. Percy quotes four lines from Canto XXX of Dante's *Purgatorio:* "He sank so low that all means/ for his salvation were gone/ except showing him the lost people./ For this I visited the region of the dead. . . ." In this canto, Vergil leaves Dante to face himself without the consolation and guidance of earthly wisdom. Without illusions, Dante must henceforth consciously accept his past, if he is ever to be free of painful memories. Only if he can set aside the past, rather than endlessly reenact it, can he hope to arrive at his destination and be at one with ultimate meaning. Like Dante and like Clamence, Lancelot begs to remember so that he can once and for all forget. He refuses to accept the world as it is. "If God does not exist, then it will be I not God who will not tolerate it. I, one person. I will start a new world single-handedly or with those like me who will not tolerate it" (255–6). With Anna, he will go to the Shenandoah Valley as "the new Adam . . . of the new world" (251).

In total awareness of no guaranteed salvation for man, Camus and Percy both refuse to reduce humanity to the point that it is incapable of standing against the gods and even against fate. They dare to experiment in order to create novels that have the radiation of myth. On one level their works express keen psychological observation and social criticism; but beneath this surface level, they seek to shape a metaphysical experience through which a man may find his freedom from time and actuality. They do not pretend that modern life is beautiful and humane, nor do they seek to resolve man's social problems. Rather, they attempt to free man so that he can attain a level of understanding that transcends the imposed limits of time and space. Embodying an expression of contemporary problems in the fictional characters of Jean-Baptiste and Lancelot, Camus and Percy succeed in projecting the personal problems of these men into the realm of the universal problems of mankind. By the end of the novels, the problems no longer exist on the purely personal level. Through the author's selection and manipulation of material, the personal has evolved into the supra-personal, and the problems of the individuals have been superseded by the problem of man. Each of the characters is awakened and brought into the conflict between the world of his everyday life and the world of supernatural anxiety. As he moves more deeply into this conflict, no problem is resolved; everything begins over and over again. He attempts to recapture meaning through what negates him—through patterned behavior, law, sex—but he is inevitably thrown back upon himself, upon the one thing that has no external definition. He is seemingly caught in the circular movement of a whirlpool; yet he is able to derive reasons for believing from his experienced contradictions and is able to extract reasons for hoping from his despairs. Through denial, combat, negation and thought, he is eventually victorious in discovering his self identity. The entire movement of the novels is to this end. In the Kierkegaardian sense, earthly hope has been killed so that man can be saved by true hope, hope that arises from his acceptance of the weight of his own life.

Clamence hoped to be admitted to the hierarchies of the Blessed when he assumed the role of judge-penitent. Through his adopted role of a modern prophet, he thought that he could lead man to admit this guilt and face his future without illusion. His every word begs for a structured outer law in which he would see himself reflected; but in Clamence's world there is no absolute law, no after-life, no second coming, no dove of the Holy Spirit. The only doves that flutter overhead, whether they are the gulls near Marken or the flight that swirls amid the snowflakes, bring no clear answer to Clamence or to mankind. Both remain doomed to live the sacrifice, incapable of filling the void left by death of a patriarchal God, conscious of their fall, burdened with their fate, unable to quench the anguish of their thirst. Yet the fall from the edenic life of innocence can also be seen as a fall into a state of heightened awareness, a state that may well awaken man out of his despair, cause him to take the responsibility for his own life with "all the weight of errors and greatness,"[14] and allow him to quench his thirst, freed from his desert of hopelessness. After all, according to Camus, ". . .we shall choose in the reality of today or of yesterday what announces and serves the perfect city of the future."[15]

Lancelot is also freed from his "desert of hopelessness." His world and his life may lie in ruins about him, but behind him is a window that opens out of his dark world of confinement onto a new world of freedom in the Shenandoah Valley. There was something wrong with Lancelot's way of seeing the old world of his past; but through the process of his confession he has awakened himself, freed himself, revived himself. On the foundation of his own sufferings, he has built the hope of a new beginning. According to Percy, "The desert is just beginning to flower and there is the possibility that there may be survivors after the catastrophe."[16]

In conclusion, both Camus and Percy compel their readers to evaluate rather than accept the reported events of their novels. Technically, both novels are filled with happenings that are framed in time and set in space; yet, while the sum of happenings advances the novels to their conclusions, Camus and Percy manipulate these movements so that they do not compute to any mathematically demonstrable equation. They refuse to depict the Cartesian world of unquestionable logic, for that world does not allow for all the inevitable complexities of the human situation. It is these complexities which they perceive as significant. Like many of the post-war novelists, Camus and Percy force us to recognize a new vision "in which the spectator recovers his own isolation and listens to the silence of the world."[17] Camus may still perceive modern man as alone, adrift, impotent—compelled to seek identity in a world without God; but Percy goes further. He in no way negates the quest for authenticity; but once this quest is initiated, he realizes that even authentic man is ultimately left alone to confront a vast emptiness of space. Percy uses empty space to define man's position within the universe. In an age that has lost its religious naïveté, he does not return to the traditional Christian objectification of transcendence, such as those found in the history of iconography; but he, to a greater extent than Camus, reaffirms the validity of the Christian message through the medium of space. Space to Percy transmits the notion of infinity; and it is this sense of infinity that underscores the limitations of human reason, alone, to comprehend the unknown.

Notes

1. Robert Coles, *Walker Percy: An American Search* (Boston: Little, Brown and Co., 1979).
2. Walker Percy, quoted in Robert Coles, "Profiles, The Search, I," *New Yorker* 2 October 1978, pp. 48–49.
3. See Coles, "Profiles, The Search, I" p. 57.
4. Walker Percy, *The Moviegoer* (New York: Noonday Press, 1967), p. 13.
5, Albert Camus, "On the Future of Tragedy," *Lyrical and Critical Essays,* trans. Ellen Conroy Kennedy (New York: Alfred A. Knopf, 1968), pp. 296–298.
6. Walker Percy, *The Message in the Bottle* (New York: Farrar, Straus and Giroux, 1954), p. 26.
7. Percy, *The Moviegoer,* p. 223.
8. Albert Camus, "The Desert," *Lyrical and Critical Essays,* pp. 104–105.
9. Marthe La Vallée-Williams, "Biblical Allusions in *La Chute,"* *Agora,* II:2 (Fall 1973), 15.
10. Albert Camus, *The Fall,* trans. Justin O'Brien (New York: Alfred A. Knopf, 1956). All page references are to this edition.
11. Albert Camus, *The Rebel,* trans. Anthony Bower (New York: Alfred A. Knopf, 1956), pt. 4.
12. Walker Percy, *Lancelot* (New York: Farrar, Straus and Giroux, 1977). All page references are to this edition.
13. Robert Coles, "Profiles, The Search, II," *New Yorker* 9 October 1978, p. 112.
14. Albert Camus, "The Wager of Our Generation," *Resistance, Rebellion, and Death,* trans. Justin O'Brien (New York: Alfred A. Knopf, 1960), p. 184.
15. Albert Camus, "Create Dangerously," *Resistance, Rebellion, and Death,* p. 199.
16. Walker Percy, "Questions They Never Asked Me," *Esquire* (December 1977), p. 194.
17. René Magritte, quoted in Massimo Carra, *Metaphysical Art* (New York: Praeger Publishers, 1971), p. 179.

Discussion

W. HAMILTON: In your comparison you mentioned the scientific medical tradititition which brings to my mind the suspicious attraction that Camus displayed for a scientific approach to man's problems. Does his conception of truth reflect a scientific mentality? It seems to me that although his methodology changes, as does Percy's, Camus maintains a notion of truth that is located outside the human realm. Unless there is a religious faith behind it, this notion of truth is dangerous.

PH. RHEIN: Your question is a difficult one and I will try to answer by a comparison. Inasmuch as existence as an idea is involved, I think that Walker Percy comes very close to Paul Tillich. They share the view that you cannot illustrate or prove the existence of something that transcends the self. Percy refuses to believe that man has to go through all the pain and anguish of existence simply to have it all end up being nothing. In an interview in *Esquire* entitled "Things that I never ask myself"—incidentally it is Walker Percy interviewing Walker Percy—he brings up some of the problems you are mentioning. He realizes that he has no way of really explaining what he feels. To say that he takes something like a Kierkegaardian leap is very unfair to him. He is a Roman Catholic convert but whether you call him a true believer is questionable even to himself.

VI. Réception et biographie

Carl Viggiani
Wesleyan University, Middletown

Fall and Exile: Camus 1956 – 1958

December was the month of death for Camus. It was in December, 1930 that he fell ill and believed for the first time that he was going to die. Twenty-one years later, in December 1951, he wrote in his unpublished "Cahier VII": "J'attends avec patience une catastophe lente à venir." That enigmatic lament, standing at the top of the page, clearly demarcated from the rest of the notes by blank space and a solid black line, stuns the reader as he recalls the catastrophe that came all too quickly. Within days of that premonition, Camus awoke with a start at two o'clock one morning and wrote down a dream that he had just had—one of his two favorite dreams—one he had dreamed for years. It was long, with a large cast of characters. In it, surrounded by friends and family, Camus moved swiftly up a immense staircase to a place of execution. Someone in the group handed him a pistol, which he placed to his head. As he did, he heard cries of protest from a group of workers, then a loud explosion in his head.[1]

The last decade of Camus' life began in dread and in a dream prophecy of what his last few seconds must have been. The lament and the dream signalled the beginning of a new stage in his consciousness.

I would like to explore some of that decade, remembering throughout both lament and dream. Let me explain my title, the second half first. Like many people who exploited Camus' generosity at the moment of his greatest fame, I enjoyed the benefit of his help in my work for a brief time, mainly from August, 1956 to June, 1958. Obviously, I can claim no special privilege. It is nevertheless true that those two years opened a door to his life and writings for me. I must add that I never got beyond the threshold. But I would like to share with you a few of the things I learned, mainly from conversations with Camus during the two years and from the "Cahier VII" (1951–1954), which he placed at my disposal with the earlier ones. In the process I hope to shed a little more light on Camus' last decade, on the last cycle of his works, and on *La*

Chute. Now the reason for the first half of my title is the obvious and perhaps simple-minded belief that Fall and Exile are at the center, not only of the cycle of Judgment, but of Camus' creative consciousness in its totality. That they were experienced and written about most intensely and most profoundly during his last ten years is also obvious.

Let me go back now to the beginning of the decade (in the Camusian calendar, March, 1951)[2] and try to point to some of the main elements of his development in the fifties. On March 7th, he completed, except for minor revisions, *L'Homme révolté*. He closed his sixth notebook with a warning that every accomplishment is a servitude; it requires an even greater accomplishment. Later that month he opened the "Cahier VII" with an aphorism from Nietzsche that *invited* such servitude: he who conceives greatness must live it. He probably felt that this new period of self-liberation in this most dangerous century required the assumption of even greater responsibilities than he had had before, another move of self-transcendence. No more polemics, only affirmation. His most important affirmation, *L'Homme révolté*, was about to appear. But by the end of 1954 the project of accomplishment, transcendence, affirmation had ended in failure: he felt by then as if he had been hurled into misfortune. What happened between 1951 and 1954 to produce that effect is known: mainly the shattering assault on *L'Homme révolté* and family tragedy. He seemed to be moving toward doom. He had been publicly humiliated and wounded. His self-image was frightful. Yet he continued to map out new works, and his exploration of self and other went deeper than before and into areas he had never probed, into the dark side of human nature and history. Another way of putting it is to say that he went deeper and farther into the experience of Hell.

In addition to a premonition of catastrophe, Camus was tormented by total alienation and intense self-judgment. He saw Euripides' *Medea* and reflected that he was like Medea, without a country. He blamed others for his alienation. He was devoured but unloved by them. His generousity was repaid with indifference. He was at the end of his rope, a failure, defeated. He needed the merest gesture of help, not offered. He noted Nietzsche's complaint that everybody talked about him but no one *thought* about him. Since his childhood he had believed in "une étoile particulière,"[3] and the belief had always warded off despondency. He no longer believed in his star. His judgment of others was matched by deepening guilt associated with love and sexuality. No love, he asserted, without absolute guilt. He yearned for purity.

I think the deepest experience Camus had in the early fifties was that of betrayal. He laughed grimly at those who had judged and crucified him in their savaging of *L'Homme révolté*, calling them *ténébrions*, "friends of intellectual shadows," but elsewhere his response to his former associates' betrayal was fierce. Their conduct was treachery, denunciation of the brother for thirty pieces of silver. Sartre was disloyal, he told me. He added that *Les Mandarins* was "filth," it slandered *him* as a perjurer.[4] The Paris School of traitors was filled with moth-eaten wild beasts, Pharisees of justice, dogs gnawing on ideas, literary lackeys specializing in insult, devotees of sin, guilt, and servitude. Extrapolating his personal experience to our history he argued curiously that Judas had established treason and hatred as principles in order to bear witness, indirectly at least, to Jesus Christ. Result, the twentieth century, where instead of love we have the camps. Life had become an extermination camp for Camus, a Treblinka where time had stopped at three a.m. In short, he said, Hell was *here,* except for those who "extracted themselves from life."[5]

Suicide undoubtedly occurred to him as a possible "extraction" from life in his Hell; yet "Cahier VII" has only one explicit reference to a suicide: an American who befriended him in 1946. She wrote on June 2, 1951 to say she was going to kill herself. He noted the date, attached her letter to his notebook. But there are numerous references to death, its imminence, its seductiveness. The call to the kingdom of death, with its joy, sacredness and revelation of the divine (as quotations from Hölderlin promised) is countered by assertions that death is total annihilation and that we die unknown. For the first time Camus expressed an idea that would loom large in his work throughout the decade: the idea of a secret that must die with him. The secret is alluded to twice. There is no reason to believe there was anything sinister in that hidden truth. The essays of *L'Eté,* make that clear, in fact. The idea appears to refer to the enigma toward which his activity of self-expression tended, especially in this decade, the mysterious center of the duplicitous self that can never be reached or illuminated.

It has often been repeated that by the fifties Camus had dried up, could no longer write. He was himself the source of that myth. In fact, the early fifties and in fact the entire decade were the most fertile time in his creative life. The notebooks abound in ideas for new works. He projected more than a dozen plays, including "La Bacchante," *Les Possédés* and "Don Juan-Faust." *Démesure,* the object of Nemesis' wrath, seems to be the theme of these plays, taking the form of sexuality and love and the madness that brings their victims before the wrath of the goddess. One of the major projects, which may have been a step into the fourth cycle of works (its third act was called "L'Amour déchiré"), was a play about Madame de Lespinasse. What one finds in published and unpublished materials of the early fifties shows Camus entering a stage of creativeness of complexity, depth, and grandeur. When the little we know about "La Bacchante," "Le Premier Homme," and "Le Mythe de Némésis" is added to the staged and published writings and the notebooks, the imaginable scope and configuration of the last three cycles are exciting and painful to contemplate. He was aiming high: Aeschylus, I think, was in his sights. Tolstoy, too, and Nietzsche. On the one hand, he was moving toward all-encompassing realistic and historical modes of writing, and on the other, going under, moving toward a receding center of consciousness, the secret self, the enigmatic, all still mediated by myth, both Greek and, now more insistently, Christian.

We have all been intrigued by the abundance of Christian theme, imagery, and symbol in the works of the fifties. The titles are enough to make friend and foe quiver, the first with fear and the last with pleasure. But Camus was no closer to conversion to Christianity than to Druidism. The texts, titles, preoccupations are there, however, as well as the familiar references to Christ in the "Cahier VII": he respected Christ more than Mauriac did, he said; he quoted Sachs' statement that he could not live without thinking of Christ; he found the root of Stavrogin's name in *stauros* 'cross', etc. Why the massive shift at this time to the Christian, the Christological? One can only guess: in his move toward the core of human nature and its mystery perhaps the Greek myths no longer sufficed to mediate his awareness of self and history, or even carry the main burden of mediation. Now the Greek divinities had to share the burden with Christ. One of the last notes of the "Cahier VII," probably the shortest of all the notes, refers simply to Christ-Pan.

Given the events of the early fifties, the deep introspection they provoked, his intense feelings of hatred and self-hatred, his preoccupation with the dark side of human nature, and the feeling that he had entered the stage of experience we variously call Hell, damnation, last judgment, fall, death, it is not surprising that in late 1955, Camus should suddenly set aside the stories for *L'Exil et le royaume* and, in a rush, write and publish separately the book that had practically no existence in the notebooks. He had a note in early 1951 about twentieth century man's predilection for fornication and newspapers. Between February and September, 1952, a few minor episodes were sketched, no destination indicated. Then came what seemed to be a personal reflection on the need to tell the truth just once before dying in order to be pardoned. Not until late 1953 was there another note related to *La Chute,* a garbled quotation from a letter Melville wrote to Hawthorne in 1851. Melville had written: "The tail is not yet cooked—tho' the hell-fire in which the whole book is broiled might not unreasonably have cooked it ere this. This is the book's motto (the secret one), Ego non baptiso te in nomine—but make out the rest yourself."[6]

In *Moby Dick* (chap. 113) the whole secret epigraph is given: "Ego non baptiso te in nomine patris, sed in nomine diaboli!"

Camus also noted a letter from Melville that acknowledged an awareness all through the writing of *Moby Dick* of the "part-&-parcel allegoricalness of the whole."[7] Not long after, Camus was at work on *Les Possédés* and quoting Berdiaev, who claimed that Shatov, Verkhovenski, and Kirilov were emanations of the fragmented personality of Stavrogin. Berdiaev said that the enigma of Stavrogin, his secret, was the *only* theme of *The Possessed*.

I would like now to give some focus to my remarks by formulating a few hypotheses about the works of the last decade, especially *La Chute:*

1. In a parenthetical remark made in conversation about *L'Etranger* in 1956, Camus said that in the ironic return of the trivial incidents of Part I of the novel that eventually condemned Meursault to death he had found a solution to the narrative problem and the meaning of the novel.[8] I believe that Melville's remarks about allegory and the secret epigraph of *Moby Dick,* and Berdiaev's about the secret and enigma of Stavrogin may have played similar roles in the creation of *La Chute*. We would need the "Cahier VIII" and perhaps other documentary evidence to verify this. In themselves, however, they illuminate the text and make possible a new reading.

2. The untellable truth, the secret, the enigma, various ways of signifying the dark, sometimes endlessly receding center of the self, are an obsessive preoccupation during this decade. It appears first in "L'Enigme" (1950) and is repeated with variations throughout the fifties, to the end. *La Dévotion à la croix* propels its characters toward confession of secret crimes and pardon. *Requiem* is similarly structured: Nancy and Temple are ushered into a second birth by painfully elicited confessions of double crime. In *Les Possédés* the enigma darkens and recedes. The hidden truth is finally confessed, but the enigma of Stavrogin remains intact. The cross of suffering is useless, the rape-suicide of the child issues nothing, the confession does not explain Stavrogin, he is not pardoned. *Un Cas intéressant* contains the ultimate, impenetrable enigma. An absolute innocent, Giovanni Corte is drawn by a siren voice into the labyrinthine clinic and down into its darkened center, which we never see. Here the enigma is black light. Perhaps no other writing of Camus is so close to *La Chute* as this play in respect to the enigmatic. Its enigmatic character perhaps explains Camus' interest, despite its limited theatricality.

3. *La Chute* is a confession in numerous senses, of which I mention only the obvious: sacramental (confession of sin and confession of faith); legal (confession of a crime); political (confession of political faith, auto-critique, self-condemnation). The purpose of the confession is ambiguous: it appears to

be the revelation of a guilty secret in order to obtain a release of some kind, pardon, freedom, forgiveness, private or public approval, power. As the narrator says, however, it is too late. The second chance offered by confession is not possible because Clamence and his world are already Hell, in some undetermined but real sense. That is, they are in a permanent state of Fall, or, finally, dead. It is the *dies octavus,* the Eighth Day, the endless day of Judgment, the end of time and the beginning of the endless recollection and *verbal repetition of the crime of betrayal.*[9]

4. *La Chute* is an enigma. As from antiquity, it is used to reach into the deepest mysteries of being. It asks and provokes a certain number of questions, then pretends to give answers. the answers turn out to be lies. Where are we? Amsterdam? Jerusalem? Hell? The Last Circle? The Vestibule? The Labyrinth? Who am I? Jean-Baptiste Clamence? John the Baptist? Adam? Jesus Christ? Satan? The Minotaur? And so on. Lies, or conjecture. The enigmatic cannot be circumscribed by words. Duplicity is one way of delineating the problem, but only one, perhaps the feeblest. There is also the lipless mouth, secrets that die with the sinner, the criminal, the revisionist, the innocent. Human history is not a palimpsest, it is an infinite series of erasures, the deaths of numberless truths. This problem stands closest to the center of *La Chute.* Just as Camus never revealed his secret, so Clamence. Clamence is the keeper of the enigma. At the end of *La Chute,* the curtain falls, the stage empties until the next night: Clamence, *comédien.* Perhaps there is no secret. But there is more obviously. Camus-Clamence discover and unveil, through various signs (suicide, sex, betrayal, etc.) in all its massiveness and obscurity, the *demonic,* evil itself; not the evil of killing, dying, fornicating, lying, betraying, not the evil of acts, but evil in its timeless essence, pure gravity and nothingness, a large black hole that sucks in galaxies of humans, leaving luminous silhouettes on its periphery. Fall, judgment, exile, death, nothingness—different words for the obscene unnameable. The words of *La Chute* hover, circle, like the doves and gulls of the holy spirit, but never touch the ground of the enigma.

5. To his everlasting glory, Camus presented the problematics of the enigma not only in its ontological but in its political form too, for *La Chute* is about *diké* and the *polis.* In *La Chute* is the fear of our time that justice will become judgment and the polis, a police state. Remember the period in which *La Chute* gestated: McCarthyite inquisitionism; the revelation, climaxed by Krushchev's 1956 report to the XXth Congress of the horrors of the Stalin regime. Inquisitions, purges, betrayals, accusations of treason, trials, denunciations, spying, labor and concentration camps, executions, and the secret police dominated political tactics and political iconography. It had been dis-

covered that the easiest way to control humans was to culpabilize them, and that it was easy to culpabilize them (see the transcripts of the Moscow Trials) because in every person there is a hidden truth, a secret, an enigma that can be elicited—even if a fabrication—for the sake of the party, history, the church, democracy, etc. It was simply a matter of patience—or torture. Confession was secularized and became a sacrament of political salvation or damnation, with no pardon, however. It was also discovered that anyone could arrest and accuse you, your best friend, your lover, the woman or man sipping a drink at your table. Clamence hopes his innocent-looking companion will be a policeman. Why not? In De Chirico's and Magritte's enigmas, nothing is what it appears to be, something always seems to lurk beyond the phenomenon. So in *La Chute*.

It is the marvelous conjunction of the private, the public, the social, the political, and the metaphysical in Camus' life and writings that make him, for those of us who came of age in the forties with his first great works, *L'Etranger* and *Le Mythe de Sisyphe,* one of the grand figures of the postwar period. Sartre, who had maimed him, years before, undoubtedly wrote the best eulogy of Camus in 1960. And before 1952 he was probably Camus' best critic. I would like to end with a collage of his and others' words from that last decade:

> Où est Meursault, Camus? Où est Sisyphe? Où sont aujourd'hui ces trotzkystes du cœur qui prêchaient la Révolution permanente? Où est Tarrou, Camus? Où est Prométhée? Ces humanistes de la Révolte authentique et éternelle? Déchus, sans doute, ou en exil. Où est Clamence, Camus? Ce héros de notre temps? Trônant, sans doute, parmi ses vilains anges, regardant monter vers lui, sortant des brumes et de l'eau, la multitude du Jugement dernier. Vous avez été pour nous—*aujourd'hui* vous l'êtes encore—l'admirable conjonction d'une personne, d'une action et d'une œuvre. Vous résumiez pour nous les conflits de notre époque et vous nous aidez à les dépasser par votre ardeur à les vivre. Vous étiez une *personne,* la plus complexe et la plus riche. Le scandale—la catastrophe lente à venir—est venu trop tôt. Où êtes-voux, Camus? A gauche? A droite? En l'air? Nous sentons votre regard sur les pages de notre Histoire et nous disons: "Qu'en pensez-vous *en ce moment?*"

Notes

1. Most of what follows, up to the formulation of the "hypotheses," is based on the typescript of Camus' unpublished "Cahier VII/mars 1951–décembre 1953" (the year 1953 is an error because the notebook refers to the fall of Dien Bien Phu, which took place in May, 1954), and on conversations I had with Camus from August, 1956 to June, 1958. I shall footnote remarks I remember him making in conversation.
2. That is, when he began his "Cahier VII."
3. See my "Notes pour le futur biographe d'Albert Camus," *AC1*, p. 209.
4. He made these remarks in conversation with me in 1958. He added details which it would not be appropriate to make public at this time.
5. "Cahier VII," my translation.
6. Jay Leyda, *The Melville Log. A Documentary Life of Herman Melville 1819–1891*, I (New York: Harcourt Brace & Co., 1951), p. 415.
7. Ibid., p. 433.
8. Conversation with me in August.
9. I owe the formulation of this idea to two studies: Frederick W. Locke, *The Quest for the Holy Grail; a Literary Study of a Thirteenth-Century Romance* (Stanford: Stanford University Press, 1960) discusses the "Eighth Day" at length in connection with the coming of Galahad in *La Quête du Graal;* Maureen F. O'Meara, "Enunciatory Techniques and Power in *La Chute*," a paper read at the December, 1979 meeting of the MLA, develops the idea of verbal repetition more fully—though in another direction—in her opening remarks.

André Abbou
Université de Paris

La deuxième vie d'Albert Camus: les paradoxes d'une "aventure singulière de notre culture"

> Choisissez, s'il vous plaît, de nous conter l'histoire d'un jeune homme, un fils de moujik, qui a été garçon de courses, enfant de chœur, lycéen puis étudiant [...]. Faites-nous voir comment ce jeune homme a pu tuer l'esclave en lui, à petit feu, et comment il se réveille, un beau matin, sentant couler dans ses veines non plus le sang d'un esclave, mais celui d'un homme libre.
> —*Tchekhov* (*Lettre à M.S. Souvarin*)

L'œuvre, et notamment l'œuvre romanesque d'Albert Camus, n'a pas connu le purgatoire. C'est ce qui l'a rendue suspecte à quelques censeurs, étonnés de voir des écrivains morts leur disputer la sympathie des vivants. Les chiffres de tirage en France que j'ai cités dans un article récent[1] sont là pour le confirmer:

L'Etranger	4.300.000 exemplaires
La Peste	3.700.000 exemplaires
La Chute	1.300.000 exemplaires
L'Exil et le royaume	930.000 exemplaires

Depuis le grand schisme intervenu dans la pensée de gauche française, après 1968 et après les ouvrages des époux Broyelle et des époux Kehayan sur leurs expériences des formes totalitaires des régimes communistes de Chine et d'U.R.S.S., après les longues narrations des dissidents soviétiques sur le G.O.U.L.A.G. et la répression des droits de l'homme, après la dure naissance de l'homme nouveau dans les rizières du Cambodge, Camus, ses refus et ses mises en garde, ont retrouvé une part d'actualité. Il y a souvent deux morts, pour les vivants comme pour les morts, l'une qui est l'ensevelissement, l'autre qui est l'oubli par les vivants, et ce, quel qu'en soit l'ordre; on peut constater, et sans qu'il y ait eu réellement éclipse de son audience, que la deuxième vie d'Albert Camus, au seuil de sa troisième décennie, ne se situe pas hors du terreau naturel de sa pensée—quelles que soient les tentatives d'annexion récente;[2] la gauche, celle qui se réclame de la libération de l'homme et de son droit au bonheur.[3]

> Vous devez savoir maintenant que lorsque l'esprit est enchaîné, le travail est asservi, que l'écrivain est muselé quand l'ouvrier est opprimé et que lorsque la nation n'est pas libre, le socialisme ne libère personne et asservit tout le monde. (II,1781)

Cette présence et cette actualité de l'œuvre de Camus n'en restent pas moins un paradoxe quand on lit les propos d'écrivains dont l'avidité n'est pas toujours à la hauteur de leur talent.[4] Qu'ils soient—pour autant qu'ils s'y retrouvent et qu'on s'y retrouve—de gauche ou de droite, les tenants de l'intelligentsia française expriment dépit, réserves et rejet à l'égard d'une œuvre dont l'absence de préoccupation esthétique, les formes et les objets leur semblent étrangers aux normes ou aux infractions de la littérature reçue comme littéraire. Ils ne sont pas loin, en fait, de partager—mais, pour s'en gausser—les nouveaux qualificatifs que la phraséologie journalistique nouvelle (Pardon! Camus citant Tolstoï disait que c'était souvent "un bordel intellectuel") a cru utile d'associer: "Fan-Fan la Tulipe de la pensée," "Gérard Philipe des consciences" et "Un homme qui assume la morale en trench-coat."[5]

D'un autre secteur de la pensée et de la recherche françaises—plus sérieux donc plus recevable—vient une classification non moins surprenante. Pour Bourdieu, en effet, Camus serait à la fois le prototype de l'autodidacte et du petit-bourgeois dont la compétence socio-culturelle ne peut se manifester au plan littéraire que par d'étranges lacunes et des rêvasseries faciles et trompeuses. Dans son tout récent ouvrage, *La Distinction, critique sociale du Jugement*,[6] ce sociologue caractérise le rapport à la culture de la petite bourgeoisie, par la recherche d'un petit-savoir culturel accumulé, au moins en partie, par une entreprise d'autodidaxie. L'autodidacte, produit du système scolaire français, porte en lui "les manques, les lacunes, les classements arbitraires de sa culture" et s'oppose ainsi à l'esthète: l'un connaît l'éclectisme forcé de cette culture acquise au hasard des lectures et des rencontres, l'autre dispose de l'éclectisme électif qui fait du mélange des genres et de la subversion des hiérarchies "une occasion de manifester la toute-puissance de [sa] puissance esthétique." Et Bourdieu ajoute:

> Que l'on pense au Camus de *L'Homme révolté*, ce bréviaire de philosophie édifiante sans autre unité que le vague à l'âme égotiste qui sied aux adolescences hypokhâgneuses et qui assure à tout coup une réputation de belle âme [...]."

Encore Camus ne se voit-il pas crédité explicitement de ce qui est reconnu à Malraux, autre autodidacte:

> Un bric à brac métaphysique [...], une culture de bric et de broc, associant sans complexe les intuitions les plus contradictoires [...], les platitudes rhétoriques exaltées, les litanies purement incantatoires de noms exotiques et les aperçus qu'on dit brillants parce qu'ils ne sont même pas faux.[7]

Ainsi Camus, autodidacte et petit-bourgeois, aurait été caractérisé par un appétit de possession inséparable de l'anxiété permanente concernant la propriété et en particulier sa femme. Tant pis si la vérité historique en souffre. Vive les classifications globales qui peuvent passer tout simplement à côté des objets qu'elles visent!

De sorte que nous pouvons sincèrement nous demander si le public qui lit l'œuvre de Camus n'est pas tout simplement victime d'un mirage—à moins qu'il ne soit uniquement constitué de petits-bourgeois—et si, en tenant ce deuxième colloque, ici à Gainesville, en 1980, nous ne sacrifions pas à des rituels bizarres du culte des morts et des anciens combattants de la Littérature, et si nous ne sommes pas, professionnels des exhumations décennales, les conservateurs des valeurs fossilisées. A moins que, par la modeste place que nous occupons dans l'Institution Littéraire, nous ne soyons, à notre vilaine manière, des agents serviles de l'intellectualisme petit-bourgeois.

Nous ne pourrons nous tirer de ces doutes qu'en nous interrogeant, dans les limites de cette communication, sur le statut socio-culturel de l'œuvre de Camus.

Une façon d'aborder la question est de reprendre le débat là où nous pensions que l'hommage de Sartre du 7 janvier 1960[8] l'avait clos. Comme une nouvelle publication dans le premier numéro de janvier 1980 du même hebdomadaire lui donne une actualité apparemment non démentie par son auteur, nous ne craignons pas de nous y référer. Dans cet article, un jugement, entre autres, émerge des attendus consignés par l'auteur de *Les Sequestrés d'Altona*.

> C'était une aventure singulière de notre culture [...]. Il représentait en ce siècle, et contre l'Histoire, l'héritier actuel de cette longue lignée de moralistes dont les œuvres constituent peut-être ce qu'il y a de plus original dans les lettres françaises.

Nous avons bien lu: "une aventure singulière de *notre* culture."[9] Le jugement semble prendre corps sur quatre fondements qui l'accompagnent: moraliste, œuvre originale dans les lettres françaises, humanisme, existence du fait moral. On peut, connaissant les nuances et les détours de la laudation d'une part, l'évolution de la position sartrienne à l'égard de Camus d'autre part, se demander si une telle appréciation conçue dans un instant d'objectivité est bien l'expression d'une valorisation certaine de Sartre. On ne le sait que trop, les références à l'*humanisme* et au *fait moral* prennent des sens différents selon les présupposés idéologiques qui les sous-tendent. Ainsi, M.E. Maleh, professeur de philosophie, publiait dans Le Monde récemment,[10] sous le titre "Despotisme oriental," un plaidoyer de compréhension à l'égard des pratiques révolutionnaires de l'imam Khomeiny, en arguant que les catégories morales n'ont rien de pertinent pour l'analyse et l'évaluation des comportements. Citant Nietzsche, il identifiait les catégories morales à un état de pensée primaire constitué de soumission aux apparences et sans référence aux particularités des actes.

> Nietzsche ne vient pas d'Iran, mais il y a quelque intérêt à rappeler ce qu'il a écrit dans *Le Crépuscule des Idoles:* "Il n'y a pas eu de faits moraux. La morale n'est que l'interprétation de certains phénomènes. Le jugement moral, tout comme le religieux, ressortit à un niveau d'ignorance où la notion même du réel, la distinction entre le réel et l'imaginaire, fait encore défaut...," et il conclut: "[...] le jugement moral ne doit jamais être pris à la lettre en tant que tel, il ne contient jamais que du non-sens. Mais en tant que sémiotique, il reste inappréciable, il révèle [...].

Il révèle, en effet. On pourrait s'étonner que Nietzsche soit revendiqué présentement par une forme de pensée se disant révolutionnaire. A moins que la référence à ses jugements ne soit que la marque des opportunismes, d'hier comme d'aujourd-hui, de droite comme de gauche, ou plus simplement du totalitarisme.

L'attribution de l'humanisme à son œuvre, Camus s'en méfiait. Dès juin 1946, il notait: "Je n'ai rien contre l'humanisme, bien sûr. Je le trouve court, voilà tout. Et la pensée grecque, par exemple, était bien autre chose qu'un humanisme. C'était un pensée qui faisait sa part à tout" (*C2*, 172).

Ne balançons pas trop. Le contexte des titres reconnus à l'œuvre de Camus par Sartre et cités précédemment est plutôt laudatif si l'on se réfère au code langagier et au code socio-culturel sartriens: "homme rare," "son silence [...] une qualité de chaque journée," "un humanisme têtu, étroit et pur," "une des forces principales de notre champ culturel." Du reste, Sartre, à un moment de son itinéraire philosophique, n'affirmait-il pas que l'Existentialisme était un humanisme?

Alors? Il reste que les clameurs de la querelle de 1952, autour de la publication de *L'Homme révolté,* entre Camus, Sartre et F. Jeanson, par les échos et les rebondissements suscités après la mort de l'écrivain, servent encore de référence à maints commentaires. Camus, à l'époque, surpris par la tactique et les objectifs de ses contradicteurs, avait été tancé et renvoyé au coin avec des qualificatifs qui se voulaient définitifs et qui visaient à la fois son appartenance de classe, sa compétence socio-culturelle et son comportement social, tous aspects qui servent à apprécier la situation d'une œuvre, son public, ses objectifs à court et à moyen terme, la valeur enfin qu'il importe de lui accorder, compte tenu de la part de vérité que les actes quotidiens de l'écrivain corroborent. Il convient de noter aujourd'hui les contradictions de ces évaluations successives: en 1952, selon l'équipe des *Temps Modernes,* Camus était un bourgeois, mais un intellectuel de seconde classe, incompétent, hypocrite et tricheur, en marche vers les Iles Galapagos et les avatars de la pensée réactionnaire. En 1960, Sartre, faisant son *mea culpa,* lui reconnaissait une stature sociale, idéologique et littéraire disjointe de toute appartenance sociale décisive et de toute malignité. Il n'y avait plus d'incompétence mais une originalité et une utilité. "Rarement, les caractères d'une œuvre et les conditions du moment historique ont exigé si clairement qu'un écrivain vive."[11]

On peut penser que la classification sociale et intellectuelle produite par Bourdieu n'est qu'un sous-produit de la première évaluation sartrienne qui étalait les lacunes, les erreurs, les incompréhensions de l'auteur de *L'Homme révolté.* Revenons, en effet, brièvement sur les évaluations de Sartre et de F. Jeanson.

Appartenance sociale: pour Sartre, Camus est un bourgeois comme lui-même, un privilégié pour les dix millions de Français qui ne se reconnaissent dans une révolte idéale, un privilégié disposant du luxe de la culture pour choisir le dénuement.

Pour Jeanson, peu importe que l'auteur de *L'Etranger* soit ou non un bourgeois de naissance, il l'est par la culture et par son mode de vie.

Compétence socio-culturelle: c'est là, apparemment, que la position du tandem des *Temps Modernes* est des moins cohérentes. Car, formé par et doté d'une culture bourgeoise, Camus se voit reprocher vertement: "une inefficacité de pensée," "le désordre d'esprit" qui se cache derrière "un ordre rhétorique," aucune supériorité sur Jeanson voire un capacité inférieure de raisonnement, "une incompétence philosophique," les "connaissances ramassées à la hâte," "des pensées vagues et banales," "indigentes," des "idées faibles, obscures et brouillées," bref une culture de seconde main acquise chez "le Père Troisfontaine."

Vous êtes un esthète, ajoute Jeanson: "Vous n'êtes pas de droite, vous êtes en l'air," "vous avez tellement besoin que tout soit simple!"

Certes le terme d'autodidacte n'est pas prononcé. Mais la qualification de la culture produite nous y renvoie. Et, paradoxalement, on l'identifie à celle de la bourgeoisie et de l'esthète dont on verra avec Bourdieu qu'elle repose sur d'autres manifestations et d'autres fondements.

Comportement: le comportement du petit-bourgeois, ici encore désigné, se révèle à travers les reproches de "dévouement à la Madame Boucicaut" et à l'"aumône," le recours à la sensiblerie,[13] "L'abus de confiance," "les réflexes policiers," "intimidation," "chantage."

Vous avez le "moralisme totalitaire" conclut à son tour Jeanson: "Vous êtes un véritable Moraliste: celui qui rappelle ses semblables à quelque 'nature humaine' au nom de ce qui l'en différencie lui-même."

Situation idéologique: contradictoirement à ce qu'on vient de lire, Camus devenait l'héritier de Chateaubriand, refusait l'histoire parce que "notre culture la refuse"; il était dit qu'il aurait pu cependant réaliser la synthèse entre "le bonheur et l'assentiment [qui] venaient de notre vieil humanisme" et "la révolte et le désespoir" qui nous venaient d'autres cieux. En conclusion, prolongeant indûment ce qui avait été utile durant la Résistance, il demeurait "le symbole et la preuve de la solidarité de classes."

Certes, Trissotin et Vadius s'étaient bien jetés à la figure les épithètes les plus frivoles et les plus contradictoires. Mais, fallait-il les imiter dans une critique qui se voulait objective et marxiste à l'époque, tout au moins chez Jeanson. En fait, dans cette querelle beaucoup plus personnelle qu'idéologique et en tout cas que "scientifique," tout venait du heurt des concepts, des volontés et des refus d'embrigadement. Pour Sartre et Jeanson qui se piquaient de philosophie et d'analyse matérialiste, il y aurait eu lieu de reconnaître, d'abord, sans suspecter de rouerie et de tricherie l'autre, que les idées n'étaient pas interprétables par tous de la même façon. Qu'il y avait à leur base un système référentiel se constituant à partir d'expériences sociales et individuelles, des échecs et des analyses, que ce système référentiel n'était donc que rarement interchangeable et qu'il risquait d'être perturbé par les systèmes de valeurs qui, eux, sont très souvent forgés dans l'enfance. Tous avaient manqué de la distance, du sens de la relativité des mots, des concepts et des attitudes. Bref, tous avaient fait montre d'une culture plutôt petite-bourgeoise.

Nous n'avons rappelé cela que pour introduire et clarifier les notions, évincer les stéréotypes: un vigoureux coup de balai était nécessaire.

Il reste que nous avons maintenant à répondre à la question initiale: quel est le statut socio-culturel de Camus?

Et d'abord, au risque de paraître grossier, une culture qu'est-ce?

Un des sens généralement dénoté par le mot—notamment, semble-t-il, dans le texte de Sartre—fait référence à la culture de prestige, c'est-à-dire à la compétence dans un domaine ou une activité de l'esprit humain jugé noble, tel que l'activité artistique ou littéraire. Mais, il néglige l'ensemble des autres acceptions du mot, que ce soit celle des ethnologues et des sociologues— ensemble d'actes, de pensées, de rites et d'objets produits par une société, que ce soit celle de civilisation.[13] De sorte que, suivant J. Foucambert dans sa définition récente, la culture doit être perçue comme l'ensemble des "pratiques individuelles et collectives d'un groupe social donné, comme l'ensemble des rapports entretenus qui définissent, en retour, des outils, des savoirs, des valeurs, des œuvres."[14]

Cette culture, loin d'être dispensée uniquement par l'Ecole, s'acquiert par un processus de socialisation qui "débute dès la naissance et ne connaît son terme qu'à la mort [. . .]."[15] Certes, la petite enfance est la période la plus intense d'apprentissage puisque l'être est le plus "plastique" et le plus apte à apprendre. Mais la société moderne tend à prolonger cette période en favorisant "l'acquisition des connaissances, des modèles, des symboles, des valeurs, bref des manières de faire, de penser, de sentir propres aux groupes [. . .]."[16] Il n'y a donc aucun fatalisme: l'acquisition, dès que les mécanismes de contrôle sont élaborés, peut se faire d'une manière plus ou moins idiosyncratique qui distingue entre les valeurs, les modèles de pensée et de comportement. Il est indéniable, cependant, que les inégalités jouent d'autant plus que les capacités de choix sont restreintes et que le milieu familial se montre très contraignant.

De sorte que la dénonciation d'une culture de classe bourgeoise, en ce qui concerne Camus, n'est rien moins que fondée; par son origine, par son milieu familial, par son mode d'acquisition, par les choix qui s'imposent à lui, il ne pouvait en être question. A moins de faire du personnage—et encore—un être servile et sot diffusant une culture frelatée par les appareils idéologiques d'Etat, ou un être pervers, mercenaire de quelque basse cause. . . .[17] Nous allons le montrer brièvement par l'examen de la situation socio-culturelle de Camus et par l'analyse de quelques traits pertinents de ses œuvres.

L'appartenance socio-culturelle de Camus est celle d'un membre de la classe ou des groupes populaires. Nous ne reviendrons par sur les faits que le livre de H. Lottman[18] a excellemment montrés. Mais, au lieu d'un milieu fortement protecteur, ce fut au contraire un foyer aux membres plutôt disparates: une mère silencieuse, une grand-mère autoritaire et inaffectueuse, un oncle

infirme, l'absence de manifestation de la famille paternelle donnent à l'enfant les moyens d'une grande indépendance par rapport au groupe, donc le rend plus dépendant des structures éducatives et notamment de ses maîtres. Ce qui restera de cette période, ce sera certainement un certain type de rapport aux choses et aux êtres, des présupposés de jugement, des attitudes mentales et des comportements. La situation de Camus par rapport à son groupe social est *atypique:* elle est révélatrice d'une marginalité partielle qui ira grandissante avec l'intervention active de son instituteur L. Germain. Dès lors, la condition de Camus enfant sera celle du boursier, déraciné potentiel qui s'éloigne de l'éthos du foyer, qui rompt avec les valeurs communautaires des classes populaires, qui marche vers la solitude et le repli sur soi. Mais, à cause de sa mère et du respect de son milieu, il sera imprégné durablement des sujets de réflexion et des attitudes des classes populaires:
—attitude narquoise à l'égard des normes sociales;
—tendance à l'acceptation sereine du destin;
—fidélité à la mère, mémoire quasi obsédante du quartier;
—perception du monde des "autres";
—respect des valeurs humaines: ni le goût de parvenir ni l'opportunisme;
—esprit de tolérance par principe;
—difficulté de manier les idées générales et abstraites;
—refus de la politique comme catégorie à part;
—goût de la narration et du jugement à l'emporte-pièce;
—sensibilité à un art qui vise à montrer plutôt qu'à analyser.

Certes, ces dispositions seront atténuées, recouvertes, renforcées par les phases suivantes du processus de socialisation, notamment la rencontre des œuvres littéraires et les fréquentations du lycée. Ce qui n'était que dispositions potentielles deviendra réflexes socio-idéologiques, telles que la méfiance vis-à-vis de la légalité officielle qui se concrétisera aux heures sombres de la guerre ou de la guerre froide.

En tout cas, que ce soit dans son premier projet de roman—*Le Quartier pauvre*—ou dans *La Mort heureuse* ou dans *L'Etranger,* l'atmosphère du quartier pauvre s'imposera avec plus ou moins de précision. Deux faits valent d'être rappelés. Le souvenir de J. Grenier rapportant le silence obstiné de celui à qui il avait rendu visite. Et la note des *Carnets,* postérieure à juin 1946, dont on ne donnera ici que quelques extraits:

> [...] J'avais honte de ma pauvreté et de ma famille [...]. Et si je puis en parler aujourd'hui avec simplicité, c'est que je n'ai plus honte de cette honte [...]. Je n'ai connu cette honte que lorsqu'on m'a mis au lycée. Auparavant, tout le monde était comme moi [...]. Au lycée, je connus la comparaison [...].

Oui, j'avais mauvais cœur, ce qui est commun. Et si, jusqu'à l'âge de 25 ans, je n'ai supporté qu'avec rage et honte le souvenir de ce mauvais cœur, c'est que je refusais d'être commun. (*C2*, 177–8)

On sait où devait le conduire cette fatalité de nature. Ayant refusé les normes et les manières d'être de la bourgeoisie, marginalisé pour n'avoir pas voulu suivre la dévotion à une intelligentsia impénitente, il ne lui resta plus qu'à rejoindre un groupe de transfuges où l'on ne demandait compte ni des origines sociales, ni de la participation à une culture donnée: les acteurs.

Au plan de l'œuvre, elle-même, l'origine socio-culturelle de Camus s'est traduite, selon la distinction théorique de Bourdieu, par des marques d'esthétique populaire, par la prédominance de l'éthique sur l'esthétique et le refus de l'esthétisme.

Camus, c'est vrai, n'a pas disposé ou cherché à disposer d'une véritable théorie esthétique. Il s'est contenté de quelques principes de type classique sur l'équilibre de la tension et de l'émotion, sur la nécessité d'être clair, sur les moyens de la stylisation, sur la vertu d'en dire moins ou de l'ironie. Il perçoit mal le détachement de l'esthète qui introduit un écart, une distance, vis-à-vis des formes antérieures, en déplaçant l'intérêt du contenu vers la forme. L'article qu'il consacre à J. Giraudoux en 1940[19] fait éclater cette incompréhension de l'esthétisme.

> Il est toujours vain de réduire un art à une seule esthétique. [...] Et c'est ainsi que, malgré M. Giraudoux, le propos des grandes œuvres dans ce domaine, c'est d'illustrer un grand sentiment qui marche sans arrêt vers sa fin. [...] Tout l'art de M. Giraudoux est de remplacer les grands thèmes de la fatalité par les acrobaties de l'intelligence. (II, 1405, 1406)

Pour Camus, une seule esthétique semble concevable: celle qui est fondée sur la continuité de l'art et de la vie, qui implique la subordination de la forme à la fonction, qui postule l'identification du lecteur aux joies et aux souffrances. Il y a, en effet, conflit entre l'éthique et l'esthétisme. La prédominance de la forme suppose la neutralisation de toute espèce d'intérêt affectif ou éthique pour l'objet de la représentation. L'intention artistique, ainsi conçue, contredit les dispositions de l'ethos ou les normes de l'éthique, lesquelles définissent à chaque moment, pour les différentes classes, sociales, les objets et les modes de représentation légitimes. Que ce soit au plan idéologique, au plan politique, ou au plan artistique, Camus refuse l'indifférence éthique. Il célèbre donc la *vraie* littérature, celle qui concilie "le cœur le plus simple et le goût le plus élaboré," celle qui rassemble Gorki et Tolstoï par ce qu'"ils disent dans un langage à la fois simple et beau ce qu'il y a de plus grand, joie ou douleur, dans le cœur d'un homme [...]," celle qui se distingue notamment de celle de Gide qui n'écrit pas "pour et avec le peuple."[20]

Il conviendrait d'étendre cette analyse en montrant combien certaines œuvres de Camus sont gouvernées par l'ethos des classes populaires. On se contentera de signaler, par exemple, dans *L'Etranger,* que la représentation des choses, des pensées et le comportement des êtres s'y réfèrent. Vie de Meursault, réglée en habitudes, intérieur où il vit ou celui de ses voisins, divertissements, normes d'interprétation des conduites, styles de vie, tout paraît s'y conformer.

Le procès fait à Camus par Sartre fut donc le résultat d'une incompréhension de la situation socio-culturelle réelle de Camus et d'un aveuglement sur les présupposés de sa propre attitude. Sartre découvrait, selon ses critères, une autre attitude socio-culturelle que la sienne, et au lieu de la référer à une origine sociale particulière, il la référait à une incompétence intellectuelle et à une mauvaise foi puisqu'il avait fait de Camus un bourgeois. Qui plus est, lui rappelant publiquement les signes de son infériorité culturelle, il lui signifiait sa non-appartenance à l'intelligentsia. Car, il rattacha sa propre dialectique et son attitude historique, non pas à un statut social, mais à la conformité scientifique, nouvelle manifestation du sacré qu'il reprochait malicieusement à Camus de cultiver. La boucle était bouclée: à lui la bonne conscience à force de cécité, à Camus la mauvaise, celle du renégat et de l'attardé socio-culturel. Il se comportait en jury métaphysique qui signifiait la vanité de ses efforts.

On comprend que ceci ait affecté durablement Camus. On avait cherché à réactiver ses vieux démons et à rouvrir de vieilles plaies. Il prit de la distance—mutation socio-culturelle peut-être—et pourfendit la créature empaillée qui lui tenait lieu de sosie. Sartre, qui ne reconnut son erreur que six ou sept ans après, la confessa, à sa façon, dans *Les Sequestrés d'Altona.*

> [...] Légitime défense préventive. J'ai surpris la bête, j'ai frappé, un homme est tombé, dans ses yeux mourants j'ai vu la bête, toujours vivante, moi. Un et un font un: quel malentendu! De qui, de quoi, ce goût fade et rance dans ma bouche?[21]

Cette aventure singulière de notre culture est donc bien particulière: loin d'être l'homme de la grande tradition classique, loin d'être l'héritier des écrivains bourgeois qui entreprirent en leur temps de stigmatiser les intempérences, les oppressions, les tortures, pour marquer les règles et les limites du pouvoir face à la personne humaine, Camus, homme du peuple, irréversiblement formé aux catégories socio-culturelles de son groupe, mais capable de les analyser et de les maîtriser, a produit une œuvre dont les qualités comme les défauts sont, au moins partiellement, la trace de son itinéraire socio-culturel. De sorte que le mépris dans lequel la tient une part non négligeable de l'intelligentsia bourgeoise se comprend aisément: elle ne retrouve pas ses mythes, ses nuances, ses infractions, ses modes, son esthétisme.

A chacun ses lecteurs. Si ceux de Camus se recrutent parmi les autodidactes adultes ou de classes de Terminale, ceux qui s'en émeuvent et en rient révèlent le mépris congénital où ils tiennent ceux pour qui ils font profession de progressisme ou de populisme. Leur masque de circonstance tombe avec les dernières péripéties de l'histoire.

"La sentence que vous portez sur les autres finit par vous revenir dans la figure, tout droit, et y pratique quelques dégâts," disait déjà Clamence.

Sartre, probablement dès 1956, avait mis fin à l'excessive confiance accordée à un régime et à des hommes. Il nous en reste une confidence en forme de plaidoyer qui, aux heures où l'injustice et la torture se font lourdes, devint lancinante: "Habitants masqués des plafonds, attention! [...] On vous ment. Deux milliards de faux témoins. Deux milliards de faux témoignages à la seconde! Ecoutez la plainte des hommes: 'Nous étions trahis par nos actes. Par nos paroles. [...] Nous plaidons: non coupable. Chers auditeurs, mon siècle fut une braderie: la liquidation de l'espèce humaine y fut décidée en haut lieu [...]'."[22]

Notes
Editions utilisées

I, 1962   II, 1972

    1. "Albert Camus, vingt ans après: Une ligne de démarcation," *Les Nouvelles Littéraires*, 13 Janvier 1980.
    2. Article de L. Pauwels, idéologue, dit-on, de la Nouvelle Droite et Directeur du *Figaro Magazine*.
    3. "Un monde où il n'y a plus de place pour l'être, pour la joie, pour le loisir actif, est un monde qui doit mourir" (*C2*, 92).
    4. Voir notamment les articles du *Figaro Littéraire*, 5 Janvier 1970; et ceux de *Le Matin de Paris*, 4 Janvier 1980.
    5. Renaud Matignon, *Le Figaro*, 4 Janvier 1980.
    6. Pierre Bourdieu, *La Distinction, critique sociale du Jugement* (Paris: Minuit, 1979).

7. Ibid., pp. 377–378.
8. Jean-Paul Sartre, "Albert Camus," *Nouvel Observateur*, 7 Janvier 1960.
9. C'est moi qui souligne.
10. M. E. Maleh, "Despotisme oriental," *Monde*, 8 Janvier 1980.
11. Sartre, loc. cit.
12. "Vous êtes un avocat qui dit 'ce sont mes frères' parce que c'est le mot qui a le plus de chance de faire pleurer le jury;" Jean-Paul Sartre, "Mon cher Camus," *Les Temps Modernes* (Août 1952).
13. "[. . .] la culture doit donc être conçue comme comprenant, en vérité, tout cet ensemble plus ou moins cohérent d'idées, de mécanismes, d'institutions et d'objets qui orientent—explicitement ou implicitement—la conduite des membres d'un groupe donné": Michel Leiris, *Race et Civilisation* (UNESCO, 1951).
14. J. Foucambert, "L'Ecole et la vie entre parenthèses," *Autrement* (Octobre 1977).
15. G. Rocher, *Introduction à la sociologie générale, I* (Paris: Editions HMH, 1968).
16. Ibid.
17. Le Rubicon de la bêtise fut effectivement passé au moment de la publication de *L'Homme révolté*: "c'est un livre payé par les Américains" écrivit un prétendu critique lui-même à la dévotion d'une cause bien totalitaire.
18. Herbert R. Lottman, *Albert Camus* (Paris: Seuil, 1979).
19. "Jean Giraudoux ou Byzance au théâtre," *La Lumière*, 10 Mai 1940, reproduit dans II, 1404–9.
20. "La littérature et le travail" (II, 1911–2).
21. Jean-Paul Sartre, *Les Sequestrés d'Altona* (Paris: Gallimard, 1960), p. 222.
22. Ibid., p. 78.

Discussion

M. WEYEMBERGH: Je voudrais bien qu'André Abbou explicite davantage son jugement négatif des nouveaux philosophes.

R. GAY-CROSIER: Ayant fait allusion aux nouveaux philosophes dans mon introduction je me permets d'enchaîner et de préciser que, pour ma part, j'avais simplement signalé le danger qui existe lorsque les nouveaux philosophes—et non seulement les prétendus maîtres-penseurs—s'accaparent certains termes-clés de Camus sans se soucier du contexte précis dans lequel celui-ci les a utilisés. Il y a là un transfert de sens qui renvoie aux problèmes mêmes qu'a soulevés M. Paepcke en parlant de la traduction.

A. ABBOU: Les nouveaux philosophes me font penser à la nouvelle cuisine et à cet engouement pour tout ce qu'il y a de nouveau en France. On n'est pas loin des manipulations de la publicité américaine. Je dirai, partant, qu'il y a là une sorte d'agglomération curieuse. Camus a longtemps souffert, notamment à l'époque de la querelle de *L'Homme révolté,* de voir s'établir une légion de malentendus et de confusions qui concernaient sa personnalité et sa pensée et c'est dans ce contexte qu'il faut placer telle formule ou réponse. Pour ma part, je ferais une différence entre Glucksman, Lévy et Benoist. Surtout Lévy me paraît, par moments, trop agité et il conviendrait qu'il prenne plus de temps pour asseoir sa philosophie. Ainsi n'a-t-il pas le droit, par exemple, de renvoyer à Camus comme exemple d'un auteur pour qui toute littérature doit nécessairement aboutir à la politique. Or on sait que, pour Camus, la littérature était autre chose: c'était d'abord une création parce que le créateur était porteur d'un monde et qu'il avait ensuite le droit de parler au nom de ce monde. La réduction de Camus à la seule visée politique est une imposture. Glucksman, en revanche, me paraît surtout proposer une démarche éthique nouvelle attribuable au refus d'une espèce de terrorisme mental. Après 1956, et surtout après 1968, on a vu débarquer toute une génération de ceux qui avaient suivi, pendant six ou huit ans, ce terrorisme idéologique parce que cela semblait de rigueur.

A. BRIOSI: A propos de la fameuse querelle de 1952 au sujet de *L'Homme révolté* et de l'attitude de Sartre au lendemain de la mort de Camus en 1960, il y a sans doute une contradiction dans l'optique sartrienne, mais il me semble qu'on ne peut pas se limiter à l'enregistrer comme telle. Sinon on ne sort pas du niveau originel du débat, c'est-à-dire du niveau polémique. Depuis, près de trente ans se sont écoulés et l'on se doit, de nos jours, de mieux comprendre le sens de ce que Sartre a dit sur Camus et, ce faisant, le sens profond de cette contradiction apparente. Car cette contradiction est vitale, elle structure toute l'activité mentale de Sartre. Ainsi il y a contradiction entre la critique du refus de l'Histoire d'une part, et le moment où Sartre est amené à reconnaître la nécessité, dans une situation particulière, de ce refus de l'Histoire d'autre part. Or ces deux attitudes et thèmes se retrouvent dans la période ultra-bolchévique et anarchiste de Sartre et se reflètent aussi dans la dialectique du régressif/progressif. Autrement dit, ce qui s'oppose en 1952 ce ne sont pas des positions politiques conformistes d'un Jeanson et d'un Sartre et le courage de la défense de la liberté d'un Camus. C'est plutôt, pour qui ne se borne à la surface des événements, un conflit profond entre deux philosophies, entre deux conceptions du monde différentes. Pour élucider ce conflit, il faut le faire sortir du cadre strictement polémique dans lequel on se borne à l'enfermer.

A. ABBOU: Bien sûr, tout le monde a le droit de changer d'avis. Encore que Sartre se soit permis de dire à propos de Camus: "Vous avez changé et vous êtes passé d'un moralisme exemplaire à l'ignorance." C'est de la polémique pure. Alors, comment excorciser les démons? D'autant plus que Sartre se voulait scientifique dans sa démarche intellectuelle. Je voulais simplememt dire qu'un philosophe digne de ce nom qui découvre une incompétence—aucun doute que celle-ci était dûment visée et qualifiée—n'a pas le droit de passer sous silence la situation socio-culturelle dans laquelle la prétendue incompétence s'est déclarée. Or Sartre, en incriminant Camus, se place paradoxalement à un point de vue idéaliste, celui même qu'il déplore chez son confrère. C'est une attitude qui ne veut voir dans l'individu que l'être de raison, c'est une perspective strictement logique et, en même temps, antisociologique.

A. BRIOSI: Mais ce n'est pas vraiment de logique qu'il est question ici. . . .

A. ABBOU: Non, pas au sens strict du terme. Toujours est-il que Sartre voudrait que tout le monde raisonne de la même façon. S'écarter de cette uniformité postulée revient à être un tricheur, voire un crétin. C'est une mentalité où tout dialogue aboutit inexorablement au procès, à un climat totalitaire.

A. BRIOSI: Mais vous restez au niveau polémique. . .

A. ABBOU: C'est exactement ce que Sartre disait à Camus: "Vous êtes un juge, vous nous faites le procès." C'est dire que Camus n'avait pas le droit d'offrir un système conceptuel qui n'entrait pas dans les catégories de pensées de la position sartrienne en 1952.

A. BRIOSI: N'oubliez tout de même pas que derrière cette position de Sartre en 1952 il y avait *L'Etre et le Néant* et que derrière celle de 1960 il y avait tout le labeur intellectuel et les changements qu'offre *La Critique de la raison dialectique*.

A. ABBOU: Aucune position acquise n'autorise un philosophe à s'ériger en inquisiteur. D'ailleurs, Sartre et Jeanson accusaient Camus de péchés différents: Sartre accuse l'autodidacte, Jeanson l'esthète. Il s'agit vraiment de deux mondes à part et, aujourd'hui, il faut avouer qu'on nous a promenés sur un théâtre d'ombres.

Michel Rybalka
Washington University, St. Louis

Camus et les problèmes de la biographie

Le titre de cet exposé, "Camus et les problèmes de la biographie," est volontairement ouvert et ambigu, et j'ai même été tenté, à un moment, de le proposer comme un cadre vide à vos réflexions et à vos commentaires, me mettant ainsi d'abord à votre écoute avant de vous proposer les idées que je peux avoir sur la question. Cette méthode, venant à la fin du colloque, après les exposés particulièrement bien construits et bien pensés que nous avons entendus, aurait sans doute donné quelques résultats, mais aurait aussi créé un petit malaise pataphysique qu'en fin de compte je ne me suis pas senti en mesure d'assumer. Je vais donc, d'une façon plus traditionnelle, vous parler de la situation de la biographie aujourd'hui, discuter de l'ouvrage de Herbert Lottman et faire quelques propositions sur les formes que pourrait prendre dans l'avenir la biographie. Il y a cependant un point de vue que je n'aborderai pas, c'est celui interne à l'œuvre de Camus, et je laisse aux spécialistes avertis que vous êtes le soin de combler selon votre savoir et vos fantasmes cette lacune dans mon exposé. Camus lui-même, à part peut-être un projet d'étude sur Malraux, ne semble pas s'être intéressé au genre qui nous concerne ici, et on ne trouve pas dans son œuvre d'entreprise proprement biographique, alors que Sartre, par exemple, a abondamment réfléchi au problème et nous a donné des textes importants sur Baudelaire, Mallarmé, Genet et surtout Flaubert. D'autre part, les projets d'écriture des personnages camusiens ne sont pas biographiques, alors que Roquentin, dans *La Nausée*, a le projet de reconstituer la vie du marquis de Rollebon.

Il est certain que l'on assiste aujourd'hui, après la vague structuraliste, à un renouveau d'intérêt pour l'autobiographie et la biographie. Les deux genres ont toujours été très pratiqués et très lus, mais pour des raisons plus ou moins valables; liés à la mise en cause de la notion de sujet, ils ont été grossièrement négligés par la critique. Personnellement, je pense, avec Philippe Lejeune, que connaître l'œuvre et comprendre l'homme sont des opérations solidaires et que la relation entre l'homme et l'œuvre est incontournable. Je reste, sur ce plan, attaché à la notion d'auteur et à la notion de sujet, telle que celle-ci a été définie par Sartre dans *La Transcendance de l'ego* et indirectement dans *La Nausée,* telle qu'elle peut apparaître dans certains textes de Lacan.

La parution du *Roland Barthes par lui-même* dans la collection "Les Ecrivains par eux-mêmes," le projet qu'a Alain Robbe-Grillet d'écrire un ouvrage pour la même collection, les récents travaux de Philippe Lejeune (*Le Pacte autobiographique,* 1975 et *Je est un autre,* 1980) montrent bien que l'antibiographisme primaire qui caractérisait la critique structuraliste est maintenant révolu, et on peut considérer, comme le fait Philippe Sollers à propos d'une étude sur Marx, que "la biographie est un genre urgent."[1] Ainsi que le remarque Lejeune, "la curiosité biographique prend des formes nouvelles et s'institutionnalise,"[2] tandis que, dans une interview récente sur Chateaubriand, Barthes lui-même nous indique qu'il a souvent eu envie d'écrire une biographie, tout en faisant une distinction entre ce qu'il appelle le "Chateaubriand de papier" et le "Chateaubriand des biographes."[3]

Dans ce contexte, on voit bien la nécessité aujourd'hui:
(1) d'une biographie de Camus bien documentée et fiable à la fois sur le plan personnel et sur le plan historique;
(2) d'un statut théorique, ou je dirais plutôt d'un statut pratico-critique de la biographie. Il s'agit ici, entre autres, de réfléchir sur le genre biographique, sur le problème des interviews et du *parlé-écrit,* sur le fait que, comme tout autre œuvre littéraire, la biographie est un texte fait à partir d'autres textes;
(3) de trouver, dans la pratique du genre, des formes nouvelles et des arrangements qui évitent les défauts les plus évidents de la biographie traditionnelle. Le modèle à proposer serait *L'Idiot de la famille,* mais tout le monde ne peut pas être Sartre et il serait immodeste et présomptueux de vouloir suivre un exemple aussi prestigieux.

Nous pouvons nous demander maintenant dans quelle mesure la biographie récente de Herbert R. Lottman[4] répond à notre attente. Comme vous le savez, la version anglaise de l'ouvrage et sa traduction française ont été publiées presque en même temps fin 1978 et début 1979. La traduction de Marianne Véron semble excellente; elle ajoute une petite chronologie de deux pages, mais élimine, dans ce qui est l'une des pratiques les plus déplorables de l'édition française, l'index général. D'après ce que nous avons de lui, Herbert Lottman est un journaliste *free lance,* correspondant à Paris de la revue *Publishers Weekly.* Né en 1927, il a entrepris des études de littérature française qu'il n'a pas poursuivies. Ce fait me paraît important à signaler, car on remarque immédiatement chez lui un certain préjugé contre l'Univesité ainsi qu'une tendance à vouloir privilégier le vécu aux dépens de l'écrit et de l'interprétation. Lottman donne une bibliographie très succinte et ne fait guère d'effort pour intégrer les études universitaires faites sur Camus. Ainsi, le nom de Brian Fitch n'est pas même cité, tandis que celui de Gay-Crosier est mentionné une fois, tout en échappant à l'index.

Lottman confirme d'ailleurs lui-même cette exclusion dans une inteview: "Quand j'ai compris qu'aucune source imprimée—pas même les plus autorisées—n'était totalement fiable, j'ai jeté les livres par-dessus les moulins [...] Très peu de renseignements proviennent de sources imprimées; j'ai passé si peu de temps à la Bibliothèque Nationale que j'avais envie de me faire rembourser ma carte!"[5]

La prière d'insérer du livre définit ainsi la procédure suivie par l'auteur: "Obéissant aux strictes méthodes de la biographie anglo-saxonne, il [Lottman] s'est attaché à suivre au plus près la vie de Camus et à ne rien avancer qu'il n'ait pu fonder par maintes sources et références, qu'il cite."[6] S'il est certain que la biographie a été surtout jusqu'à présent un genre anglo-saxon, elle a été pratiquée d'une façon empirique, avec des fondements théoriques flous et généralement non définis, et on voit mal quelles sont ces *strictes méthodes* auxquelles se réfère Lottman. Un principe émerge, cependant: Lottman entend "enquêter sur le terrain" sur tous les aspects de la vie de Camus et essaie de reconstituer une sorte d'histoire orale à partir des nombreux témoignages qu'il a recueillis.

Sur ce point, les qualités du livre sont indéniables. Lottman apporte une foule de renseignements inédits sur la jeunesse de Camus, sur ses activités en Algérie et pendant la Résistance, sur sa direction du journal *Combat,* sur son voyage aux Etats-Unis, sur les femmes qu'il a connues.... Il rectifie un bon nombre d'erreurs et d'approximations qui traînaient depuis des années dans la critique camusienne et fait le point avec précision, par exemple, sur les rapports de Camus et du Parti communiste en Algérie. Il suffit de relire le *Camus par lui-même* de Morvan Lebesque pour constater les progrès apportés par Lottman. Ici et là, cependant, dans la masse de renseignements donnés, se glissent inévitablement quelques nouvelles erreurs et s'introduit une information quelquefois partielle et contestable.

Comme je m'intéresse surtout à Sartre, j'ai suivi de près les parties du texte consacrées aux relations entre Sartre, Simone de Beauvoir et Camus. Les références sont assez nombreuses, mais je dois dire que, sur ce point, je n'ai pratiquement rien appris d'important ou de nouveau pour mon propre travail bio-bibliographique. Contrairement à ses principes, Lottman n'est pas allé interviewer Sartre et Simone de Beauvoir, qui étaient pourtant assez accessibles. Il se contente la plupart du temps de citer une source imprimée, les mémoires de Simone de Beauvoir, et sur le point si important de la querelle

Sartre–Camus, sa seule source interviewée semble être Francis Jeanson. Faisant confiance à des témoins eux-mêmes lointains et mal informés, il reprend, sans les réexprimer de près, un certain nombre de ragots et de commérages. Parlant des activités de Sartre sous l'Occupation, il nous dit ainsi: "Sartre se mit à écrire et à publier—voire à composer des pièces qui furent montées dans Paris occupé et encensées par les critiques allemands (tandis que Simone de Beauvoir travaillait pour la radio officielle)."[7] Faisant allusion à la représentation des *Mouches* au Théâtre de la Cité (ex-Théâtre Sarah-Bernhardt), il va jusqu'à insister: "Ni Dullin ni Sartre ne semblaient trouver à y redire, ni même souhaiter autre chose que de bonnes critiques dans la presse collaboratrice."[8] Bien que basé sur certains éléments exacts, ce genre d'énoncé est criant de fausseté.

Je ne voudrais pas, cependant, à travers cet exemple particulier, mettre en question toute l'entreprise de Lottman. L'information qu'il donne est presque toujours fiable et son étude a le mérite de rassembler en un seul volume un corpus de renseignements jusque-là épars et de nous fournir des éléments nouveaux. Sa biographie joue un rôle important de résumé et de description: c'est un outil, une somme encyclopédique essentielle pour la recherche, et je dirais personnellement que c'est une œuvre à partir de laquelle on devrait maintenant pouvoir écrire une biographie plus intellectuelle, plus critique, moins envahissante aussi peut-être, de Camus.

D'autre part, il est évident que l'étude de Lottman, pour celui qui est modérément au courant de l'œuvre de Camus, se lit facilement et ne risque pas d'être rejetée pour des difficultés d'ordre théorique ou scriptural. Fait important, il ne s'agit pas d'une hagiographie ou d'une justification partisane. Tout en se mettant souvent dans la peau de Camus, le narrateur n'hésite pas à montrer ses faiblesses, ses parti-pris, ses impuissances. Lottman a beaucoup investi dans sa biographie et il en a fait un "labor of love" qui nous frappe par ses qualités de bonne volonté et d'honnêteté.

Ce qui gêne le lecteur averti, ce sont les limites d'ordre méthodologique qui apparaissent à la lecture du livre et le fait que ces limites soient quelquefois justifiées et revendiquées. Sur le plan de la méthode, Lottman emploie un bon nombre de ces procédés qui ont donné mauvaise réputation à la biographie, et le moins qu'on puisse en dire, c'est qu'il n'essaie pas de renouveler le genre biographique.

Tout d'abord, il ne réfléchit guère sur le statut de la biographie, sur le genre même qu'il est en train de pratiquer. La note intitulée "Méthode," placée à la fin du livre, est d'une brièveté étonnante et indique bien peu d'éléments de méditation. L'ambition principale de Lottman semble avoir été de trouver des *faits* qui reconstituent la *vérité* de la vie de Camus et de rectifier les erreurs qui ont été commises par ceux qui ont écrit avant lui, surtout les universitaires. Ce préjugé positiviste se manifeste de plusieurs façons. Ainsi, Lottman n'essaie pas de faire une critique méthodologique du témoignage: les témoins de la vie de Camus sont supposés nous révéler directement la vérité sur celle-ci; le langage n'a pas d'opacité et le problème du parlé qui devient ensuite écrit n'est pas soulevé. D'autre part, ce positivisme est renforcé par l'usage du prétérit et par un point de vue narratif qui établit peu de distance vis-à-vis du sujet considéré. Il est sans doute superflu de rappeler ici les attaques de Robbe-Grillet contre le passé simple, la distinction récit/discours mise au point par Benveniste et les positions de Foucault sur la volonté de vérité.

Cet accent sur les faits aboutit paradoxalement dans un bon nombre de cas à une imprécision. On perd de vue l'essentiel et, dans un autre domaine, comme le livre est en grande partie fait de paraphrases, il est souvent difficile de discerner quelle est la part de Lottman et quelle est celle des sources sur lesquelles il s'appuie. Nous assistons ainsi à une sorte d'aplatissement de la réalité camusienne, d'où il est difficile de faire ressortir le projet qui sous-tend l'œuvre de Camus et les éléments marquants qui font sa vie. Lottman met en effet sur le même plan les menus faits de la vie quotidienne et l'activité d'écriture de Camus. A la limite, on pourrait parodiquement avoir un énoncé du genre: "Ce matin-là, Camus se réveilla de mauvaise humeur: la petite douleur qu'il avait à la main gauche n'avait pas disparu. Il prit un café et deux croissants et puis se mit à rédiger les premières lignes de *La Peste*." Il semble d'ailleurs que, sur le plan de la narration, Lottman utilise ce style romanesque qui a cessé d'avoir cours depuis les années cinquante.[9]

Le manque de proportion que je signalais plus haut est particulièrement sensible dans certains passages au lecteur français. Lottman dit souvent des banalités ou des choses très connues sur le ton de la découverte, sans se rendre compte que le lecteur a un savoir préalable qu'il s'agit d'évaluer à sa juste mesure, sans le sous-estimer ni le surestimer.

Il serait injuste de poursuivre ce genre de remarques. La biographie de Lottman existe, elle a des qualités indéniables mêlées à des faiblesses méthodologiques, et notre attention doit maintenant se porter sur ce que pourrait être la biographie aujourd'hui. Sur le plan des principes généraux, on peut reprendre ici les idées que Philippe Lejeune développe à propos de l'autobiographie. Lorsqu'on entreprend de trouver un ordre à une vie, il s'agit de tenir compte de la tension qui s'établit entre récit et discours, entre diachronie et synchronie, entre thématique et chronologie. Il s'agit en termes sartriens de montrer d'une façon concrète l'universel singulier, en trouvant des formes appropriées pour rendre compte à la fois de la "vérité" intérieure et de la "vérité" historique. La notion-clé ici pourrait être celle de *program-*

mation que Sartre développe dans le tome III de *L'Idiot de la famille*. La visée biographique doit être une visée totalisante qui fait appel aux différentes disciplines et qui met en jeu des documents de toute nature. Sartre avait bien compris qu'il était difficile d'écrire une biographie sans concevoir en même temps une autobiographie et un ouvrage de théorie. C'est ainsi que vers 1953 il se lança simultanément dans le projet biographique qui devait donner lieu au "Flaubert," dans le projet autobiographique dont il nous reste *Les Mots* et dans le projet théorique qui est représenté par la *Critique de la raison dialectique*. Ces trois ambitions ont sans doute été réalisées dans cette biographie d'un genre nouveau que constitue *L'Idiot de la famille*. Il ne saurait cependant être question d'émuler Sartre et lui-même indiquait récemment, dans une interview encore inédite, ce que pourrait être plus modestement le travail de la critique: "[Je conçois sur moi] une espèce de biographie qu'on ne peut faire autrement qu'avec des documents. Une biographie littéraire, c'est-à-dire l'homme avec ses goûts, ses principes, son esthétique littéraire . . . et retrouver tout cela en lui, d'après ses livres et en lui."[10]

Dans un autre ordre d'idées, il est important de souligner que la biographie, est un texte fait à partir d'autres textes, qu'elle pose avec une acuité toute particulière le problème de la médiation. La relation entre le biographe et son sujet, entre le "biographant" et le "biographé," doit être autant que possible explicitée, et le statut du "biographème" doit se trouver abordé.

Dans la pratique, on peut concevoir une biographie ouverte où l'auteur fournit une information précise et solide et où il met en jeu des textes, sans imposer directement son interprétation et en combinant transcription et écriture. L'information peut être donnée par une chronologie et une bibliographie commentées, aux éléments soigneusement choisis et pesés. Les textes peuvent être présentés directement, dans un montage, et peuvent provenir (1) de l'œuvre, des interviews, des témoignages de l'écrivain (formant ainsi un "Camus par lui-même"), (2) des témoignages fournis par l'entourage proche, certains étant suscités par le biographe lui-même, (3) du corpus critique constitué sur l'écrivain et (4) de textes historiques et culturels, considérés comme caractéristiques de l'époque. La qualité de la sélection, du découpage et de l'agencement des documents devrait faire de cette partie plus qu'un simple "source book." Enfin, l'interprétation peut être assurée par un essai séparé où le biographe, s'aidant des documents et de l'information donnés précédemment, propose sa vue personnelle de l'écrivain et tente de retotaliser à sa façon sa vie et son œuvre dans le contexte de l'histoire et du mouvement intellectuel.

Une telle biographie pourrait, je pense, se lire à plusieurs niveaux, correspondant aux différents publics actuels: celui du lecteur moyen, celui de l'étudiant ou même du professeur qui cherchent des éléments pour comprendre une œuvre et pour faire un exposé ou un cours, celui du spécialiste et peut-être celui du philosophe. Une biographie réussie serait celle qui satisferait la curiosité de ces différents publics, tout en dépassant leur attente.

Je ne sais pas trop si ces idées seront réalisables dans la biographie de Sartre que je compte entreprendre dans un proche avenir, et il se peut que cette biographie future, telle que je la conçois, soit en fin de compte une biographie impossible. Mais l'enjeu, me semble-t-il, en vaut la chandelle: la biographie touche à quelque chose de trop essentiel, elle joue un rôle trop important pour qu'on ne tente pas tout au moins d'en réaffirmer la nécessité et d'en renouveler les formes.

Notes

1. Philippe Sollers, *Le Nouvel Observateur*, Décembre 6–12, 1976.
2. Philippe Lejeune, *Je est un autre* (Paris: Seuil, 1980), p. 182.
3. Roland Barthes, *Le Nouvel Observateur*, Décembre 10–16, 1979.
4. Herbert R. Lottman, *Albert Camus: A Biography* (Garden City, New York: Doubleday, 1979). Traduction française: *Albert Camus* (Paris: Seuil, 1978).
5. Herbert R. Lottman, *27 rue Jacob,* Bulletin des éditions Seuil, 217 (Novembre–Décembre 1978), p. 2.
6. Herbert R. Lottman, Couverture de l'édition française, op. cit.
7. Herbert R. Lottman, Edition française, p. 263.
8. Herbert R. Lottman, Edition française, p. 300.
9. Pour un exemple particulièrement marquant, on se reportera au passage où Lottman décrit la préparation par Camus de *L'Homme révolté* en Août 1950 (édition française, p. 495).
10. Interview par M. Rybalka, O. Pucciani, et S. Gruenheck à paraître en 1981 dans le volume *Sartre* de la Library of Living Philosophers édité par Paul Schilpp.

Discussion

A. BRIOSI: Si l'objectivité est impossible, quelles alternatives existent pour le biographe sérieux? Est-ce à dire qu'aucun biographe ne parvienne à dépasser sa subjectivité et que la solution consiste à reconnaître publiquement cette subjectivité, à l'introduire dans un espace herméneutique pour l'y apprivoiser? Si je vous ai bien compris, vous proposez deux modèles: un modèle sartrien qui s'inspirerait de *L'Idiot de la famille* et un modèle du futur qui reste à définir. Quant au modèle sartrien, nous sommes d'accord qu'il s'agit d'une œuvre énorme, d'une somme. Mais le texte oscille entre l'autobiographie et l'anthropologie. Quelqu'un a dit que si Flaubert est devenu transparent à

Sartre c'est parce que le biographe s'identifie à lui-même selon la devise "moi je suis toujours transparent à moi-même." Entre l'autobiographie et l'anthropologie, me semble-t-il, on ne réussit guère à trouver la biographie, c'est-à-dire l'unité d'une vie d'autrui. On passe de l'homme à Sartre à travers *Madame Bovary* et l'Histoire. En ce qui concerne la biographie se basant sur une masse de documents, je me demande comment cette accumulation, cette sélection de documents non interprétés est capable d'échapper au risque de manque d'objectivité. Ce procédé accumulatif ne mène-t-il pas à la pseudo-objectivité de la paraphrase, c'est-à-dire à la réintroduction de la subjectivité?

M. RYBALKA: Vous avez raison de vous poser des questions sur la valeur des documents car on peut mettre en doute la notion même de document. Je ne sais pas si vous avez lu les études très intéressantes de Christian Zimmer dans les *Temps Modernes* sur le film "Hitler." Dans ce film, on n'utilise que de documents historiques ce qui semble donner une valeur positive au phénomène hitlérien. Ce qui me tient à cœur ce sont des façons pratiques d'opérer et il me semble que présenter des documents au lecteur c'est quand même insérer moins de subjectivité que de leur présenter une œuvre romanesque composée de paraphrases. Je me rends bien compte qu'il y a toujours une espèce de subjectivité qui joue. Pour la contrebalancer, il pourrait y avoir une sorte de choix collectif comme l'a proposé Gay-Crosier il y a dix ans. On pourrait accumuler, évaluer et discuter les documents pour déterminer ceux qu'il faut absolument citer. Il s'agit de trouver un *modus vivendi*, de s'accorder sur les textes jugés fondamentaux. Il s'agit donc d'une question de degré et de jugement et, en fin de compte, je ne vois pas la possibilité de résoudre entièrement le problème de subjectivité dans la biographie. Quant à *L'Idiot de la famille,* nous avons affaire, comme vous le dites vous-même, à une somme qui comporte les aspects que vous avez cités. Mais on y trouve autant d'aspects biographiques que d'autres qui résument la pensée et la vie de Sartre. C'est une œuvre qui refuse la définition restreinte.

E. MOROT-SIR: J'ajoute à ce que vous avez dit sur l'anti-biographie qu'il y a quelque chose de plus sérieux que la position du structuralisme. Il faudrait remonter probablement au *Contre Sainte-Beuve* où Proust pose très clairement le problème de la relation entre la vie et l'œuvre d'un auteur. Je serai plus indulgent que vous envers Lottman: après tout il s'agit d'un journaliste lettré. Je suis très indigné, au contraire, par une biographie récente sur Beckett. Elle est universitaire, hélas, et veut tout expliquer, l'homme, l'œuvre, la pensée, etc. Comment comprenez-vous votre rôle de biographe par rapport à l'interprétation d'une œuvre?

M. RYBALKA: L'apport d'une biographie doit fournir les éléments constitutifs, doit donner un savoir, une somme sous forme de renseignements précis qui ne soient pas contestables. On peut se débarrasser de toute une série de choses par des résumés, des dates, des documents. Pour le moment je pense modestement à une sorte d'interprétation pas trop ambitieuse, pas trop fondée qui, sur le plan théorique, situerait un auteur comme Camus et Sartre du point de vue psycho-biographique, culturel et social. L'esquisse d'un cadre pareil doit demeurer nécéssairement modeste et limité.

E. MOROT-SIR: Cela me rappelle ces romans policiers d'il y a vingt ans où l'auteur, au lieu d'écrire son roman, donnait les documents et demandait aux lecteurs de tirer les conclusions, de fournir le dénouement de l'histoire.

M. RYBALKA: Je ne crois pas qu'on aboutisse à un roman policier par la méthode proposée. Il y a un triage et une intervention importants à faire. La même circonspection doit présider à une anthologie de textes d'un auteur et, comme toujours dans des cas pareils, il s'agit d'une question d'équilibre, de goût et de connaissances.

E. MOROT-SIR: Pensant à ce que vous avez fait sur Sartre, le terme de *biblio-graphie* me vient à l'idée: une biographie des livres de Sartre.

M. RYBALKA: Je ne crois pas qu'on aboutisse à un roman policier par la méthode proposée. Il y a un triage et une intervention importants à faire. La même circonspection doit présider à une anthologie de textes d'un auteur et, comme toujours dans des cas pareils, il s'agit d'une question d'équilibre, de goût et de connaissances.

G. BAUER: The documents and photographs gathered behind you [i.e. the iconography assembled for the conference] are telling signs of what should be included in any biography. A maximum of pictures should go along with a biography including apparently unimportant ones such as baby photographs, materials pertaining to unusual habits and situations so as to reveal the individual behind the writer's mask.

M. RYBALKA: I agree with you but I know your talent in this respect so I leave the execution of your project up to you.

G. BAUER: Also worthwhile are photographs taken and pictures drawn and painted by the writer. I am thinking of the casual and candid photographs that

Roland Barthes inserts imaginatively in *Barthes par Barthes*. Methodical use of visual materials for interpretation or presentation should be an integral part of any biography.

R. SMITH: Je me demande si, en vue des nombreuses suggestions formulées, on pourrait prendre peut-être comme modèle le livre de Lacouture sur Malraux [plusieurs participants interviennent par des "non" répétés...]. On y trouve les niveaux dont il a été question, le visuel inclus.

M. RYBALKA: Mais il y a d'excellentes biographies traditionnelles qui échappent à certains défauts qu'on trouve chez Lottman: les brillantes biographies de Painter, celle qu'il vient de faire sur Chateaubriand, par exemple, ou celle de Jean Delay sur Gide. Il n'y a pas de doutes que ces ouvrages constituent des contributions de premier ordre à la connaissance des auteurs. Lacouture, me semble-t-il, se projette trop lui-même à travers son style. Il y a une sorte de manque de modestie. Or cette dernière doit être le propre d'un biographe qui est d'abord et avant tout un médiateur.

R. GAY-CROSIER: Je suis content qu'on ait fait allusion au colloque de 1970 au cours duquel nous avions justement sollicité le travail en équipe. Ce dernier nous semblait particulièrement applicable au domaine de la biographie. Lorsque la biographie de Lottman est sortie, j'étais à la fois ravi et déçu. Ravi parce qu'elle est bourrée de détails jusqu'alors inconnus, déçu parce qu'elle me fait l'impression d'un immense fichier qui n'a pas passé par le creuset d'une évaluation critique. C'est précisément à ce point que je vois la fonction première du travail collectif. La constitution de la documentation est un labeur de Bénédictin et doit inclure, de nos jours, non seulement l'écrit et les images, mais tout l'audiovisuel, c'est-à-dire les bandes magnétiques de toutes les interviews accompagnées d'une série de prises (personnes, bâtiments, paysages, etc.). Il n'y a pas de doute que le travail de Lottman—qui a failli être parmi nous mais n'a finalement pas pu venir pour des raisons personnelles—est un début tout à fait remarquable.

A. ABBOU: Je tiens à signaler que pour ma part Lottman a contribué à la recherche camusienne un ouvrage de premier ordre. Il a surtout corrigé des clichés éculés sur Camus et ses sources d'information sont solides.†

---

†A partir de ce moment, la bande n'est malheureusement plus exploitable. Il y a eu encore des interventions de M.Rybalka et G.Prince.

VII. Problèmes actuels de la critique camusienne: un débat libre sur son avenir

Raymond Gay-Crosier
(rapporteur)

Problèmes actuels de la critique camusienne: un débat libre sur son avenir

Au terme du colloque et d'une manière tout à fait spontanée, un groupe de spécialistes et d'intéressés ont proposé qu'une série de questions relatives à l'avenir de la critique camusienne fussent librement débattues. Une vingtaine de participants se sont donc rassemblés samedi après-midi pour discuter à bâtons rompus pendant deux heures et demie environ. Ayant dirigé et fait enregistrer cette discussion, j'en reproduis ci-dessous les points les plus saillants. Mais à l'encontre des débats qui ont suivi les communications et qui sont reproduits sous forme légèrement abrégée dans ce volume, j'ai regroupé la substance des dialogues de samedi après-midi selon un schéma thématique sans attribuer les interventions aux individus. Cette table ronde a réuni les participants suivants: A. Abbou, A. Briosi, P. Cryle, J. et F. Camus, I. Cassagne, B.T. et J. Fitch, R. Fritsch, J. Gassin, R. Gay-Crosier, L. Hernández, J. Lévi-Valensi, L. Mailhot, F. Paepcke, M. Rybalka, O. Tacca, C. Viggiani et M. Weyembergh.

Les questions d'approche et de méthode critiques ayant fait l'objet de nombreuses communications et de presque toutes les discussions qui les ont suivies, j'ai privilégié, dès le début de la table ronde, les *problèmes matériels* qui se posent aujourd'hui au chercheur. Ils ont porté, tout en se recoupant parfois, sur les domaines suivants surtout: I. Documentation; II. Diffusion des inédits; III. Biographie; IV. Correspondance; V. Travail en équipe et création d'un centre de documentation.

I. Documentation

Tous les documents qui se trouvent actuellement dans les Archives Albert Camus, dont la gérance est assurée par un groupe d'héritiers, sont classés et référencés selon leur nature (textes inédits, lettres, épreuves corrigées, variantes, contrats, etc.). L'établissement d'un indexe plus souple de cette collection va être entrepris au terme d'une réorganisation prévue des matériaux. Une fois que la permission de les consulter a été donnée, certains de ces documents demeurent sujets à des restrictions variées parmi lesquelles il y a celle de ne pas prendre de notes ou de ne pas faire de photocopie, par exemple. Mais si l'on demande au chercheur qui consulte tel document des Archives de ne pas prendre de notes, on ne lui demande pas de ne pas avoir de mémoire. Toute citation, même de mémoire, tirée d'un texte non publié doit être approuvée par les héritiers ou leur représentant.

Mais il n'y a pas que les documents qui se trouvent aux Archives Albert Camus. Un nombre considérable de lettres et un nombre plus restreint de manuscrits sont dispersés un peu partout. L'une des tâches majeures de la documentation sérieuse—et sans elle il n'y a pas de critique sérieuse—est de localiser et de répertorier ces écrits. Outre ceux dont on sait qu'ils existent ou dont on soupçonne l'existence, il faut dénicher, par le truchement de petites annonces et de contacts personnels, les documents inconnus (lettres, autographes, dactylographies et épreuves d'œuvres ou de parties d'œuvres avec ou sans corrections) qui pourraient circuler chez les marchands ou se trouver entre les mains de particuliers. Un travail de détective doit donc être fourni qui nécessite d'envisager sérieusement la création d'un centre de documentation camusienne (voir V. Travail en équipe).

De nos jours, la documentation ne peut plus se limiter aux seuls textes écrits mais doit inclure, entre autres, une iconographie aussi complète que possible: photos de l'auteur à tout âge, instantanés de situations localisables, photos de personnes qui ont joué un rôle quelconque dans la vie de Camus, prises de paysages, de bâtiments de l'époque (par exemple le lycée d'Alger, tel lieu de convalescence, etc.); dessins, esquisses ou tableaux peints par Camus dès ses premières années scolaires. Viennent s'ajouter à cette liste interminable: cahiers d'écolier—dont Camus admirait les pages quadrillées et continuait à se servir—épreuves, dissertations, brouillons, certificats, documents d'état civil et, surtout, de très nombreuses bandes magnétiques sur lesquelles il faudrait enregistrer au plus vite les souvenirs et associations libres des individus qui ont connu Camus personnellement et parmi lesquels ne figureraient pas seulement les membres de sa famille et ses amis les plus proches, mais aussi les survivants de l'époque algérienne de même que les collaborateurs artistiques et littéraires (monde théâtral, Gallimard, *Combat*, *L'Express*, etc.).

II. Diffusion des inédits

Quant aux inédits allant de la lettre non publiée, qui peut se trouver dans les archives ou les mains d'un particulier, au texte littéraire plus élaboré tel *Le Premier Homme,* il se pose d'abord une série de problèmes juridiques souvent épineux. Une partie considérable des lettres ont un caractère strictement privé qu'il faut respecter (voir IV. Correspondance). Mais même parmi les textes littéraires, il se trouve plusieurs que les ayants droit ne tiennent pas à divulguer par respect des vœux de l'auteur. On a fait remarquer qu'aux yeux de bien des camusiens, la publication de *La Mort heureuse,* sous une bande la désignant comme roman, était scandaleuse. Visiblement, la publication d'inédits en tant que documents littéraires soulève des questions d'ordre pratique et juridique. A qui ces "documents" sont-ils destinés? Aux seuls spécialistes (ce qui limiterait leur parution aux revues spécialisées)? A partir de quel moment le public a-t-il le droit d'exiger la mise à disposition d'un texte pareil, c'est-à-dire à partir de quel moment ce "document" a-t-il une valeur esthétique intrinsèque, voire publique? Le danger d'exploitation vient d'ailleurs moins du côté du public que du côté des éditeurs ou directeurs de revue qui, sous la pression de devoir vendre assez d'exemplaires pour pouvoir rentrer dans leurs frais, ont tendance à faire passer un texte pour ce qu'il n'est pas.

On peut et doit aussi se demander si un auteur ou les héritiers ont le droit de soustraire au public des textes ou documents qu'il a choisi de ne pas détruire de son vivant. Si, dans le cas de Kafka, la destruction des manuscrits avait été expressément sollicitée mais heureusement évitée grâce au bon sens de Max Brod, la question de ce qui doit demeurer dans le domaine privé et sous clé est délicate. On comprend plus facilement, dans le cas de lettres non publiés, que telle personne visée n'en désire pas la publication de son vivant. Mais quand il s'agit de documents littéraires, paralittéraires ou, parfois, apparemment anodins telles les notes de blanchisserie, la tradition critique se croit responsable de les faire passer dans leur intégralité et le moment propice venu au domaine public. Dans les circonstances actuelles, la conclusion qui s'impose est que rien du legs camusien ne doit ni ne va être éliminé mais que la diffusion dépendra, dans chaque cas, de la situation juridique et, bien sûr, du jugement des ayants droit.

Or même si l'accord de publication est donné, celle-ci se heurte à l'heure actuelle aux nombreuses difficultés matérielles qui hantent depuis quelque temps les maisons d'édition en général et l'édition érudite en particulier. A moins que ce soit dans un périodique subventionné par l'Etat ou par une institution (voir V. Travail en équipe), les inédits qui s'avèrent être essentiellement des documents littéraires sont, en principe, publiés dans des périodiques privés dont la périodicité, voire la viabilité se voient souvent sérieusement mises en question de nos jours. Ces difficultés matérielles affectent également la publication d'instruments de travail spécialisés. Parmi plusieurs exemples on pourrait citer celui d'une bibliographie de la critique camusienne japonaise et anglo-saxonne. Celle-là cherche en vain un éditeur alors que celle-ci attend depuis des années sa publication. En revanche, il faut se méfier de certaines voies de publication qui feraient un tort irréparable à l'auteur de *La Chute*. Une de ces voies à éviter serait celle d'un bulletin financé et géré par un groupe d'"amis" encore que dans certains cas (Proust, Gide) cette formule se soit révélée la bonne grâce à la compétence et la probité du ou des dirigeants. Une fois de plus, ces problèmes d'accès et de dissémination prouvent la nécessité d'un centre de recherches qui coordonne tous ces efforts.

III. Biographie

Qu'elle soit intellectuelle ou strictement historique, la biographie dépend en large mesure de l'accessibilité des documents qui étoffent ses lignes de force. Suivant ce qu'on s'est plu à appeler la "méthode anglo-saxonne" (terme plutôt douteux et, pour le moins, très imprécis), l'entreprise monumentale de Herbert Lottman est, à bien des égards, un modèle de documentation riche et variée mais aussi des dangers que court le biographe solitaire dont le fichier risque trop souvent à se soustraire au contrôle d'une écriture plus soucieuse de trier et d'éliminer afin de dire moins pour dire plus. L'accumulation de faits divers et de paroles enregistrées ne fait qu'assurer une certaine quantité de détails et doit être doublée d'une réflexion critique soutenue et informée. Il serait injuste d'accuser le *Camus* de Lottman de ce genre d'infirmité, car ce qui doit être mis en relief dans sa biographie c'est qu'elle fait œuvre de pionnier. Pour plus de détails l'on pourra se reporter à la communication de M. Rybalka et à la discussion.

Dans le contexte biographique, la table ronde a longuement discuté la situation de Camus au cours de la guerre d'Algérie et tenté d'expliciter le prétendu "silence" auquel l'auteur d'*Actuelles III* s'est vu acculé pendant cette difficile période. Par delà les nombreuses précisions fournies par Lottman au sujet de plusieurs interventions de Camus en faveur d'individus en difficultés politiques—certaines actions sont restées inconnues jusqu'à nos jours—il faudrait examiner l'obscurcissement délibéré dont les activités et publications camusiennes ont fait l'objet dans la France de l'époque. La presse française, dont le rôle dans cette affaire doit être étudié en plus de détails, a ostensiblement réservé à *Actuelles III (Chroniques algériennes)* un accueil aussi sinon plus mitigé qu'au *Réflexions sur la guillotine*. Il ne serait pas étonnant qu'une étude de ce genre parvînt à la conclusion que ces œuvres et appels ont été, dans le gros, tus. Dans le même ordre d'idées, il serait indiqué aussi de revoir la ligne politique et économique suivie, à cette époque toujours, par l'éditeur de Camus. L'espoir partagé par tous les membres de la table ronde est qu'à plus de vingt ans de distance, il devrait être possible de juger la situation *sine ira et studio* et sans faire le procès à quiconque.

IV. Correspondance

Rien qu'en feuilletant les résumés des lettres et extraits de lettres de Camus répertoriés dans *A Critical Bibliography of French Literature* (gen. ed. R.A. Brooks, ed. D.A. Alden, vol. VI, *Twentieth Century*, [Syracuse, Syracuse University Press, 1980], Part 3, pp. 1574-1579) l'on se rend compte de la difficulté très considérable que doit surmonter tout chercheur désireux d'établir une correspondance camusienne publiable en tant que telle. Ce corpus répertorié ne contient, de surcroît, que des lettres ou extraits de lettres *publiés* et il en existe plusieurs qui n'ont pu être intégrés à cette modeste collection faute de ne pas avoir été trouvés à temps. Mais la difficulté majeure consiste à identifier les personnes susceptibles de posséder une ou plusieurs lettres de Camus et d'en permettre, pour le moins, le simple inventaire. Comme pour la plupart des auteurs qui ont laissé un fonds épistolaire plus ou moins considérable, le projet le plus ardu est celui d'une correspondance générale qui, dans le cas de Camus, ne verra probablement jamais le jour.

Pourtant, il y a des noyaux de correspondances et des absences de correspondances dont certaines ne laissent pas de surprendre. Ainsi pouvait-on s'attendre à une activité épistolaire suivie entre Camus et René Char, moindre mais suivie tout de même, entre Camus et Sartre, Gide et plusieurs autres contemporains plus ou moins capitaux. Or, il n'en est rien. Dans le cas de Char, Camus le voyait peut-être trop souvent pour lui écrire régulièrement. Il y a, bien sûr, quelques lettres de 1951 qui portent sur le labeur de *L'Homme révolté* (voir, par exemple, II [1972], p. 1627) dont le poète détient une dactylographie corrigée. Contrairement à Gide, ni Camus ni Sartre ne sont épistoliers au sens propre du terme. Sartre, surtout, a écrit très peu de lettres, la plupart de l'ordre tout à fait immédiat. Un nombre restreint de lettres plus développées s'adresse à des amis intimes. Il se peut qu'il y ait deux ou trois notes ou lettres échangées avec Camus, abstraction faite, bien sûr, de la "correspondance" polémique autour de *L'Homme révolté*.

N'étant pas épistolier, Camus écrivait ses lettres très vite et la plupart sont des réponses à des correspondants ayant sollicité un renseignement ou offert un jugement. Très souvent, ces lettres improvisées ont un caractère strictement personnel et leur publication, pour l'instant du moins, ne peut être envisagée. Il faudrait aussi préciser que le caractère d'immédiateté peut donner à une lettre un cachet et une qualité particulièrement réussis. De toute façon il s'agit, pour l'instant et comme il a déjà été dit, de connaître l'existence de ces lettres et de les répertorier patiemment au cours des années à venir. Pour ce faire, il faudrait placer périodiquement des petites annonces dans des journaux et périodiques susceptibles d'être lus par les individus qu'on suppose en possession d'une lettre ou même d'une petite correspondance. Tant que leur nom est connu, il suffit de leur écrire et de leur poser les questions qui s'imposent même si la lettre ou les lettres qu'ils détiennent demeurent temporairement impubliables. Des enquêtes régulières devraient aussi être faites auprès des vendeurs d'autographes dont on doit étudier régulièrement les catalogues de vente. Par delà l'indexe établi au sein des Archives A. Camus et des noms et lettres répertoriés ailleurs, on devra systématiquement collationner les noms de destinataires, réels ou supposés, de lettres ou tout autre document camusien à l'aide des matériaux bio-bibliographiques disponibles et d'extrapolations judicieuses.

Enfin, il existe tout de même un petit nombre de noyaux de correspondances dont la publication peut se concevoir. Il s'agit des lettres envoyées à ou reçues de Roger Martin du Gard et—on devait s'y attendre—Jean Grenier. Le perfectionnisme stylistique et artistique qui est le propre de Martin du Gard explique pourquoi Camus s'est appliqué davantage lorsqu'il écrivait à son confrère aîné et admiré. Quant à Jean Grenier, il suffit de rappeler les rapports de maître à élève pour comprendre le soin avec lequel Camus rédigeait ses lettres à son ancien professeur et directeur de conscience. Grenier lui-même, d'ailleurs, était plutôt gêné d'être tant et publiquement admiré par quelqu'un de beaucoup plus connu que lui.

V. Travail en équipe et centre de documentation

Les lignes de démarcations et les champs d'investigation dans les domaines des sources primaires et secondaires ayant été tracées à plusieurs reprises, la table ronde est tombée entièrement d'accord sur la nécessité d'une collaboration soutenue et coordonnée. Une fois de plus, l'exécution d'un pareil projet—qui devrait être cimenté par la création d'un centre d'études camusiennes—se heurte à une série de problèmes matériels. Même si ni le localisme, ni le régionalisme et encore moins le nationalisme ne doivent présider à ce genre d'entreprise universitaire collective, il faut, pour des raisons pratiques évidentes, le situer à un lieu permanent. Or la création d'un centre de documentation et d'études avancées, qui met nécessairement des années avant d'avoir atteint un degré d'utilité supérieur, dépend inévivitablement de l'initiative et de la persévérance de la ou des personnes qui le gèrent. Le rayonnement d'un centre pareil et l'intérêt qu'il peut présenter à des chercheurs désireux d'y passer une période de travail prolongée rendent difficile sinon impossible son déplacement périodique. L'histoire récente de centres semblables montre qu'ils se situent toujours là où travaille le collectionneur principal et qu'ils sont normalement liés à une université ou un institut de recherche. Les établissements de l'enseignement supérieur et même les fondations privées qui abritent ce genre de centre n'en financent que rarement la continuation une fois que le *spiritus rector* l'a quitté. Les difficultés de la création d'un centre de documentation et de recherche camusiennes sont donc doubles: D'une part, les documents sont ou bien dispersés et doivent d'abord être collationnés—ce qui prendra des années—ou bien ils se trouvent dans des archives privées dont la politique de dissémination dépend entièrement des héritiers. D'autre part, la situation financière de la plupart des établissements universitaires susceptibles d'abriter une pareille entreprise est telle qu'on ne peut pas s'attendre à ce qu'ils prennent entièrement en charge les frais très considérables de la collection et du maintien de la documentation. Reste alors la sollicitation de fonds privés qui assureraient à la fois l'accroissement et la permanence de la collection une fois qu'elle a trouvé son site. C'est une formule qu'il faudra probablement envisager.

Il y a aussi la possibilité que des archives, pour l'instant encore inconnues, ou une partie considérable des Archives Albert Camus soient mises à la disposition des chercheurs par l'intermédiaire d'une bibliothèque publique. D'une part, il semble que la Bibliothèque Nationale soit tout naturellement la plus apte à abriter et communiquer les manuscrits les plus importants encore qu'on ait fait remarquer les difficultés (manque de personnel, de fonds, interruptions) avec lesquelles fonctionnent certains de ses services. Mais il y a aussi le danger qu'une collection pareille se voie enfouie dans des coffres sous quelque prétexte et ne soit accessible aux chercheurs que très difficilement et que les critères d'accès ne soient arbitraires. Plusieurs participants préféreraient voir cette collection à la Bibliothèque Jacques Doucet. Les ayants droit du legs camusien examineront, le temps venu, cette question tout en tenant compte de leur difficile double fonction d'exécuteurs testamentaires et de protecteurs.

Rien n'empêche, cependant, qu'une collaboration internationale se poursuive. Pour l'instant, l'accent en doit nécessairement être placé sur le côté information. Ainsi, par exemple, est-il très utile de savoir que plusieurs lettres de Camus, quelques dactylographies de travaux, dont certains ont été publiés dans la revue *Sur* se trouvent à Buenos Aires. Ces matériaux, de même qu'une lettre de Mme Francine Camus, font partie des papiers de Victoria Ocampo—

décédée il y a quelque temps—qui en fait mention dans ses mémoires. L'établissement d'un trésor de renseignements précis s'impose tout naturellement.

Malgré toutes les difficultés matérielles et juridiques énumérées, le travail en équipe n'est donc pas impossible. Sur le plan diacritique, il a en fait été pratiqué depuis plus d'une décennie dans le cadre de la série *Albert Camus* (*Revue des Lettres Modernes*). Il est désirable que le nombre de collaborateurs s'accroisse et que, notamment, une section permanente portant exclusivement sur les inédits soient élargie et reprise (elle a été temporairement interrompue à cause des problèmes que posait et continue à poser la mise à jour de la bibliographie annuelle). L'on pourrait aussi envisager, toujours dans le cadre de cet instrument de travail établi, la création d'une section de correspondance ouverte et permanente grâce à laquelle il serait possible de poser des questions et fournir des réponses, fussent-elles partielles, au sujet des documents et inédits camusiens. Pour temporaire que soit cette "solution," elle est pragmatique et la moins coûteuse. Elle assurerait aussi, pendant un temps de transition qui risque d'être assez long, une activité continue et une coordination dans un domaine de recherche crucial dont la critique camusienne ne peut tout simplement pas se passer. Le rapporteur s'empresse d'ajouter que cette solution temporaire ne lui est pas venue à l'idée lors du débat résumé ici même mais qu'il la propose après coup, en guise de conclusion pour ainsi dire, ne serait-ce que pour terminer sur une note positive les actes d'un colloque qu'il juge avoir été, somme toute, productif.

Note sur les contributeurs

André Abbou (Université de Paris): Co-éditeur des *CAC 3, Fragments d'un combat 1938–1940,* 2 vol., (Paris: Gallimard, 1978); a dirigé *AC 5,* numéro spécial sur "La politique," (*Revue des Lettres Modernes* [*RLM*] 315–322 (1972). Articles: "Les paradoxes du discours dans *L'Etranger:* de la parole directe à l'écriture inverse," *RLM,* 212–216 (1969), pp. 35–76; "A la rencontre d'un univers romanesque: Camus et Stendhal à travers *L'Etranger* et *Le Rouge et le Noir,*" *RLM,* 170–174 (1968), pp. 93–146; "Les structures superficielles du discours dans *La Chute.* Essai d'analyse des formes linguistiques," *RLM,* 238–244 (1970), pp. 101–125; "La collaboration d'Albert Camus à *Alger Républican* et au *Soir Républican,* in *RLM,* 212–216 (1969), pp. 203–223, en collaboration avec J. Lévi-Valensi; "Combat pour la justice," *RLM,* 315–322 (1972), pp. 11–33; "Variations du discours polémique," ibid., pp. 107–126.

Paul Archambault (Syracuse University). Livre auquel renvoient plusieurs interventions: *Camus' Hellenic Sources,* Chapel Hill: University of North Carolina Press, 1972. Articles: "Augustin et Camus," *Recherches augustiniennes,* VI (1969), 193–221; "Camus: le problème du mal et ses solutions gnostiques," *RLM* 565–569 (1979), pp. 27–42.

A. James Arnold (University of Virginia, Charlottesville). Articles: "Camus' Dionysian Hero," *South Atlantic Bulletin,* XXXVIII (Novembre 1973), 45–53; "Camus lecteur de Nietzsche," *RLM* 565–569 (1979), pp. 95–100; "Pour une édition critique de *Caligula:* travaux préliminaires," ibid., pp.133–150.

Alessandro Briosi (Rijksuniversiteit Groningen, Holland). A surtout publié des ouvrages dans les domaines de littérature italienne moderne (Serra,

Vittorini, Svevo) et de théorie critique: *Jean-Paul Sartre*, Longo, 1978; *Sartre teorico e critico della letteratura*, Zanichelli (sous presse); "Letteratura e verità," *Diogène* (1969), pp. 63–65; "Rapporti tra letteratura e storia," *Uomini e idee* (1969), pp. 19–22.

Robert Champigny (Indiana University, Bloomington). Etude souvent citée: *Sur un héros païen*, Paris: Gallimard, 1959; voir aussi *Humanisme et racisme humain*, Paris: Saint-Germain-des-Près, 1972; "Un jugement personnel," in *Albert Camus 1970*, éd. Raymond Gay-Crosier, Sherbrooke: CELEF, 1970, pp. 14–24; "Ethics and aesthetics in *The Stranger*," in *Camus. A Collection of Critical Essays*, éd. G. Brée, Englewood Cliffs: Prentice Hall, 1962, pp. 122–131; "Suffering and death," *Symposium*, XXIV (Fall 1970), 197–205; "Esthétique et morale," *RLM* 565–569 (1979), pp. 11–25.

Lionel Cohn (Université de Bar-Ilan, Israël). *La Nature et l'homme dans l'œuvre d'Albert Camus et dans la pensée de Teilhard de Chardin*, Lausanne: L'Age d'Homme, 1975; "Une lignée humaniste au vingtième siècle: Roger Martin du Gard et Albert Camus," *Hebrew Studies* (Automne 1972), pp. 159–182; "La conception de l'intériorité chez Camus et chez Teilhard de Chardin," *Etudes françaises de Bar-Ilan*, I (Juillet 1973), 13–23; "La signification d'*autrui* chez Kafka et Camus," *RLM* 565–569 (1979), pp. 101–130.

Peter Cryle (University of Queensland, Australia). *Bilan critique: "L'Exil et le royaume" d'Albert Camus. Essai d'analyse*, Paris: Lettres Modernes, 1973; "Diversité et symbole dans *L'Exil et le royaume*," *RLM* 360–365 (1973), pp. 7–19; "Sur 'Le Renégat' et 'El Hadj ou le traité du faux prophète' d'André Gide," ibid., pp. 113–118; "*La Peste* et le monde concret: étude abstraite," *RLM* 479–483 (1976), pp. 9–25.

Brian T. Fitch (University of Toronto). *Le sentiment d'étrangeté chez Malraux, Sartre, Camus et Simone de Beauvoir*, Paris: Lettres Modernes, 1964; *Narrateur et narration dans "L'Etranger" d'Albert Camus*, ibid., 2e éd. revue et augmentée, 1968; *"L'Etranger" d'Albert Camus. Un texte, ses lecteurs, ses lectures*, Paris: Larousse, 1972; dirige la série *Albert Camus* qui paraît dans le cadre de la *RLM;* s'occupe des domaines "Romans, nouvelles, études esthétiques" pour les comptes rendus annuels qui paraissent dans le "Carnet critique" de cette série; parmi ses nombreux articles on notera: "Aesthetic distance and inner space in the novels of Albert

Camus," *Modern Fiction Studies* x (1964), 279–292; "De la page à l'écran. L'Etranger de Visconti," *Esprit ctéateur* VIII (1968), pp. 293–301; "Aspects de l'emploi du discours indirect libre dans *L'Etranger*," *RLM* 170–174 (1968), pp. 81–91; "*La Chute* et ses lecteurs. II. Depuis 1962," *RLM* 238–244 (1970), pp. 20–32; "Clamence en chute libre," in *Albert Camus 1970*, Sherbrooke: CELEF, 1970, pp. 47–68; "Une voix qui se parle, qui nous parle, que nous parlons ou l'espace théâtral de *La Chute*," *RLM* 238–244 (1970), pp. 59–79; "Jonas ou la production d'une étoile," *RLM* 360–365 (1973), pp. 51–65; "Le statut précaire du personnage et de l'univers romanesque chez Camus," *Symposium*, XXIV (Automne 1970), 218–229; "*La Peste* comme texte qui se sésigne: analyse des procédés d'autoreprésentation," *RLM* 479–483 (1976), pp. 53–71.

Jean Gassin (La Trobe University, Australia). Vient de publier: *L'Univers symbolique d'Albert Camus*, Paris: Lettres Modernes, 1980. Articles: "Le sadisme dans l'œuvre de Camus," *RLM* 360–365 (1973), pp. 121–144; "De Tarrou à Camus: Le symbolisme de la guillotine," *RLM* 479–483 (1976), pp. 73–102.

Raymond Gay-Crosier (University of Florida, Gainesville). *Les envers d'une échec. Etude sur le théâtre d'Albert Camus*, Paris: Lettres Modernes, 1967; *Albert Camus 1970*, éditeur des actes du premier colloque international, Sherbrooke: CELEF, 1970; *Albert Camus: Ein Forschungsbericht*, Darmstadt: Wissenschaftliche Buchgesellschaft, 1976; "Camus et le donjuanisme," *French Review*, XLIX (Mai 1968), 818–830; "André Gide et Albert Camus: 'rencontres'," *Etudes littéraires*, II *(Décembre 1969), 335–346;* "L'anarchisme mesuré de Camus," *Symposium*, XXIV (Automne 1970), 243–253; "L'absurde hypostasié aux dépens de l'espérance?" *RLM* 315–322 (1972), pp. 189–194; "Une fausse attribution: petite clef pour *Révolte dans les Asturies*," *RLM* 419–424 (1975), pp. 71–76; "Le jeu dans le jeu ou la tragi-comédie des *Justes*," ibid., pp. 45–70, en collaboration avec Reinhold Grimm; "Manuscrits inédits: section théâtre. Collection appartenant à Mme A. Camus," ibid., pp. 97–102; "Albert Camus," section XXXIV, 14426–15572 (articles diacritiques), in *A Critical Biography of French Literature*, general ed. R. A. Brooks, ed. D. Alden, Syracuse University Press, 1980, pp. 1573–1679; assure, depuis 1970, les comptes rendus annuels dans les domaines "Théâtre, philosophie et littérature comparée" du "Carnet critique" de la *RLM;* a dirigé les nos. 7 (*Le théâtre*), 9 (*La pensée de Camus*), et *11* (*L'Homme révolté*, à paraître) de la série *Albert Camus*.

Lilliam Hernández (University of Texas, San Antonio). A soutenu récemment une thèse de doctorat intitulée "Vers un poétique de *Noces.*"

Walter G. Langlois (University of Wyoming, Laramie). S'est surtout fait connaître par ses nombreux travaux sur Malraux; fondateur et directeur des *Mélanges Malraux;* dirige la série *André Malraux* qui paraît dans le cadre de la *RLM.*

Jacqueline Lévi-Valensi (Université de Picardie, Amiens). A rassemblé les études composant *Les Critiques de notre temps et Camus,* Paris: Garnier, 1970; et assuré la co-édition des *CAC 3, Fragments d'un combat, 1938–1940,* 2 vol., Paris: Gallimard, 1978. Parmi ses articles on notera: "Réalité et symbole de l'Espagne dans l'œuvre de Camus," *RLM* 170–174 (1968), pp. 149–178; "*La Chute* ou la parole en procès," *RLM* 238–244 (1970), pp. 33–57; "L'engagement culturel," *RLM* 315–322 (1972), pp. 83–106; "La collaboration d'Albert Camus à *Alger Républicain* et au *Soir Républicain,*" *RLM* 212–216 (1969), pp. 203–223, en collaboration avec A. Abbou; "La condition sociale en Algérie," *ibid.,* pp. 11–33; "Albert Camus," in *Les Grands écrivains du monde,* VI, "D'Hier à demain," Paris: Fernand Nathan, 1979, pp. 75–84.

Laurent Mailhot (Université de Montréal). Directeur des *Etudes françaises,* Presses de l'Université de Montréal; auteur de *Albert Camus ou l'imagination du désert,* ibid., 1973; a publié plusieurs études sur les lettres canadiennes françaises.

Edouard Morot-Sir (University of North Carolina, Chapel Hill). Philosophe et historien des idées connu surtout pour ses travaux sur Pascal, Maupertuis, Le Senne, Malraux, Sartre, Beckett, la pensée religieuse, l'existentialisme et le structuralisme en France. Citons parmi ses nombreuses études: *La pensée française aujourd'hui,* Paris: Presses Universitaires de France, 1971; "L'idéalisme philosophique et les techniques littéraires au XXe siècle," in *Symbolism and Modern Literature. Studies in Honor of Wallace Fowlie,* éd. M. Tetel, Durham: Duke University Press, 1978, pp. 44–62.

Alfred Noyer-Weidner (Universität München). L'un des premiers critiques à appliquer une grille esthétique dans une série de travaux sur les œuvres de fiction de Camus; "Absurdität und Epik als ästhetisches Problem in Camus' *Etranger,*" *Annales Universitatis Saraviensis,* IV (1963), 257–295; "Das

Formproblem der *Pest* von Albert Camus," *Germanisch-Romanische Monatsschrift* VIII (1958), 260–285; "Albert Camus im Stadium der Novelle," *Zeitschrift für französische Sprache und Literatur* LXX (Juin 1960), 1–38; "Camus—*L'Etranger*," *Der französische Roman*, II, éd. K. Heitmann, Düsseldorf: Bagel, 1975, pp. 239–260.

Fritz Paepcke (Universität Heidelberg). Spécialiste de théorie de la traduction; publications sur Camus: "Der Atheismus in der Sicht von Albert Camus," *Eckart* VII (Octobre-Décembre 1958), 278–260; "Albert Camus und der Frieden," *Eckart* XXIX (Janvier-Mars 1960), pp. 7–21.

Gilbert Pestureau (University of Natal, South Africa). Spécialiste de littérature commparée et de Boris Vian; soutiendra sous peu une thèse d'Etat sur l'influence de la littérature anglo-saxonne sur les auteurs français modernes.

Gerald J. Prince (University of Pennsylvania, Philadelphia). Spécialiste de narratologie; a publié des études sur Mauriac, Gide, Malraux, Sartre, Camus, Breton, Blanchot, et Queneau. On retiendra, entre autres: "On Readers and Listeners in Narrative," *Neophilologus*, LV (Avril 1971), 117–122; "Le Discours attributif et le récit," *Poétique* IX (1978), pp. 305–313.

Phillip H. Rhein (Vanderbilt University, Nashville). *The Urge to Live: A Comparative Study of Franz Kafka's "Der Prozess" and Albert Camus' "L'Etranger,"* Chapel Hill: University of North Carolina Press, 1964; *Albert Camus,* New York: Twayne, 1969; "Camus: A Comparatist's View," in *Albert Camus 1970,* Sherbrooke: CELEF, 1970, pp. 77–96; "The Northern Desert: A Comparison of Camus' *The Fall* and Van Eyck's 'Ghent Altarpiece,'" *Proceedings of the Comparative Literature Symposium,* VIII, Texas Technological University, 1975, pp. 151–166.

Michel Rybalka (Washington University, St. Louis). Connu pour ses nombreuses bibliographies et études sur Sartre et Vian; a assuré l'édition de la Pléiade des œuvres de Sartre (sous presse) et la direction de la décade Sartre dans le cadre du colloque de Cerisy (1979).

Oscar Tacca (Universidad Nacional del Nordeste, Argentina). Spécialiste de théorie littéraire; a publié, entre autres: *Las voces de la novela,* deuxième éd., Madrid: Gredos, 1978; *La Historia literaria,* Madrid: Gredos, 1968; "Un aspecto de la polémica Sartre-Camus," *Cuadernos Hispanoameri-*

canos, XL (1953); "El espiritu mediterraneo en la obra de Albert Camus," *Universidad,* XXXVII (Janvier–Juin 1958), 83–114; *"El Extranjero,* unos 'papeles hallados' de Meursault," publication de la Faculdad de Humanidades, Universidad del Nordeste, 1974.

Carl A. Viggiani (Wesleyan University, Middletown). L'un des pionniers de l'étude esthétique de *L'Etranger* et des analyses des œuvres de jeunesse; "Albert Camus' first publications," *Modern Language Notes* LXXV (Novembre 1960), 589–596; "Notes pour le futur biographe d'Albert Camus," *RLM* 170–174 (1968), pp. 200–218; *"Camus' L'Etranger," PMLA* LXXI (Décembre 1956), 865–887; "Camus and the fall from innocence," *Yale French Studies* XXV (Printemps 1960), 65–71; "Camus and *Alger Républicain,"* ibid., pp. 138–143.

Maurice Weyembergh (Vrije Universiteit, Brussel). Historien des idées que les camusiens connaissent par ses études sur "Merleau-Ponty et Camus. *Humanisme et terreur* et *Ni Victimmes ni bourreaux,"* Annales de *l'Institut de l' Université libre de Bruxelles* (1971), pp. 53–99; "Albert Camus et Karl Popper: la critique de l'historisme et de l'historicisme,"*RLM* 565–569 (1979), pp. 43–63.

Liste de Participants†

André Abbou (Paris, France)
Mary V. Allen (Decatur, GA)
Paul Archambault (Syracuse, NY)
Marie-Jo Arey (Gainesville, FL)
A. James Arnold (Charlottesville, VA)
Susan R. Baker (Gainesville, FL)
Ellissa B. Balgley (Oneonta, NY)
George H. Bauer (Los Angeles, CA)
Robert de Beaugrande (Gainesville, FL)
Douglas Bonneville (Gainesville, FL)
Sally C. Booker (Gainesville, FL)
Alessandro Briosi (Groningen, Holland)
Diane Brown (Birmingham, AL)
Bernadette Cailler (Gainesville, FL)
Frances C. Calder (Decatur, GA)
Jean et Mme Camus (Paris, France)
Jean Casagrande (Gainesville, FL)
Inès Cassagne (Buenos Aires, Argentina)
Lionel Cohn (Ramat-Gan, Israel)
J. Wayne Conner (Gainesville, FL)
Martha Coventry (Orange Park, FL)
Peter Cryle (Brisbane, Australia)
James T. Day (Athens, GA)
George T. Diller (Gainesville, FL)
Eugène Eiché (Calgary, Canada)
Kalamba Emery (Kasterlee, Belgium)
Brian T. Fitch (Toronto, Canada)
Josette Fitch (Toronto, Canada)
Renate Fritsch (Berlin, West Germany)
Jean Gassin (Bundoora, Victoria, Australia)
Raymond Gay-Crosier (Gainesville, FL)
Patricia Gillikin (Gainesville, FL)
Jere T. Groover (Miami, FL)
J. Richard Guthrie (Newport News, VA)
Francis Hayes (Gainesville, FL)
Anaïk Héchiche (Tampa, FL)
Martha N. Henry (Linville, NC)
Lilliam Hernández (San Antonio, TX)
Grant E. Kaiser (Atlanta, GA)

John A. Lambeth (Gainesville, FL)
Walter G. Langlois (Laramie, WY)
Mary A. Lawhead, Sr. (St. Meinrad, IN)
Jacqueline Lévi-Valensi (Amiens, France)
Sue Levin (Gainesville, FL)
Pirquim Lieve (Kasterlee, Belgium)
Thomas Loyd (Gainesville, FL)
Laurent Mailhot (Montréal, Canada)
Jane Mitchell (Greensboro, NC)
Antonia Mora (Santurce, Puerto Rico)
Edouard Morot-Sir (Chapel Hill, NC)
Carol Murphy (Gainesville, FL)
Marianne Mustacchi (Lewisburg, PA)
Michel Neufeld (Geneva, Switzerland)
Alfred Noyer-Weidner (Munich, West Germany)
Andrea Ohmart (Littleton, CO)
Fritz Paepcke (Heidelberg, West Germany)
Harry W. Paul (Gainesville, FL)
Gerald J. Prince (Philadelphia, PA)
Christine M. Probes (Tampa, FL)
Phillip H. Rhein (Nashville, TN)
Carmen Rossello (Santurce, Puerto Rico)
Michel Rybalka (St. Louis, MO)
Norman Savoie (Logan, UT)
Betsy Simpson (Greensboro, NC)
Patricia Sivinski (Gainesville, FL)
A. B. Smith (Gainesville, FL)
Roch Smith (Greensboro, NC)
David Sprintzen (Greenvale, NY)
Barbara Suratt (Charlottesville, VA)
Oscar Tacca (Resistencia, Argentina)
Linda Teague (Gainesville, FL)
Christine W. Vance (Charlotte, NC)
Carl A. Viggiani (Middletown, CT)
Harold Watson (Memphis, TN)
Maurice Weyembergh (Brussels, Belgium)
Kathryn A. Wixon (Chapel Hill, NC)
Robert Zalenski (Gainesville, FL)
Evelyn H. Zepp (Racine, WI)

†Ne figurent sur cette liste que les noms de ceux qui s'y sont inscrits.
Lists only participants who gave their names.

Index rerum

absurde, absurdité, 4, 5, 9, 28, 64, 72, 73, 77, 78, 79, 83, 84, 86, 110, 155, 174, 192, 193, 197, 200, 206, 223, 224, 225, 226, 228, 237, 238, 243, 247, 248, 250
acte de lecture, 3, 32, 39, 46, 190
Actuelles, 153, 217, 228, 306
Agneau mystique, 133–141
Alger, 58, 68, 76, 167
Algérie, 58, 68, 69
allégorie, 7, 52, 54, 192
altérité, 6, 11, 19, 238
ambiguïté, 6, 10, 57, 65, 100, 110–122 passim, 127–129, 193, 208, 222, 235, 243, 273–274
Amsterdam, 58, 65, 259–266 passim
aporie, 3, 17, 18
"L'Art dans la communion," 57
"L'Artiste et son temps," 57
Asturies, 163–178 passim
autoréférentialité, 3, 32, 36, 39, 43, 47
auto-transcription, 5, 87–100 passim
"L'Avenir de la tragédie," 121
Augustin, Saint, augustinisme, 30, 210–220 passim
"La Bacchante" (projet), 272
Belcourt, quartier de, 61, 62, 68
Bible, 63, 65, 68, 84, 191
biographie, 291–300, 306–307

Caligula, 1, 7, 57, 70, 120, 153, 155, 156, 159, 160, 179–188, 226
Carnets, 10, 68, 69, 85, 125, 137, 192, 206, 210, 212, 216, 217, 244, 250, 269–276 passim, 284–285
"Un cas intéressant," 10, 273
champ textuel, 4, 7, 17, 19, 45, 162, 185, 198

Note: Ne figurent dans cet index que les concepts thématisés et les titres des œuvres camusiennes citées. Dans le même ordre d'idées, nous avons également inclus les noms de lieux qui apparaissent dans l'œuvre camusienne et les études ou interventions de ce colloque dans la mesure où ils sont également thématisés. Vu la fréquence des renvois, nous nous sommes abstenu de mentionner les noms de personnages. Enfin, pour simplifier la présentation de cet index, nous nous sommes permis de grouper les dérivés.

chronotype, 62, 65
christianisme, 210–220 passim
La Chute, 1, 4, 6, 7, 10, 39, 40–43, 44–47, 49, 59, 60, 64–66, 67, 69, 100, 110–122, 133–141, 153, 158, 159, 161, 203, 253, 254, 259–266 passim, 270–276 passim, 277, 306
cognitif, 59–64 passim
communisme, 69, 176, 231, 293
composition en abyme. *Voir* mise en abyme
condition humaine, 4, 64, 183
contextualisation, 190–209 passim
correspondance, 307–308
"Créer dangereusement," 264

"Défense de *L'Homme révolté,*" 225, 226
deictique, 38, 40, 193, 194
déréalisation, 4, 65
"Le Désert," 146, 264
"La Dévotion à la Croix," 273
dialectique, 5, 29, 47, 50, 51, 82–83, 86, 127, 128, 131, 156, 190, 193, 208, 239, 243, 254, 286
diffusion des inédits, 304–306
Dionysos, mythe de, 182, 184, 224, 227
Discours de Suède, 228, 229
disjonction, 197–204 passim
distanciation, 28, 122
documentation, 291–300 passim, 303–304
duplicité, 6, 10, 110–122 passim, 135, 153, 157, 201, 205, 274
échec, 48, 81
Ecrits de jeunesse, 61
embrayeur, 3, 38, 39

engagement, 9, 68, 160, 235–245 passim
"L'Enigme," 195, 205, 273
"Entre oui et non," 154
"L'Entrée," 61
L'Envers et l'endroit, 154, 160, 206
espace. *Voir* spatio-temporel
espace littéraire, 123–131 passim
Espagne, 163–178 passim
Essais, 57, 189–209 passim
L'Etat de siège, 58, 154
L'Eté, 116, 271
éternel retour, 221–232 passim
L'Etranger, 1, 3, 4, 9, 33–39, 40, 45, 47, 48, 59, 60–62, 65, 66, 67, 69, 70, 72–86, 87–100, 108, 120, 136, 137, 149, 153, 154, 155, 159, 182, 183, 203, 205, 219, 235–245, 246, 247–250, 255, 258, 273, 275, 277, 284, 286
L'Exil et le royaume, 7, 66, 129, 138, 158, 159, 160, 198, 254, 272, 277

fascisme, 59, 68, 164, 172, 174
fantasme, 136, 137, 138, 140–141
"La Femme adultère," 33, 66
formaliste, 21, 39
Fragments d'un combat, 70

générateur, 3, 6, 32
gratuité, 9, 243, 244

herméneutique, 2, 15–30 passim, 32–48 passim, 189, 209, 297

héroïque, héroïsme, héros, 72, 84, 107, 108, 121, 159, 162, 169, 181, 182, 183, 227, 240, 248, 254
histoire, historisme, 8, 70, 211, 212–220 passim, 231, 235–245 passim, 289, 298
L'Homme révolté, 2, 8, 10, 57, 69, 148, 154, 156, 159, 190, 191, 192, 193, 195, 197, 198, 199, 202, 206, 212, 213, 214, 216, 219, 222, 224, 225, 228, 229, 235–245 passim, 250, 264, 270, 278, 281, 288, 289, 297, 307
"L'Hôte," 66, 157
hypotaxe, 8, 190–209 passim

identité, 6, 37
immanence, immanentiste, 6, 112, 116, 118, 211, 213, 215
"De l'insignifiance," 67
"L'Intelligence et l'échafaud," 205
intertextualité, 8, 190
intuition, 3, 19, 21, 28
ironie, 7, 35, 81, 108, 119, 130, 135, 146, 153, 158, 159, 203, 206, 240, 248, 253, 285
"L'Ironie," 59, 154
jeu. *Voir* ludique, ludisme
"Jonas," 6, 32, 43, 66, 123–131, 158, 160, 198
Les Justes, 1, 58, 159

légendes camusiennes, 1, 10, 221, 271–276 passim, 277–290 passim
Lettres à un ami allemand, 8, 9, 225

"Lettres aux *Temps Modernes,*" 242
limite. *Voir* mesure
logique, 4, 5, 8, 21, 50, 51, 73, 79, 80, 84, 86, 102, 290
ludique, ludisme, 3, 4, 6, 19, 49–54 passim, 131, 133–141 passim, 153–162 passim, 189–209 passim
lyrique, lyrisme, 5, 7, 59, 95, 96, 146, 169, 182, 204, 251

"La Maison mauresque," 61
Le Malentendu, 159
marxisme, marxiste, 203, 212, 213, 216, 220, 227, 282
mauvaise foi, 11
mesure, 156, 157, 201, 227
métaphore, métaphorique, métaphorisation, 4, 5, 6, 7, 19, 20, 64, 70, 84, 93, 96, 111, 116, 119, 121, 122, 130, 142–149 passim, 194, 198
métaphysique, 84, 174, 183, 208, 209, 210–220 passim, 236, 241, 242, 286
"Métaphysique chrétienne et néoplatonisme" (diplôme), 8, 210–220 passim
"Le Minotaure ou la halte d'Oran," 62
mise en abyme, 3, 6, 32–44 passim, 133–141 passim, 162, 237
mort, 54, 76, 82, 84, 88, 157, 182, 183, 203, 271, 274
"La Mort dans l'âme," 59
La Mort heureuse, 59, 70, 108, 153, 180, 181, 182, 248, 284, 305

mythe, mythique, mythisation, 4, 6, 52, 57–71 passim, 114, 133–141 passim, 156, 182, 192, 204, 221, 222, 236, 259, 260, 272
"Le Mythe de Némésis" (projet), 272
Le Mythe de Sisyphe, 1, 5, 8, 54, 58, 72, 83, 84, 86, 155, 159, 191, 193, 195, 197, 222, 223, 224, 226, 227, 228, 239–240, 275
nazisme, 64
nihilisme, 221–232 passim
"Ni victimes ni bourreaux," 159
Noces, 6, 7, 76, 118, 142–149, 154, 182, 206, 218
nostalgie, 122, 183, 207, 215, 223, 236, 246
nouveaux philosophes, 2, 288–289
"Un nouveau Verlaine," 153
La Nouvelle Orléans, 259–266 passim

Œdipe, complexe et mythe, 61, 66, 159
Oran, 58, 59, 62–64, 102, 105
Oviedo, 165–178 passim

paradigme, 47
paradoxe, 68, 82, 156, 207, 278
parataxe, 8, 190–209 passim
"Le Pari de notre génération," 264
Paris, 58, 65, 69
parodie, 43
pensée de midi, 193, 228
La Peste, 1, 5, 40, 47, 57, 62–64, 66, 67, 100, 101–109, 126, 129, 154, 157, 160, 181, 198, 250, 277

"Sur une philosophie de l'expression," 205
"La Pierre qui pousse," 66, 137
"Pluies de New York," 247
poétique, 142–149 passim
polysémie, 3, 20, 28, 31, 46
Les Possédés, 269–276 passim
Prague, 59
"Le Premier Homme" (projet), 272, 305

"Le Quartier pauvre," 284

réalisme, réalité, réel, 4, 57–71 passim, 72, 79, 148, 183, 192, 205, 208, 236, 241, 280
réception, 32, 33, 34
référent, 22, 47, 60, 65, 209
Réflexions sur la guillotine, 154, 307
religieux, religion, religiosité, 80, 82, 84, 116, 122, 202, 210–220 passim, 223, 251, 252, 253, 257–265 passim, 272
"Le Renégat," 4, 39–40, 41, 58, 66, 159, 254
représentation, 29, 47, 70, 131, 158, 160, 285
Requiem pour une nonne, 10, 159, 246, 251–255, 273
révolte, 4, 7, 8, 9, 28, 57, 118, 120, 156, 157, 160, 192, 193, 197, 200, 201, 202, 206, 218, 224, 226, 228, 241, 250, 281
Révolte dans les Asturies, 7, 163–178
rhétorique, 2, 7, 8, 49, 95, 153, 161, 190, 191, 199, 208, 209, 278, 281

sacré, 6, 110–122
socio-culturel, code et statut, 277–290
spatio-temporel, 4, 50, 57–71 passim, 75, 79, 82, 142, 147, 149, 263
structuralisme, 18, 21, 291–292, 298
structure, 4, 5, 19, 27, 28, 29, 41, 43, 61, 72–86, 120, 133–141, 142, 143, 182, 208, 241, 242, 284
symbole, symbolisation, 4, 64, 65, 66, 84, 120, 133–141 passim, 149, 174, 247, 272
synchronie, 23

Taghâsa, 58
temps. *Voir* spatio-temporel
Tipasa, 142–149 passim, 154
totalitarisme, 8, 223, 228, 229, 290
traduction, 2, 3, 15–31
transcendance, 112, 118, 121, 122, 223, 229, 239, 264
travail en équipe, 308–310
Tripoli, 65

"Le Vent à Djémila," 32, 144, 154
vraisemblance, 34, 42, 57–68 passim, 99

Index nominum

Abbou, André, 10, 11, 47, 70–71, 108, 120, 121–122, 131, 140, 149, 159, 184, 208, 219, 230–231, 243, 244, 277–290, 300, 303, 311
Adorno, Theodor W., 229, 230
Aiakawa, 130
Alden, Douglas W., 11, 307
Archambault, Paul, 8, 70, 185, 210–220, 311
Arnold, A. James, 7, 179–188, 231, 311
Arnou, R., 217
Artaud, Antonin, 181
Auerbach, Erich, 190, 191, 205
Azana, Manuel, 167

Bacon, Francis, 189
Bakhtin, Mikhaïl, 62, 67
Balibar, Renée, 67
Balzac, 58, 67, 101, 107, 161, 246
Barbès, Léo-Louis, 176, 177
Barchilon, José, 140
Barilier, Etienne, 142, 147, 297
Barrier, M.G., 67, 85, 89, 90, 92, 97, 100
Barthes, Roland, 67, 128, 160, 161, 292, 297, 300

Basilide, 211
Batet, Domingo, 164
Baudelaire, 61, 66, 67, 68, 73, 160, 161, 241, 291
Bauer, George H., ix, 130, 131, 299, 300
Beauvoir, Simone de, 271, 293, 294
Beckett, Samuel, 48, 99, 298
Beierwaltes, Werner, 30
Benoist, Jean-Marie, 289
Benveniste, Emile, 38, 43, 119, 295
Berdiaev, Nicolas, 8, 214–215, 217, 218
Beuys, Joseph, 130
Bieber, Konrad, 228
Blanchot, Maurice, 110, 111, 116, 117, 118, 159, 160
Bloomfield, L., 89
Bogart, Humphrey, 246
Bonnier, Henri, 97
Booker, Sally C., ix
Bossuet, 196
Bourdieu, Pierre, 278, 281, 282, 285, 287–288
Bourgeois, Yves, 176, 178
Bourneuf, Roland, 98
Brecht, Bertold, 159

Brée, Germaine, 180
Bréhier, Emile, 217
Brenan, Gerald, 175
Breton, André, 196, 228
Briosi, Alessandro, 9, 47, 117–118, 208, 232, 235–245, 289–290, 297–298, 303, 311
Brod, Max, 305
Brontë, Emily, 190, 192, 206
Brooks, R. A., 11, 307
Butor, Michel, 66, 68, 140
Buzzati, Dino, 273
Caillois, Roger, 246
Cain, James, 248
Calderón, 250
Caldwell, Erskine, 246–256 passim
Camus, Francine, viii, 180, 309
Camus, Jean, viii, 45, 303
Cassagne, Inès, 86, 121, 148, 303
Castex, Pierre-Georges, 248
Celà, José, 94
Cervantès, 88, 246
Chamfort, 205
Champigny, Robert, 4, 49–54, 85, 88, 95, 97, 98, 99, 207, 216, 312
Char, René, 116, 307
Chateaubriand, 196, 282, 292, 300
Chomsky, Noam, 199
Cicéron, 196
Cohen, Jean, 90, 98
Cohn, Lionel, 6, 44, 110–122, 312
Coindreau, Maurice, 252, 253
Coles, Robert, 264
Companys, Louis, 164, 171
Constant, Benjamin, 249
Contat, Michel, 242
Coquet, J.-C., 70
Costes, Alain, 139

Courtès, J., 204
Crozier, Brian, 176
Cruickshank, John, 85
Cryle, Peter, 6, 123–131, 185, 303, 312

Dällenbach, Lucien, 33, 43
Dante, 65, 261–262
De Chirico, 275
Defoe, Daniel, 64, 254
Delay, Jean, 300
Deleuze, Gilles, 160
Derrida, Jacques, 194, 205
Descartes, 157, 190, 191, 193, 197, 208
Descaves, Pierre, 35, 43
Dos Passos, John, 236, 238, 242, 246–256 passim
Dostoïevski, 68, 113, 117, 121, 190, 194, 205, 206, 218, 246, 251, 253, 257, 272, 273
Dubois, Jean, 205,
Duchamp. Marcel, 130
Dumarsais, 205

Eschyle, 272
Euripide, 270

Faulkner, William, 10, 236, 238, 241, 242, 246–256 passim
Fernandel, 59
Fitch, Brian T., 5, 32–44, 61, 67, 85, 92, 93, 96, 97, 98, 99, 107, 127, 129, 131, 160, 209, 237, 293, 303, 312–313
Flaubert, 58, 102, 107, 291, 297
Fontanier, Pierre, 205
Foucambert, Jean, 283, 288
Foucault, Michel, 295
Fraisse, Simone, 216

Franco, Francisco, 165, 166, 168, 175
Freadman, Ann, 129
Freeman, Edward, 175, 255, 256
Fretz, Leo, 242
Fritsch, Renate, 303
Frohock, Wilbur M., 85

Gadamer, Hans-Georg, 19, 30, 32, 41, 42, 43, 44, 45, 49
Gadourek, Carina, 35, 43, 85, 97
Gascar, Pierre, 255, 256
Gassin, Jean, 6, 68, 69, 133–141, 161, 303, 313
Gay-Crosier, Raymond, vii–ix, 1–15, 45, 85, 110, 117, 121, 122, 153, 160, 175, 176, 177, 207, 219, 242, 254, 255, 256, 288, 293, 298, 300, 303–310, 313
Gauger, Hans-Martin, 30
Genet, Jean, 238, 240, 241, 242, 291
Germain, Louis, 284
Gide, André, 58, 59, 67, 128, 162, 190, 203, 218, 244, 249, 255, 286, 300, 305, 307
Gil Robles, Jose Maria, 163–178 passim
Gilson, Etienne, 212, 217
Giraudoux, Jean, 238, 242, 285, 288
Girard, René, 6, 111, 113, 117, 118, 119, 120
Glucksman, André, 289
Gorki, Maxim, 286
Gouilloux, Louis, 206
Grandmougin, Jean, 176
Greimas, A. J., 130, 204
Grenier, Jean, 190, 191, 284, 308
Grossi, Manuel, 176
Gruenheck, S., 297

Guérin, Daniel, 176

Hamilton, William, 265
Hammett, Dashiell, 9, 10, 249, 255
Hartmann, Eduard von, 220
Hawthorne, Nathaniel, 272
Hegel, G. W. F., 190, 193, 200, 208, 213, 220, 230, 244
Heidegger, Martin, 117, 229, 230
Hemingway, Ernest, 9, 246–256 passim
Hernández, Lilliam, 6–7, 142–149, 303, 314
Herrand, Marcel, 251
Hidalgo, Diego, 165, 171
Hjemslev, J., 197
Hölderlin, 117, 271
Horkheimer, Max, 229, 230
Husserl, Edmund, 207

Iser, Wolfgang, 46

Jackson, Gabriel, 175
Jakobson, Roman, 148
Jaspers, Karl, 229, 230
Jeanson, Francis, 11, 281, 289, 290, 294
Justin, 211

Kafka, Franz, 98, 159, 189, 239, 247, 257, 305
Kaiser, Grant E., ix, 119
Kant, Immanuel, 206
Kaufmann, Walter, 229, 230
Kierkegaard, Sören, 190, 221, 251, 262, 265
King, Adele, 68

Labriolle, P. de, 217
Lacan, Jacques, 292

Lacouture, Jean, 300
Lafayette, Mme de, 101, 107, 249
Lagane, René, 205
Lambeth, John A., ix
Langlois, Walter G., 7, 163–178, 314
Laplanche, Jean, 140
La Vallée-Williams, Marthe, 264
Lawrence, D. H., 251
Lebesque, Morvan, 293
Le Clézio, J.M.G., 66, 68
Lehman, P. L., 30
Le Huenen, R., 157, 160
Leiris, Michel, 288
Lejeune, Philippe, 291, 292, 295, 297
Lermontov. M. J., 67, 121
Lerroux, Alejandro, 163–178 passim
Lévi-Valensi, Jacqueline, 4, 57–68, 100, 107, 120, 122, 175, 176, 219, 236, 303, 314
Lévy, Bernard-Henri, 112, 117, 289
Leyda, Jay, 276
Locke, Frederick W., 276
Löwith, Karl, 229, 230
Loisy, Alfred, 217
Lottman, Herbert, vii, 11, 136, 140, 175, 176, 177, 178, 217, 283, 288, 291–300 passim, 306
Lukács, György, 222, 229, 230
Luppé, Robert de, 98

Magny, Claude-Edmonde, 246
Magritte, René, 264, 275
Mailhot, Laurent, 7, 61, 67, 68, 127, 129, 153–162, 185, 303, 314
Maleh, E., 288

Mallarmé, 162, 291
Malraux, André, 58, 59, 107, 161, 162, 181, 246, 255, 278, 291
Mann, Thomas, 257
Marcel, Gabriel, 217
Marcion, 211
Maritain, Jacques, 212, 217
Martin Du Gard, Roger, 58, 308
Marx, Karl, 156, 213, 230, 292
Matignon, Renaud, 287
Mauriac, François, 26, 108, 140, 238, 242, 246, 272
Meister, Guido, 29
Melville, Herman, 9, 66, 69, 228, 246, 249, 250, 251, 254, 255, 272–273
Merleau-Ponty, Maurice, 28, 30, 199
Meschonnic, Henri, 30, 242
Meunier, André, 205
Meyers, Jeffrey, 139
Mitterand, Henri, 98
Moeller, Charles, 35, 43
Montaigne, 204
Montherlant, Henri de, 67
Moré, Marcel, 210, 216, 217
Morot-Sir, Edouard, 2, 7, 8, 69, 86, 118, 122, 189–209, 217, 235, 298, 299, 315
Morrissette, Bruce, 99
Moses, Edwin, 107
Mouloudji, 247

Nadeau, Maurice, 248, 255
Nietzsche, Friedrich, 7, 8, 9, 156, 160, 180–188 passim, 220, 221–232, 270, 272, 280
Nolte, Emil, 229, 230
Noyer-Weidner, Alfred, 4, 5, 72–86, 314–315

Ocampo, Victoria, 309
Ochoa, Lopez, 165, 166, 171
Olbrechts-Tytega, L., 205
O'Meara, Maureen F., 276
Onimus, Jean, 35, 43, 216
Ouellet, Réal, 98

Paepcke, Fritz, 2, 3, 15–30, 49, 244, 245, 288, 303, 315
Painter, George D., 300
Painter, John, 140
Parain, Brice, 9, 237, 238, 242, 243
Pariente, Jean-Claude, 99
Pascal, 30, 190, 191, 194, 200, 201, 202, 204, 206, 207
Patri, Aimé, 228
Paulhan, Jean, 237
Pauwels, Louis, 287
Peers, E. Allison, 175
Percy, Walker, 10, 251–265
Perelman, M., 205
Perron, P., 157, 160
Pestureau, Gilbert, 9, 10, 246–256, 315
Pétain, Maréchal, 25, 26
Peyre, Henri, 216
Philipe, Gérard, 278
Picon, Gaëtan, 107
Pilla, Francesco di, 11
Pingaud, Bernard, 61, 67
Platon, 195, 220, 237
Plotin, 211–220 passim
Poignant, 178
Poirier, René, 211, 217
Polovina, Pera, 205
Ponge, Francis, 223, 236
Pontalis, J.-B., 140
Prince, Gerald J., 5, 45, 46, 98, 99, 101–109, 160, 300, 315

Proust, Marcel, 161, 195, 196, 298, 305
Pucciani, Oreste, 297

Quilliot, Roger, 97, 98, 107, 116, 159, 160, 175, 178, 181, 205, 217, 249, 251, 254, 256

Racine, 255
Raimond, Michel, 255
Renard, Jules, 235, 238
Rehbein, Jürgen, 11
Rey, Paul-Louis, 97
Rhein, Phillip H., 10, 257–265, 315
Ribard, André, 176, 178
Ricardou, Jean, 142, 143, 147, 149
Ricœur, Paul, 40, 41, 44, 49, 148
Rictus, Jehan, 206
Robbe-Grillet, Alain, 66, 68, 99, 292, 295
Robles, Jose Maria Gil. *Voir* Gil Robles, Jose Maria
Rocher, G., 288
Rojas, Fernando, 88
Rosenthal, Bianca, 230
Roudiez, Léon S., 255
Rougier, Louis, 217
Rybalka, Michel, 11, 231–232, 242, 291–300, 303, 306, 313

Sade, 229
Sarraute, Nathalie, 98
Sarocchi, Jean, 153
Sartre, Jean-Paul, 9, 11, 45, 72, 83, 85, 99, 108, 109, 117, 118, 136, 140, 189, 190, 194, 195, 198, 199, 204, 207, 208, 231–232, 235–245, 246, 247, 257, 271, 275, 279–290 passim, 291–300 passim, 307

Saussure, Ferdinand de, 199
Schlumberger, Jean, 238
Schwarz, Hans, 30
Shakespeare, 146, 246, 250, 254
Sicard, Jeanne-Paule, 176, 178
Simon, Pierre-Henri, vii, 35, 43
Smith, Albert B., ix
Smith, Roch, 107, 161, 300
Socrate, 220
Södegard, Östen, 205
Sollers, Philippe, 292, 297
Souriau, M., 217
Sperber, Michael A., 140
Spinoza, 200
Sprintzen, David, ix, 86, 121, 177
Steinbeck, John, 246–256 passim
Steinmann, Jean, 140
Stendhal, 58, 249, 250
Strauss, Leo, 215–216, 217
Suratt, Barbara, 182, 184

Tacca, Oscar, 5, 87–100, 303, 315–316
Tchekhov, 277
Thomas, Hugh, 175
Tillich, Paul, 265
Tixeront, J., 217
Todorov, Tzvetan, 43
Tolstoï, 228, 257, 272, 278, 286
Tournier, M. A., 66, 68
Toynbee, Arnold, 213, 217

Ubersfeld, Annie, 160, 161

Ullman, S., 85, 98

Valentin, 211
Valéry, Paul, 28
Vance, Christine, 118, 119
Van Eyck (frères), 6, 133, 139;
  Ghent Altarpiece (closed), 132;
  Ghent Altarpiece (open), 135
Vaugelas, 197
Verlaine, Paul, 153
Véron, Marianne, 292
Viallaneix, Paul, 61
Vigée, Claude, 111, 116, 117
Viggiani, Carl A., 10, 62, 67, 85, 98, 130, 175, 180, 218–219, 269–276, 303, 316
Virgile, 261
Visconti, Luchino, 98
Voltaire, 240

Wandruska von Wanstetten, M., 21, 30
Weyembergh, Maurice, 8, 9, 31, 119, 120, 122, 184, 220, 221–232, 288, 303, 316
Wills, Wolfram, 30
Wolff, R., 30

Yagüe, Colonel, 166, 176

Zamora, Niceto Alcalà, 163, 173
Zepp, Evelyn, 44, 120
Zimmer, Christian, 298

The University of Florida
Humanities Monograph Series
(Sponsored by the Graduate School)

Collaboration et Originalité chez La Rochefoucauld
Susan Read Baker

The exploration of the ideological genesis of La Rochefoucauld's *Maximes* establishes the extent of the collaboration between La Rochefoucauld and Jacques Esprit, illuminates the cultural and intellectual formation of La Rochefoucauld, and analyzes the influence of the *Maximes* in their social and historical context.

1980; No. 48 (French text); 135 pages; ISBN 0-8130-0657-9.

The Legend of Herostratus:
Existential Envy in Rousseau and Unamuno
Gregory Ulmer

The study of Unamuno's relationship to Jean-Jacques Rousseau is developed in relation to the legend of Herostratus, who destroyed by fire the temple of Artemis so that his name might live forever in the memories of men. Unamuno's herostratism signifies an obsession with self-expansion; such an aggressive passion is the consequence of the death of God and the demystification of religion by science which gives rise to a perpetual conflict between reason and feeling and a tragic sense of life. Unamuno's reading presents Rousseau as a herostratic man through a direct comparative study of the author's principal works.

1977; No. 45; 79 pages; ISBN 0-8130-0567-1.

Don Quixote: Hero or Fool?
A Study in Narrative Technique
(Part I and Part II)
John J. Allen

The elucidation of Cervantes' devices for the disclosure of the proper ethical perspective toward Don Quixote is the basis for Allen's clarification of the reader's evolving relationship with the protagonist/narrator. Part I is an exposition of the reader's movement toward Don Quixote, complimented by Part II, an examination of the inversely corresponding movement away from the narrator. Both conclusions are corroborated by the structure of the novel and by Cervantes' use of irony which relates all of the major characters to the novel's system of values.
        Part I, 1969; No. 29; 90 pages; ISBN 0-8130-0268-0.
        Part II, 1979; No. 46; 120 pages; ISBN 0-8130-0630-9.

Love as Death in *The Iceman Cometh*:
A Modern Treatment of an Ancient Theme
Winifred Dusenbury Fraser

Central to the play—in the language, the setting, the characters, and the structure of the action—is the theme that love is death. A detailed examination of the play illustrates how O'Neill develops this theme.
        1967; No. 27; 63 pages; ISBN 0-8130-0081-5.

E.G. and E.G.O.
Emma Goldman and *The Iceman Cometh*
Winifred Dusenbury Fraser

Noted anarchist Emma Goldman, greatly admired by the youthful O'Neill, was his inspiration for the offstage character of Rosa Parritt and for the betrayer co-plot of *The Iceman Cometh*. This study traces Goldman's influence—political and psychological as well as artistic—on O'Neill and her role in his creation of one of his finest plays.
        1974; No. 43; 105 pages; ISBN 0-8130-0504-3.

The Strangers: The Tragic World of Tristan L'Hermite
Claude K. Abraham

By means of character analysis, in the existential and classical sense, the work of Tristan L'Hermite is accorded the rank it deserves in the drama of the seventeenth century.

1966; No. 23; 78 pages; French extracts; ISBN 0-8130-0000-9.

Diderot's *Vie de Sénèque:* A Swan Song Revised
Douglas A. Bonneville

A comprehensive study of Diderot's *Essai* with emphasis on his philosophical and political persuasions.

1966; No. 19; 56 pages; French extracts; ISBN 0-8130-0024-6.

Ideal and Reality in the Fictional Narratives of Théophile Gautier
Albert B. Smith

An analysis of the character of the ideal as it changes in the prose works and a clarification of the nature of reality and its relationship to the idealist's quest.

1969; No. 30; 64 pages; French extracts; ISBN 0-8130-0269-9.

Malraux, Sartre, and Aragon as Political Novelists
Catharine Savage

A brief assessment of the place of politics in contemporary French fiction, a detailed analysis of political fiction by Malraux, Sartre, and Aragon, and on the basis of this analysis, conclusions on the aesthetics of the political novel.

1964; No. 17; 66 pages; French extracts; ISBN 0-8130-0202-8.

The Existentialism of Miguel de Unamuno
José Huertas-Jourda

Unamuno's theory of language and the method and means of knowledge, the "Quixotic" theory of truth and "Quixotic" existentialism explicated for the non-Spanish reader.

1963; No. 13; 70 pages; ISBN 0-8130-0116-1.

The Consolatio Genre in Medieval English Literature
Michael H. Means

Boethius's *Consolation of Philosophy* is shown as a generic model for medieval English poems such as *Pearl*, Gower's *Confessio Amantis*, *Piers Plowman*, and others. After defining the Boethian consolatio genre and analyzing its relation to similar literary types, the study treats two intermediary poems—*Divine Comedy* and *Roman de la Rose*—that extended and modified the genre.

1972; No. 36; 105 pages; ISBN 0-8130-0346-6.

Dramatic Uses of Biblical Allusion in Marlowe and Shakespeare
James H. Sims

The author suggests that Shakespeare learned and perfected techniques of his predecessors, especially Marlowe, in his dramatic use of biblical allusion, thereby demonstrating a continuity from early English drama.

1966; No. 24; 82 pages; ISBN 0-8130-0206-0.

"The Unsearchable Wisdom of God" A Study of Providence in Richardson's *Pamela*
James Louis Fortuna, Jr.

A thorough exploration of the religious background relevant to *Pamela* demonstating how the novel reflects a theological world view recognizing and justifying God's providential ordering of human life. The study contributes to our understanding of Richardson's fiction and the manner in which a providential world view influenced narrative structure in eighteenth-century literature.

1980; No. 49; 130 pages; ISBN 0-8130-0676-7.

T.S. Eliot's Concept of Language
Harry T. Antrim

The work centers on Eliot's understanding of language, its relational value, and its ultimate efficacy in describing the mysterious union of subject and object, of God and creation. Antrim follows the sources of the major movements of Eliot's language as it traverses a course from irony to contemplation.

1971; No. 35; 75 pages; ISBN 0-8130-0326-1.

Four Spiritual Crises in Mid-Century American Fiction
Robert Detweiler

An examination of the religious crisis as the focal point in the treatment of man and his situation by Styron, Updike, Roth, and Salinger.

1963; No. 14; 53 pages; ISBN 0-8130-0058-0.

Style and Society in German Literary Expressionism
Egbert Krispyn

This study of the expressionist movement in German literature attempts to define the term and clarify the concept of "expressionism" which is then interpreted in terms of traditional poetics and tested by application to a number of specific cases.

1964; No. 15; 60 pages; German extracts; ISBN 0-8130-0136-6.

Soviet Satire of the Twenties
Richard L. Chapple

A comprehensive study which categorizes the factors that produced Soviet satire and analyzes its development from October 1917 through the imposition of Socialist Realism as the prescribed technique of literature and literary criticism.

1980; No. 47; 172 pages; ISBN 0-8130-0643-0.

Monographs in preparation:

Marxism and the Philosophy of Culture
Robert D'Amico

Christ Revealed: The History of the Neotypological Lyric in the English Renaissance
Ira G. Clark

FOR SALES INFORMATION CONTACT:

(United States and Canada)
University Presses of Florida
15 NW 15th Street
Gainesville, FL 32603
U.S.A.

(Notre représentant des ventes d'exportation)
Feffer & Simons, Inc.
100 Park Avenue
New York, NY 10017
U.S.A.

The Journey beyond Tragedy:
A Study of Myth and Modern Fiction
Ted R. Spivey

"Everywhere the cultural movement called modernism is waning, even dying, yet still no one is sure what modernism really is." In this book Ted Spivey examines the development of myth and tragedy in Western literature from 1870 to the present.

The Journey beyond Tragedy is a study of the relationship between mythological themes—especially the theory of archetypes, and particularly the archetype of the cosmic hero—and certain representative works of modern fiction. Beginning with the work of George Eliot, Thomas Hardy, and Oscar Wilde, Spivey presents tragedy as the predominant theme of Western fiction before World War I. In subsequent discussions of the work of Ernest Hemingway, D. H. Lawrence, William Faulkner, James Joyce, Hermann Hesse, Romain Gary, Flannery O'Conner, and Walker Percy, the author traces the emergence of certain visionary concepts and motifs that suggest a movement beyond modern tragedy to an epic vision of renewal.

Applying the concepts of myth evolved by C. G. Jung, Mircea Eliade, and Joseph Campbell, Spivey identifies modern man as a potential hero journeying past the tragedies inherent in the disintegrating institutions of our old culture and reflects hopefully on the implications of this journey for the postmodern age.

The final chapter reviews the influences of the three most internationally important writers of this century—James Joyce, Thomas Mann, and T. S. Eliot. Their work is characterized as a common statement about the progress, largely unnoticed in our time, of collective man toward a new, epic way of life beyond the old tragic vision so long held as the central view of Western man.

December 1980; $20.00, bound; 190 pp. Index; ISBN 0-8130-0681-3, LC 80-18348.

> "Ted Spivey has given us an original and provocative reading of modern literature in terms of Jungian archetypes."
> —*Walker Percy*